Le Royaume de mon père.
Mademoiselle Marianne
de Fabienne Cliff
est le six cent cinquante-septième ouvrage
publié chez
VLB ÉDITEUR.

La collection « Roman »
est dirigée par Jean-Yves Soucy.

VLB éditeur bénéficie du soutien de la Société de développement des entreprises culturelles du Québec (SODEC) pour son programme d'édition.

Gouvernement du Québec – Programme de crédit d'impôt pour l'édition de livres – Gestion SODEC.

Nous reconnaissons l'aide financière du gouvernement du Canada par l'entremise du Programme d'aide au développement de l'industrie de l'édition (PADIÉ) pour nos activités d'édition.

Nous remercions le Conseil des Arts du Canada de l'aide accordée à notre programme de publication.

LE ROYAUME DE MON PÈRE

Mademoiselle Marianne

Fabienne Cliff

LE ROYAUME DE MON PÈRE

Mademoiselle Marianne

vlb éditeur

VLB ÉDITEUR
Une division du groupe Ville-Marie Littérature
1010, rue de La Gauchetière Est
Montréal, Québec H2L 2N5
Tél.: (514) 523-1182
Téléc.: (514) 282-7530
Courriel: vml@sogides.com

Maquette de la couverture: Nicole Morin
Illustration de la couverture: Superstock, Pierre Auguste Renoir.

Données de catalogage avant publication (Canada)
Cliff, Fabienne, 1924-
    Le Royaume de mon père
    (Roman)
    Sommaire: t. 1. Mademoiselle Marianne.
    ISBN 2-89005-742-9
    I. Titre.
PS8555.L532R69   2000   C843'.6   C00-940707-3
PS9555.L532R69   2000
PQ3919.2.C54R69   2000

DISTRIBUTEURS EXCLUSIFS:

Pour le Québec, le Canada et les États-Unis:
LES MESSAGERIES ADP*
955, rue Amherst, Montréal, Québec H2L 3K4
Tél.: (514) 523-1182
Téléc.: (514) 939-0406
*Filiale de Sogides ltée

Pour la France:
Librairie du Québec – D.E.Q.
30, rue Gay-Lussac, 75005 Paris
Tél.: 01 43 54 49 02
Téléc.: 01 43 54 39 15
Courriel: liquebec@cybercable.fr

Pour la Suisse:
TRANSAT S.A.
4 Ter, route des Jeunes
C.P. 1210, 1211 Genève 26
Tél.: (41.22) 342.77.40
Téléc.: (41.22) 343.46.46

Pour en savoir davantage sur nos publications,
visitez notre site: **www.edvlb.com**
Autres sites à visiter: www.edhexagone.com • www.edtypo.com
www.edjour.com • www.edhomme.com • www.edutilis.com

Dépôt légal: 2e trimestre 2000
Bibliothèque nationale du Québec
Bibliothèque nationale du Canada

à ma fille, Kiki,
avec amour

PROLOGUE

Pendant son discours à la réception officielle donnée en son honneur par le premier ministre, son gouvernement et le maire de Montréal, Edward, prince de Galles, en visite au Canada français, a déclaré : « L'union de nos peuples ne se résume pas seulement à une entente politique ; cette union est, et restera toujours, un exemple de grande sagesse politique au plus haut degré. » Est-ce donc un hasard si Son Altesse Royale applique dans sa vie privée le principe même de son discours ? On le dit inséparable d'une très belle Canadienne française, dont le nom, pour le moment, reste secret. Tous nos vœux de bonheur les accompagnent.

La Presse, Montréal, 2 septembre 1919

Chapitre premier

Au cours de mon enfance, souvent je fus seule. La plupart du temps, mes jeux étaient ceux d'une petite fille enfermée dans un grand couvent sombre, couleur de terre cuite, entouré d'une clôture que je comparais à la palissade d'une forteresse. Je menais une vie totalement incompréhensible pour moi. Ce couvent faisait partie d'une réalité obscure qu'il me fallait accepter : je n'avais pas le choix, je ne connaissais rien d'autre.

J'habitais ce domaine depuis toujours, mais j'espèrais ardemment que je n'y mourrais pas. Isolé du reste du monde, le couvent s'accrochait à la montagne dont les versants se déroulaient nonchalamment jusqu'au village niché en contrebas, pour finalement rejoindre le bord des vagues de la grande mer bleue. Les abords de la vaste propriété des religieuses étaient couverts de prés, de bosquets, de riches prairies verdoyantes que traversait une petite route en lacets, menant plus haut vers une maison dissimulée par des bois profonds. Variant selon la saison, leurs couleurs enchantaient mon cœur et mes yeux.

Dans mon domaine, j'avais mes coins préférés – tout n'était pas que rigueur et discipline. Ils étaient pleins de soleil, d'odeurs douces, de fraises et de petites créatures sauvages. Mais mon lieu de prédilection demeurait la grange, assez éloignée du grand bâtiment de La Retraite pour qu'elle me serve de refuge.

Dans cette vaste propriété, j'ai vécu mes jeunes années, riches en vagabondages, en conquêtes et en découvertes, jusqu'au jour où j'ai dû me joindre aux élèves de l'internat afin de commencer ma carrière d'écolière. Au milieu de toutes ces petites filles, j'étais la seule enfant qui ignorait ses origines. Cette différence, cette marque indélébile était parfois cruellement relevée par les autres enfants.

J'essayais de satisfaire ma curiosité et mon besoin de savoir, mais j'obtenais toujours la même réponse : « Marianne, ce n'est pas à nous de décider. »

Il fallait un certain aplomb pour penser contredire le régime sévère de la congrégation des ursulines. Elles régissaient leur monde avec exigence. Mère Saint-Anselme, la Supérieure, et ses acolytes maîtrisaient tout ce qui les entourait : leur communauté, la centaine d'élèves et les champs de la ferme. Leur autocratie n'avait que deux maîtres, l'évêque du diocèse et le cardinal de la province.

~

Aujourd'hui, la matinée de printemps est belle et le soleil m'invite à aller jouer dehors. J'ai quatre ans et je fais déjà preuve d'un début d'indépendance, même s'il ne s'agit que de légères infractions aux règles imposées.

Alors que je cherche un autre chemin pour me rendre aux cuisines, je me retrouve en haut d'un escalier à quatre marches, comme il y en a un peu partout dans la section interdite du couvent. Je poursuis mon chemin qui m'amène dans un couloir sombre, éclairé par la faible lumière d'une lanterne qui, subitement, s'éteint. La panique serre ma gorge... On va sûrement me gronder, je devrais rebrousser chemin. Je regarde en arrière, je ne vois rien de familier.

Des sons indistincts bourdonnent à mes oreilles, des bruits sourds me font tressaillir; intriguée, j'ouvre une porte au hasard et me retrouve face à un groupe de petites filles plus âgées que moi, habillées de leurs stricts uniformes noirs. Elles me regardent, d'abord avec surprise et curiosité, puis elles pouffent de rire.

«C'est elle, c'est elle, c'est Cendrillon. Oh là là!» dit une voix menue et aiguë. La rengaine est reprise par ces petits démons qui se mettent à danser une ronde frénétique autour de moi. Des larmes gonflent mes paupières, mais je ne pleure pas. À ce premier contact avec la cruauté enfantine, je jure – mes lèvres murmurent les mots formulés par mon esprit meurtri – que jamais plus des enfants ne me feront pleurer. Je me bouche les oreilles avec les mains tout en essayant de m'enfuir. Trop bouleversée, je ne trouve pas la sortie.

À travers le voile d'eau qui trouble ma vue, je distingue soudain une silhouette et les contours d'une longue jupe noire et, en même temps, je sens qu'une main solide empoigne mon épaule et me secoue.

«Que fais-tu ici?» demande une voix forte, mais hésitante.

Je regarde le beau visage pâle qui me domine. Les yeux bleus de la religieuse m'éblouissent, sa main nerveuse tremble un peu. Elle m'effraie, et je ne peux que balbutier:

« Je me suis perdue, ma sœur ! »

Des ricanements me poursuivent alors que, me retenant toujours dans l'étau de sa main, la religieuse me pousse dehors prestement.

« À l'avenir, Marianne, fais attention où tu vas. Et n'oublie pas que l'on appelle une religieuse enseignante, ma mère ! »

La porte se referme derrière moi, sèchement.

Abandonnée, blessée et misérable, je cours vers les cuisines du couvent, mon havre de paix, pour me blottir dans les bras réconfortants de sœur Sainte-Marie, le seul être au monde que j'aime, celle à qui j'ai donné toute ma confiance. C'est ma mère adoptive, qui s'occupe exclusivement de moi depuis mon arrivée au couvent. Dans les moments douloureux, sa cuisine représente ma bouée de sauvetage. Si elle n'y est pas, mon Dieu, que vais-je devenir ? Peut-être, devrais-je la chercher à son potager…

« Il faut être calme, Marianne », me dit-elle souvent devant mon entêtement ou lorsque je manifeste mes sentiments trop bruyamment. « Tu es trop intelligente pour te laisser aller à ces petites crises… Voyons ! »

Je la regarde alors comme si elle m'appartenait. Je n'ai personne d'autre à aimer et je lui dois toutes mes joies d'enfant, d'abord ce sentiment de bien-être lorsqu'elle me borde dans mon lit, le soir, et qu'elle prête une oreille attentive à mes petites histoires que je tiens tant à partager, et puis le bonheur de faire avec elle ma première expérience des chiffres et de la lecture. Elle ne manque jamais de me féliciter, lorsque mes progrès me permettent de lire couramment :

« Tu es très intelligente, Marianne. Tu pourras être fière de toi au début de tes classes !

— Moi, je veux rester avec vous, j'apprends mes lettres et mes chiffres et je fais de beaux dessins…

— Ma chère petite, tu dois aussi aller en classe avec des enfants de ton âge et jouer avec des petites filles comme toi. Moi, tu le sais fort bien, je serai toujours là quand tu en auras besoin.

— Nous pourrons continuer à dormir dans notre petit coin à nous deux ?

— Peut-être, pour un bout de temps, Marianne, mais je crois que tu devras rejoindre les autres au dortoir, un jour. »

∼

Debout dans sa cuisine, elle me sourit comme, j'imagine, un ange gardien doit le faire, alors que je m'approche d'elle, les dents et les poings serrés. Puis lentement une grande faiblesse s'empare de tout mon corps, le sang se retire de mon visage qui a la pâleur d'un spectre. Je chancelle. Sœur Sainte-Marie, alarmée, se précipite vers moi :

« Qu'as-tu, Marianne ? On dirait que tu as vu un fantôme !

— Non, une méchante femme.

— Tu veux m'en parler ?

— Si vous croyez que je vais aller en classe avec… avec cette religieuse qui m'a mise à la porte ! Non, non et non ! »

Elle me regarde, un peu effrayée, et m'attire vers elle pour m'asseoir sur ses genoux. Je la repousse en répétant :

«Non, je ne veux pas, non!

— Marianne, toi et moi, nous sommes de bonnes amies, et nous n'avons pas de secrets, n'est-ce pas?»

Amère et songeuse, je reste barricadée dans mon mutisme. Sœur Sainte-Marie me berce, je ramène son voile sur mon visage et demeure ainsi cachée de longues minutes.

«Elle est belle quand même, cette religieuse. Elle a des yeux très bleus, mais elle était fâchée, dis-je, lorsque, plus calme, je lui raconte mon humiliation.

— Mère Saint-Ignace, murmure-t-elle, avec un petit sanglot dans la voix, en faisant le signe de la croix. Ah, mon Dieu, aidez-la...»

Je me redresse et la dévisage. Ses yeux sont embués de larmes.

«Pourquoi vous pleurez? Elle vous a fait de la peine à vous aussi?»

Elle me serre fougueusement contre elle. «Non, ma petite chérie, juste un peu trop d'émotions...»

～

Efforts, pénitences et récompenses résumaient donc le quotidien des religieuses, et j'entendais souvent cet adage: «L'effort porte en soi sa récompense.» J'attendais que s'ouvrent mystérieusement devant moi les voies impénétrables du Seigneur, comme une grâce qui, dans mes rêveries, me permettrait de m'évader, là où même les anges ne pourraient me suivre.

Un grand secret planait autour de ma personne, ce qui faisait de moi le «petit mystère» des religieuses.

Ma confiance et ma candeur enfantine étaient parfois ébranlées, mais elles me faisaient supporter cette institution étrange qu'était le couvent des ursulines. J'y vivais mes terreurs, celles de la noirceur, des ombres funestes qui voulaient m'anéantir, des bruits et des craquements étranges. Alors pour éloigner mes cauchemars, j'imaginais une majestueuse chaise magique, tout en or, incrustée de perles et d'émeraudes. Assise, je voyageais dans le temps et dans l'espace, luttant mollement contre l'engourdissement et admirant le firmament où planaient de grands oiseaux, chantant leur musique nouvelle…

Lorsque j'apercevais, dans le village, beaucoup plus bas, ce petit monde grouillant, peuplé de pantins qui vivaient dans mon imagination, je ne pouvais m'empêcher de penser que le monde des religieuses avait des relents de folie. Que faisions-nous donc toutes, ici, à l'écart de la vie?

~

Je suis une petite fille bien sage, qui rit assez souvent mais, surtout, qui rêve beaucoup. Puisque je n'ai personne avec qui jouer, je vis dans ma tête afin de tromper mon ennui lorsque sœur Sainte-Marie rejoint les autres membres de la congrégation pour respecter les heures de silence et de méditation. Je n'ose pas faire de bruit. Une fois, alors que je rôdais dans les débarras de la cave, j'ai buté contre de la ferraille. Je me souviens encore du bruit infernal se répercutant en écho monstrueux. Depuis, je me fabrique des contes. À part l'histoire de Cendrillon, que sœur Sainte-Marie a dû me raconter après mon face à face avec les jeunes élèves et mère Saint-Ignace, je n'ai que la Bible comme source d'informations. Et sœur Sainte-Marie a une prédilection pour l'Ancien Testament!

Mon affection se porte particulièrement sur Moïse qu'elle me présente comme un être magistral et solennel, un pilier de la volonté de Dieu. Mais mon imagination fantaisiste trouve cependant à Moïse quelques faiblesses, quelques défaillances bien humaines. Comme moi, il habite dans la montagne. Je l'imagine descendant de sa montagne avec ses tablettes de pierre et culbutant sur des rochers, rencontrant des tigres féroces ou même des éléphants... Serait-ce Hannibal qui se pointe le bout du nez? Non, je dois me tromper. Sœur Sainte-Marie a situé l'aventure d'Hannibal dans les Alpes!

En regardant le golfe du Saint-Laurent, au-delà du village, je vois Moïse traverser la mer Rouge, les flots ouverts à l'aide de sa baguette magique se refermant trop vite sur lui. Il se met alors à nager, après s'être défait de sa cape et, comme par miracle, il se retrouve sur le rivage, tout nu, devant le veau d'or d'Aaron. Parfois il s'en va tout simplement à la pêche...

Mes histoires tournent en rond, inondées par l'imagination fantasque d'une petite fille esseulée. Jonas et sa baleine ne gagnent pas ma sympathie, mais Job, sur son tas de fumier, touche mes cordes sensibles, alors je le laisse en paix, lui apportant comme seul réconfort une couverture de laine pour ses fesses. Sœur Sainte-Marie me gronde parfois lorsque je lui raconte les dernières péripéties que j'ai inventées pour eux. « Marianne, me semonce-t-elle parfois vertement, tu manques vraiment de respect envers ces saints personnages. » Je cherche malgré tout un signe d'affection sur son visage, et le petit sourire au coin de sa bouche me rassure.

« Y a-t-il beaucoup d'enfants qui vivent dans un couvent ? lui ai-je demandé, un jour.

– Non, pas que je sache, Marianne. Pourquoi cette question ?

– Alors, pourquoi moi ? D'où est-ce que je viens ? Personne ne me l'a dit.

– On t'a trouvée sur… le seuil du couvent. »

À peine ces paroles ont-elles quitté ses lèvres qu'elle ferme les yeux de désespoir, porte la main devant sa bouche et, comme paralysée par le choc, semble ne plus pouvoir respirer. Après un moment qui dure une éternité, elle ouvre ses yeux violets et me dévisage, anxieuse.

La lumière danse et se brise en mille petits éclats qui brillent dans les larmes accrochées à mes longs cils, en ce jour pas comme les autres.

« Vous êtes sûre qu'on m'a trouvée, ma sœur ? Vous n'êtes pas ma mère ? »

Bouleversée, elle m'attire contre elle et murmure, ses lèvres posées sur mes cheveux :

« Pardon, ma chère petite fille, je n'avais pas le droit de te dire… j'étais distraite… oublie, mon enfant chérie. Je ne suis que ta servante. »

Je m'arrache de ses bras, une peur enfantine me broyant le cœur. Je ne pleure plus, mais je sens une brûlure vive et tenace au fond de ma gorge. Je lui tourne le dos.

« Ne crains rien, ma chère petite Marianne, nous t'aimons et tu es en sécurité au couvent, crois-moi. Tu es ici chez toi. »

Ai-je rêvé? Je secoue la tête, laissant échapper un grand soupir. Je suis triste, ma tête et mes sens sont engourdis, mais lugubrement paisibles. Je suis trop jeune pour absorber cette révélation et comprendre le sens d'un abandon…

Depuis cet épisode, une crainte quasi maladive me submerge régulièrement. Parfois monte en moi une tendresse filiale envers cette mère inconnue, ou parfois un flot de colère se déverse dans mon cœur malheureux. Mais pourquoi ne serais-je pas une princesse sans nom? Suis-je cachée du monde? Mon père ignore-t-il mon existence?

Après la bévue de sœur Sainte-Marie, personne d'autre ne fait plus jamais mention de mes origines, excepté mère Saint-Anselme, la Supérieure, qui, le jour de mes cinq ans, me convoque dans son bureau pour la première fois.

Assise en face d'elle, près de sœur Sainte-Marie, j'écoute son discours monocorde sur la volonté divine, la vérité de l'Église et le courage des âmes qui savent résister aux tentations… Je regarde, fascinée, sa bouche qui s'agite dans un visage bilieux, taché de plaques brunes, ses mains fébriles, couleur de boue, et son accoutrement de corbeau noir. À la voir de près, elle est d'une laideur monstrueuse.

Mais ses toutes dernières paroles, symboliques peut-être, retiennent mon attention. Elles me concernent autrement plus que ses dissertations conventuelles:

«Marianne, me dit-elle en se levant péniblement, les droits attachés à ta naissance représenteront plus tard un facteur important à considérer dans nos relations, mais, pour le moment et jusqu'à preuve du contraire, tu demeures sous notre entière responsabilité. »

Je n'y comprends plus rien. Une immense tristesse s'empare de moi, alors que je reviens sur mes pas vers la cuisine, humant l'odeur du cloître, qui emmure ses habitantes, et où l'air même s'attaque à la gorge et glace les membres. Les verrous impressionnants de l'entrée, les grilles, les fenêtres aveugles, le lourd silence, tout m'enferme pour l'éternité. Mais mon insouciance enfantine reprend vite le dessus.

~

Puisque je ne connaissais pas autre chose, à quoi donc aurais-je pu comparer cette vie énigmatique et ses contraintes ?

Heureusement, j'étais libre de me promener dehors, à ma guise, pourvu que je n'empiète pas sur le terrain des élèves. Durant la belle saison, je vivais de grands moments de bonheur, d'enchantement et de fier isolement dans la montagne verdoyante, alors que, couchée sur le dos, j'écoutais mon cœur battre tout en regardant le vol des oiseaux et les nuages changeants. J'interprétais leurs formes au gré de mon imagination.

Je sautais, je courais, je me promenais dans les bois aux essences variées, marchant sur des tapis de mousse humide et écoutant la langueur secrète de la brise dans les arbres. Mon regard embrassait les grands champs de blé, en contrebas du couvent, où brûlaient les flammes pourpres des salicaires. J'aurais tellement aimé les admirer de près et m'en faire une parure...

Le mois de mai, dédié à la Vierge Marie, était un mois fleuri. J'étais maintenant assez grande pour participer aux célébrations, et mes yeux d'enfant s'écarquillaient devant ces montagnes de fleurs blanches. J'aidais sœur Sainte-Marie à arranger les grands lys dans un vase turquoise que nous déposions sur l'autel. Ces fleurs, symbole de virginité, donnaient un air solennel et mystique au décor. Ensuite, sœur Sainte-Marie me conduisait dans les hauteurs de la chapelle, au-dessus de l'enceinte réservée aux religieuses et aux élèves, pour m'apprendre des prières et des cantiques dont je me souviens encore aujourd'hui.

CHAPITRE II

L'été de mes cinq ans fut merveilleux, il faisait chaud, le soleil brillait presque tous les jours dans le ciel pur.

Un endroit du domaine m'attirait énormément. Au-delà d'une rangée d'arbrisseaux plantés contre une clôture, sur un plateau bordé d'un bois d'épinettes, se terrait, à moitié cachée, une petite maison d'un ton rougeâtre. Aussi solitaire que le couvent, cette demeure faisait vraisemblablement partie du domaine des religieuses. Elle exerçait sur moi un magnétisme inexplicable.

Presque tous les jours, le vrombissement étourdissant d'une motocyclette se faisait entendre de ce côté et effrayait les oiseaux qui s'élevaient dans le ciel, formant un nuage sombre et mouvant. Le conducteur, assis à califourchon sur son bolide, quittait la maison et dévalait la pente comme s'il avait eu le diable aux trousses. Qui pouvait bien être ce casse-cou et pourquoi était-il si pressé?

∿

«Bonjour. Je m'appelle Marianne. Et vous?» J'interroge le couple qui se promène dans le champ, tout en haut de la côte, alors que je m'aventure de ce côté-là pour la première fois.

En souriant, la femme et l'homme me répondent dans un dialecte inconnu et inclinent courtoisement la tête avant de s'éloigner. « Quelle langue parlent-ils donc ? me dis-je en réfléchissant. C'est embêtant, je ne peux pas leur parler. Je me demande ce qu'ils font par ici. » Je les regarde partir. Ils se retournent pour me faire un signe de la main.

« C'est curieux, ils semblent me connaître… peut-être les reverrai-je un jour… »

N'y pensant plus, je commence à jouer. Je me roule dans l'herbe, parfois jusqu'en bas des coteaux, cela m'amuse. J'aime aussi tresser des couronnes pour ma chevelure blonde, avec des petites marguerites blanches comme de la cire et des bermudiennes d'un bleu intense. Que de belles heures je vis à écouter le souffle de ma montagne, à observer la valse folle des hirondelles qui rasent la terre avant de s'élever haut, si haut dans le ciel d'azur. Je ne me lasse jamais de leurs arabesques et de leurs danses fantaisistes.

De mon perchoir, j'aperçois le village de Cap-Gris. J'imagine qu'il renferme plein de promesses et de plaisirs. La lumière tombe, implacable, sur les toits gris de ses maisons silencieuses. J'aimerais tant aller me promener dans ses rues. Sœur Sainte-Marie me l'a interdit à plusieurs reprises. Mais de retour au couvent, je tente de nouveau ma chance.

« Tu ne peux pas quitter le couvent, il est inutile d'y penser, Marianne. Mère Saint-Anselme est inflexible à ce sujet.

– Même pas pour aller voir les magasins ?

— Non, Marianne. Tu sais bien que nous, les religieuses, nous ne pouvons pas sortir…

— Aujourd'hui, j'ai vu un homme et une femme se promener dans le champ d'en haut. Ils ont l'air de me connaître. Ils pourraient peut-être m'amener!»

Elle me regarde d'un air énigmatique, puis me répond simplement d'aller jouer dehors. Elle n'a vraiment pas envie de m'avoir dans ses jupons, aujourd'hui! Avec regret, je sors.

~

En ce matin de promenade, une petite brise irrésistible gonfle mes cheveux. Je suis en quête d'imprévu et longe la clôture au-delà de mon bosquet. Je cherche, telle une exploratrice, et furète dans les haies où les souris aux nez frétillants, les mulots et la multitude d'insectes me laissent partager leur vie pour quelques instants.

Je perçois tout à coup un doux mouvement, un déclic à peine audible. Je soulève une branche et trouve un petit lièvre prisonnier d'un enchevêtrement de fils métalliques et luttant pour ne pas mourir étranglé. Il me regarde d'un air chaviré. «Pauvre toi, qu'est-ce qui t'arrive? lui dis-je en caressant sa tête. Si tu me laisses faire, je vais te libérer, mais il ne faut pas bouger, sinon tu vas souffrir davantage.» Consciente que les nœuds en fer peuvent provoquer sa mort, j'essaie de desserrer les fils et de le libérer.

Une voix derrière moi me fait sursauter.

«Si vous permettez, mademoiselle, j'ai ce qu'il faut.» L'homme se penche vers moi et prend ma main.

«N'ayez pas peur, dit-il, alors que je recule, effrayée. J'ai trouvé le lièvre il y a plus d'un quart d'heure et je suis allé à la maison chercher un cou-poir.

– Qui êtes-vous?

– Mon nom est Jim, mademoiselle Marianne.

– Vous connaissez mon nom?

– Comme vous voyez!

– Et vous parlez français aujourd'hui. Il n'y a pas si longtemps, vous m'avez répondu dans une langue que je ne connais pas. Pourquoi?»

Avec un sourire amusé, il me révèle qu'il parle aussi anglais.

«Vous habitez où, monsieur Jim?

– Dans la maison, là-haut, dit-il en indiquant de la main la mystérieuse construction de bois rouge. Mais aidons ce pauvre animal avant qu'il n'étouffe complète-ment. Regardez-le, c'est encore un bébé. Si vous voulez bien, mademoiselle Marianne, tenez ce bout de fil pen-dant que je coupe.»

Nous sommes tous les deux tapis dans la pénombre de la haie, actifs et peu bavards. J'halète d'émotion et mes mains tremblent un peu pendant que j'aide Jim de mon mieux. Puis le lièvre s'affaisse, immobile. Un long soupir s'échappe de son museau taché de sang. Je le caresse de nouveau, très inquiète.

«Monsieur Jim, il ne va pas mourir?

– Non, mademoiselle Marianne, je crois qu'il a eu la peur de sa vie et qu'il est à moitié mort de faim, dit-il en se relevant. Je vais l'amener à la maison et Marga-ret pourra le soigner.

– Non, je voudrais le garder, si vous le voulez bien, lui dis-je en me penchant vers l'animal. Sœur Sainte-Marie ne dira rien, j'en suis sûre.

« — Comme vous le désirez, mademoiselle Marianne. »

Il arbore un large sourire et, sans le savoir, il m'offre un vif bonheur. Il est grand, beau, et une mèche rebelle tombe sur son front. J'espère le revoir... C'est le premier homme que je vois de près, à part le père Antoine qui officie à la chapelle.

« Avant de partir, monsieur Jim, pouvez-vous me dire si c'est vous qui allez si vite en moto ?

— Eh oui, c'est bien moi !

— Vous n'avez pas peur de la vitesse ! Vous devriez faire attention, monsieur Jim. Bon, je dois partir. Merci encore, vous avez été fantastique. »

Il dépose le levraut dans mes bras. Je le remercie encore une fois. Puis il se dirige vers sa maison, se retourne à plusieurs reprises en me faisant un signe de la main. Je reste immobile à le regarder... Qui est-il ? Comment connaît-il mon nom ?

Je redescends vers le couvent, pressant le pas. Soulagée, je rentre sans rencontrer personne. J'installe Boudi — j'ai trouvé son nom sur le chemin du retour — dans une boîte en carton remplie de papier.

Sœur Sainte-Marie, indignée, proteste lorsqu'elle voit ma trouvaille. Élevant la voix, elle déclare que mon levraut n'est bon que pour un pot-au-feu et qu'il est hors de question de le garder à l'intérieur du couvent.

« Et la charité chrétienne que vous me prêchez, hein ?

— Ne dis pas "hein", Marianne, ce n'est pas poli ! Et qu'est-ce que tu veux en faire de... de...

— Boudi. Il s'appelle Boudi et je veux l'élever. Ce n'est pas grand-chose, ma sœur... »

Devant ma détermination, sœur Sainte-Marie finit par fléchir. Nous faisons un pacte : je ramasserai les herbes tendres et le trèfle pour Boudi, et elle me donnera les restes de la cuisine, les pelures de légumes et de fruits.

Après quelques jours dans son nouveau foyer, Boudi a repris de la vigueur et se détend. Assise à ses côtés, je caresse son pelage chaud et doux fleurant parfois, au retour de randonnées, la menthe du potager de sœur Sainte-Marie. Lorsque je le cajole ainsi, il ronronne presque comme un chat et pose son nez humide sur ma joue.

Il dort près de la chaudière, dans le berceau de mes premiers jours, sous le petit sapin que sœur Sainte-Marie a transplanté dans un seau spécialement pour lui.

Boudi m'aime et je l'aime… il est mon ours à grosses joues, mon petit chat, mon démon couleur de bronze cuivré.

Souvent, je me promène dans les bosquets et les prés en sa compagnie et nous avons des conversations sans fin. Parfois, au sommet d'une côte escarpée, il trébuche à cause de ses longues pattes postérieures et roule en boule jusqu'au bas de la pente, et je le suis en riant aux éclats.

Un jour, sur le rebord de ma fenêtre, je trouve un bouquet de fleurs sauvages retenues par un ruban de satin blanc. Je souris en plongeant mon visage dans cette offrande parfumée et cherche la silhouette du chevalier qui a déposé un tel gage chez moi. Peut-être s'agit-il de Jim qui veut me témoigner son affection. Le bouquet prend une place d'honneur dans ma chambre ; il me console de l'absence de fleurs cultivées dans la propriété des religieuses. Nous avons seulement des pâturages, des vergers, des champs et des potagers.

~

L'un de mes grands plaisirs était la contemplation de la mer, au-delà du village. Je ne me lassais pas d'admirer cet aquarium géant baigné, me semblait-il, d'une lumière surnaturelle. Dans un éclair éblouissant, des rayons de soleil balayaient la nappe d'eau argentée où dansaient des lutins qui me vouaient leur vie, en créant juste pour moi un décor féerique. J'aurais voulu toucher et capturer le mystère de cette vie où je ne pouvais entrer, j'avais faim d'embellir tout ce qui m'entourait, j'étais avide de m'évader hors des murs de ma prison.

Je connaissais si peu de chose. Très tôt, j'avais appris à prononcer mon nom, Marianne Mayol. Sœur Sainte-Marie m'a raconté que, rapidement, j'avais su reconnaître les sœurs dont les noms religieux excitaient mon imagination. Mais qui donc avait bien pu les pousser à prendre des noms tels que mère Saint-Jean-Chrysostome, mère Saint-Pierre-du-Saint-Sépulcre ou encore sœur Sainte-Douleur?

À la chapelle, les religieuses m'inspiraient de la crainte. Dans leurs habits noirs, elles ressemblaient à de lugubres corbeaux, laissant paraître si peu de leur personne. À peine un bout de visage à demi enseveli sous d'épais voiles. La lourde robe de deuil travestissait à jamais leur identité. Mes religieuses, la famille de Dieu… Savaient-elles autrefois rire, pleurer, s'émouvoir? Je n'en étais pas si sûre.

Une fois de plus, sœur Sainte-Marie m'offrit l'une des plus grandes joies de mon enfance. C'était la fin de l'après-midi, elle revenait de sa période de silence.

~

« Vous avez quelque chose pour moi ? Oui ?

– Comment le sais-tu ? »

Je lis une imperceptible excitation dans son regard.

« Eh bien… vous avez un drôle d'air !

– J'ai souvent un drôle d'air, Marianne ! »

Je secoue sa manche. Elle ne dit rien, mais, petit à petit, un sourire se dessine aux coins de sa bouche, son visage gracieux, marqué de légères rides, s'éclaire. Sa fossette au menton la trahit.

« Ça y est, vous allez rire, ma sœur. Alors, c'est une surprise ? »

Elle se mordille la lèvre et, d'une voix plus fluette que d'habitude et dans un éclat de rire presque enfantin, elle me dit :

« Viens voir, Marianne, je crois que tu vas être contente. »

Elle me prend par la main et m'entraîne du côté de nos chambres à coucher. Nous passons devant la sienne en premier, puis devant la mienne, ensuite devant le recoin de la chaudière. Enfin, haletante, elle s'arrête en face d'une porte qui, la plupart du temps, est fermée à clé. Et d'une voix affectueuse, elle me dit :

« Vas-y, ouvre la porte. C'est pour toi ! »

Grâce à l'ingéniosité, au courage et à l'amour de sœur Sainte-Marie, l'ancienne remise a été miraculeusement transformée. Les vieux murs gris, la saleté accumulée depuis des années, la fenêtre encombrée de toiles d'araignées et les vieux meubles estropiés, tous ces témoins du temps qui passe ont disparu. Aujourd'hui, c'est une chambre claire, les murs ont pris une teinte d'abricot mûr et le plancher astiqué sent bon la cire et la térébenthine.

Je n'en crois pas mes yeux. Tout en lui demandant si c'est vraiment pour moi, je cours à la fenêtre aux cadres fraîchement repeints en blanc et je l'ouvre...

«Oh, ma sœur, regardez ce beau paysage!»

Il pleut encore un peu. L'air frais emplit la pièce et j'entends le léger tapotement de la pluie sur les feuilles luisantes du bouleau blanc, tout près. La vue sur le village est identique à celle que j'admire souvent de mon perchoir, beaucoup plus haut dans la montagne. Il est doux de l'avoir ici, chez moi.

«Tu es contente, Marianne?

– Oh oui, merci! C'est vous qui avez tout arrangé?»

Elle acquiesce de la tête.

«Et sans que je m'en rende compte?»

Je suis ravie et j'écarquille les yeux de plus belle.

«Regardez le petit écureuil qui vient nous dire bonjour, là, dans le bouleau. Qu'est-ce qu'il cherche? Il n'y a pas de noix par ici!»

Je ris, je bats des mains... Il ne bouge pas et continue de me regarder.

«Ne viens pas embêter Boudi, tu sais, il est plus grand que toi.»

Rapide comme l'éclair, l'écureuil s'élance dans l'espace et disparaît.

«Ce n'est pas tout, Marianne! Mais, pour le reste, il va falloir que tu m'aides un peu!

– Moi, je suis bien prête à poursuivre cette journée de surprises. »

Elle me conduit vers un autre débarras où sont entassés des meubles. Sa manière vive de me dépeindre ses intentions me laisse béate d'admiration. Je lui promets de l'aider.

Ensemble, nous astiquons mon mobilier : une petite table, une chaise et une commode. Il est facile d'en estimer l'âge d'après les égratignures, les entailles et les plaques blanchâtres incrustées dans le bois.

Le temps est en suspens… Le nettoyage et les odeurs transforment ma vie en enchantement lorsque j'aperçois le vieux bois de chêne parfumé à la cire d'abeille prendre une nouvelle et douce couleur dorée.

« Ma sœur, vous devez être une fée, lui dis-je, le jour où nous plaçons les meubles dans ma chambre. Comme c'est beau et comme ça sent bon !

– Tu as bien travaillé, Marianne, je suis fière de toi !

– On sera bien toutes les deux, ici, hein, ma sœur ?

– On ne dit pas "hein", je te l'ai déjà répété cent fois ! Non, Marianne, c'est pour toi seulement, c'est ton petit coin !

– Pourquoi ?

– Parce que c'est ce qui a été décidé.

– Décidé ? Par qui ?

– D'après toi ?

– Pas par la Supérieure ? Ah, zut ! »

Elle me regarde sévèrement et essaie de me convaincre que mère Saint-Anselme est une femme de grand cœur qui désire rendre mon séjour au couvent plus agréable.

« Ce n'est pas elle qui me ferait sauter sur ses genoux, ça, c'est certain… Est-ce que je dois aller la remercier ?

– Non, Marianne. Sois simplement reconnaissante, dans ta belle âme. »

～

Ma gratitude va surtout à sœur Sainte-Marie. Son affection pour moi s'avérait sans limites. Dans mon petit royaume, lieu de refuge et de méditation, je trouvais une félicité intérieure et une plus grande puissance. Une fée transformait souvent mes petits chagrins en plaisirs, en laissant dans mes tiroirs ou sur ma table une lampe à abat-jour rose, des crayons de couleurs et des cahiers, des livres d'enfant, une balle de tennis et même des billes de toutes les couleurs de l'arc-en-ciel. Ces trésors, que je possède toujours, étaient l'âme de mon petit coin que j'avais baptisé simplement « Chez Marianne ». En souriant, sœur Sainte-Marie me disait toujours : « C'est ton ange gardien qui te les apporte. »

Dans mes murs, je prenais conscience de la beauté de notre relation. Elle est ma mère, mon guide, ma conseillère. Elle faisait preuve à mon égard de tant de délicatesse, mais elle n'oubliait pas pour autant d'être ferme à l'occasion.

Le déchaînement des cieux annonçait la saison froide et glaciale de l'hiver. Les grands bancs de neige firent disparaître les champs, les haies, les clôtures, tous mes repères, sous leur masse éblouissante et se tassèrent avec force contre les murs du couvent. Le vent fort de l'hiver représentait pour moi l'alliance de tous les génies du dehors qui, de leurs souffles puissants, créaient un univers blanc, inondé de silence. En l'écoutant, je prenais conscience de ma petitesse face à la nature qui m'entourait. J'éprouvais alors un grand réconfort d'être à l'abri des murs protecteurs du couvent. De ma fenêtre, j'arrivais à distinguer parfois les traces d'un animal et j'avais la certitude que Boudi était passé par là. Pendant ces heures où je contemplais ma montagne transfigurée, sœur Sainte-Marie, toujours maternelle, me nourrissait de grands bols de lait au chocolat et de succulentes tartines beurrées. Dans l'attente de jours plus ensoleillés, je continuais mon petit bonhomme de chemin.

CHAPITRE III

Le temps passa et les vacances d'été arrivèrent. Je chérissais cette période de l'année, car ma tendre intimité avec sœur Sainte-Marie était favorisée : elle travaillait moins puisque les élèves pensionnaires étaient rentrées chez elles. Je saisissais toutes les occasions d'être en sa compagnie. Elle me parlait de poésie, nous lisions et jouions aux devinettes. Nous regardions l'aurore et le soleil couchant. Je l'aidais au potager, à la cueillette des fruits et à la fabrication des conserves.

Il faisait beau, je me promenais dans les bois à la recherche de coins délicieux, je m'y allongeais et laissais les petites bêtes grimper sur mon visage, sous mon nez... et me faire éternuer. Je respirais les bonnes odeurs de plantes fraîches, chauffées par le soleil.

Dans le préau, j'observais souvent les religieuses qui se promenaient lentement, par petits groupes de deux ou trois. Il y régnait calme et harmonie, alors qu'une légère brise soulevait leurs voiles. Mes yeux erraient de l'une à l'autre. Elles ressemblaient à des statues animées ; leurs pas étaient silencieux, aucun bruit ne marquait leur passage. Elles vivaient comme en dehors du temps et de la réalité. « Les religieuses font une plus longue retraite, cette année », m'expliqua sœur Sainte-Marie.

~

Un matin, sœur Sainte-Marie et moi sommes debout de bonne heure et nous décidons d'un commun accord d'aller saluer la nature à son réveil. Tout en nous préparant à sortir, je lui demande à brûle-pourpoint :

« Vous devez avoir un chez-vous, ma sœur. Pourquoi n'y allez-vous pas ?

— Nous avons toutes des familles, mais nous sommes des religieuses cloîtrées.

— Oui, je le sais, vous me l'avez dit ! Mais quand même, si les élèves ont des vacances, pourquoi pas vous ?

— Pour la même raison, Marianne. On ne peut pas sortir de l'enceinte du couvent, c'est une des règles de la communauté.

— Et c'est pareil pour moi !

— Pour l'instant, oui, mais il y a une différence. Le temps de ta majorité venu, tu seras libre de nous quitter, Marianne. »

Ses yeux amusés, un peu craintifs, me regardent. S'attend-elle à ce que je lui extirpe une foule de révélations ? Je sais fort bien qu'elle ne peut répondre à certaines questions et je reste silencieuse. De ses grandes poches, elle retire des pastilles de menthe et m'en offre une. Je la mets dans ma bouche et j'aspire profondément l'air pour sentir le froid de la menthe.

« Ouf… celle-là a un goût de poivre, mais c'est bon ! Qui vous les a données ?

— Ma sœur me les a apportées, quand elle est venue me voir.

— Je ne savais pas que vous aviez eu votre visite annuelle! Vous avez vu juste votre sœur?

— Oui. Le reste de ma famille vit en Ontario; ils viennent rarement dans cette contrée. »

La nature vibre joyeusement. Nos pas crissent sur le gravier de l'allée, les fleurs égayent l'herbe de leurs belles couleurs vives, des abeilles, enivrées par le fort parfum des aubépines, se pressent pour butiner la haie. Je prends sa main dans la mienne.

« Je suis là, moi, et je vous aime.

— Merci de me le dire, tu es un ange, ma chère petite fille. Moi aussi, je t'aime. Maintenant, va jouer, il faut que je me rende à la tierce. Ce soir, je te ferai des crêpes. Va, ma chérie! »

Le soleil qui, depuis le lever du jour, nous offrait sa belle mine jaune vient soudain de disparaître derrière des monticules cotonneux grisâtres. Un orage se prépare. Toute la campagne s'est assombrie. Les nuages s'amoncellent dans le ciel, surtout au-dessus du village de Cap-Gris qui, subitement, s'efface derrière un rideau de pluie battante. Le vent s'élève et une bande de gros corbeaux s'envolent en croassant vers le haut de la montagne. Les arbres au fond du paysage sont secoués violemment.

Quelques minutes plus tard, c'est un vrai déluge. Je dois vite trouver un abri. La grange est plus proche que le couvent. J'y cours à toutes jambes et m'y engouffre. Trempée jusqu'aux os, je m'ébroue comme Boudi lorsqu'il est mouillé. Tiens, où est-il aujourd'hui? Il vagabonde, probablement... lui aussi est en vacances.

Que m'importent l'orage et les bourrasques! J'écoute tranquillement le fracas un peu assourdissant de la pluie sur le toit de tôle: n'est-elle pas un gage du retour du beau temps? «Ce ne sera qu'une averse», me dis-je.

N'ayant rien d'autre à faire que d'attendre la fin de l'orage, je m'invente des jeux intrépides. Du haut du fenil, je hoche la tête et, poussant un grand cri, je me jette dans le vide pour rebondir dans le foin odorant, beaucoup plus bas. Les brindilles parfumées m'enveloppent, des fils d'or tissent mes vêtements. Mon cœur se régale de cette fête inattendue et je perds la notion du temps.

«Tu veux te casser le cou?» demande une voix paisible.

La surprise me fige sur place. Une voix qui vient de nulle part doit appartenir au diable… Il veut m'amadouer afin de m'enlever plus facilement mon âme. Je recule vers la sortie. Malgré le mauvais temps, je serai plus en sécurité dehors.

«Ne t'en va pas, je ne vais pas te manger!»

Je ne sais pourquoi je m'arrête et m'appuie contre la porte. Mes idées confuses alimentent ma peur. Peut-être est-ce une personne réelle et non le diable des religieuses? Je scrute la pénombre. Mes sauts dans le foin ont soulevé une fine poussière qui rend presque opaque la faible lumière venant de la fenêtre à hauteur de mes yeux. Mon émoi se change en panique lorsqu'une silhouette, coiffée d'un chapeau à larges rebords, sort lentement des profondeurs du foin. Elle a l'air de flotter, sans jambes ni pieds. Elle soulève son chapeau et le lance dans ma direction où il tombe à mes pieds.

«On se dit bonjour, ajoute la voix.

– Tu es un garçon ?

– Je ne suis pas une fille et, si tu le veux, je te ferai voir la différence. »

La réponse narquoise me vexe, mais sur le visage du jeune garçon se dessine un grand sourire. Il doit avoir onze ou douze ans, je ne sais pas au juste, car je ne connais pas d'autres garçons. Le front orné d'un désordre harmonieux de cheveux noirs, la bouche fraîche et bien ourlée, il me dévisage. Mon esprit arrête de fonctionner, je suis pétrifiée ; est-ce que le diable peut se servir de tant de beauté pour me faire perdre mon âme et me damner ? « Tu n'as pas à avoir peur ! » Le visage et la voix se confondent, et j'admire les traits de l'inconnu.

« On ne peut pas dire que tu sois bavarde ! » continue-t-il.

Je ne réponds pas.

« Moi, je sais qui tu es ! Tu es la petite fille trouvée et élevée par les religieuses et tu t'appelles Marianne. Tu vois, je te connais déjà et tu n'as rien à craindre. »

Il rayonne de confiance et toute sa personne respire la douceur et l'indolence. Le temps d'un sourire tout change et, devant mes yeux, cet étranger se transforme en un ami bienveillant. Je me sens apaisée et je soupire, remplie d'un vague bonheur auquel se mêle une fatigue agréable.

Avec une hardiesse qui me surprend moi-même, je lui demande :

« Et toi, qui es-tu ?

– Tiens, tiens, voilà un bébé qui parle ! »

Il s'adresse à moi d'un ton railleur, d'une manière condescendante et un peu autoritaire. Il s'avance… il est à dix pas de moi, je le vois mieux. De taille moyenne, il me dépasse pourtant d'une bonne tête, même un peu plus. Il a l'air content de lui et un certain plaisir emplit son regard. Je me sens tout à coup fragile, toute petite devant lui.

« Qu'est-ce que tu fais ici ?

— La même chose que toi, probablement. La pluie m'a poussé à chercher un abri.

— Depuis combien de temps es-tu là ?

— Ça, c'est un secret. Eh bien, tu en as des choses à dire !

— Tu ne peux pas rester, c'est défendu !

— Oui, je sais très bien que c'est défendu.

— Comment tu sais ça ?

— Je le sais, c'est tout, on ne peut ni entrer ni sortir.

— Tu dois t'en aller ! »

Il prend son temps avant de répondre et me toise de nouveau avec malice. Je sens qu'il perçoit bien les quelques années qui nous séparent, et ça m'agace. Énervée, je regarde par la porte entrouverte l'éclaircie qui retient l'averse dans le ciel. Un arc-en-ciel est sur le point d'illuminer le firmament. L'odeur de la terre mouillée se répand dans l'air. À cet instant précis, les recommandations de sœur Sainte-Marie me reviennent à la mémoire... « Surtout, Marianne, méfie-toi des inconnus. » Sans dire un mot, je me dirige vers la porte.

D'un mouvement souple, presque acrobatique, il barre ma route. Je le dévisage. Il doit connaître le pouvoir de son charme. Son sourire est d'une telle assurance qu'il n'a pas besoin de parler. Ses yeux résolus sont impatients.

«On se dit au revoir, au moins! fait-il. Pourquoi tu t'énerves autant, je ne te ferai aucun mal et je m'en vais bientôt de toutes manières. Par chance, on s'est rencontrés, mais je dois t'avouer que j'étais curieux de voir à quoi ressemblait le "petit mystère" du couvent. On raconte tellement de choses!»

Je ne daigne pas répondre. Son regard bleu ne peut cacher le plaisir qu'il a eu en me disant ces paroles qui me piquent au vif. Je regarde de nouveau dehors où une pluie fine voyage maintenant dans l'air comme de la fumée.

«Il faut que je m'en aille…

– Je suis déçu, poursuit-il, tu as l'air normale, tu n'as pas deux têtes, tu n'es ni naine, ni géante, ni bossue. Tu es simplement une jolie petite fille…»

J'accepte la raillerie et l'hommage, je respire le frais parfum de la nature mouillée, et je résiste à une vague de faiblesse et de tristesse, celle qui submerge parfois une petite fille seule…

«Je dois m'en aller, l'orage est passé, dit-il en brossant ses vêtements avec sa main. Zorro, mon cheval, doit être reposé. On se serre la main?»

Le mirage se dissipe, sa présence m'intimide davantage. Je recule, trébuche et, comme dans une danse inachevée, il me retient et nous tombons ensemble.

«Quelle gourde tu fais, mais qu'est-ce que tu as?» gronde-t-il au-dessus de moi.

D'un mouvement doux et involontaire, je mets mes bras en croix et je ferme les yeux. Sous son corps, je fais appel à ma chaise magique afin de me libérer de lui. Je ne peux ni ne veux rien lui expliquer. Il resserre ses bras autour de moi. J'ouvre les yeux et je capte un rayon de soleil dans le bleu de son regard qui pétille, amusé.

«Il est inutile de gigoter, tu es là et je te tiens, dit-il en immobilisant mes bras. Tu n'as pas voulu me serrer la main, alors je t'embrasse, et tu n'y peux rien!»

Sa bouche se pose sur la mienne, je sens sa forme... et je goûte d'abord de mauvaise grâce. Mais sa langue tendre et capricieuse sur mes lèvres me séduit rapidement, telle une caresse. Je veux respirer.

Le jeu se termine abruptement comme il a commencé. Le jeune garçon m'aide à me relever, puis il retire avec délicatesse les brins de foin emmêlés à mes cheveux. Son regard s'est assombri, il est devenu différent et semble plus sérieux. Un prompt et léger sourire me rassure.

«C'est préférable à une poignée de main, tu ne trouves pas? dit-il en me conduisant vers la porte. Maintenant, tu es en état de péché, ma petite Marianne!

– Moi? Mais, je n'ai rien fait!»

Je sens une rougeur envahir mon visage et des larmes gonfler mes paupières.

«Excuse-moi, ma petite Marianne, je n'ai pas voulu t'effrayer. Je te jure que nous n'avons rien fait de mal. Si tu le veux, j'aimerais te revoir, les samedis, ici. Mais ce doit être un secret entre toi et moi...»

∼

Cette belle apparition changea le cours de mon existence. À un très jeune âge, je découvrais l'amour alors que je ne connaissais rien et sans que Dieu m'ait guidée. Une enfant, je n'étais qu'une enfant, et mon rêve romantique m'entraînait vers des solitudes où l'amour est le maître. Je réclamais pour moi seule le bonheur d'aimer, puisque, déjà, je l'aimais. Si honte il y avait, elle devait être sienne. Je souffrais d'amour et de silence. Ce lourd secret pesait sur mon cœur, car je ne pouvais le partager avec sœur Sainte-Marie. Toutes deux, nous saisissions chaque instant de l'existence selon des croyances et des passions différentes.

J'apprenais qu'aimer, c'est connaître et reconnaître le visage chéri dans le reste du monde. Après tout, qu'est-ce que l'amour sinon la connaissance des dieux, l'expérience du plus mystérieux de nos souhaits, un plaisir inconnu, mais aussi une souffrance infligée qui augmente son pouvoir. L'amour a des exigences, empreintes d'espoir et de tristesse.

Je sentais une pâleur s'étendre sur mon visage en même temps qu'un sentiment bienheureux m'apaisait quand je pensais à la promesse d'un retour. Peut-être ne reviendrait-il pas? Mon besoin de revoir le bel inconnu dépendait de sa promesse, et je voulais y rester fidèle.

Je me rendis à la grange tous les samedis suivants, car mon cœur flanchait en pensant à celui qui m'avait embrassée. J'attendais impatiemment le moment où je me réinstallerais tranquillement dans mon bonheur. Les jours où il ne venait pas, devant la porte muette, je pleurais.

Le temps se faisait parfois trop long entre ses visites, alors j'apprenais sans trop m'en rendre compte à honorer le silence et la lenteur, d'abord pour moi-même et comme s'ils faisaient partie du secret. Je m'étais enfermée dans mon précoce amour, dans un univers trop grand pour moi, et je devais attendre.

~

La porte grince et la grande silhouette du garçon cache durant quelques secondes la lumière vive du dehors. Je respire vite, mon rêve devient réel. J'espère retrouver mon compagnon comme avant, désireux de me voir, même si je crains de n'être pour lui qu'un lutin excitant sa curiosité.

Je lui demande :

« Comment va Zorro, ton cheval ? »

La satisfaction de lui poser une question en premier me ragaillardit, parce que l'attente m'a semblé sans fin. Durant ma préparation à sa visite, j'ai acquis la certitude que je ne me suis pas trompée sur lui.

« Zorro se fait un peu vieux mais il se porte bien. Aujourd'hui, je monte Sheba, sa fille, et elle est en pleine forme !

— Tu as un cheval pour chaque jambe, alors ? »

Je n'ai pu m'empêcher de faire cette remarque naïve et sotte et, devant son éclat de rire, j'apprécie la légèreté du moment présent. Avec lui, tout semble transfiguré.

« Toi aussi, tu es en forme et tu exerces ta malice sur moi ! »

Il est debout, à trois pas de moi, et je sens l'odeur de lavande qui se dégage de ses vêtements. Il me regarde de haut en bas et laisse couler sur moi la lumière de ses grands yeux bleus. Son regard qui ne s'adresse qu'à moi et son visage qui se tend vers moi ont plus d'importance, à cet instant, que toutes les religieuses du couvent. Je vis avec lui un conte de fées et j'oublie mes vêtements gris de petite fille pauvre.

« Dis-moi ton nom, puisque tu connais le mien. Autrement, ça ne sera pas juste.

— Ça n'a pas d'importance.

— Tout le monde doit avoir un nom!

— Qui le dit?»

Pourtant il me faut donner un nom à son image pour qu'elle soit vraie, pour qu'il me laisse une petite parcelle de sa vie. J'ai tellement besoin d'amitié, de confiance, de douceur. Il n'a pas à m'aimer comme je l'aime déjà... je désire simplement vivre mon rêve.

«Pourquoi veux-tu savoir mon nom?

— Parce que... parce que je voudrais que tu sois mon ami!

— Tu en as d'autres, des amis?»

Je réponds non d'un signe de la tête et je soutiens son regard un peu triste. «Pauvre petite...», murmure-t-il. Puis de derrière son dos, il sort un délicat bouquet de myosotis aux pétales bleus entourant un cœur couleur de paille.

«Pour compléter la teinte de tes yeux.»

J'admire les traits harmonieux de mon compagnon. Un pantalon court laisse voir ses jambes et ses genoux bronzés et la légère chemisette, ouverte au cou, lui donne l'air d'un prince de contes de fées. Il m'observe alors que je pose les fleurs contre ma joue.

«Merci, lui dis-je.

— Un de mes prénoms est Jocelyn, puisque tu y tiens tant!» dit-il en s'approchant et en prenant ma main.

J'ai peur et je recule comme si j'étais exposée à une force irrésistible qui n'a pas de nom.

«Mais qu'est-ce que tu as? Puisque tu veux que nous soyons amis, il faut faire un pacte!

— Quel pacte?

— Le même que l'autre jour, quand nous sommes tombés tous les deux!»

Mes joues brûlent au souvenir de ce baiser. Autour de moi rien n'a changé et pourtant tout est différent. Le silence, la présence et l'haleine de Jocelyn sur ma bouche mettent ma vie en suspens, et je cherche les battements de mon cœur. Il désire qu'à nouveau nous refassions le pacte et j'accepte.

∾

Encore une fois, ma simplicité, ma soumission, ma féminine et inconsciente façon d'aimer le laissaient muet et content de lui. Je n'avais que Dieu pour me gouverner et, imperceptiblement, Jocelyn devenait aussi un guide. Le pacte était le lien qui nous unissait l'un à l'autre. Le sens de Dieu et le sens de l'amour se confondaient.

J'acceptais l'exubérance de Jocelyn, tout son être tourné vers l'aventure, préparant son long parcours vers sa vie d'homme. Une fougue soudaine noircit son regard, puis il tressaillit en m'embrassant, les yeux fermés. Il resta immobile.

J'attendais, je me sentais rougir… J'avais l'impression de manquer d'emprise, comme si mes doigts touchaient son corps sans vraiment pouvoir le saisir. Petit à petit, l'étreinte me bouleversa davantage et la faim que je devinais sur sa bouche, dans ses mains qui caressaient ma nuque, je la reconnaissais dans ma propre agitation, dans la lourdeur de mes membres et mon désir de pleurer. Nous étions fidèles à nous-mêmes, notre pacte était pur, il n'était qu'une parcelle de notre bonheur.

Parfois, Jocelyn devenait fantasque et son cynisme me gênait. Il détruisait cette belle image de calme et de sagesse que je m'étais faite de lui. «Je ne peux rester que quelques minutes, Marianne! Je ne suis pas enfermé, moi! J'ai dû rater une partie de base-ball pour venir te voir!» Ou encore: «Ne m'attends pas pour au moins un mois, j'ai beaucoup à faire!»

Je sentais chez lui un côté obscur, insaisissable, où sa passion teintée d'arrogance restait tapie et sous contrôle. Chez moi, il n'y avait que regrets et impuissance. Je me demande si la certitude de ma fidélité et la foi naïve de mon jeune âge le rassuraient pleinement. Étaient-ce ces qualités qui l'attiraient?

«Je dois t'avouer, Marianne, a-t-il dit avant un de ses départs, que je pense souvent à toi, un peu trop peut-être! Une fillette qui ne voit personne et qui ne sait rien du monde est une curiosité. Je ne peux pas me permettre de t'aimer trop… tu es trop jeune, vulnérable et fragile… et je pourrais te blesser…»

Dans ces moments pénibles que je ne comprenais qu'en partie, j'aurais voulu me venger, qu'un mot de moi puisse changer son sourire en torrents de larmes. J'acceptais que tout ait une fin et c'était ce dont j'avais peur. J'avais peur que notre précieuse amitié fût menacée, alors je n'osais le contredire. Consentante mais remplie d'appréhension, j'acceptais ses mains sur moi, la chaleur qui se dégageait de lui et le bien-être qu'il m'apportait, aussi démesuré que le vide après ses départs.

Les rencontres se poursuivaient au même rythme et l'espoir se nourrissait de lui-même. Peu m'importait que je confonde rêve et réalité. Il me suffisait d'espérer des sentiments réciproques et d'adhérer au pacte.

Ainsi je réussissais à obtenir cette permanence de vie intérieure qui est l'apanage des âmes bien bâties.

CHAPITRE IV

Depuis longtemps, je craignais ce réveil. Je fronçai les sourcils alors qu'un coup de vent secouait, dans l'encadrement de ma fenêtre, les branches languissantes de mon arbre. Dans l'air lourd et voilé par une brume d'automne, je vis des bras de fantôme s'agitant dans l'étain triste du ciel. De mes yeux inquiets, je suivais les gouttes d'eau qui glissaient le long de la vitre. Elles semblaient étrangement ruisseler de mes paupières.

Je regardais avec suspicion l'uniforme noir que sœur Sainte-Marie avait cousu la semaine précédente et que je devais endosser ce jour-là, pour la première fois. J'allais rejoindre les élèves de La Retraite.

~

Sœur Sainte-Marie est déjà levée, elle a sonné la cloche annonçant la fin des matines. À mes oreilles, elle résonne lugubrement. Je suis drôlement triste... la journée s'annonce mal !

Je secoue les épaules et, par habitude, j'enfile mes habits de tous les jours. Quelque temps auparavant, l'assistante de la Supérieure, mère Sainte-Ursule, est venue aux cuisines. Elle avait un message pour moi et, contrairement à l'usage des religieuses qui chérissent les longs discours, ce fut bref.

« Marianne, je viens de la part de mère Saint-Anselme. Le jour de la rentrée scolaire, tu te présenteras à la porte de la chapelle pour la messe de sept heures ! » Puis, elle a ajouté en me regardant de ses petits yeux brillants : « Surtout, ne sois pas en retard. »

Cela dit, elle a fait une pirouette, et nous l'avons regardée partir, son grand voile noir flottant derrière elle comme une gigantesque aile de corbeau en plein vol. Dans l'entrebâillement de la porte, elle a fait soudain volte-face et s'est adressée pour la première fois à sœur Sainte-Marie :

« Vous veillerez, n'est-ce pas, à ce que Marianne soit à l'heure et que sa tenue soit correcte. Mère Saint-Anselme est très stricte sur ce point ! Je vous laisse. »

« Est-ce qu'elle est quelqu'un d'important ? » ai-je demandé. Sœur Sainte-Marie a acquiescé d'un signe de tête.

Je longe le corridor plongé dans une demi-pénombre. Le silence m'absorbe, comme si le temps s'arrêtait soudain dans l'attente de cette journée scolaire qui, selon sœur Sainte-Marie, va donner un sens à ma vie en m'orientant vers les lumières du savoir. Je ne vise pas si haut ! J'ai juste envie de retrouver ma gaieté et mon entrain.

Depuis que je suis en âge d'aider ma mère adoptive, j'ai certaines responsabilités que j'assume avec courage. Je suis chargée d'entretenir le feu de la chaudière qui subvient aux besoins du couvent en chauffage et en eau chaude. Je compare la grosse chaudière à un monstre puissant à la gueule rougeoyante. Il me fait frissonner d'aise. Je l'ai surnommé « l'ogre ». Quand j'ouvre un peu plus la soupape d'admission d'air, j'entends le monstre reprendre vie et, à travers une fente, je le regarde lécher avec avidité et gourmandise les restes de bûches. Bien entendu, il m'est interdit de toucher à la lourde porte, mais, chaque matin, mon travail consiste à introduire entre ses mâchoires des branches de pin que j'ai ramassées dans le boisé. Le branchage s'enflamme vite et grésille en laissant échapper des volutes bleues au parfum de résine.

Ce matin encore, je suis absorbée par le spectacle magique des petites étoiles produites par le crépitement du bois, quand un bruit sec suivi d'un grondement, tout près de moi, me cloue sur place. Je crois m'évanouir. Quelques bûches, mal empilées, roulent par terre et s'arrêtent à la portée de ma main. J'ai eu peur et dans ma poitrine, mon cœur bat la chamade. « Pas un signe de malchance, j'espère », me dis-je en faisant un signe de croix. Je cherche Boudi dans son coin, mais il n'y est pas. Une lucarne ouverte lui offre l'entière liberté d'aller et venir à sa guise. « Tu as de la chance, Boudi, tu n'as pas à aller en classe, toi ! »

Immobile devant la chaudière qui ronronne, je réfléchis du haut de mes six ans tourmentés. Et je prie en silence pour que ma maman m'aide aujourd'hui plus que jamais. J'aurais tant voulu qu'elle soit là, sa main dans la mienne, pour me conduire au seuil de la salle de classe. « Maman, maman, je suis si seule au monde ! »

« Mais que fais-tu ici ? » s'exclame sœur Sainte-Marie.

Je sursaute, surprise par sa soudaine présence. Elle s'approche de moi et, voyant mon air effrayé, elle sourit d'un air indulgent.

« Bien, je fais comme d'habitude et, à sept heures, comme vous le savez, je vais à la chapelle avec les autres.

— Oui, je sais, mais tu ne peux pas continuer à travailler ici et être en même temps écolière, reprend-elle en m'observant d'un œil attendri.

— Mais qu'est-ce que je dois faire en attendant? C'est mieux que je sois ici avec vous, je ne sais pas où aller, moi! S'il vous plaît, laissez-moi vous aider, comme avant. J'ai activé le feu avec du petit bois, maintenant vous devez mettre les grosses bûches…

— Tu es un vrai trésor, Marianne. Ne t'en fais pas, je vais parler à la Mère supérieure.

— Non, surtout pas à elle! Ça ne me fait rien de venir vous aider, je vous le dis, j'aime bien préparer avec vous le porridge du petit déjeuner.

— C'est d'accord pour aujourd'hui, me dit-elle, occupe-toi de la table dans le réfectoire des religieuses et je m'occupe du reste. Il faut aussi penser à te préparer, c'est une belle journée pour toi, continue-t-elle sans me regarder. Il faut prier la sainte Vierge pour qu'elle t'éclaire. Je joindrai mes prières aux tiennes. Maintenant va et que Dieu te bénisse, ma chérie. »

Elle se penche vers moi et pose sur mon front un doux baiser qui dure une éternité. Je prends ses mains dans les miennes.

« Je veux rester avec vous! »

Ma voix se brise, des larmes brillent dans ses yeux.

« Pourquoi vous pleurez?

— C'est idiot, me dit-elle, mais ce jour marque la fin de ma relation privilégiée avec toi. Cela fait si longtemps… Ce ne sera plus pareil, maintenant. Tu ne seras plus à moi seulement, tu comprends?

– Mais moi, je veux continuer à vous voir, je veux rester avec vous, tous les jours.

– On verra, ma chère petite fille, que la mère de Jésus te protège! Allez, sauve-toi», répond-elle en me poussant vers le réfectoire des religieuses.

De retour dans ma chambre, je mets mon uniforme sombre pour la première fois. Il m'enveloppe de ses grands plis et sous le tissu rugueux, je frissonne. Fatiguée, les yeux fermés, ma main se crispe sur le col de celluloïd blanc, pareil à celui d'un prêtre, que j'ajuste autour de mon cou. Je reste immobile, gênée par cet ornement qui me serre comme des tenailles… L'émotion me coupe le souffle, j'étouffe.

~

Ainsi je dus me plier aux règles de l'internat et, grâce à ce que je considère aujourd'hui comme une preuve de bienveillance de la part des religieuses, partager la vie de fillettes de mon âge, issues de familles aisées qui se glorifiaient d'envoyer leur progéniture au réputé pensionnat des ursulines. Vêtue de mon nouvel habit, je ne désirais ni la protection de l'Église catholique ni le grand amour de Dieu, je voulais juste retrouver un sentiment de bien-être à la place de cette terreur qui m'engloutissait.

Autour de moi, la lumière blafarde et diffuse ajoutait à ma confusion et à mon trouble. Je lissai mes cheveux, rajustai mes vêtements autour de ma taille et plaçai sur ma tête l'épaisse voilette noire. «On ne se présente jamais à la chapelle tête nue», m'avait fait remarquer sœur Sainte-Marie, au tout début de mes visites avec elle en ce lieu de culte.

«Marianne, tu as l'air d'un croque-mort!» me dis-je en apercevant le reflet de mon visage dans l'une des fenêtres du hall. Dehors, la brume du matin s'était dissipée et je repris espoir. Bien que remplie d'appréhension, je marchai d'un pas alerte et déterminé pour rejoindre les élèves. Avais-je le choix, de toutes manières?

Le tintement des cloches marquait le début de nouveaux rituels dans ma vie et sonnait le glas de ma petite enfance.

~

Je suis saisie de peur lorsqu'une main me dirige sans ménagement vers un banc où deux jeunes filles reculent pour me laisser passer. Je regarde le visage fermé de la religieuse qui m'a bousculée ainsi. Une fois de plus, mère Saint-Ignace fait preuve d'agressivité à mon égard. Son visage est grave, avec de larges yeux brillants sous des paupières tirées; son cou semble fléchir sous le poids des voiles. Elle retourne sur ses pas vers le fond de la chapelle et s'agenouille à son prie-Dieu. Mère Saint-Ignace ne m'aime pas et je comprends, en la regardant, que la douce présence de sœur Sainte-Marie fait partie du passé.

À ma droite, une jeune fille fragile esquisse un sourire dans ma direction et cette marque d'amitié se grave dans mon âme. Instantanément, elle obtient ma confiance et ma dévotion. Je suis déjà prête à l'aimer. À genoux, la tête inclinée sur ses mains jointes, elle murmure ses prières; je remarque la pâleur de ses joues. Lorsqu'elle rouvre les yeux, elle me fait signe de m'asseoir, en me donnant l'exemple.

Vais-je trouver de l'amour ici, avec mes semblables ? Devant moi, des têtes se prosternent, dans un profond recueillement, en silence, pour rendre hommage à Dieu, dans Sa Maison. Sur l'autel, la blancheur des nappes brodées et des hauts cierges allumés ajoute une touche solennelle à l'atmosphère de pureté.

Un mince filet de lumière tamisée traverse un vitrail aux couleurs ternes et parvient à illuminer, dans son cadre, le visage de l'Immaculée Conception. Tiens, elle me fait penser à la reine d'un jeu de cartes... Je connais bien la chapelle et pourtant, de mon banc, elle a un tout autre aspect.

De l'autre côté de l'épais grillage qui nous sépare d'elles, les religieuses prient avec ferveur. À cet instant précis, je peux croire à la réelle présence de Dieu au milieu de nous.

Je ne suis pas habituée à rester sans bouger aussi longtemps et je tourne la tête dans tous les sens. Je croise le regard de mère Saint-Ignace empreint de sévérité, et j'en frissonne. La main de ma voisine se pose à cet instant sur la mienne et la serre. Sa peau est brûlante.

« Reste calme, Marianne, la messe va bientôt commencer, me souffle-t-elle en se penchant vers moi.

— Ça va être encore long ?

— Non. »

Son haleine à l'odeur de menthe caresse mon visage. Troublée, je rougis et baisse la tête. L'entrée de l'aumônier, suivi de l'enfant de chœur, chasse aussitôt ces pensées. Je connais le père Antoine pour l'avoir vu du jubé de la chapelle et me rappelle avoir été émerveillée par la perfection de sa tonsure. Quel genre d'homme est-il ? Un sage, un solitaire ou seulement un homme au service de la congrégation des religieuses, un berger gardant des jeunes filles?

Il est grand, un peu bedonnant, avec des épaules légèrement voûtées, mais paré de sa soutane et de son surplis brodé de dentelle, il a fière allure. Au moment de la bénédiction, lorsqu'il tourne son visage vers nous, je suis frappée par la forme de sa bouche. Il a des lèvres charnues et ourlées… comme celles de Jocelyn.

Le cérémonial de la messe accapare mon attention. Cette routine met de l'ordre dans mon cœur et dans mes sentiments. Au moment de l'eucharistie, je réfléchis à sa signification. Par miracle, le prêtre va changer l'hostie et le vin en corps et en sang du Christ pour la communion. Je me demande comment Dieu a voulu une telle chose. J'ai du mal à en saisir les nuances. Je suppose que les cours de catéchisme vont m'éclairer sur tous ces mystères…

La messe se termine et l'harmonium joue une musique triomphale, tandis que les élèves sortent de la chapelle en rang et en silence. Tout le monde se dirige vers le réfectoire. À l'entrée, mère Saint-Ignace au visage impassible me fixe de ses yeux durs. Je me raidis. Sous la froideur de son regard, je ressens de nouveau la crainte et le désarroi de l'animal piégé. Spontanément, j'évite de croiser ses yeux et ne vois qu'une main très blanche sortir des profondeurs de ses manches et m'indiquer une place au bout d'une table, où des jeunes filles de mon âge ont déjà pris place. Pour la première fois de ma vie, je vois l'injustice et l'inégalité de l'existence.

Mes habitudes d'enfant solitaire m'ont rendue plus indépendante que les pensionnaires de mon âge, mais j'ai un grand désir d'aller vers elles. J'attends désespérément une occasion de communiquer. Mais ici, pas question de bavardages comme avec sœur Sainte-Marie, le matin, quand nous prenions notre petit déjeuner. Tout se déroule dans un silence quasi total et, hormis le tintement de la vaisselle et des plats que distribuent d'une façon énergique et disciplinée les élèves des classes supérieures, on pourrait entendre une mouche voler. Mon inconnue de la chapelle est assise à la première table avec trois compagnes et, de leur place, elles dominent le réfectoire avec ses quatre-vingt-dix élèves qui, pour la plupart, gardent la tête penchée sur leur bol de porridge et leur galette de seigle. Certains enfants autour de moi n'ont pas l'air gai et je suppose que je ne suis pas la seule, en ce premier jour de pensionnat, qui a le cœur gros.

«Comment tu t'appelles? dis-je à ma petite voisine qui n'a même pas touché à son assiette. Tu n'as pas faim?»

Elle me regarde, des larmes coulent sur son visage. La religieuse de garde, mère Saint-Ignace, se promène entre les rangs et nous toise tour à tour. D'un signe de la main, elle m'invite au silence. Elle a vraiment l'œil partout, il va falloir me tenir sur mes gardes!

La cloche du couvent couvre pour un moment les légers bruits de la salle. Le déjeuner s'achève et puis un ordre strict tombe: «En rangs serrés, mesdemoiselles, vers le vestiaire.» Mes compagnes, tristes et obéissantes, forment les rangs pour sortir. Je passe devant mère Saint-Ignace et lui jette un bref coup d'œil. J'ai l'impression qu'elle est prête à me pulvériser! Que lui ai-je donc fait?

Dehors, l'air vivifiant du mois de septembre dissipe les affres des premières heures. J'ai tout à coup la nostalgie d'impossibles voyages dans le temps. Mes pensées s'envolent vers ma montagne, là-haut, silencieuse et immobile ; je me rappelle l'odeur douce des aubépines et le parfum des cèdres en bordure des champs. Je me figure le goût des fraises sauvages que je cueillais en contrebas d'un monticule buissonneux où je me cachais pour les dévorer, charmée par le bourdonnement insistant des insectes… Des moments de pure liberté.

Un coup de gong annonce une autre étape de la journée. La religieuse occupe de nouveau mon champ de vision et elle semble épier le moindre de mes mouvements. Je souhaite… je me souhaite quelque chose qui ne peut plus être, ma liberté. Impossible, je suis devenue écolière. J'en pleurerais si ma fierté me le permettait, mais je ramasse tout le courage de mon petit cœur. Je veux croire que la journée finira bien.

Chapitre V

La journée se présentait mal et je savais qu'il y en aurait bien d'autres du même acabit. Je m'enfermai dans mon silence puisque, de toute évidence, c'était la règle d'or. Je cherchai des yeux ma compagne de la chapelle, mais je ne la vis pas. La petite fille à côté de moi tremblait, elle avait enfoui son visage dans ses mains. Je posai doucement ma main sur son épaule et lui soufflai à l'oreille :

« Ça ne sera pas si mal que ça, attends un peu, tu verras ! »

Elle me regarda à travers ses cils mouillés et se força à ébaucher un sourire, bien malheureux cependant. Je souris à mon tour, lui montrant une assurance que j'étais loin de posséder.

« Tu t'y connais en couvent ? demanda-t-elle.

— Ah oui ! »

~

Sans tarder, les plus petites sont pilotées vers la grande salle des fêtes et nous prenons place dans les deux premières rangées. Je suis anxieuse mais relativement contente de me retrouver dans un lieu familier. Mes yeux font le tour de la grande pièce, toute lambrissée de chêne, et j'écoute le pas léger des cinq religieuses qui se rendent sur l'estrade. Au centre du groupe trône la Mère supérieure, droite, sévère comme un général entouré de ses soldats. Assise à sa droite, mère Saint-Ignace a, je le sens, les yeux sur moi. Un lourd fardeau semble reposer sur les frêles épaules de mère Saint-Anselme. Difficile d'imaginer en elle le chant d'une âme heureuse. Son visage cendré est austère. De son regard de vautour, elle embrasse le groupe et pose un grand livre ouvert sur la table, devant elle. Puis, croisant lentement ses mains blafardes, elle entame un discours morose et inquiétant.

Assises, nous écoutons gravement les mots de bienvenue, ceux qui expliquent nos devoirs d'enfants de Dieu, dont on attend une belle réussite selon la devise du couvent: «*Excelsior!*» Notre devoir et notre obéissance envers notre mère, la sainte Église, constituent la base de notre éducation.

Sa gorge doit être sèche, car elle s'arrête pour boire quelques gorgées d'eau. Sa main tremble un peu. Mère Saint-Ignace s'approche d'elle mais la Supérieure la repousse, puis poursuit son monologue sur les voies futures de notre spiritualité et de notre éducation.

«Votre univers sera délimité, d'une part, par le service dédié à Dieu et, d'autre part...»

Elle s'arrête de nouveau, le dernier mot accroché à ses lèvres et, pendant un moment, elle me fait penser à une marionnette inanimée. Les autres religieuses, jusque-là impassibles, s'agitent. Un rayon de lumière danse sur les plastrons blancs de leurs poitrines... On dirait des apparitions.

Ses yeux ternes s'éclairent légèrement, ses lèvres minces rosissent et la voix coupée par la douleur reprend le discours interrompu :

« ... vos leçons. Votre emploi du temps sera indiqué sur les tableaux d'usage, l'horaire des cours sera le même que l'année dernière, toutefois les classes de première seront maintenant sous le contrôle de mère Saint-Ignace. »

Mon angoisse frise la panique lorsque je réalise que la religieuse impitoyable de la matinée sera mon institutrice.

« Il y a aussi parmi vous une enfant qui est élevée ici, au couvent, et comme telle, elle fait partie de notre communauté. Elle poursuivra ses études avec vous toutes, mais certains privilèges ne pourront lui être octroyés. Ses autres obligations continueront comme avant... »

J'ai soudain l'horrible impression qu'une centaine de têtes et de paires d'yeux se tournent vers moi. Je voudrais me cacher dans un trou de souris, ne plus exister. J'ai honte de moi. Tout change et rien ne change vraiment. Je demeure sous l'autorité des religieuses et, en plus, mon statut d'écolière n'allège en rien mon sort.

La Supérieure, en plus d'être hideuse, est méchante et sa dureté, ce jour-là, est très pénible à supporter. Le bruit des chaises que l'on remue me ramène à la réalité alors que le discours, que je n'écoutais plus d'ailleurs, s'achève. Mon regard et mes pensées se sont envolés vers l'une des grandes fenêtres par où un rayon de soleil essaie de libérer son fuseau de clarté, comme un gage d'encouragement. Je voudrais fuir maintenant, mais je suis emportée par la vague des élèves. Je me dirige vers ma classe de première.

La petite fille que j'ai encouragée un peu plus tôt prend ma main dans la sienne en murmurant à mon oreille :

« Viens, on va s'asseoir ensemble. »

C'est avec elle à mes côtés que commence ma première journée d'école.

Perchée à son pupitre, impérieuse et sévère, mère Saint-Ignace s'adresse à nous toutes. D'un signe de la main, elle m'indique ma place au dernier rang de la classe. Ma compagne prend sa place à mes côtés. Le regard de la religieuse et le mien se croisent par-dessus les têtes de mes compagnes, et le sien me glace. Dans la fixité de ses yeux, je crois percevoir un éclat de lumière, comme une larme retenue… Je me trompe certainement ; elle fait claquer sa règle sur le bureau afin d'attirer notre attention.

Une voix prononce mon nom et son timbre, tamisé par ma rêverie, me sort de mon état végétatif :

« Marianne ! Marianne ! » appelle mère Saint-Ignace.

Le regard perçant et contrarié de la religieuse me frappe en plein visage. Mon cœur palpite dans ma poitrine. Elle me domine encore.

« Marianne, je te surveille depuis ton arrivée dans la classe. Tu commences mal ton année scolaire. Concentre-toi, sinon je vais te punir. »

Je baisse la tête et, autour de moi, tout semble figé. Les battements de mon cœur m'oppressent, mon angoisse augmente. La leçon continue et j'essaie de m'appliquer. Nous apprenons les rudiments de notre première confession et nous y sommes initiées avec le chapitre sur les péchés. Au bout d'une demi-heure, je suis persuadée que la méchanceté et la laideur de mère

61

Saint-Anselme et la sévérité de mère Saint-Ignace sont la faute d'Adam et d'Ève. S'ils n'avaient pas goûté au fruit défendu, je souffrirais moins en ce moment.

J'apprends que la faute de nos premiers parents est effacée à notre baptême. Mère Saint-Ignace parle aussi du danger des péchés véniel et mortel. Mon esprit s'engourdit, mais afin de ne pas attirer le courroux de mon institutrice, je fais semblant d'écouter et fixe mon attention sur les détails de son visage. Elle a des joues légèrement rosées et une clarté transparente mais sans éclat filtre de ses yeux pâles. Je me demande si elle est blonde sous son voile. Elle est belle, quand même... Sa voix à peine distincte me parvient dans un bourdonnement, mais j'arrive à en capter des bribes : «Les mains miraculeuses de Son Fils qui accepta les crimes de la terre et mourut, crucifié, pour le rachat de la faute, une rançon payée à Dieu son Père au nom des hommes, les fils d'Adam et d'Ève... »

Le péché originel fait donc partie de notre héritage, et la leçon en paraît d'autant plus pesante et accablante. Pourrais-je triompher des forces du mal?

«Dieu, continue mère Saint-Ignace, bâtit les grandes âmes et les choisit pour Lui-même et de Lui naissent la lumière et les miracles. »

Ces mots édifiants se gravent dans mon âme et, dans ma première leçon d'histoire religieuse, je puise un peu d'espoir.

«Laissez venir à moi les petits enfants, car le royaume des Cieux leur appartient! a dit le Fils de Dieu. »

CHAPITRE VI

L'heure du déjeuner était arrivée. J'avançais à pas lents sur les dalles de pierre des corridors et je soupirais de soulagement en pensant que j'avais traversé ma première matinée d'école sans désastre majeur. Je suivais les autres élèves, mais je m'arrêtai en contournant le quartier des cuisines dont je reconnaissais les odeurs. Puis je pressai le pas, entendis des rumeurs à peine distinctes derrière une porte et je me retrouvai de nouveau au réfectoire devant la simplicité familière des longues tables.

Durant la matinée, j'avais cru aux démons de l'enfer, aux anges des regrets, aux archanges de la revanche et finalement au génie de Dieu. La réalité de l'existence était dure et la récompense promise, bien lointaine. Je me rappelai le sourire de ma compagne de classe et mon cœur en fut allégé. Je l'aperçus au bout de la table et, à mon tour, je lui souris.

J'avais faim et le repas se déroula dans le silence, sous la surveillance de mère Saint-Ignace; les seuls bruits, comme d'habitude, provenaient du service et des cliquetis des fourchettes et des couteaux. Au début et à la fin de chaque repas, nous demandions grâce à Dieu. Tout était orienté vers Lui. Nous devions le remercier pour notre nourriture, lui vouer notre intelligence, ne vivre que pour lui.

Devais-je aussi le remercier pour les tâches qui m'incombaient à la fin du repas de midi? Comme on me l'avait signifié publiquement, je continuerais le même travail qu'auparavant, mais, cette fois, sans le soutien de sœur Sainte-Marie. Je demeurai donc au réfectoire pendant que les élèves se dirigeaient vers les vestiaires et la cour de récréation. J'éprouvais beaucoup de rancœur. J'étais désormais pensionnaire, mais mon statut était différent de celui des autres. J'aurais voulu aller jouer dehors pour mettre fin à ma solitude.

J'essayai d'ignorer cette demi-heure. Et je décidai d'en faire un cérémonial de prières. Je dédiai mes œuvres au réfectoire au service de Dieu – bien qu'à mon avis il se montrait trop exigeant – et je retrouvai mon sourire, ma grâce enfantine et ma bonne volonté.

~

Au début de l'après-midi, mère Saint-Ignace nous initie aux mystères de l'arithmétique. Notre première leçon est élémentaire; la science précise et exacte des mathématiques se borne au déploiement de petits bâtons, doublé de leur interprétation numérique au tableau noir avec des craies de différentes couleurs. Je m'efforce de comprendre ce qu'elle essaie de nous inculquer. Ma première discipline doit être l'art et la manière d'écouter, car, à l'encontre de sœur Sainte-Marie qui apportait toujours un élément ludique dans son enseignement, mère Saint-Ignace vise un seul but: nous éduquer. Énergique et précise, elle est parfaite pour ce travail.

Mes efforts de concentration sont interrompus par de vagues rêveries que je ne saurais exprimer en mots. C'est un peu comme si l'on me demandait de décrire ma montagne. Je ne pourrais que répondre: «Elle est haute», alors qu'elle représente tant d'autres choses pour moi... Soudainement, une douleur aiguë traverse le haut de ma cuisse. J'en découvre la cause: quelqu'un me pique avec la mine d'un crayon. Détournant à demi la tête, je croise le regard fixe de ma voisine de droite. Je n'ose pas bouger et j'essaie de repousser la main intruse. Mais cette fois-ci, elle enfonce la pointe du crayon dans ma main, comme un poignard. Je pousse un cri et me lève pour me défendre. Après un clac à peine perceptible, le crayon tombe par terre, cassé en deux.

«Marianne, qu'y a-t-il donc?» s'exclame mère Saint-Ignace en me regardant d'un air exaspéré.

Je suis sidérée, aucun son ne sort de ma bouche et je me rassieds, dans l'attente d'une catastrophe.

«Elle vient de casser mon crayon, ma mère, dit ma voisine en me montrant du doigt.

– C'est un accident.»

J'ai répliqué sans me rendre compte de mon audace, en regardant tour à tour la religieuse et mon assaillante.

«Non, elle a cassé mon crayon, exprès», renchérit cette dernière en se mettant debout à son tour.

Consternée, je reste muette. Dans l'irréalité de l'instant, je vois la main de mon autre voisine se lever lentement. Elle prend alors, pour moi, les traits de l'archange Gabriel venant à la rescousse des opprimés.

«Oui, Brigitte, tu as quelque chose à dire?

« – Ma mère, Marianne n'a pas cassé le crayon, c'est vraiment un accident, car elle essayait d'empêcher Caroline de la blesser.

– Ce n'est pas vrai, crie Caroline d'une voix stridente, elle, elle...

– Ça suffit, Caroline ! »

La religieuse s'approche de nous. J'ai peur et je me demande ce que j'ai fait au bon Dieu pour mériter un tel sort. Des larmes tombent doucement sur mes mains. Je me sens prise au piège, mais je me rappelle alors les paroles de sœur Sainte-Marie. Elle me disait toujours que tout problème a sa solution. Un silence total règne dans la classe.

« Je dois régler l'incident du crayon cassé maintenant, sinon je serai dans l'obligation d'en parler à la Supérieure. Je dois, en toute impartialité, demander à Marianne sa version, pour pouvoir juger, d'une part, l'accusation faite par Caroline et, d'autre part, le démenti exprimé de façon spontanée par Brigitte. Eh bien, Marianne ?

– Elle... elle ne..., bégaye Caroline qui vient de se lever de nouveau, elle...

– Assieds-toi et tout de suite ! ordonne mère Saint-Ignace d'une voix autoritaire. Et silence !

– Le crayon s'est brisé par accident, dis-je lentement en essuyant mes yeux.

– Tu n'as rien d'autre à ajouter ? demande la religieuse.

– Non, ma mère. »

Je la regarde, apeurée, alors que ses yeux se posent sur ma main rougie à l'endroit où s'est enfoncée la mine de crayon.

« Tu en es sûre ? »

66

J'acquiesce de la tête.

« Parle, Marianne. Il est impoli de répondre par des signes de tête.

— Oui, ma mère, je n'ai rien d'autre à ajouter.

— Parfait. Mesdemoiselles, vous pourrez aussi tirer vos propres conclusions et une certaine leçon d'humanité. Je ne donnerai aucune punition et, pour la forme, je remercie Brigitte d'être venue à l'aide de celle qui, me semble-t-il, chérit sa parcelle de vérité sans vouloir attaquer son prochain. Eh bien, Caroline ? »

La mine renfrognée de ma voisine me fait un peu peur, elle ne dit pas un mot et me regarde sournoisement. Ses yeux sont méchants, je compare leur dureté à celle de la pierre.

« Reprenons notre leçon, dit la religieuse en s'asseyant à son bureau. Caroline, viens t'installer au premier rang. À partir d'aujourd'hui, ce pupitre sera le tien. »

Ce moment devrait me procurer un sentiment de victoire, mais j'ai besoin de plus de certitude pour alléger le poids de ma peine. Pourtant, le sourire de Brigitte et son galant effort ont été très précieux pour moi et si mère Saint-Ignace a fait preuve de perspicacité, je sais que je n'ai pas pour autant l'intention d'oublier la vilaine plaisanterie de cette peste de Caroline. Le crayon cassé est devenu chose du passé et a disparu à tout jamais dans les profondeurs d'un tiroir. Un son de cloche persistant indique l'heure du goûter et la sortie. Nous brisons donc les rangs.

Arborant son masque immuable, mère Saint-Ignace se tient, immobile, près de la sortie. Dans un silence total, nous passons devant elle. Moi, je réfléchis aux aléas du dur métier d'écolière et trouve que l'humeur et la disposition de chaque participant varient bien trop souvent. Entre l'exercice de l'autorité et la soumission, mon cœur balance.

Mais une poussée brutale me fait irrévocablement trébucher contre la religieuse et je sens contre une de mes joues les grains froids du rosaire, et puis sur l'autre, la brûlure d'une gifle qui claque comme un coup de fouet. Sans comprendre ni comment ni pourquoi, je me retrouve à genoux tenant entre mes bras une des jambes de mère Saint-Ignace. En relevant la tête, je vois Caroline se faufiler sournoisement entre les élèves assemblées dans le corridor. De nouveau, la main dure de la religieuse se pose sur mon épaule et d'un geste brusque elle me remet sur pied. Lorsque je vacille, elle me repousse. Un sentiment de rage mêlé de haine prend mon cœur d'assaut, il est si intense que je me sens capable de frapper. Je désire ma revanche et je me jure de l'obtenir.

Hors de moi, je hurle :

« Mais pourquoi me bousculez-vous de la sorte ? Que vous ai-je fait ? »

Le visage de mère Saint-Ignace est maintenant très pâle, ses lèvres blêmes tremblent. J'y cherche un reproche, une certitude, voire l'esquisse d'une réponse. Je touche ma joue en feu. C'est trop pour moi, ces regards, cette complicité et cette cruauté. Mon corps et mon esprit souffrent. Je m'enfuis, ébranlée par tant de rudesse. En courant, je ne pense qu'à retrouver Jocelyn. Lui, j'en suis certaine, saurait comment me faire oublier ce monde méchant.

CHAPITRE VII

Sans savoir où j'étais, je m'écroulai dans le coin d'une pièce sombre qui exhalait une odeur de naphtaline. Triste à en mourir, je cachai ma tête entre mes genoux et je pleurai amèrement. Pourquoi m'avait-on dépossédée d'une existence protégée avec sœur Sainte-Marie pour me plonger dans celle-ci, pleine d'orages qui me déséquilibraient? Je n'avais pas su, je n'avais pas pu résister au désir de m'enfuir, et j'imaginai les conséquences de cet acte irréfléchi. Il allait me causer les pires ennuis avec la Supérieure. Elle allait sûrement me convoquer dans son bureau. J'étais malheureuse et mon chagrin atteignit son paroxysme lorsque les cloches du couvent sonnèrent à toute volée, couvrant le bruit de mes pleurs déchirants.

~

«Tu viens?» dit une voix tout près.
D'un bond, je me lève.
«Viens», reprend la voix.
Je reconnais, dans la demi-pénombre, le visage de ma fervente voisine de la chapelle. Elle me sourit et tend ses bras vers moi.
«Pauvre petite fille!»

Ses mots doux et son air compatissant décuplent ma détresse, ouvrant en quelque sorte une brèche inespérée dans le mur de mon chagrin. Mais ai-je besoin de la commisération des autres?

«Voyons, continue-t-elle d'une voix calme, ce n'est pas si grave! Tu peux te confier à moi.»

Elle m'offre son mouchoir et je détourne la tête. À quoi bon! Tout, dans ma nouvelle vie, est inévitable et ma volonté ne compte pas...

Elle attend en silence.

«C'est mère Saint-Ignace qui vous envoie? lui dis-je finalement, d'un ton un peu brutal.

– Non!» dit-elle.

La tourmente que je viens de traverser a apporté avec elle la fatigue du naufragé qui touche enfin le rivage. Je me sens terriblement lasse et, dans mon désarroi, j'ai un grand besoin de réconfort et de chaleur humaine. La vie est injuste.

Pendant de longues minutes encore, aucun bruit, aucun mouvement ne vient rompre notre mutisme. J'essuie mes yeux tout en observant le beau visage de madone à la chevelure d'or.

«Qui êtes-vous? dis-je, brisant le silence.

– Je m'appelle Thérèse et je suis responsable de la coordination entre les différentes classes; j'aide aussi les élèves à résoudre leurs problèmes.»

J'écoute la voix douce qui me promet protection et assistance. Et comme mère Saint-Anselme, elle me parle du réconfort de la prière, de la sagesse des plans du Seigneur... et je me laisse bercer par sa voix mélodieuse. Elle s'est approchée de moi et je sens sa main toucher mes cheveux. Elle continue:

« Et tu recevras plus que tu ne peux le soupçonner. Un autre monde s'ouvrira à toi. Pauvre amour, petite recluse perdue, mes explications doivent être bien confuses pour tes jeunes oreilles. Est-ce que tu comprends un peu ce que j'essaie de te dire, Marianne ? »

Je secoue la tête. Elle m'attire contre elle et m'entoure de ses bras.

« Mon petit agneau, murmure-t-elle. Ne bouge pas. Laisse-moi te consoler. »

Je ne sais pas si je dois la laisser faire.

Ses mains lissent ma chevelure, elle sent bon et son haleine a un parfum sucré. La froideur de ses mains qui se posent sur ma nuque contraste étrangement avec la chaleur vibrante qui se dégage de son corps et la rapidité des battements de son cœur, tout près de mon visage. Cette intimité étrange et la langueur de ce contact physique m'engourdissent petit à petit. Ces paroles et cette chaleur humaine me soulagent. Je me sens libérée de mon chagrin et du fiel amer de la rancune.

Ses mains descendent le long de mon dos, sur mes hanches et suivent le contour de mes fesses jusqu'à mes cuisses, et je me soumets. Son visage s'approche du mien, elle pose ses lèvres chaudes au coin de ma bouche... Surprise par cette étreinte, je cherche à l'esquiver. « Tu es si belle, dit-elle, en laissant tomber ses bras le long de son corps, je ne peux m'empêcher de vouloir te toucher. »

Elle me fascine et me fait peur à la fois. Dans ses yeux limpides, couleur de ciel lavé, danse une flamme étrange. Elle a néanmoins calmé ma souffrance et je laisse de nouveau ses mains se promener sur mes épaules. La caresse de son baiser est douce, et je goûte son souffle parfumé qui me fait tressaillir.

71

« Mère Saint-Anselme te fait l'honneur, dit-elle en me fixant d'un air grave, de te mettre au même rang que les religieuses et de te placer parmi les élues, au service de Dieu et de tes semblables. Tu ne réalises pas, Marianne, le privilège de ta position. Tu es choisie pour devenir l'agneau parmi les brebis de notre mère la sainte Église. Tu vas connaître le bonheur, la béatitude de ne servir que Lui… Ah, Marianne !

– Je suis prête à aller en classe. »

Devant la porte close de la salle d'études, j'hésite. Thérèse ouvre la marche et je la suis. Je capte le signe de connivence que Thérèse et la religieuse échangent et me vient la faible certitude que l'incident est clos. J'ai hâte que s'achève cette journée. J'ai besoin de m'immerger dans le silence et dans l'immobilité de ma chambre. Au moins, n'ai-je pas à supporter la présence de Caroline – elle est demi-pensionnaire. Elle n'assiste donc pas aux repas du soir et ne rejoint pas les pensionnaires dans la salle des fêtes où nous avons quartier libre pendant une heure, avant l'étude du soir.

Thérèse m'entraîne vers le piano, au fond de la salle, où est déjà assise une jeune fille, elle aussi habillée du costume noir des pensionnaires. Elle est absorbée dans la lecture d'une partition.

« Agnès, dit Thérèse en lui tapotant l'épaule.

– Ah, tu es là, répond Agnès sans se retourner. Veux-tu que je te joue la *Pathétique* ? Je l'ai vraiment travaillée durant mes vacances. Quel enchantement ! »

Elle continue de faire courir ses longs doigts souples sur le clavier.

« Agnès, tu en auras pour une demi-heure ! dit Thérèse en lui secouant l'épaule à plusieurs reprises.

« – N'est-ce pas que c'est merveilleux? renchérit encore la musicienne sans se soucier de notre présence. Ah, la *Pathétique*! Seul un génie tel que Beethoven pouvait créer pareil chef-d'œuvre! Écoute, Thérèse, écoute!»

Le paysage d'une musique étrangère m'est alors révélé grâce à la passion et à la foi avec lesquelles Agnès joue. Elle projette son âme dans la musique, et la magie des notes enchante mes oreilles.

Fascinée, je ne quitte pas des yeux les mains rapides qui volent sur les touches, sans s'arrêter, comme si elles ne connaissaient pas le repos, et l'instrument fait corps avec elles.

«Viens, Agnès, dit Thérèse, tu joueras une autre fois. Nous venons d'arriver…

– Tu as probablement raison, répond Agnès en se retournant, je me laisse emporter par la musique… Tiens, qu'est-ce que tu as là? Un petit chat de gouttière?

– Voyons donc, c'est la protégée du couvent! Où étais-tu, ce matin? Il y a eu des problèmes tout au long de la journée, alors je m'occupe d'elle. Je te raconterai!

– Ah oui, la petite Marianne! Elle est plutôt jolie, très jolie même, n'est-ce pas, Thérèse? Cela ne te déplaît sûrement pas?»

Agnès est étrange. Elle doit avoir le même âge que Thérèse, entre quinze et seize ans, mais elle est plus grande et plus mince. Ses cheveux foncés encadrent un visage de porcelaine exsangue et dans ses grands yeux, je lis une intensité qui se dégage d'ailleurs de toute sa personne. Grâce à sa vivacité, elle transmet sa passion de la vie à son entourage. Dans son monde bienveillant et sincère, sa franchise et sa vitalité lui servent à mieux assouvir sa passion de la musique. Je ne suis pas encore une experte dans ce domaine, mais je perçois dans sa façon bien particulière de jouer un talent plein de promesses.

« Ton petit chat a l'air malheureux, dit Agnès en me montrant du doigt.

— On le serait à moins, répond Thérèse. Marianne n'a pas l'habitude des foules, elle a vécu relativement seule jusqu'à présent...

— C'est difficile à imaginer, une fillette qui grandit au milieu des saintes vierges du couvent. Mon Dieu, ce serait assez pour me rendre folle !

— Comme tu exagères, Agnès ! En tout cas, une première journée d'école est une étape un peu traumatisante.

— Je le suppose, puisque c'est toi qui le dis ! Mais, personnellement, n'ayant guère de disposition, voire de talent, pour alléger les peines d'autrui, je préfère ma musique. Rien d'autre n'existe au monde pour moi ! Si chacun pouvait jouer d'un instrument et y consacrer une partie de son existence, le genre humain en serait meilleur. Imagine ! Beethoven et Mozart joués sur la planète entière !

— Ma pauvre Agnès, comme tu rêves ! Il y a autre chose au monde que la musique, tu sais !

— Ce petit agneau, peut-être ? » dit Agnès en passant une main dans ma chevelure.

Thérèse me regarde, sourit et serre ma main.

« Je te le déconseille, reprend Agnès. Avec tes penchants...

— Veux-tu te taire ! l'interrompt Thérèse vivement. Je te défends.

– Excuse-moi, j'oubliais », balbutie Agnès.

Son visage s'est coloré et son regard se voile un court instant.

« Passons, répond Thérèse d'une voix coupante. »

Pendant que j'essaie de détacher ma main de la sienne qui, soudain, me serre les doigts dans son étau, elle me dit :

« Voyons, reste, reste !

– "Chassez le naturel et il revient au galop." Souviens-toi, Thérèse !

– Au fond, Agnès, la musique est encore ce qu'il y a de mieux pour toi. Au moins, tu en connais les effets, rétorque-t-elle, blessée dans son amour-propre.

– Mais moi, je n'ai pas à prendre le voile pour y enfouir mes désirs, renchérit-elle. Le salut des âmes et le dévouement aux belles causes, c'est pas pour moi. Moi, je veux vivre ! Toi aussi, remarque, mais la différence, c'est que toi, tu es lâche ! Tu as peur de ce que tu veux ! Pas moi. Je veux la scène des salles de concert, les applaudissements, les lumières, les hommes et les femmes pâmés à mes pieds… les femmes, surtout ! Tu comprends ? Mais je dois quand même avouer que je t'admire, toi, avec ton idéal de sainteté. C'est beau, mais tout simplement pas pour moi…

– Si le reste du genre humain avait tes convictions, le monde entier ne serait qu'un vaste orchestre dédié au dieu Pan. Vive le règne de la fantaisie, finies les questions, la recherche métaphysique. Tu imagines un peu ? Et pour ce qui est de ma lâcheté, crois-moi, tu te trompes. J'ai la conviction profonde de ma vocation, Agnès, et même dans mes heures de doutes et d'incertitudes, je bénis les circonstances qui me permettront de me détacher du matérialisme de ton monde, Agnès! Cette rupture sera une croix à porter mais aussi mon salut.

— Tu n'as pas à être cloîtrée pour y arriver.

— Je sais que je dois sonder les choses et j'ai besoin de cette communauté pour sa discipline et pour méditer. Je vais pouvoir devenir, si je peux m'exprimer ainsi, un navire sur le fleuve du temps et, dans la lumière du matin, du midi et du soir, je vais sauver le genre humain par mon sacrifice et mon amour pour Dieu. Et chaque jour où je repousserai les limites, je serai récompensée.

— Ce que tu compliques les choses, Thérèse, veux-tu aussi devenir poète?»

La cloche de six heures sonne. Je demeure perplexe et quelque peu déconcertée par la conversation que je viens d'entendre. Enfin, la journée est presque finie et je vais bientôt regagner la sécurité de ma chambre. Thérèse m'escorte jusqu'à la salle d'études où elle m'indique un pupitre. Je la remercie à voix basse et la dévisage lorsqu'elle me recommande d'être sage. Elle me fait un peu peur maintenant. J'ai du mal à l'imaginer sous le voile d'une nonne et pourtant je me souviens de sa ferveur à la chapelle, lorsqu'elle était transfigurée dans l'extase de la prière. Thérèse est animée par un feu intérieur qui se consumera peut-être dans une existence vouée à un Dieu tout-puissant. Mais, pourtant, elle aime me caresser et elle sent si bon la menthe…

La prière du soir, que je récite à genoux sur le sol de pierre, me semble longue et pénible. Durant les oraisons et la méditation, je voudrais remercier Dieu, mais cette journée n'a pas comblé mes espérances et puis, impossible de lui dissimuler ma déception. Il connaît mes pensées et, de toute façon, il doit avoir l'habitude des déconvenues! Malgré tout, j'essaie de réciter mon *Credo* avec enthousiasme.

À la fin du service, je me relève, les jambes un peu ankylosées par le long agenouillement, et nous nous dirigeons vers le réfectoire. Comme d'habitude, le repas se déroule dans le silence et nous dînons en écoutant des versets de la Bible. Je me sens fatiguée et il me tarde d'en finir et de retrouver sœur Sainte-Marie.

Mère Saint-François-Xavier secoue une clochette pour indiquer aux plus jeunes qu'il est l'heure du coucher. Mes compagnes et moi formons un groupe serré jusqu'à l'escalier qui mène au dortoir, puis je m'arrête. Elles montent les marches en silence et je prends une direction différente.

Le bruit des pas s'estompe lentement et une douce mélancolie s'empare de moi. Cette journée que j'appréhendais s'achève et malgré ce que j'ai entrevu de la vie communautaire et malgré la vision de Thérèse qui a tenté de me communiquer son rêve de fraternité, j'ai encore beaucoup de craintes pour les semaines à venir.

∽

La tête pleine d'images, je m'en vais rejoindre sœur Sainte-Marie. Distraite, je rate le couloir qui mène aux cuisines et me retrouve dans un long corridor faiblement éclairé par une ampoule nue qui fait office de veilleuse. Je me suis égarée et je m'apprête à faire demi-tour quand un long gémissement me cloue sur place.

J'imagine que de grandes ombres fantastiques et surnaturelles se déploient devant moi, puis se replient sur elles-mêmes et s'anéantissent à mes pieds. Le râle se fait entendre de nouveau, précédé par un claquement sec que je ne peux identifier. Je suis pétrifiée. La répétition du bruit, suivi d'une autre plainte, intense, sauvage, augmente mon angoisse. Je respire vite, émue. Je m'interroge. Que dois-je faire? Me sauver? Peut-être que quelqu'un a besoin d'aide. Comme une somnambule, je me dirige vers le trait de lumière qui filtre sous une porte au milieu du couloir et m'apprête à frapper, mais ma main s'immobilise.

La porte restée entrouverte cède silencieusement sous la légère pression de mes doigts et mes yeux s'habituent lentement à la pénombre qui règne à l'intérieur de la pièce. Je reste paralysée, fascinée par une scène si inattendue que je ne peux m'empêcher de trembler. La religieuse qui me faisait si peur, mère Saint-Ignace, est là, agenouillée sur le plancher, nue, à l'exception d'un bonnet de coton qui lui enveloppe complètement la tête. Je ne la vois que de profil. Ses yeux sont fermés et sa gorge palpitante laisse échapper ces sons rauques qui naissent d'une grande souffrance. Lentement, elle lève un bras d'une blancheur extrême et, d'un mouvement précis et passionné, abat sur son dos et ses reins un large ceinturon de cuir. Une plainte étouffée meurt dans sa bouche, son corps s'affaisse. À cet instant, je me sens, moi aussi, atteinte par la douleur.

«Pardon, pardon, Seigneur», murmure la voix dans un soupir.

Je ne comprends pas. Pourquoi implore-t-elle le Seigneur? Est-ce que Dieu demande pareil châtiment corporel à qui veut devenir une bonne catholique? Suis-je témoin d'une illusion? Je pince ma main pour m'en assurer. Non, je ne rêve pas! Il faut que je parte loin de cette chambre lugubre, mais mon dernier regard surprend la religieuse qui dirige l'épaisse lanière entre ses jambes écartées. Son corps se raidit et est finalement secoué de mouvements convulsifs. Puis elle place sa main entre ses jambes et continue de gémir. Elle a laissé choir l'instrument de la punition et semble entretenir un dialogue avec Dieu. Elle ne bouge plus et reste prostrée sur le sol.

~

Je reculai petit à petit dans l'obscurité du couloir, l'esprit tourmenté par l'étrange rituel auquel je venais d'assister et saisie d'épouvante, tout d'un coup, à l'idée de me faire surprendre. Je connaissais peu de chose, mais j'avais la sensation que ma vie au couvent était un immense cérémonial... la messe, les leçons, les discours, les repas, même les loisirs et, maintenant, dans l'intimité d'une cellule de religieuse, la punition! Je ne désirais plus que l'oubli du sommeil entre les murs de mon domaine qui, pour quelques heures, allaient sceller une solitude bienvenue.

C'était comme un rêve... je m'arrêtai devant une autre porte... il me sembla voir des archanges nocturnes déposer sur son pas des gerbes de fleurs, alors que de l'autre côté du seuil s'élevait un chant, menu et mélancolique, qui parlait d'amour et de bonheur. J'écoutais, n'osant bouger, de peur de révéler ma présence dans ce couloir étrange. La veilleuse faiblit et devint un point lumineux au plafond.

La présence chaleureuse de sœur Sainte-Marie qui m'accueillit avec un large sourire et une tisane à la camomille couronna ma journée.

CHAPITRE VIII

Dans le calme de la grande salle, je me sentais rêveuse et tentais de recréer un espace qui n'appartiendrait qu'à Jocelyn et à moi. J'observais une petite aile de lumière qui taillait des grandes formes géométriques sur le mur en face de moi… Je les voyais comme des portes imaginaires qui s'ouvraient et me permettaient de m'échapper vers le rendez-vous que Jocelyn m'avait promis… Les deux heures de récréation de ce samedi tardaient à venir. En attendant, avec mes compagnes, je classais des timbres-poste au profit des œuvres missionnaires pour la Chine. Brigitte m'aida à les trier, et je concentrai mon attention sur les minces petits carrés aux couleurs ternies. Sous mes doigts revivaient des visages de souverains anglais, imprimés sur la plupart des timbres canadiens. Je m'arrêtai, curieuse, sur un profil de la reine Victoria à l'air hautain et sérieux. Thérèse, qui supervisait notre table, nous demanda d'être attentives et soignées, car ces timbres avaient une grande valeur.

«Tous ceux qui sont de teintes rouge ou rose, apportez-les-moi. Marianne, je t'en confie la responsabilité», me dit-elle d'une voix aimable.

Je lui réponds par un signe de tête. Avec affection, je la regarde et, souriant aux anges, je renverse la tête en arrière en fermant les yeux. Je m'envole par la pensée vers Jocelyn. Aujourd'hui, je vais le revoir.

Cinquante emblèmes de visages historiques s'étalent devant moi comme une tapisserie tissée à leur gloire. Ils vont pour quelque temps subvenir en partie aux besoins d'un missionnaire. J'imagine l'apôtre de la charité chrétienne sillonnant le domaine des hommes jaunes, le long des rizières, à l'aube, solitaire.

La cloche de trois heures annonce notre longue récréation et je saute de joie. Je peux enfin m'échapper. Je ne prête qu'un vague intérêt à la suggestion faite par l'une des élèves concernant une excursion botanique dans le verger et, sans bruit, je m'éclipse vers les vestiaires.

Au contact de l'air vivifiant du dehors, je respire profondément. Le ciel couvert du début de la journée a fait place à une averse, heureusement, passagère. Ici et là, dans la campagne et sur le flanc de la montagne, la lumière mouillée que dispense un soleil bien timide fait briller le toit de la maison isolée de Jim et le feuillage des grands peupliers qui épouse les fantaisies du vent.

Mes pieds touchent à peine le sol alors que je cours vers notre royaume, à Jocelyn et à moi. Mais lorsque je pousse la porte, mon enthousiasme tombe. La grange est vide. Je m'écrase sur notre banc et appuie ma tête contre le mur. Je me mets à pleurer. Je promène autour de moi un regard de condamnée. Soudain le calme et la solitude odorante de la grange m'étreignent avec force, l'angoisse naît, puissante. D'un mouvement doux, insensible, je me laisse glisser jusqu'à terre… je rêve d'un abîme. Dehors, les grondements de l'orage se sont rapprochés et l'averse reprend de plus belle, mais que m'importe. Je boude la tempête, je me sens isolée de tout, et même si c'était la fin du monde, je... «C'est le déluge maintenant!» dit une voix que je connais si bien.

Je n'ai pas le loisir d'aller au bout de ma pensée, car ces mots m'ont déjà transportée dans l'univers où règne une douce félicité, me soustrayant à la maussade réalité d'il y a un instant.

«Es-tu devenue muette?»

Jocelyn me relève et prend place à mes côtés. La gorge contractée, je murmure:

«C'est toi alors!

— Qui d'autre? Y aurait-il défilé ici pour te rendre visite?

— Surtout ne sois pas méchant aujourd'hui, dis-je d'une voix plus assurée. J'ai eu une semaine difficile et j'ai eu beaucoup de peine.

— Raconte un peu, répond-il d'un ton conciliant. Qu'est-ce qui t'arrive?

— Je crois que tu ne comprendrais pas! Qu'est-ce que tu sais de la vie de couvent? Tu n'es qu'un garçon!

— Mais qu'est-ce que cela a à voir avec les petits problèmes qui semblent chagriner ma petite nonnette? Je connais la vie mieux que toi!

— Que connais-tu tellement de la vie?»

J'essuie mes yeux avec un carré de coton qui me sert de mouchoir.

«Premièrement, dit-il avec autorité, viens contre moi et cesse de gigoter quand je veux tenir ta main. Bon, où en étais-je? Ah oui, deuxièmement, je ne suis pas enfermé dans un édifice flanqué en pleine montagne avec des saintes religieuses habillées en corneilles et qui, en plus, passent la plupart de leur temps en silence. Moi, au moins, je suis libre d'aller où je veux.

— Mais elles parlent, les religieuses! Comment penses-tu qu'elles donnent leurs leçons?

— Ce n'est pas ce que je veux dire et tu le sais bien. Elles ont fait vœu de silence en dehors de leurs devoirs d'institutrices, et vœu de chasteté, de pauvreté et d'obéissance!

— De chasteté? Ça veut dire quoi?

— Crois-moi, répond-il d'un air ironique, c'est trop compliqué à expliquer. Laisse tomber.

— Que veux-tu insinuer? dis-je, mortifiée. Je vis au couvent tout le temps, alors si elles la font, la chasteté, je dois être au courant.

— Même si tu pouvais voir, tu ne comprendrais pas! répond-il alors d'un air mystérieux. D'ailleurs, c'est une chose qui ne se voit pas, c'est comme qui dirait un principe, et il faut aussi avoir une ceinture spéciale.»

Alors un souvenir me ramène derrière une des portes du couvent. Cette punition que s'infligeait la religieuse... oui, c'est ça, ce doit être le rituel de chasteté d'une âme scrupuleuse.

«Attends, Jocelyn, je crois que j'ai vu ce... cette chasteté.»

Et comme si je cherchais à alléger ma conscience, je lui raconte l'épisode de la prière et de la chair battue avec le ceinturon et de la génuflexion de la religieuse qui se croyait seule en prononçant ses vœux et en demandant pardon à Dieu.

«Ma chère nonnette, je crois plutôt que tu as été témoin d'une scène de flagellation, dit Jocelyn, d'un air supérieur. Ça alors! Remarque, je croyais que ça n'existait plus. Il faut croire que la tradition se perpétue. Ce que tu as vu, continue-t-il en redressant ses épaules, est probablement une punition que la religieuse s'est donnée elle-même. Moi, je pense qu'elle a cru avoir péché durant la journée et elle ne pouvait pas attendre la confession... Tu l'as vue tuer quelqu'un? »

Il m'a demandé cela avec un sourire moqueur.

« Elle a été méchante avec moi à plusieurs reprises, pendant la première journée d'école. Mais elle n'avait pas à se fouetter pour ça.

– Es-tu certaine? Ton imagination ne te joue pas des tours, par hasard?

– Je t'assure, elle n'a pas l'air de m'aimer du tout!

– Voilà peut-être la raison, Marianne. Elle a eu des remords en pensant à sa conduite injuste envers toi et elle s'est punie. C'est un genre d'entente entre elle et son Dieu!

– Mais Jocelyn, c'est le bon Dieu de tout le monde!

– Écoute, nonnette, le Dieu de tout le monde n'exige pas qu'on se donne une volée de coups pour expier ses fautes. Si c'était le cas, il n'y aurait pas beaucoup de catholiques... »

Son dernier commentaire le fait rire aux éclats. Je ne peux m'empêcher de l'imiter.

« Enfin, laissons tomber les activités de ta religieuse. Tout ça se rapporte peut-être à son nom de cloîtrée.

– Mère Saint-Ignace? Quel rapport?

– Oh, mince alors! Mince alors, répète-t-il, hilare et gloussant de plus belle. Ce n'est pas possible que mon professeur de piano se flanque des coups! »

Jocelyn continue de rire, et sa bonne humeur augmente mon désarroi. Je viens de découvrir l'un de ses secrets. Pourquoi m'a-t-il caché qu'il se rendait au couvent pour ses leçons de piano?

Dorénavant, j'ajoute une autre petite pièce, de bonheur bien entendu, au puzzle que Jocelyn construit autour de moi. Tous les jeudis, entre deux et quatre heures, je le saurai plus près de moi, dans la salle de musique. Durant ses leçons, je pourrai sourire avec complaisance sourire à l'après-midi, au soleil, à la pluie, tous témoins de la beauté du moment. Et derrière les murs et les portes closes, je serai moins seule.

«Il y a longtemps, Jocelyn, que tu apprends le piano?

— Aussi loin que je m'en souvienne!

— Tu ne m'en as jamais parlé. Pourquoi?

— Je n'en ai pas eu l'occasion.

— Et tu viens ici, au couvent, depuis longtemps?

— Depuis au moins quatre ans.

— Toujours avec mère Saint-Ignace?

— Oui, c'est un des meilleurs professeurs! Elle faisait des récitals, dans le temps, il paraît...

— Tu veux dire qu'elle était pianiste de concert? Qu'elle jouait en public?

— Oui, et elle aurait pu devenir une artiste de grande renommée. Mais elle a tout quitté pour se faire religieuse, et on se demande pourquoi. On connaît peu son passé. Quand mon beau-père a demandé au couvent de lui suggérer un bon professeur de musique, la Supérieure n'a pas hésité à recommander mère Saint-Ignace. Je suis son seul élève, à part les pensionnaires.

— Et comment elle est avec toi?

– Bien, je suppose. Elle est très sévère mais juste. Au début, je ne savais pas comment réagir. Elle me fixait souvent d'un air étrange. Enfin, c'est un excellent professeur et je fais de grands progrès!

– J'imagine qu'elle enseigne aussi à Agnès... Agnès est une élève...

– Oui, je sais, dit-il mystérieusement, en me coupant la parole.

– Tu connais Agnès?

– Oui.

– Par tes leçons de musique?

– Non, c'est une amie de la famille!» dit-il en se levant.

Il se dirige nonchalamment vers la porte de la grange, puis reste immobile.

Je me lève aussi, mais recule, puis reviens d'un mouvement insensible et recule de nouveau. Jocelyn ne semble pas me voir.

Un souffle de vent entrouvre la porte qui laisse filtrer la lumière du dehors. Pendant un court moment, un rayon hésite. Je frissonne. Je veux parler mais je me tais, car j'ai trop d'aveux à lui faire. Tourmentée, je désire soudainement m'envoler vers de beaux jours ensoleillés où le doute n'existerait pas et où mon cœur serait de nouveau léger...

« Si je mourrais, Jocelyn, ça te ferait de la peine?

– Quelle drôle de question, petite gourde! Tu veux mourir?»

Je ne réponds pas. Je ne pense qu'à notre séparation, puisqu'il doit s'en aller, à notre drôle d'humeur d'enfants de six et treize ans, et à la familiarité entre Jocelyn et Agnès. Notre amitié me semble tout à coup menacée...

Mais dans la grange, c'est moi que Jocelyn a choisi de retrouver, alors? Je reprends confiance. Il se rapproche de moi et s'assied de nouveau à mes côtés. J'appuie ma tête contre son bras. Je respire mieux et, sans effort, mes sombres pensées me quittent. Je me hasarde à lui demander:

« Tu vas continuer à venir me voir?

– Ne fais pas l'idiote, petite nonne, dit-il calmement, je viens au couvent depuis des années et j'ai connu Agnès toute ma vie! Tu crois que cela va changer quoi que ce soit entre nous?»

Comblée, je lève sur lui des yeux rêveurs. Je songe aux moments où nous trébuchions ensemble sur la paille de notre grange et, quand il murmure mon nom, le souvenir du tendre pacte de notre première rencontre réchauffe mon cœur.

« Marianne… »

Un sortilège me jette contre lui pendant que nous refaisons notre pacte, et j'oublie le reste du monde. Le tourment que je sens dans son corps qui tressaille et dans son regard un peu farouche où danse une petite flamme me fait un peu peur, mais j'ai besoin de Jocelyn. Il m'est difficile de comprendre, lorsque sa bouche embrasse profondément la mienne, pourquoi mes membres sont si lourds et pourquoi j'ai tant envie de pleurer.

« Écoute, ma petite nonne, dit-il en me repoussant assez brusquement, je dois rentrer. J'ai un travail fou. Je suis déjà en retard!

– Tu dois aider tes parents… ou jouer du piano? dis-je lentement pour cacher mon embarras.

– Aider mes parents? demande-t-il, narquois. Il ne manquerait plus que ça!

– Tu laisses ta mère faire tout le travail de la maison?

– Tu veux rire, petite fille! C'est vrai, comment le saurais-tu autrement! Non, ma mère ne fait rien de ses dix doigts. Sa vie sociale ne lui laisse aucun répit, à cette chère maman. Les domestiques s'occupent des travaux de la maison.

– Tu es riche?»

Ma voix tremble, mon cœur chavire… un autre obstacle! Je réalise pleinement la différence entre nos deux univers, puisque je ne suis qu'une petite fille pauvre, une mendiante, une affamée… Mon regard est plein de questions et mon cœur bat fort.

«Je dois me sauver, Marianne…

– Avant de partir, dis-moi si tu joues la *Pathétique*?

– Oui, pas mal du tout, paraît-il!

– Agnès joue aussi la *Pathétique*! Tu le savais?

– Oui. Écoute, Marianne, Agnès et moi, nous nous connaissons bien et que nous jouions tous les deux la même sonate de Beethoven n'a rien d'un complot. Tu ne dois pas avoir de peine à ce sujet!

– De la peine, moi? Voyons, pour qui tu me prends?»

Il fait un signe de la main et je reste seule. Je baisse la tête et je vois passer devant mes yeux de terribles images, où des pièces d'or s'accumulent autour de Jocelyn, où les mains d'Agnès, sur le clavier d'un piano, se mêlent à celles de Jocelyn alors qu'ils jouent la *Pathétique,* et je me vois, moi, devenir encore plus petite et plus esseulée.

La cloche du couvent marque la fin de la récréation et me sort de ma rêverie. Pour un instant, je refuse de penser à autre chose qu'à la place vide à mes côtés. J'exhale un grand soupir. «Tiens, le vent a tourné», me dis-je lorsque j'ouvre la porte de la grange. Lentement, je réintègre le décor familier. La paix règne dans le vaste domaine... il n'y a personne. Je sens une larme glisser le long de mon visage et j'en ai un peu honte jusqu'au moment où je réalise que je pleure de joie... «Jocelyn est quand même venu me voir...» Son image gravée en moi m'aide à vivre et à continuer de rêver. Sans lui, je ne suis plus rien.

Pendant la fin de la journée, je me sens lasse et n'aspire qu'à me retrouver seule.

Dans ma chambre, la nuit venue, le sommeil me boude et l'oreiller humide refroidit ma joue...

CHAPITRE IX

« Qu'y a-t-il, Marianne ? » demanda sœur Sainte-Marie.

Elle avait revêtu sa chemise de nuit ; je restai bouche bée en voyant sa tête nue et rasée. Elle était tellement différente sans ses habits de religieuse. Je la voyais vulnérable et sacrifiée, comme mère Saint-Ignace. D'un geste vif et précis, elle se coiffa d'un genre de capeline qui retombait sur ses épaules et en attacha les rubans sous son menton. Il était tard et ma journée avait été longue. J'avais dû prendre part à une partie endiablée de base-ball. J'en ressentais encore des douleurs dans le dos, mais, surtout, j'étais drôlement énervée.

« Eh bien, Marianne ? Que veux-tu ? Il est grand temps que tu dormes ! dit-elle de sa voix douce et sans reproche.

— Ma sœur, j'ai vu une personne passer près de ma fenêtre il y a quelques minutes et j'ai eu peur. »

Immobile, elle semble enregistrer ce que je viens de lui annoncer, et je fixe son visage, ses lèvres, dans l'attente d'une réponse réconfortante.

« Tu es sûre de toi, Marianne ? demande-t-elle.

— Oui. Quelqu'un dans un bel habit rouge avec des dorures, et il m'a regardée. Je vous assure…»

Le timbre de sa voix s'est altéré.

«Marianne, tu as probablement vu un fantôme.

— Un fantôme? Non, ça n'avait pas l'air d'un esprit!

— Tu as dû faire un cauchemar…

— Non. Croyez-vous vraiment qu'il y a des esprits qui se promènent autour du couvent, ma sœur? Vous croyez aux fantômes?»

Elle me répond d'une voix un peu plus ferme.

«Non, Marianne, il y a certainement une explication, mais…»

Elle hésite un bref instant.

«Quoi?

— Eh bien, il y a des rumeurs… On dit qu'un ancien pirate aurait laissé un trésor enterré ici.

— Au couvent?

— On ne sait pas, Marianne. Ce ne sont que des rumeurs. Au début de la colonie, des bandes de pirates sévissaient dans cette contrée et leurs terribles exploits font encore partie des légendes de la Gaspésie. Mais oublions cela, Marianne, et allons nous coucher. J'en parlerai à mère Saint-Anselme, demain.»

Elle me reconduit à mon lit, me borde et m'embrasse affectueusement sur le front.

«Dors bien, Marianne, et oublie tout ça.»

Je suis vaguement apaisée, mais j'ai de la difficulté à m'endormir. Pendant la nuit, mes songes sont peuplés de choses bizarres… de coffres, débordant de pierreries et de pièces d'or, qui sortent tout seuls du sol où ils ont été enterrés, puis qui se sauvent, poursuivis par des brigands aux faces lugubres et grotesques.

Je me réveille en sursaut. Je crois avoir entendu un grognement... Était-ce moi? Sûrement! Qui d'autre? Éreintée de fatigue, je me rendors, et la ronde recommence de plus belle. Le couvent, arborant une croix étincelante, émerge de l'atmosphère humide et cristalline, alors que de grandes algues, ruisselantes d'encre visqueuse, étouffent les arbres de la propriété. Un homme puissant, habillé d'un bel habit rouge, les délivre avec son sabre... et je souris. Je n'ai plus peur, puisqu'il est là!

De très bonne heure, je retrouve sœur Sainte-Marie.

«J'ai fait de drôles de rêves cette nuit, avec des brigands et des trésors. En plus, ma sœur, j'ai revu mon fantôme, et il a été merveilleux!

– Tant mieux, Marianne.»

Ma curiosité naturelle me pousse encore à chercher l'origine de cette vision qui continue à rôder dans mon imagination. Je fronce les sourcils lorsque j'y pense trop. Cela ne sert à rien, simplement à exacerber mon sentiment d'impuissance. Mon fantôme à la jaquette rouge est-il le signe précurseur d'événements importants?

En tout cas, ce qui m'attend n'appartient pas au monde de l'imagination. Je me prépare à ma première confession et à ma première communion. Notre instruction religieuse est approfondie. Les religieuses ne cessent de nous en ressasser les principes, que je crois avoir bien digérés. Avec résignation, j'attends de recevoir la lumière du Saint-Esprit et, avec lui, de triompher du mal. Mon Dieu, en serai-je capable? L'avenir n'est rien d'autre qu'un chemin périlleux où je peux trébucher à tout moment.

«Eh bien, ma fille?»

Une mauvaise haleine parvient jusqu'à mes narines. La demi-obscurité qui règne dans l'espace réduit du confessionnal augmente ma gêne pendant que je m'agenouille devant la petite grille en bois. Je ferme les yeux. L'émoi me serre la gorge et je reste silencieuse. Je pense fuir, mais je réalise vite que c'est impossible. Je soupire profondément et je rouvre les yeux. Un rideau ferme l'isoloir où je suis agenouillée. Un bruissement doux, à peine perceptible, me fait sursauter. À travers la petite lucarne, une sorte de fenêtre donnant sur le royaume des cieux, j'ai de la peine à distinguer le visage du père Antoine, le représentant de Dieu.

«Eh bien, ma fille», répète-t-il.

D'une main tremblante, je fais un signe de croix comme pour écarter une quelconque menace. J'ai peur que mon âme soit en danger et je demande à Dieu, brièvement, de m'inspirer pour avouer mes fautes. Je suis prête à me soumettre au rite que chaque bon chrétien doit accomplir. «Mon Dieu, je m'accuse de… de…»

Tout à coup, mon esprit est vide et je voudrais disparaître dans un trou de souris. Le visage dans l'ombre garde son sourire indulgent, posé là par habitude, comme si le silence ne l'étonnait pas, et le souffle nauséabond revient assaillir mon nez: «N'aie pas peur, ma fille, confesse-toi à Dieu. Il comprend tout, car Il aime tous les pécheurs!

– Mon Dieu, je m'accuse d'avoir eu de mauvaises pensées au sujet de la Mère supérieure et de souhaiter qu'elle meure!»

Voilà, c'est dit. Que va-t-il se passer maintenant? Je m'attends à ce que le ciel s'ouvre au-dessus de ma tête et que les éclairs du mécontentement divin m'anéantissent sur-le-champ. Je garde le silence pour entendre sa voix. Mais de plus, j'ai honte. Le prêtre connaît maintenant mes terribles pensées. Suis-je donc aussi vaniteuse?

Je continue pourtant de débiter la liste de mes fautes, comment j'ai gardé la tête haute pendant l'élévation de l'hostie à la messe, combien j'ai désiré me trouver dans ma montagne plutôt qu'à la chapelle, et finalement comment ma gourmandise m'a poussée à quémander une tranche de pain supplémentaire au petit déjeuner, il y a dix jours. Après chaque aveu, je me sens plus légère et, encouragée par l'absence de courroux divin, je termine ma confession soulagée, puis je reçois l'absolution du père Antoine qui ne semble pas surpris de ma dépravation. Comme pénitence, il me donne une dizaine d'*Ave Maria* à réciter. La petite fenêtre se referme avec un clac précis qui marque la fin du cérémonial que j'avais tant redouté. Je reste encore quelques secondes… L'haleine malodorante («alcool et tabac», m'a dit Brigitte… elle est plus experte que moi) m'exhorte à ne plus pécher, à accepter l'amour de Dieu qui me pardonne pourvu que je fasse acte de contrition. Après cette épreuve, je ne peux que pousser un «ouf!» de soulagement.

Dans la lumière tamisée de la chapelle, la tête baissée sur ma poitrine, je ferme les yeux et prie la Vierge Marie, si pleine de grâces, pour qu'elle m'apporte, au nom de son fils, la seule liberté digne de ce nom, celle d'être comprise et pardonnée, en ce jour où je deviens un membre actif de la grande communauté catholique. Avec ferveur, je la prie comme si elle était ma vraie mère! En elle se fond mon amour, car, avec le pardon de son fils, je reçois l'assurance de la permanence de sa tendresse de mère. Je chéris sa générosité sans fin, un trésor plus grand que toute la richesse du monde.

Assise, je me recueillis tout en jetant des regards furtifs du côté de mes compagnes qui défilaient, en silence, chacune son tour, vers le confessionnal. Je puisais aussi du réconfort dans ma prière à la Vierge Marie, et, dans un moment d'exaltation religieuse, je sentis un bien-être délicieux m'envelopper tout entière. Je lui demandai de veiller sur moi, de me garder bonne, obéissante et juste.

CHAPITRE X

La distribution du courrier était pour les élèves de La Retraite, sauf pour moi (qui aurait pu vouloir m'écrire?), un événement quotidien et rituel. Cela prenait souvent la tournure d'un vrai divertissement, qui semait le bonheur parmi celles dont les mains tendues se repliaient sur une lettre ou un colis promettant des lendemains plus doux. C'était l'heure où la vie privée de chacune occupait une place particulière, où la sensibilité affleurait sur les visages.

Pendant la récréation, je joue avec la tristesse, elle passe sur moi telle une force attisant ma conviction qu'un jour, une lettre me sera aussi adressée. Tout en observant mes compagnes absorbées et heureuses, j'essaie d'imaginer quelle sera ma joie à l'arrivée de mon propre courrier.

Je respire profondément à plusieurs reprises. Mon esprit plane au-dessus de sphères inconnues et, comme je le fais lorsque je me sens indécise, je dirige mon attention vers l'extérieur. Aujourd'hui, je regarde par la fenêtre le paysage d'automne où le vent inquiet fait plier les branches des arbres qui se dénudent rapidement.

Le vol inlassable d'un oiseau brise les longs sillages des nuages qui s'effilochent et me convie, dans son élan rapide et gracieux, à goûter malgré tout l'harmonie de la nature prête à hiberner. Devant mon regard vague et rêveur se dessine un tableau… un bout de ciel, soudain, tourne au violet et reflète un pâle rayon de soleil – on dirait un signe mystique – et, presque aussitôt, redevient froid et bleu alors que des vapeurs cristallines s'éloignent derrière la montagne. Mon cœur se serre…

Thérèse s'approche de moi, un doux sourire accroché à son visage de madone et, derrière elle, j'aperçois Caroline qui nous observe. Elle me tend une enveloppe d'un blanc pur où mon nom est écrit en belles lettres. Quel choc! Je crois d'abord à un malentendu, mais Thérèse m'assure que la lettre est bien pour moi et me conseille de l'ouvrir.

Ma curiosité est à son comble et mon sentiment de bien-être laisse présager un bonheur tout nouveau. Je palpe le papier rigide sous lequel je sens quelque chose de dur. Je ne pourrais dire combien cette lettre a de la valeur pour moi. Je répète à mi-voix le nom du destinataire, mon nom, bien écrit sur l'enveloppe, et le son de ma voix confère encore plus d'importance à cet instant unique. La joie que je goûte ne m'empêche nullement de voir Thérèse et son doux regard posé sur moi, mais, en l'espace d'une seconde, tout bascule…

Thérèse, brusquement, avance sa main pour me protéger et son regard devient sévère. Caroline s'élance vers moi, m'arrache des mains mon précieux cadeau. Le rêve se brise et, choquée, je vois à mes pieds mon enveloppe froissée en une boule de papier inutile. Je reporte mon attention sur Caroline. Mon regard se durcit devant le sourire cruel qui se dessine sur son visage et l'expression tragique de ses yeux, pendant qu'elle déclame à haute voix : « La pauvresse du couvent ne doit pas recevoir de lettres. Moi, je n'en ai pas, elle n'en aura pas non plus. »

On m'a remis un trésor, si fragile que le vent aurait pu l'emporter. Non, Caroline n'avait pas le droit de tout briser, je la méprise, je méprise sa jalousie. Repoussant les cheveux de mon visage, je souris moi aussi. Un sourire de rage froide. Je ramasse rapidement mon enveloppe abîmée et, d'une main leste, gifle brutalement Caroline qui se met à hurler. « Tais-toi ou je t'en donne une autre ! » Après avoir crié mon ordre, d'instinct, je ferme le poing. Elle recule et recommence à hurler. Un silence règne autour de nous, on nous regarde, personne ne bouge pendant un long moment.

Aussitôt ma vengeance satisfaite, je prends conscience de mon geste et demande vite pardon au bon Dieu et lui demande d'apaiser ma colère : « Je n'ai pu réagir autrement, elle est si méchante... »

J'hésite... Oui, Marianne, c'est à toi de rétablir la paix et l'harmonie. Sans attendre et d'une voix chevrotante, je m'excuse auprès de Caroline, étonnée de pouvoir parler malgré l'émotion qui m'étouffe :

« Caroline, je m'excuse de t'avoir frappée. »

Mais dans un premier temps, comment pouvais-je répondre à son attaque sinon par une gifle ? Son geste allait bien au-delà de la méchanceté. J'avais reçu un trésor qu'elle m'a arraché... Je me sens faible et étourdie, et je me dirige vers une chaise pour m'asseoir. Ma volonté et mon entourage deviennent inconsistants et flous. En palpant de nouveau l'objet dans son enveloppe froissée, mon attitude change. Une rigidité m'envahit. Je jure de me venger de Caroline. Consciente que je ne peux garder ce sentiment dans mon cœur si je veux communier le lendemain, je repousse ce serment dans les limbes de ma pensée.

Malgré tout, je ne suis pas mécontente de la scène qui se joue sous mes yeux. Caroline essaie d'échapper à la poigne ferme de Thérèse, et je regarde sans pitié son visage tordu par les grimaces. Thérèse sort avec elle et referme la porte.

Lentement, je défroisse la boule de papier que mes larmes humectent. Mon gros chagrin se transforme en attendrissement dès que je découvre le contenu de mon enveloppe. Mes lugubres pensées s'évaporent comme les brumes de l'aurore au lever du soleil et je m'extasie devant un magnifique médaillon en or et lapis-lazuli, accroché à une belle chaîne à maillons plats. Devant mes yeux émerveillés sourit la Madone au visage finement ciselé, comme un beau et calme nuage dans un immuable azur. Le plaisir emplit mes yeux de larmes, et mes doigts tremblants lissent la surface en relief avec douceur et respect comme si je caressais le visage de Marie elle-même. Je reste un moment immobile et savoure de délicieux sentiments, mon propre désir de vivre et ma reconnaissance envers quelqu'un d'inconnu. L'ivresse qui m'étreint alors transporte mon âme… Est-elle identique à celle d'Agnès lorsqu'elle joue Beethoven?

Mon exaltation se calme. Mon grand désir de recevoir un jour du courrier a été exaucé mais il reste qu'un mystère entoure l'identité de celui ou celle qui m'a offert ce médaillon. S'agit-il d'une femme étrangère, d'un notable, d'un prince, d'un président? Pourquoi pas, Marianne? A-t-on voulu marquer le jour de ma première communion? La valse folle de mes chimères reprend son rythme habituel.

Je touche de nouveau mon médaillon. Il est bien réel, lui. Mais dans le tréfonds de mon être, je voudrais tant percer le mystère de cette image sans visage dont j'ai si faim, celle de ma mère. Ce médaillon fait-il partie de mon passé, de mon histoire, des ombres de ce monde inconnu que je voudrais raviver, que je veux deviner? Vient-il de ma mère? Répond-il enfin à mes souhaits, réalise-t-il certaines des prophéties que je m'invente?...

Ma tête se penche comme pour prier et mes lèvres se posent sur le visage de la Madone... Toute ma foi renaît et je jouis du bonheur présent. Adieu reine, souverain, prince et président! N'appartiennent-ils pas aux paysages de rêves et au mystère de ma vie? J'attache le médaillon autour de mon cou et le laisse glisser sous mes vêtements.

«Thérèse, lui dis-je lorsqu'elle revient dans la salle, Caroline a été méchante parce qu'elle n'a pas eu de lettre, c'est bien ça?

— Ma chère petite fille, c'est vrai. On lui a promis des étrennes, mais ses parents voyagent beaucoup et son courrier est parfois irrégulier.

— Pauvre Caroline, c'est triste pour elle. Je lui ai donné une bonne correction, n'est-ce pas!»

Elle me sourit alors que sa main caresse mes cheveux.

«Fais-moi voir ce que tu as reçu, si tu veux bien!»

Agnès s'approche de son pas dansant et s'arrête devant moi. Elle s'agenouille et pose fougueusement sa tête sur mes genoux. Je tressaille… Les yeux pleins de malice, elle me fixe avec fermeté et déclare :

« Il y a eu du grabuge, une vraie commotion, paraît-il. Notre petit agneau a flanqué une bonne gifle à ce monstre de Caroline.

— Pas un monstre, Agnès, dit Thérèse en repoussant les mains qui reposaient sur mes genoux. Caroline est une enfant gâtée et mal élevée.

— Heureusement, notre petit agneau a de la répartie. C'est bien ça, chérie ? demande-t-elle en me regardant de nouveau. Tu sais te défendre. Hum ! Ça promet !

— Voyons, Agnès, qu'est-ce qui te prend ? demande Thérèse.

— Je me sens seulement émoustillée et j'ai besoin d'être apaisée… »

Toutes deux gardent le silence. Leurs yeux se croisent, complices, et j'ai l'impression que quelque chose m'échappe, durant quelques secondes…

« Je viens de jouer un morceau de Mozart », reprend Agnès, rêveusement…

La teinte rosée de son visage contraste avec la couleur sombre de ses yeux, puis ses joues pâlissent, ses dents mordillent ses lèvres et elle soupire profondément. D'un geste impatient, elle lisse ses cheveux en arrière et passe un doigt dans l'encolure de son uniforme : « J'ai drôlement chaud, ce soir », dit-elle. Elle semble emportée dans un tourbillon d'émotions. Je détourne les yeux et me lève.

« Non, reste, Marianne, s'exclament-elles en chœur. Fais-nous voir ce que tu as reçu ! »

Je les observe en silence tout en plongeant ma main sous mon vêtement à la recherche de mon trésor. D'un mouvement doux et volontaire, je leur montre mon médaillon. Comme par miracle, un rayon de soleil couchant balaie la pièce, faisant briller le métal, et le visage de la Madone s'illumine. Pur instant de ravissement, baigné par un parfum lointain de lilas.

«Que c'est beau, Marianne! Magnifique!» renchérissent-elles.

Je fais un signe de tête.

«Qui te l'a envoyé?»

Je hausse les épaules.

«Tu ne sais pas, alors?» demande Agnès, en posant sa main sur mon épaule.

Je secoue la tête. Puis sans autre forme de politesse, je m'éloigne, toujours sous le charme de ma félicité inattendue, me renfermant dans ma solitude familière. Je pose mon front chaud sur la vitre de la fenêtre et regarde la montagne s'assombrir lentement. L'herbe est humide sous les arbres tout près et les feuilles amoncelées en tas commencent à pourrir. Aujourd'hui, le ciel est immobile, presque laiteux… Une autre journée qui finit. Et quelle journée!

Je reste silencieuse jusqu'au moment de mes retrouvailles avec sœur Sainte-Marie. Je garde enfoui en moi un rêve tenace… Je suis comblée, puisque je possède le plus beau cadeau du monde.

«Ce sera ton porte-bonheur», dit sœur Sainte-Marie, lorsque je lui fais voir mon étrenne.

～

J'invoquai l'apaisante clarté du jour après une nuit agitée. À l'aube de ma première communion, mes pensées et ma conscience se repliaient sur ma propre image. Le sacrement de l'Eucharistie, avec sa promesse de bonheur et de joie, était nimbé d'un halo trop mystique où je décelais mes incertitudes.

L'heure matinale me surprit encore tout engourdie de sommeil, j'avais l'impression d'avoir perdu la notion du temps. J'aurais voulu cueillir des fleurs même si je savais qu'il n'y avait plus de fleurs. Pareille au chercheur de trésors, j'attendais la promesse qui me débarrasserait de mes doutes.

J'enfilai avec lenteur mon habit tout blanc de communiante. La veille, sœur Sainte-Marie m'avait apporté l'aube, la voilette, les souliers, les bas et les gants et m'avait fait un petit discours en empruntant ce ton grave qu'elle se réserve pour les occasions officielles.

« Cet habit blanc est le symbole de la pureté et de la blancheur de ton âme, Marianne. Ta première communion marque ton entrée dans la plus grande et la plus belle communauté au monde... et c'est un grand honneur. Nous avons reçu ton habit de communiante par la poste, il y a quelques jours. Porte-le avec fierté, Marianne, ma chère petite fille, et que Dieu te bénisse et te garde ! »

Elle m'avait serrée contre elle et avait fait, sur mon front, le signe de la croix. Elle s'était éloignée rapidement sans rien ajouter. J'avais senti une vague d'amour pour elle m'inonder, mais aussi un peu de compassion, car elle était triste. J'en avais frissonné. J'avais couru après elle pour lui dire... mais elle avait disparu.

~

Mère Saint-Anselme consacre un quart d'heure à la révision du programme de la cérémonie. Je rapetisse les yeux pour mieux la voir dans la clarté blafarde du jour naissant. Elle semble n'être pas définie, comme une présence floue...

«Tu vas bien? me demande Brigitte, tout bas. On dit que tu as reçu un beau cadeau...

– Oui, je te le ferai voir!»

Je lui souris. En même temps, nous tournons nos regards vers la Supérieure. Une lumière s'allume au plafond de la grande salle. Sa voix, normalement autoritaire, résonne de façon métallique. Elle est encore plus laide aujourd'hui... son visage a un teint bilieux. Habituellement intimidante par la fermeté de son attitude, elle affiche maintenant un air distant, comme si elle appartenait déjà au passé. Elle baisse souvent les yeux, on dirait qu'elle a de la difficulté à les garder ouverts.

Je reste un moment à ne penser à rien, le regard vide. Les fantômes du présent s'approchent de moi, mais ce ne sont que les religieuses qui viennent se ranger derrière la Supérieure, unissant leurs voix pour réciter le *Credo* et le *Pater noster*. J'apporte ma faible contribution à la prière, machinalement. Je me demande, encore assiégée par mes doutes innocents, si je pourrai vraiment devenir ce que Dieu attend de moi.

Dans la chapelle, le confessionnal, qui m'a paru hostile lors de la confession, prend ce matin une allure protectrice à l'ombre du gros pilier, et la tenture qui en masque l'intérieur bouge légèrement à notre passage. Mon cœur bat plus fort à ce souvenir. Je presse le pas et me retrouve à genoux sur une marche qui mène à l'autel. Je suis dans l'attente du bonheur divin qui va submerger tout mon être quand j'avalerai l'hostie, comme me l'ont promis les religieuses.

La main du père Antoine se rapproche de mon visage et, à la hauteur de mes yeux, je vois deux doigts tachés de nicotine tenant une mince pastille blanche. Il fait le signe de la croix et je reçois enfin le corps de Dieu... je reçois le suprême bonheur de n'être qu'une avec Lui... Je ferme les yeux, je croise mes mains sous mon menton et j'attends...

Rien... Je n'éprouve rien de plus! Le doute et la tristesse m'envahissent: mes émotions n'ont pas atteint le seuil d'élévation escompté. Je prends part au recueillement général et tous mes sens sont en alerte en cas d'intervention céleste. Rien ne se produit... le silence de mon âme est aussi complet que celui qui règne dans la chapelle pendant la communion du prêtre.

Portant ma main à ma poitrine, je sens le médaillon d'or et la sensation de le savoir contre moi me rassure. Je m'attendais à l'extase, aux carillons et aux trompettes, et je prends conscience que le principe de Dieu fait partie de nos vies et que mon âme participe des desseins invisibles de Son pouvoir, simplement, silencieusement. Le médaillon d'or, enfoui sous mes vêtements, constitue le symbole de mon appartenance à la grande fraternité des chrétiens et j'en ressens une gratitude attendrie.

Aujourd'hui marque pour moi l'entrée dans le monde des grandes.

Chapitre XI

La journée de mon déménagement au dortoir coïncida avec la première neige de la saison. Dehors, tout n'était que blancheur et, au-delà des grands prés immaculés, la ligne d'horizon se confondait avec le ciel. Rien ne bougeait, la nature était immobilisée sous ce linceul hivernal. J'aurais bien aimé m'aventurer dans ce paysage et attendre l'arrivée des fées... peut-être même voir enfin apparaître l'abominable homme des neiges des contes de sœur Sainte-Marie. Grimpant la montagne, le vent du nord s'entortillait autour du couvent, soulevant sur son passage un voile poudreux, océan de ouate enrobant douillettement chaque obstacle.

Depuis quelque temps, j'étais enfermée dans la routine des classes, des devoirs et de mes retours vers sœur Sainte-Marie... Et cela me suffisait, du moins je le croyais. Je chérissais toujours autant mon petit coin, Chez Marianne, refuge où je pouvais languir dans l'inaction si je le voulais, où je goûtais le plaisir de l'évasion si le cœur m'en disait, où je me retrouvais, tout simplement. Mon grand bonheur était de savoir, tout près, la tendresse et la douce présence de sœur Sainte-Marie.

≈

«Non, non et non!»

La mine renfrognée, je fais face à Thérèse qui m'annonce un autre changement dans ma vie de tous les jours. J'en ressens des battements douloureux au cœur et, dans mes mains, le froid annonciateur de l'angoisse. Est-ce un autre obstacle ou une autre forme de tourment?

«Qui te dit que tu dois être séparée de sœur Sainte-Marie? me demande-t-elle.

— C'est bien vous, Thérèse, qui me dites que je dois quitter ma chambre d'en bas pour m'installer dans le dortoir des pensionnaires, oui ou non?

— Ce que tu peux être passionnée, ma petite Marianne! Non, ma chérie, on ne va pas te séparer d'elle, mais le temps est venu pour toi de rejoindre le reste des élèves, comme il se doit.»

Je l'écoute tant bien que mal, mais Thérèse a une patience d'ange et elle compte beaucoup sur ma passivité pour me convaincre. Distraite, j'admire la forme de sa bouche et ses longs cils. Une fois de plus, je sens la puissance de son énigmatique personne lorsqu'elle s'assied près de moi, mais aussi quelque chose d'arbitraire qui ne lui sied pas. Son haleine parfumée s'étend sur mon visage et ses lèvres tremblantes viennent effleurer les miennes, puis insistent… L'air me manque alors que je la sens jouir de moi comme si elle mangeait une friandise…

Pensant à mon émoi lors de l'étreinte avec Jocelyn, je mords sa lèvre inférieure… Elle étouffe un cri et se redresse vivement, me regardant longuement de ses yeux mi-clos. Elle paraît surprise et respire de façon saccadée.

Un empressement plaisant dicte mes mouvements. Je me lève et l'observe à mon tour; un équilibre différent vient de s'installer entre nous, comme une douce rivalité pleine de connivence. Je me suis pliée à son jeu et je flaire ma petite victoire.

Elle se ressaisit rapidement et, d'une voix un peu sourde, teintée de douceur impie et secrète, elle m'explique que sœur Sainte-Marie doit, elle aussi, déménager et rejoindre le reste de la communauté dans l'aile privée du couvent. Son rôle auprès de moi, sans cesser complètement, n'a plus la même urgence qu'avant.

« Et mon petit coin, Chez Marianne?

– Tu le gardes, bien sûr. On m'a informée que tu es libre d'y retourner aussi souvent que tu le désires et de revoir sœur Sainte-Marie quand tes devoirs te le permettent. »

Je soutiens son regard sans reproche, bien que je sente chez elle une force qui change l'essence de sa tendresse envers moi. Elle me fait un peu peur. Que recherche-t-elle? Une amie ou une pupille soumise?

« Tu es de plus en plus un petit mystère », dit-elle en passant sa main dans mes cheveux, avant de me quitter.

≈

Avec mon paquet de linge sous le bras, j'entre dans l'immense dortoir où se déroule la préparation silencieuse du coucher des plus jeunes élèves. Je soupire, sincèrement indécise, indisposée tout à coup par des relents de savon et de naphtaline qui assaillent mes narines. Un sentiment d'effroi serre ma gorge.

Avec surprise, j'aperçois mère Saint-Ignace qui se dirige vers moi. Je mords mes lèvres, pleine de doutes… Est-ce possible qu'elle soit, aussi, la religieuse de garde du dortoir? Son visage reste impassible lorsqu'elle m'indique, mécaniquement, comme si sa pensée était ailleurs, un lit au bout d'une rangée jouxtant la salle de bains.

«Elle n'a pas l'air contente…», me dis-je.

Passent devant mes yeux des images incohérentes, de vol, comme on vole en rêvant, de flagellations et autres punitions clandestines… «Si elle me bouscule encore, elle va se punir…» et, levant un menton fier, je la défie… mais elle m'ignore.

Sans grand enthousiasme, avec une lenteur réfléchie, je me dirige vers le lit qu'elle m'a assigné. Au passage, je remarque quelques visages familiers, puis j'essaie d'imiter mes compagnes.

«Il faut que tu gardes ta robe de chambre sur tes épaules en te déshabillant, chuchote ma voisine. Comme ça, tu vois?

— Pourquoi?

— Bien, c'est comme ça, c'est le règlement. C'est notre tour aux lavabos… Viens! Apporte ta brosse à dents!»

Un peu plus confiante, je lui emboîte le pas. Une certaine camaraderie existe entre nous, mais, pudique, je souffre d'avoir à partager le moment de ma toilette avec une douzaine de petites filles.

Pendant que je me penche vers ma voisine avant d'ouvrir mon lit, je murmure:

«Est-ce que Caroline est au dortoir?

— Non, elle rentre chez sa tante à la fin de la journée.

— Comment tu t'appelles? Moi, c'est Marianne.

— Claire, et je suis en deuxième et…

— Silence dans le dortoir! Extinction des feux! J'allume la veilleuse dans une minute!»

La voix de mère Saint-Ignace résonne alors qu'elle se promène entre les rangées de lits, sans regarder personne. J'enfouis ma tête dans mon oreiller en frissonnant. Les draps sont froids et humides, je me tasse sur moi-même et ramène ma chemise de nuit autour de mes jambes.

Puis un lourd silence tombe sur ce lieu encore insolite pour moi. La lumière tamisée de la veilleuse me rassure. Je n'ose bouger sous mes couvertures que j'ai remontées jusqu'aux oreilles et j'écoute le sifflement de la tempête qui fait maintenant rage dehors. Dans les hauteurs de l'édifice, sous les toits où le dortoir est situé, les hurlements du vent sont plus stridents.

Deux heures plus tard, quand les grandes rejoignent le dortoir, je devrais être endormie, mais je suis toujours aux aguets. J'enregistre tous les sons que la nuit absorbe… les frissonnements, le raclement des anneaux sur les tringles des rideaux qu'on tire, le hululement d'un hibou dans le lointain ou, plus près, les soupirs inquiets de mes compagnes. Le dortoir a une vie à part, et je me sens isolée dans cet univers où je n'ai pas encore pris ma place.

Ah! la pénombre oppressante d'une chambre inconnue! Je garde mes yeux clos, en quête de sommeil. Mais je suis tourmentée par ce monde, probablement endormi. Je voudrais tant me laisser cajoler et bercer par la voix douce de sœur Sainte-Marie…

Soudain, une présence, un bruissement léger tout près et un corps qui s'allonge. Je suis pétrifiée. Les gestes sont précis… une main s'insinue sous mes couvertures, descend le long de mon ventre et essaie d'écarter mes cuisses… et puis une bouche impatiente s'appuie contre la mienne comme pour m'étouffer, un goût sucré glisse dans ma gorge, des ongles me font mal…

Tout aussi subitement, l'inconnue se détache de moi et une voix que je ne reconnais pas murmure: «Mais tu n'es pas… Que fais-tu dans ce lit?» puis disparaît sans bruit, comme elle est venue. Ai-je rêvé? Je pleure, doucement.

Un son de clochette me fait sursauter et mes yeux s'ouvrent sur un décor peu familier, dans la lumière crue et artificielle des ampoules électriques. J'ai l'impression de n'avoir dormi que quelques instants. Je regarde avec anxiété autour de moi, cherchant une main aux ongles pointus et un visage coupable. Je secoue la tête pour chasser les impressions de la nuit et me convaincre que la surexcitation de mon premier séjour au dortoir en est la responsable. Pourtant en m'habillant, je remarque une légère boursouflure sur mon bas-ventre… Je ferme les yeux. Non, je n'ai pas rêvé. J'ai une boule dans l'estomac.

Je frissonne dans la fraîcheur du dortoir. La nuit ne veut pas laisser sa place au matin, et la noirceur opaque du dehors réveille dans ma mémoire les chimères immuables de ces nuits où, seule et effrayée, je transformais les ombres en objets de terreur.

«Fais comme moi, murmure Claire, nos journées commencent toujours par la même routine! Tu as bien dormi?

– Non, pas très bien…

— La première nuit, c'est pas drôle… tu vas t'y faire !

— Il va bien falloir… »

À regarder son visage innocent et ouvert, je pense qu'il est préférable de garder pour moi mon expérience de la nuit, et je me tais, fataliste, tout en me promettant d'être plus vigilante à l'avenir.

Sœur Sainte-Marie m'a dit, un jour : « On ne reçoit pas la sagesse, il faut la découvrir soi-même ! » J'ai l'impression d'être sur le bon chemin. Petit à petit, en découvrant les ambiguïtés de la vie communautaire, je cesse d'être la petite fille effarouchée et sans assurance.

Et j'arrive à vaincre ma timidité. J'accepte enfin l'invitation de Brigitte à participer à un jeu que j'avais toujours boudé. Sous les yeux de Caroline, solitaire, je saisis les mains offertes.

« Maintenant que nous sommes cinq, on va pouvoir mieux s'amuser », dit Brigitte.

Nous formons un cercle, entrons dans une ronde folle et fredonnons gaiement, en canon, la ritournelle *Frère Jacques* que je connais bien, puisque sœur Sainte-Marie me l'a apprise. Je tourne et tourne, émue et éblouie par ma nouvelle aisance. Caroline nous observe, les larmes aux yeux… de rage ou de tristesse, qui sait ? Il est vrai que je garde mes distances et c'est à mon avantage. Mais elle suit mes moindres mouvements, comme un fauve aux aguets… Elle m'énerve et je me méfie.

À part ma réserve au sujet de Caroline et cette visite nocturne, ma vie se déroule dans un calme relatif.

CHAPITRE XII

« Ce n'est pas juste ! dis-je à sœur Sainte-Marie.

— Je sais, Marianne, et tu le sais aussi qu'il est strictement défendu que tu quittes le couvent, même pour quelques jours…

— Mais, dans la famille de Brigitte, qu'est-ce qui peut m'arriver ? Hein ? Ils m'ont invitée, vous savez !

— Ne dis pas " hein ", je te l'ai répété souvent !

— Moi, je voudrais bien passer Noël avec eux…

— Je le sais, ma chère petite fille. »

J'éprouve un pincement au cœur, alors que j'essaie de surmonter ma déception en gardant mes yeux fixés sur la bouche de sœur Sainte-Marie qui vient de réitérer l'interdiction. « Tu es, me répète-t-elle, sous la responsabilité exclusive des religieuses. L'affaire est donc close. »

Trois jours avant Noël les élèves partent chez elles, dans leurs familles, à l'exception de Caroline qui doit attendre le retour de ses parents ; son père, M. Gagnon, termine son mandat diplomatique à Paris et revient s'installer au Canada avec sa femme. La tante qui accueille habituellement Caroline pendant ses vacances est partie les rejoindre à leur arrivée à Québec. Je demeure donc au couvent avec Caroline comme seule compagne. Mère Saint-Ignace nous exhorte, toutes les deux, au calme et à la charité, et nous demande de prier pour mère Saint-Anselme qui est souffrante. Caroline va de son côté et moi, du mien. J'essaie de surseoir à ma tristesse et à ma déception en errant parmi les rayons de la bibliothèque à la recherche d'une lecture facile qui pourrait m'extraire de ce bastion de silence. Mon choix s'arrête sur la biographie de saint François d'Assise… «Tiens, me dis-je, il pourrait peut-être m'aider à obtenir un bel animal pour mes étrennes de Noël… un ours polaire, un hibou des neiges, un tigre du Bengale ou… une petite souris, oh oui, une petite souris blanche!» En feuilletant le livre, je demande à saint François de veiller sur Boudi, mon lièvre qui a disparu depuis plusieurs semaines. Puis je tombe sur Philippe Aubert de Gaspé père et ses *Anciens Canadiens*. Trop sérieux et embêtant! Je parcours le Nouveau Testament rédigé pour les moins de dix ans, mais rien aujourd'hui n'accroche vraiment mon esprit, d'ordinaire plutôt curieux.

La perspective de la solitude pendant les deux prochaines semaines m'inquiète moins que la présence de Caroline, même pour une journée ou deux, au sein du couvent. Je décide alors de m'évader par la pensée. L'une des grandes fenêtres de la bibliothèque donne sur le village et la mer sert de tremplin à ma rêverie.

Mes yeux parcourent le paysage blanc sous le vaste ciel cotonneux que les rayons d'un timide soleil ont peine à percer. Les clôtures à demi ensevelies et les lacets de la route qui mène au monastère marbrent ce tableau blanc. Mais, soudain, j'ai envie de bouger, je m'étire longuement et puis je cours vers les vestiaires.

«Au moins, je peux aller glisser…»

J'enfile en vitesse mon manteau et mes bottes d'hiver fourrées. Il me reste une heure avant le goûter de l'après-midi…

Le blizzard des derniers jours a transformé ma montagne en un désert blanc, ondulé et silencieux, exaltant la beauté parfaite des environs avec, ici et là, les taches sombres des sapins. Le ciel qui tourne au gris et la neige croustillante présagent d'autres chutes de neige. L'air sec et glacial s'infiltre dans mes poumons alors que je communie librement et joyeusement avec la nature. Je prends un grand plaisir à cette neige qui craque sous mes pieds. Comme si c'était la première fois, je découvre la magie du général Hiver qui impose sa volonté aux êtres, aux animaux, aux bois et aux champs. Un vent capricieux soulève la neige légère qui devient comme des embruns laiteux qui fouettent mon visage.

Avec mon traîneau, je pars à l'assaut de ma montagne, écrasée par le silence que seul entrecoupe le crissement de mes pas. Je suis émue par ce spectacle grandiose. Devant l'infini, je me sens si petite et émerveillée.

Plus bas, le couvent a l'air si isolé, si… solitaire. Je m'arrête et le regarde longuement, puis j'aspire une grande bouffée d'air froid. «Oh là là, il ne fait pas chaud aujourd'hui!» Soudain, je remarque une autre présence; Caroline m'a suivie, tirant elle aussi un traîneau. Elle est arrivée presque à ma hauteur sans faire de bruit, comme un Sioux. Ses habits rouges font une tache dans cet univers immaculé et sa silhouette me paraît menaçante.

Sans réfléchir, j'installe aussitôt mon traîneau pour dévaler la pente et je me laisse entraîner rapidement, désirant à tout prix être la première en bas de la côte. La vitesse me grise. Mais, pendant que je regarde derrière moi pour juger de la position de Caroline qui fonce dans ma direction, je frappe une souche d'arbre à demi ensevelie sous la neige… Je suis éjectée du traîneau et, dans un bruit sourd, je m'aplatis lourdement dans la neige un peu plus bas. Bien qu'étourdie, je vois Caroline à quelques pas de moi. De toutes ses forces, elle me lance une boule de neige au visage, puis disparaît vers le bas de la colline en ricanant.

Le ciel, l'horizon lointain, le tapis moelleux sous moi, tout s'assombrit. Je voudrais dormir, tranquillement… Un élancement violent à la cheville réveille mes sens endormis. Je suis seule, immobilisée dans ce froid piquant, sous un ciel opaque d'où tombent en abondance de gros flocons de neige. J'ai peur. La pénombre grandit et, si je reste ainsi, mon corps va s'engourdir progressivement. D'instinct, j'implore sainte Thérèse de me venir en aide. Je lui promets d'être sage et d'essayer d'aimer mère Saint-Ignace…

Après un immense effort, je parviens à m'asseoir. Durant quelques minutes qui me semblent des heures, je déblaie la neige qui me recouvre et j'examine ma jambe gauche qui a frappé la souche. En délaçant ma botte, je dégage mon pied. Ma cheville est enflée et douloureuse. Mécaniquement, je la masse avec mes mains déjà blanchies par le froid et j'y place un pansement de neige, ce que m'a conseillé de faire sœur Sainte-Marie en cas d'enflure ou d'engelure. Malgré les picotements dans ma jambe et une sensation de brûlure, je commence à me sentir mieux.

Les traces du traîneau ont disparu sous les flocons et, en contrebas, le couvent n'est plus qu'une ombre vague. J'imagine la panique de sœur Sainte-Marie, l'émoi des religieuses et le mécontentement de mère Saint-Anselme. Je dois à tout prix rentrer. J'essaie de me relever mais retombe, maladroite. C'est alors que deux bras forts me soulèvent et que je me retrouve blottie contre un grand corps... une flanelle rugueuse chatouille ma joue. Je reste muette, contente d'avoir quelqu'un avec moi, même si je suis angoissée... Qui est cette personne? Au-dessus de ma tête une voix masculine murmure: «*There you are! You have hurt yourself!*» À ce moment, je n'ai plus peur. Le cauchemar prend fin. Ce doit être Jim...

Je suis transie de froid. Une brutale rafale de vent me fait vaciller et des larmes gonflent mes paupières.

«Il ne faut pas pleurer, suggère la voix chaleureuse, car les larmes vont geler et se transformer en petites boules de neige...

— C'est vous, Jim? dis-je, avec un pauvre petit sourire.

— Voyons un peu, répond-il en se penchant, il faut remettre votre botte sinon la petite fille à demi gelée va devenir un bonhomme de glace! Là, ce n'est pas grave, juste une foulure. On peut vous rechausser... comme ça...»

Il est emmitouflé dans de lourds vêtements, un cache-nez couvre le bas de son visage et il porte des lunettes noires.

«Comment ça se fait que vous êtes là, Jim?

— Je faisais du ski, voyez, mes bâtons sont à côté...

— Dans la montagne des religieuses? Ce n'est pas défendu?

— Non... Maintenant, il faut rentrer, Miss Marianne. Venez, il faut se dépêcher...»

Je me laisse faire. Il m'aide à m'allonger à plat ventre sur mon traîneau et, après un doux «Au revoir, Miss Marianne», il me donne une légère poussée et je glisse sur la neige folle.

Emportée dans la descente, je lui crie: «Merci, Jim!» Mon pied droit me sert de gouvernail pour garder la trajectoire jusqu'au couvent. J'atteins en clopinant mon refuge près de la cuisine. J'ai perdu la notion du temps et je n'ai qu'une envie, m'envelopper dans une couverture et me blottir devant le grand fourneau. Petit à petit, les tremblements qui agitent mon corps disparaissent et un bien-être m'envahit, comme si je revenais subitement à la vie. Je sombre dans un profond sommeil.

C'est ainsi que sœur Sainte-Marie me découvre, affolée par ma longue absence, alors que la nuit est tombée et qu'une tempête de neige s'abat sur la région.

«Enfin, te voilà, s'écrie-t-elle. On te cherche depuis des heures. Mère Saint-Ignace est très inquiète, continue-t-elle en levant les mains au ciel. Il faut aller lui dire que tu es rentrée.»

Elle m'observe, s'approche de moi et me réprimande doucement:

«Marianne, pourquoi as-tu disparu ainsi? Ce n'est pas ta façon d'agir…»

Je ne réponds pas tout de suite et lui demande simplement du lait chaud. Elle m'en prépare une grande tasse et y ajoute deux cuillerées de miel. Le liquide me décontracte et je me sens mieux.

«Je suis allée glisser et j'ai fait une chute. Ça m'a pris du temps pour rentrer, parce que je me suis fait mal à la cheville… Je ne voulais pas que Caroline me dépasse.

– Caroline était donc avec toi?

– Bien oui, elle ne vous l'a pas dit?»

Elle ne répond pas et, sans ajouter un mot, me fait asseoir sur une chaise, s'agenouille pour examiner ma cheville. Elle se relève, va au placard de la pharmacie et en extrait une bande de coton qu'elle enroule bien serrée autour de ma cheville après l'avoir frictionnée avec un baume. Le soulagement est immédiat.

«Essaie de marcher, Marianne, et dis-moi comment tu te sens.

– Ça va beaucoup mieux…Voyez, je peux marcher sans trop boiter!

– Tu n'as qu'une légère entorse, pas de fracture heureusement. Maintenant, va prévenir mère Saint-Ignace de ton retour. Elle doit être dans son bureau, et excuse-toi de ton retard! Va, mais vas-y, répète-t-elle en me voyant hésiter. Elle te grondera probablement, mais tu l'auras bien mérité, elle a déjà assez de soucis…

– Jim m'a aidée…», dis-je avant de la quitter.

Elle acquiesce d'un signe de tête mais n'ajoute pas un mot.

La nuit est noire et de pâles lumières éclairent les couloirs sombres. Ne trouvant mère Saint-Ignace ni dans son bureau ni dans celui de la Mère supérieure, je me dirige vers le dortoir des religieuses. Là, le souvenir d'avoir été le témoin involontaire d'une scène étrange revient me hanter. Ce soir, aucun signe, aucune présence. Tout est silencieux.

Je passe par mon dortoir qui est, bien sûr, déserté – heureusement, je n'ai pas à y dormir pendant les vacances. Dans l'obscurité, les rangées de lits vides témoignent de l'absence de toute vie entre ces murs. Mais, tout au fond du dortoir, du côté de l'infirmerie, un filet de lumière filtre sous une porte. J'entends des voix étouffées, des gémissements et des sanglots... Je m'approche doucement. J'ai l'impression que les bruits métalliques qui me parviennent par saccades sont précurseurs d'apparitions de fantômes et que l'espèce de sifflement morbide qui fend l'air annonce l'approche de sorcières venues pour me punir. N'est-ce pas leurs mains, d'ailleurs, qui se promènent le long de mon dos et autour de mon cou et me donnent des frissons?

Pendant quelques minutes, je n'ose plus bouger et je garde les yeux rivés sur la porte. J'hésite encore, malgré ma curiosité. Dans la pénombre du dortoir, j'ai un peu peur. Mais que se passe-t-il derrière cette porte? Lentement, elle s'entrebâille comme poussée par une main invisible... Un couloir aux murs tapissés d'étagères et de placards conduit à une grande pièce baignée d'une lumière crue où règne, à cette heure tardive, une activité intense. Plusieurs religieuses s'affairent autour d'un lit; des draps souillés sont entassés au centre de la pièce. Entre deux silhouettes vêtues de blanc, j'aperçois un ventre énorme à demi recouvert d'une robe de coton. Debout, en face d'elles, un homme à barbiche, le médecin, je suppose, prépare une injection, et je vois les religieuses retourner le corps sur le côté. Sans aucune hésitation, il soulève un pan du vêtement et pique son aiguille dans la fesse de, de... oui, de mère Saint-Anselme. C'est bel et bien la Supérieure, avec son visage blafard taché de plaques verdâtres. Mon Dieu, elle a l'air d'un spectre... De ses lèvres exsangues s'échappent des plaintes qui se terminent dans un râle. Son bonnet a glissé et découvre une partie de son crâne rasé. Ses yeux à demi fermés se dirigent vers la porte… je crois m'évanouir et je me fais toute petite dans l'ombre qui me protège.

Je suis mal à l'aise, et pour cause! Encore une fois, par hasard, je suis le témoin de moments privés de la vie des religieuses. Bouleversée par cet univers où la souffrance domine, je voudrais ne plus voir le corps déformé de la Supérieure. J'ai tant de peine pour elle. Mais je reste malgré tout sur place, recroquevillée sur moi-même, de peur que le moindre mouvement ne révèle ma présence et, presque malgré moi, je continue d'observer.

Dans un coin, quatre formes sont prosternées près d'une table où brûle un long cierge, et des voix suppliantes entrecoupées de sanglots étouffés récitent les litanies des saints. L'activité autour du lit a cessé; mère Saint-Anselme repose, la tête soutenue par de nombreux oreillers, et son bonnet de nuit a été remplacé par le voile blanc de son habit religieux. Ses yeux sont fermés, son visage a pris un aspect cadavérique et sa respiration laborieuse secoue son corps tout entier à intervalles irréguliers. Ses mains sont jointes sur les grains d'un rosaire enroulé autour de son poignet.

Puis une porte s'ouvre et le père Antoine entre, tenant dans ses mains plusieurs objets qu'il dépose sur la table où brûle le cierge. Il s'approche du lit et je le vois tamponner la Supérieure avec des morceaux de coton. Il plonge aussi une sorte de bâton dans un petit seau rempli d'un liquide dont il asperge le corps de la malade. Espère-t-il donc la réveiller ainsi? Je me demande bien ce que signifient les signes de croix, les bénédictions, l'eau bénite… Mère Saint-Ignace, que je vois de profil, se signe à plusieurs reprises et, s'approchant du lit, passe sa main sur le visage de mère Saint-Anselme. Puis, avec son pouce, elle fait le signe de la croix sur son front.

Ce spectacle inattendu, où se mêlent les odeurs de l'encens et de la maladie, me donne envie de vomir. C'est la première fois que je vois la mort de si près. Car la Supérieure se meurt, c'est bien cela. Je viens seulement de le comprendre. Je me rappelle quand sœur Sainte-Marie me parlait des lépreux, des agonisants, des martyrs de la Bible. Comme ses descriptions me faisaient peur. C'est donc cela mourir!

Un courant d'air froid fait claquer la porte et j'en sursaute d'effroi. Des chants s'élèvent dans la pièce. Au moment que je juge opportun, je prends une chance: je sors de ma cachette et m'enfuis.

Je veux chasser de mon esprit les abominables images de la souffrance et de la mort, et entendre des mots d'amour et de tendresse. J'ai tellement besoin de retrouver la chaleureuse présence de sœur Sainte-Marie. Je me précipite vers elle. Dans le dédale de couloirs, je ne rencontre personne. Seuls les battements accélérés de mon cœur accompagnent ma fuite vers mon refuge. Je suis si heureuse qu'elle soit là, à m'attendre, en vie, que je me jette dans ses bras. Mon entrée plutôt intempestive la surprend un peu. Nous vivons des heures bien étranges...

« Tu as une manière de disparaître et de réapparaître, Marianne! lance-t-elle, stupéfaite.

– Je n'ai pas trouvé mère Saint-Ignace pour lui dire que j'étais rentrée. Est-ce que mère Saint-Anselme est malade?

– Pourquoi me demandes-tu cela?

– Elle n'avait pas l'air bien depuis quelque temps…»

Elle se signe et embrasse son crucifix.

«C'est vrai, Marianne, elle n'est pas bien. Il faut prier bien fort pour elle avant de nous coucher. Tu veux bien faire ça pour elle?

– Oui, je veux bien… Elle me fait peur, vous savez!

– Je le sais, mais ce n'est pas une raison pour t'empêcher de demander au Seigneur la paix de son âme.

– Elle va mourir?»

Sœur Sainte-Marie ne répond pas. Je voudrais lui faire partager ce que j'ai vu, il y a quelques instants, mais je le garde pour moi. Je respire profondément. Il me semble que le tourment et le malaise règnent partout.

«Et Caroline, où est-elle?

– Ah, je ne te l'ai pas dit! Eh bien, Caroline est partie avec ses parents. Ils ont emporté toutes ses affaires, car ils s'installent à Québec et Caroline ira chez les ursulines de cette ville, à la rentrée. M. Gagnon, paraît-il, a pris ses nouvelles fonctions d'avocat à l'Anse-au-Foulon!»

Elle me regarde, attendant ma réaction. Je hoche la tête. Je suis soulagée par le départ de ce petit monstre. Lasse, je ferme les yeux… je suis de nouveau plus confiante. Je m'assieds afin d'alléger la douleur de ma cheville. Ma nervosité provoquée par les événements récents me rend facilement irritable et mon imagination fait encore des siennes. Je fronce les sourcils. «Si mère Saint-Anselme meurt, quel Noël on va avoir! Mon Dieu que c'est triste!» Je rêve encore un instant puis, rouvrant les yeux, j'essaie de prier. «Marianne, pense à autre chose que mère Saint-Anselme… Mon Dieu, faites que l'anniversaire de Votre fils soit un beau jour!… »

« Dans la lune, Marianne ?

– Oui, un peu ! Dites, qu'est-ce que je fais pour mère Saint-Ignace ?

– J'irai la voir plus tard. Maintenant, viens manger, tu dois avoir faim !

– Il y a des crêpes, aujourd'hui ?

– Je les ai faites spécialement pour toi ! »

Lorsqu'elle tourne son visage vers moi, je reconnais dans son demi-sourire et dans son regard limpide qui n'a pas de secrets son besoin de faire plaisir. Je souris à mon tour, reconnaissante de la savoir là, comme toujours, solide et affectueuse. Je l'aime.

« Tiens, ma chérie, dit-elle, des crêpes au sirop d'érable. Je les ai faites pour le réveillon, mais, ce soir, je ne peux te les refuser ! »

~

Une grande partie de ma nuit fut très agitée, je me butais à tout instant contre l'impénétrable. L'appréhension était omniprésente, comme si le doute et la maladie avaient étendu leur pouvoir maléfique dans tout le couvent. Si je fermais les yeux, des formes grotesques de religieuses se changeaient en êtres mécaniques nécrophages qui, délaissant leurs litanies, mettaient en lambeaux un personnage à la peau grisâtre plaquée de boue et dont les membres étaient déformés par des gonflements et des boursouflures. Puis, dans une danse vertigineuse, ils se perdaient dans un abîme de sables mouvants. Je me réveillai en sursaut, trempée de sueur. Le rêve revenait avec l'implacabilité d'une idée fixe et je ne désirais aucunement me rendormir. Dehors, l'impétuosité de la nature ajoutait une touche infernale à la nuit. Le vent, hurlant, poussait la tempête contre les vitres et faisait craquer les murs comme la houle d'une mer déchaînée, la coque d'un navire.

J'aurais aimé que quelqu'un me console, me donne du courage. Pelotonnée sous mes couvertures, je cherchais une chaleur qui aurait fait cesser le tremblement de mes membres, mais je n'avais personne à appeler. Seul Jocelyn aurait pu me réconforter, mais il était inaccessible. Le souvenir de notre pacte ramena en moi, pour quelques secondes, la force du baiser qui m'avait fait vibrer... Mais, à cette heure-ci, Jocelyn était à des milles, endormi dans des draps moelleux. Quant aux religieuses, elles acceptaient ma présence sans trop se soucier de moi; leur Dieu et Ses châtiments les intéressaient davantage. Étais-je une menace pour elles, même si je n'étais qu'une enfant? Pourquoi étais-je là, retranchée du reste du monde? Avais-je une mère? Était-elle pour quelque chose dans le fait que l'on m'avait amenée ici? Pourquoi m'avait-elle abandonnée? Se souvenait-elle encore de moi? Cet immense vide dans ma vie, il me semblait impossible de le combler!

Et cette horrible nuit qui n'en finissait plus... Je me répétais: «Mon Dieu, ayez pitié! Faites que s'arrêtent ce bruit infernal, ces tourments et ce défilé de fantômes! Donnez-moi la paix du silence et apaisez ma frayeur...»

Dans un moment de semi-conscience, comme une somnambule, je m'emparai de mon oreiller et d'une couverture. Le plancher était glacé sous mes pieds nus.

La grande fournaise ronronnait avec douceur et un souffle chaud et bienfaisant m'enveloppa. Finalement, je m'endormis. Quand je me réveillai, Boudi était allongé contre moi et sa fourrure me chatouillait le visage. «Merci, Boudi, de venir me consoler, j'en ai besoin.»

Je remerciai dans mon cœur saint François d'Assise de me l'avoir envoyé.

Au petit déjeuner, on m'annonça que mère Saint-Anselme était morte dans la nuit.

Chapitre XIII

Au couvent, le temps de Noël est différent du reste de l'année. Je me sens plus jeune alors que flotte autour de moi un nouvel espoir, né de l'anniversaire de l'enfant Jésus. Pour lui, les services religieux sont plus nombreux, les cantiques, plus mélodieux et les fleurs sur l'autel, plus abondantes. Pour nous, la nourriture est un peu plus variée et appétissante, particulièrement les crêpes et les beignets. Mais cette année, rien ne peut être vraiment pareil.

La Supérieure, morte il y a deux jours, est exposée en chapelle ardente dans l'enceinte des élèves. Les sièges et les prie-Dieu ont été entassés dans un coin. Quel embarras, pourquoi est-elle dans notre coin de chapelle? «Parce qu'il est libre, Marianne... tu le sais aussi bien que moi, voyons!» Quand même, je la trouve bien encombrante...

Dans son cercueil, mère Saint-Anselme repose. Je refuse de la voir avant que le cercueil ne soit fermé. «Il le faut, Marianne, me dit sœur Sainte-Marie, et tu devrais même la toucher, ainsi tu n'auras plus peur d'elle...»

Pour une fois, sœur Sainte-Marie divague. Rien au monde, pas même la menace d'un jeûne d'une semaine, ne me forcera à regarder ce vieux corps mort... Et je préférerais mourir plutôt que de le toucher. J'en frissonne rien qu'à y penser.

Je m'astreins, quand même, à regarder le cercueil maintenant qu'il est fermé. Monté sur un catafalque recouvert de feutre noir brodé d'une croix argentée, il ressemble à un char de combat de sorcières. Quelle horreur ! De chaque côté du cercueil, comme des soldats montant la garde, quatre longs cierges enfoncés dans des chandeliers en fer forgé sont allumés. Des rideaux de deuil, noirs comme des corbeaux, ont été déployés sur la cloison qui sépare l'enceinte des élèves de celle des religieuses.

Jamais plus je ne pourrai songer à notre enceinte de la chapelle sans me rappeler le cercueil de la Supérieure... Je tourne et retourne dans ma tête des idées sombres... Peut-être qu'on va l'enterrer vite et qu'elle ne sera là que peu de temps ? Dans le silence, les minutes s'écoulent au compte-gouttes. Sœur Sainte-Marie remplace les nappes brodées de l'autel par un tissu blanc, tout simple, et dépose quelques petites fleurs blanches. L'atmosphère est surchargée d'encens.

« Il faudrait des fleurs de couleur, dis-je à sœur Sainte-Marie, alors que je la suis comme son ombre. C'est un peu triste, des fleurs blanches.

— Baisse la voix, Marianne, nous sommes dans la chapelle.

— Il n'y a personne ici.

— Ce n'est pas une raison, voyons ! Non, il faut des fleurs blanches pour souligner un deuil, c'est une marque de respect !

— Mais vous en avez commandé d'autres, ça, je le sais !

– Oui, Marianne, on les mettra sur l'autel la veille de Noël, pour la messe de minuit.

– Et… elle… elle va rester là? dis-je en indiquant le cercueil.

– Oui, Marianne, nous attendons une de ses sœurs et son frère qui viennent de l'Ouest, de l'Alberta, je crois, avant de l'enterrer.

– Et moi, où est-ce que je vais m'asseoir?

– Nous serons en haut, toi et moi. Bon, allons-y, on a fini!»

Fatiguée, je ne pense pas tellement au temps qui ne compte plus pour mère Saint-Anselme, puisqu'elle est éternellement immobilisée dans la mort, mais à celui que nous consacrons à glorifier son passage dans ce que le père Antoine a appelé hier, pendant la messe, «la vallée des larmes». «Pourquoi "la vallée des larmes"?» ai-je demandé à sœur Sainte-Marie. «Parce que c'est comme ça!» a-t-elle répondu. La fatalité de la mort semble nous hanter.

Bref, entre les fréquents services religieux, toute apparence de vie normale a disparu. Cependant, sœur Sainte-Marie, comme par magie, a déposé sur la petite table de mon refuge, Chez Marianne, des crayons de couleur avec un cahier à dessin et un livre sur les aventures du Petit Chaperon rouge et de Blanche Neige.

«Ah, merci, lui dis-je en embrassant sa main. Que c'est beau!

– Je voulais te donner ces cadeaux pour Noël, mais je te les offre plus tôt pour te divertir. Quand tu auras fini de jouer, tu pourras colorier et lire autant que tu voudras.

– Vous avez acheté ces étrennes juste pour moi?

— Un peu comme d'habitude, ma chérie. Même si, entre nous, le père Noël n'a pas la permission d'entrer au couvent!»

Son regard malicieux et son sourire affectueux illuminent ma veille de Noël. Je soupire d'aise en recevant un tel gage d'amour tendre. J'ai le cœur plus léger même si je tressaille encore à tout bruit insolite, surtout dans les endroits mal éclairés.

«Nous aurons, toi et moi, notre petit réveillon à sept heures...

— Je sais que ça sera bon!

— Te rappelles-tu les bonnes tourtières de l'année dernière?

— On en aura encore, cette année?»

Elle répond oui. Je la regarde dans les yeux et elle sourit de nouveau.

«Et ce n'est pas tout! Mère Saint-Ignace nous permet un peu de vin chaud à la cannelle et au gingembre!

— Du vin? Pour nous deux?»

Elle acquiesce d'un signe de tête, par trois fois, comme si elle répondait «oui, oui, oui» à une pensée qu'elle ne voulait pas partager. Nous restons toutes les deux silencieuses. Elle s'affaire dans ses casseroles.

Un beau matin sec et un soleil pâle qui tente de réchauffer l'air m'attirent dehors. De bonne humeur, je choisis un traîneau. «Oui, je vais bien m'amuser aujourd'hui», me dis-je en marchant vers la pente où Caroline m'a abandonnée dans la neige, tout juste avant son départ définitif pour Québec.

≈

Le matin de Noël, je me lève de bonne heure, après avoir mal dormi, et je retrouve le silence pesant de la journée précédente que sœur Sainte-Marie a essayé d'égayer. Mes pas dans le couloir ne résonnent plus de la même manière contre les murs tristes. On dirait que le couvent est tombé sous le maléfice d'une vilaine fée.

Ne sachant pas exactement quoi faire, je décide de retourner à la chapelle afin de me préparer à cette journée consacrée à la naissance du fils de Dieu. Je souhaite que l'Enfant Jésus comprenne mes émotions et mes inquiétudes, et me procure du réconfort dans son sanctuaire.

En entrant dans la chapelle, je me dirige vers l'étage supérieur où, lorsque j'étais plus jeune, j'avais l'habitude d'aider au fonctionnement de l'harmonium. À part les lueurs vacillantes des cierges sur l'autel, la maison de Dieu est plongée dans une pénombre qui la rend plus mystérieuse avec ses ombres dansantes. Soudain, une odeur âcre et écœurante assaille mes narines, me donnant envie de vomir.

Aussitôt, des images inquiétantes envahissent mon esprit. Des âmes perdues et des revenants ont réintégré ce monde et y répandent leurs odeurs nauséabondes. Je frissonne à l'idée d'une calamité imminente, comme si les feux de l'enfer allaient fondre sur le spectre de mère Saint-Anselme qui surgit devant moi, me reprochant de lui avoir voulu du mal ! La panique me gagne et je sors de la chapelle en hurlant.

Dans le corridor, je respire profondément, en m'appuyant contre le mur. J'incline la tête et j'attends encore une manifestation surnaturelle ou même une apparition. Rien… Rien, finalement, ne vient troubler le calme du matin. Je me moque de ma poltronnerie et de mes superstitions. Et, progressivement, je me fabrique un visage de petite fille courageuse... «Eh bien, Marianne, me dis-je à mi-voix, tu voulais voir la chapelle, alors, vas-y! C'est peut-être les fleurs qui ont pourri durant la nuit!»

Je sais très bien que mon courage est factice, mais une sorte de compulsion, plus forte que ma volonté, me porte à braver la chance, à chercher la vérité, à défier ce que je ne comprends pas et, ce matin de Noël, malgré mon angoisse, je veux savoir d'où vient cette odeur! «Sœur Sainte-Marie sera contente si je découvre... Mais quoi, Marianne?»

À tâtons, je descends l'escalier et, devant la porte de l'enceinte des élèves, j'hésite... Je suis sûre que la réponse se trouve à l'intérieur. Rassemblant tout mon courage, j'entre.

Les cierges qui entourent le cercueil sont aux trois quarts brûlés et leurs faibles flammes brillent à peine dans l'air vicié. Une vague senteur de cire fondue se mêle à une puanteur nauséabonde. Je presse un mouchoir contre mon nez et ma bouche, et je regarde autour de moi en me forçant à noter chaque détail. Tout semble calme, mais un léger bruit que je ne peux identifier tout de suite, semblable à celui d'un robinet qui goutte, émet un faible écho. Je me concentre davantage, car, à part l'eau des bénitiers, je ne vois rien susceptible de dégoutter ainsi. La tranquillité qui règne autour de moi me donne du cran et je m'avance résolument vers le cercueil, tout en demeurant sur le qui-vive.

Qu'est-ce que je fais, moi, Marianne, à cinq heures du matin, prise d'une envie de vomir, devant le cercueil d'une vieille religieuse? Ma curiosité revient, fiévreuse, comme devant chaque fait inattendu et, cette fois-ci, il me faut trouver la source d'une puanteur anormale autour d'un cadavre...

Sous le cercueil recouvert de son drap, le sol est taché de larges flaques noirâtres qui s'agrandissent au fur et à mesure que des gouttelettes y tombent avec rapidité. Voilà la source de cette pestilence...

Je me précipite vers la cuisine où sœur Sainte-Marie prépare le petit déjeuner.

«J'arrive de la chapelle, lui dis-je tout essoufflée. Mère Saint-Anselme a dû éclater...

– Que veux-tu dire? demande-t-elle vivement.

– Il y a une odeur épouvantable et le cercueil dégouline de partout!

– Voyons, Marianne!

– Je vous assure. Allez voir!

– Surveille le lait! dit-elle en enlevant son tablier. Et ne bouge pas d'ici!»

Dans la lumière vive de la cuisine je me sens mieux. J'avale un grand verre d'eau froide; le liquide me ragaillardit et mon estomac, lentement, reprend son état normal. La découverte accablante provoque chez moi une grande lassitude...

Où sont passés mes jours ensoleillés et harmonieux, avec les visites de Jocelyn qui s'occupait de moi? Je m'ennuie d'une pluie parfumée sous un ciel qui gronde...

«Tiens, me dis-je, je me prépare une tasse de thé, ça va me faire du bien! Ensuite, je nettoierai les légumes de sœur Sainte-Marie. Et puis nous pourrons goûter aux belles oranges et au gâteau aux fruits... il a l'air si bon… » Je concentre mon esprit sur le petit monde de la cuisine, et la tristesse qui m'enveloppait depuis mon réveil se détache de moi. Je parfume mon thé avec du miel et mords à pleines dents dans une brioche, une de mes gâteries préférées du temps des fêtes.

« C'est l'anniversaire du petit Jésus, aujourd'hui, ne l'oublie pas, Marianne et, pour le célébrer, apporte une brioche à Boudi… »

Il n'est pas là, mais je laisse, près de son berceau, une brioche et une carotte. L'ordre des choses est tel, en ce jour extraordinaire, que je m'efforce de ne songer qu'au visage d'un noble enfant sous l'étoile de Bethléem pour éloigner de moi les frémissements confus de la mort d'une vieille religieuse.

Sœur Sainte-Marie revient dans la cuisine une demi-heure plus tard. Je la regarde attentivement, elle est très pâle et ses mains tremblent.

« C'est pas drôle, hein ? lui dis-je, asseyez-vous, je vous fais une tasse de thé.

– Oui, je veux bien, fait-elle en passant une main sur ses yeux fermés. Ne dis pas "hein", Marianne…

– J'oublie souvent, hein… pardon, ma sœur… »

Un petit sourire se forme sur ses lèvres blêmes ; nous goûtons, toutes les deux, ce moment de communion parfaite, pendant que je m'emploie à la réconforter.

« Qu'est-ce qui va se passer ? dis-je en posant devant elle une assiette avec une belle brioche beurrée.

– Je ne sais pas, mais mère Saint-Ignace s'occupe de faire le nécessaire.

– C'est quoi ?

– Il faut attendre… on le saura d'ici peu, Marianne. »

Mère Saint-Anselme était morte d'une occlusion intestinale; l'état de sa dépouille nécessita un changement dans les plans de sépulture... famille ou pas. La messe des funérailles fut préparée rapidement par le père Antoine qui se retira aussitôt le service terminé, sans prendre part à la procession.

À présent, autour des restes de mère Saint-Anselme se jouait un spectacle étrange et inusité. De la fenêtre de la salle d'études, sœur Sainte-Marie et moi-même regardions la procession. Deux hommes, habillés de noir des pieds à la tête – «les entrepreneurs des pompes funèbres», m'informa sœur Sainte-Marie – tiraient un long traîneau sur lequel était attachée une grande boîte recouverte d'un catafalque. Une douzaine de religieuses, l'une derrière l'autre, formaient un petit cortège. Des rafales de vent soulevaient leurs voiles et, sur la toile de fond d'une neige aveuglante, elles ressemblaient à des corneilles prêtes à s'envoler.

Juste avant que le cortège ne disparaisse derrière la rangée d'arbres près du charnier, un bref rayon de soleil fit étinceler la nacre de la neige et déposa une lueur dorée sur le cortège noir. Et puis plus rien. Le paysage redevint immaculé, à l'exception des traces du traîneau et de la file des marcheurs qui y subsistaient encore mais qui s'effaçaient rapidement sous les rafales de neige.

Durant le reste de l'hiver, et jusqu'à la fonte des neiges et le dégel du printemps, mère Saint-Anselme, dans son cercueil enveloppé de bran de scie, fut l'unique occupante du charnier de la communauté. La mort devrait y attendre le retour des beaux jours et une nouvelle fosse.

CHAPITRE XIV

La messe de Noël a été reportée à onze heures. J'emprunte l'escalier qui mène à l'étage supérieur de la chapelle avec un peu d'appréhension. Mais à part une vague odeur de désinfectant et de lessive, il ne reste aucune trace du drame et de mère Saint-Anselme. Les fleurs blanches ont aussi disparu, remplacées par des bouquets multicolores dans les tons de rose, bleu et jaune. Le son de la cloche annonce le début de la messe alors qu'un père jésuite fait son entrée pour officier... On murmure que le père Antoine est souffrant.

«Ça ne me surprend pas! dis-je à sœur Sainte-Marie.

— Chut, Marianne, concentre-toi, maintenant!»

Je me sens sage, un peu préoccupée... Je me serre contre sœur Sainte-Marie qui pose une main sur mon épaule. Nous sommes toutes les deux juchées dans le pignon de la chapelle et, comme je le fais automatiquement devant des situations nouvelles, je donne libre cours à mon imagination. Le jésuite, à l'autel, s'occupe des rites de la messe avec grâce et un certain empressement, comme s'il avait envie d'en finir. Peut-être une bonne dinde farcie l'attend-il au séminaire...

Tiens, j'ai soudainement faim, il y a une dinde pour nous aussi...

À genoux, je me penche au-dessus de la balustrade et regarde de plus près le père jésuite. Je l'admire... il a un profil de héros, il est beau et je le compare aux personnages de mon livre d'histoire sainte. Oui, je le vois, tel Josué arrêtant le soleil et abattant les murs de Jéricho, ou encore en David, poète et guerrier, luttant contre le géant Goliath!

Il est là, dans notre couvent, comme un demi-dieu, paré des beaux habits sacerdotaux des grandes occasions, mais sa tonsure – je la déteste, elle est très laide – ressemble à une plaie dans la masse de ses cheveux sombres. Alors, à sa place, j'imagine un halo de lumière rosée, celle du saint sacrement. Et puis, je me dis que son haleine doit être fraîche, non pas comme celle, fétide, du père Antoine... Peut-être sera-t-il notre confesseur bientôt? Je pourrai alors vérifier!

Je ne le quitte pas des yeux. Il évoque pour moi, après le drame de la matinée, un personnage plein de poésie, et, dans l'obliquité des rayons dorés d'un timide soleil, je continue de le contempler. Mais, bien sûr, je prends part au service et je souhaite un bon anniversaire au petit Jésus, pendant que je m'agenouille... que je m'assieds... que je reste debout... selon ce que commande le rituel de la messe. Et je chante, dans mon cœur, «Il est né le divin enfant, jouez hautbois, résonnez musettes...»

Je répète, avec le père jésuite, l'*Ite missa est* de la fin de la messe et, quand il quitte la chapelle, toute rêverie s'évanouit. Je cherche encore son ombre ou même le doux bruissement de sa soutane... Et, si je me regardais dans un miroir, verrais-je sur mon visage un sourire ou une larme ?

Maintenant je vais célébrer le Noël de la bonne chère, puisque sœur Sainte-Marie nous a préparé un festin. À part les restes de dinde farcie rapportés du réfectoire des religieuses, il y a des saucisses et des pommes de terre rôties au four que nous avons préparées la veille.

« N'oublions pas notre vin, Marianne, dit sœur Sainte-Marie avec un petit air coquin, pendant que nous nous installons à notre table près de la fenêtre.

— Surtout pas, et vous savez, c'est la première fois que je vais boire du vin ! Hum ! Ça va être bon !

— On n'en boira qu'un petit peu, toi et moi, continue-t-elle en souriant. »

D'un carafon qu'elle a fait chauffer dans un bain-marie, elle me verse un demi-verre de vin qui sent bon les épices.

« Tu dois avoir faim, ma pauvre chérie, alors régale-toi bien. La belle journée qu'on s'était promise a pris un tour bien différent, mais, qui sait, l'avenir peut encore nous surprendre !

— Pas comme ce matin, hei… ! »

Je dévore tout ce qui est dans mon assiette et j'ai encore faim. Sœur Sainte-Marie me ressert. Je suis contente. Pourtant un autre tintement de cloches nous rappelle le drame de la matinée…

« On va le sonner souvent, le glas ?

— Toutes les trois heures, Marianne, c'est la règle. Alors faisons le signe de la croix, si tu veux bien, pour marquer notre respect. »

Nous nous recueillons quelques minutes en silence.

«Mais ce n'est pas tout, interrompt-elle, regarde le beau plum-pudding que j'ai fait pour nous deux. Avec un peu de vin, on va mieux l'apprécier. Sais-tu ce que j'ai mis dedans, avec le reste des ingrédients?»

Je secoue la tête.

«Un peu de cardamome... ça lui donne un petit goût poivré. Tiens, prends de la crème! Marianne, continue-t-elle, je vais être obligée de te laisser plusieurs fois cet après-midi pour assister aux divers services religieux. Tu vas t'amuser quand même? Comme tu le vois, il y a du beau soleil.»

J'acquiesce de la tête à plusieurs reprises pour la rassurer.

Pendant son absence, je me rends à la grange de mes rendez-vous, pour retrouver cette atmosphère qui n'appartient qu'à Jocelyn et à moi. Je ne suis ni triste ni enjouée et je médite sur le caractère imprévu de nos rencontres. Je sais d'avance qu'il ne viendra pas aujourd'hui, car il doit fêter Noël en famille. D'être simplement là me rapproche de lui.

Je tremble un peu, pourtant je n'ai pas froid dans la grange silencieuse. Je tente de ne pas me laisser dominer par la vague de désarroi et de tristesse qui monte à l'assaut de mes bonnes résolutions. Je m'étais pourtant promis d'être contente de la journée de Noël... parce que c'est Noël! Mais ce n'est pas un Noël ordinaire. Pourquoi mère Saint-Anselme a-t-elle choisi de mourir durant la période des fêtes? «Chut, Marianne, elle n'a pas choisi de mourir, elle était si malade...», me dis-je, alors qu'un énorme soupir s'échappe de ma gorge serrée. Mon imagination reprend sa course folle... je suis en train de m'effrayer...

Dans la pénombre qui danse, je crois voir le spectre de mère Saint-Anselme. Peut-être veut-elle me tirer les orteils? (C'est ce que nous ont raconté les grandes du dortoir à propos des morts qui ne trouvent pas le juste repos de l'âme!) A-t-elle appris, dans l'autre monde, que je ne l'aimais pas? Veut-elle me dire...? Non, ce n'est pas elle, ce n'est que la lumière qui fluctue selon la danse des nuages et du soleil.

Je m'enfonce dans le foin douillet que je tasse autour de moi, comme pour me protéger des fantômes de mon imagination. J'attends... Rien, aucun bruit, aucun mouvement ne trouble l'immobilité autour de moi et, lentement, mon imagination s'apaise. Petit à petit, un sentiment de profonde sérénité m'enveloppe tout entière. Je laisse libre cours à ma lassitude et je m'endors.

Une porte qui grince me réveille... Mes joues sont chaudes. Les yeux encore ensommeillés, je soupire et replie mon bras sous ma tête en essayant de retrouver le sommeil...

« Merde de merde, dit une voix courroucée, qui me réveille pour de bon. Maudite malchance! »

La voix continue à maugréer. Je m'assieds dans le foin, reconnaissant la voix de Jocelyn. Je me lève en titubant.

« C'est toi, Jocelyn?

– Tiens, la petite nonne, tu es là?

– Comme tu vois », dis-je en me rapprochant.

À ce moment, un autre tintement de cloches se fait entendre.

« Il y a quelqu'un de mort? demande-t-il. Voilà plusieurs fois que...

– Oui, mère Saint-Anselme est morte… c'était la Supérieure! dis-je, lui coupant la parole net.

– Eh bien, une de moins, je suppose! Marianne, donne-moi un coup de main. Je me suis blessé.»

Il s'avance en boitillant vers l'unique banc de la grange. Je l'aide à s'asseoir.

«Qu'est-ce qui t'arrive?

– Je suis tombé en faisant du ski avec des camarades, sur une pente pas loin d'ici, et je crois que j'ai aggravé ma blessure de hockey. Il y a quelques semaines, j'ai reçu un méchant coup de patin! Si tu permets, je vais enlever mon pantalon. Je te conseille de regarder ailleurs, enchaîne-t-il de sa voix moqueuse, je ne voudrais pas que l'on m'accuse de mettre en danger la vertu d'une petite nonne!»

Je fais un grand effort pour ne pas répliquer, mais je ne le quitte pas des yeux. Lentement, avec un regard amusé, il ôte son anorak bleu qu'il jette sur mes genoux. Puis il se déchausse, faisant voltiger ses lourdes bottines, et se lève. Il descend la fermeture éclair de son pantalon et l'abaisse, le caleçon long suit. Il garde seulement son slip et ses chaussettes qui lui montent aux genoux. Un filet de sang coule le long de sa cuisse. Un hématome encore violacé longe une blessure. L'angoisse me tord le ventre et mon regard s'embue. Plus rien n'a d'importance devant ce sang qui ruisselle et cette déchirure toute rouge…

«Ça alors, dit Jocelyn d'une voix irritée. Il ne manquait plus que cette sacrée blessure se rouvre. Le docteur a pourtant enlevé les points de suture il y a plus d'une semaine!

– T'aurais pas dû aller aussi vite, probablement…

– Ça, je le sais, répond-il d'une voix impatiente.

– Je peux faire quelque chose pour toi ? »

En disant cela, je rapproche ma main pour l'aider à tenir un mouchoir déjà tout imbibé de sang. Il remue la jambe, son sous-vêtement s'entrebâille et expose son sexe.

Sidérée, je reste bouche bée, les yeux fixes.

« Ça y est, la débauche, dit Jocelyn d'une voix gouailleuse et sans avoir l'air gêné le moins du monde. Tu n'as jamais rien vu de pareil, je suppose. T'en fais une tête ! continue-t-il en rajustant son vêtement. Ça ne te mangera pas ! N'aie pas peur !

– Mais… »

Et j'hésite.

« Mais quoi ?

– C'est… c'est quoi ?

– Ton vocabulaire est drôlement limité, ma petite Marianne ! Ça a un nom, tu sais, et pour ta gouverne, sache que tous les garçons sont faits de la même façon ! lance Jocelyn, nonchalamment. Passe-moi un mouchoir propre, si tu en as un ! »

Mécaniquement, je retire de ma poche un carré de coton dont je ne me suis pas servie et le lui tends. Il se penche et applique le mouchoir sur la plaie, presque brutalement, en appuyant dessus avec son poing. « Espérons que ça va arrêter le saignement », dit-il entre ses dents.

Des tressaillements parcourent mon dos, alors qu'il reste là, sans bouger. Il est si beau à cet instant, avec ses joues en feu, sa bouche gourmande, ses cheveux sombres qui retombent sur son front et puis ses longues mains contre sa cuisse immobilisée…

« Tu n'es pas tellement curieuse, continue-t-il en relevant la tête et en me regardant droit dans les yeux, tu me déçois! On parlait pourtant de choses intéressantes!

– Très bien alors! Tu veux des questions?

– Bien... oui, si tu en as à me poser!

– Premièrement... ça sert à quoi, ce bout... de... ce bout...

– T'en as des expressions, répond-il d'un air mortifié. On lui donne toutes sortes de sobriquets, mais il a aussi un nom propre.

– Lequel alors?

– Pénis! dit-il lentement. C'est le nom de l'organe sexuel masculin qui sert exactement aux mêmes fonctions que ce que tu as au même endroit. »

Ébahie, je réplique:

« C'est pas possible. Trop différent!

– C'est ainsi, c'est sa fonction, enfin, l'une d'elles, car il en a plusieurs, lui... et c'est ce qui fait la différence entre les garçons et les filles. Et, poursuit-il en me regardant de côté, ne prends pas l'habitude de fixer la chose des garçons, ça te rendra aveugle...

– Non, vraiment? dis-je, sentant la panique me gagner.

– Il paraît! répond-il sérieusement.

– Je ne l'ai pas fait exprès! C'est toi qui as laissé... Non, tu veux rire, dis-je lorsqu'un sourire narquois se forme sur sa bouche.

– Aveugle ou pas, ce n'est pas une bonne habitude et souviens-toi de mes conseils! Regarde dans la poche de mon anorak, je crois qu'il y a une écharpe! Passe-la-moi!

– Non, il n'y en a pas, Jocelyn, lui dis-je après avoir fouillé dans toutes ses poches. Que veux-tu faire avec une écharpe?

– L'enrouler autour de ma cuisse, gourde! Je voudrais garder ton mouchoir, si tu permets!

– Faudra me le rendre, autrement les religieuses vont me demander où il est passé!

– Je t'en donnerai des douzaines, si c'est ça qui t'énerve!

– Non, c'est celui-là qu'il faudra me rendre, pas un autre! Promis?

– Entendu, je te le rapporterai. Et je voudrais l'écharpe que tu as autour du cou, ainsi je garderai ce pansement en place jusqu'à mon arrivée à la maison. Eh bien, passe-la-moi! lance-t-il alors que je ne bouge pas.

– Tout semble t'appartenir! C'est moi qui me ferai attraper si on s'aperçoit qu'il me manque quelque chose.

– Tu es bien nerveuse! Tu pourras leur dire, à tes religieuses, que tu l'as oubliée au vestiaire ou ailleurs! répond-il avec assurance. Tu dois apprendre à te débrouiller! Tu en fais, des histoires! Une vraie fille!»

Sans un mot, je lui tends mon écharpe en refoulant mes larmes.

«Tu n'aurais pas une épingle de sûreté?» se hasarde-t-il à demander en enroulant rapidement le tissu autour de sa cuisse pour dissimuler la blessure qui saigne encore.

Je secoue la tête.

«Tant pis, je vais m'arranger autrement! Tu es quand même assez gentille, dit-il en guise de remerciements. Surtout pour une fille qui reluque le zizi des garçons! Bon, ça y est, ton écharpe fait l'affaire. Et puis, tu as passé une bonne journée?

– Non, et toi?

– Comment, non? Les bonnes sœurs ne célèbrent pas Noël?

– Oui, bien sûr, mais avec la mort de mère Saint-Anselme...»

Il me fixe tout d'un coup et son visage s'assombrit... Le rayon bleu de son regard s'empare du mien, qui vacille un peu.

«Pauvre petite chouette, ça ne doit pas toujours être gai pour toi de vivre ici. Viens, ma petite Marianne, viens t'asseoir près de moi.»

Je secoue la tête.

«Pourquoi pas?

– T'arrêtes pas de te moquer...»

Il ferme les yeux, comme pour réfléchir, puis les rouvre et me fait signe de m'asseoir.

«Je te promets que je ne me moquerai plus! Viens contre moi, laisse-moi mettre mon bras autour de tes épaules, là, comme ça... Tu trouves pas ça mieux? Oui? Mais tu trembles! Pauvre chérie...»

Durant de longues minutes, il me berce contre lui en me chuchotant à l'oreille: «Ma petite princesse.» Ma tête appuyée sur son épaule, je pleure de détente et de plaisir, sans faire de bruit. Il est si doux, et sa chaleur me réconforte. Une éclaircie entre les nuages laisse couler dans la grange une luminosité bleu et or qui nous réchauffe. Le ciel n'est plus triste.

«Je t'ai acheté un petit cadeau, murmure-t-il dans mes cheveux. Je le laisserai sous notre banc, mais ne le montre à personne, surtout pas aux religieuses... ce sera un autre de nos secrets. Je pars de nouveau dans quelques jours pour au moins trois mois.»

Je me redresse en le repoussant.

«Je ne te verrai plus pendant trois mois?

— Non, mais quand je reviens, je te fais signe tout de suite... Je te le promets! Viens, Marianne, aide-moi à me rhabiller.»

Des émotions contradictoires tourbillonnent en moi à ce moment-là. Sa promesse se limite au temps présent et me ramène à notre passé, au souvenir du pacte, à son instinct dominateur alors que nous trébuchions dans le foin odorant et à mon admiration amoureuse de petite fille pour un grand garçon. Jocelyn, aujourd'hui, avec sa cuisse blessée et l'intimité de son sexe révélée, se transforme en un être encore plus mystérieux.

Il me soulève de terre et pose ses lèvres sur les miennes en un long baiser doux. Je touche son corps, comme s'il avait besoin de moi. Il mordille ma joue gentiment et je lui en veux de partir. Les regards et les gestes sont ceux d'un adieu.

«Je m'en vais», murmure-t-il contre mon visage.

Et il disparaît, emportant avec lui une partie de mon cœur. Je reste immobile durant plusieurs minutes... Je cherche une douceur, une légèreté d'esprit, une sérénité... un peu comme celle qui résonne dans le rire des religieuses... Je frissonne...

∽

J'arrive juste à temps pour le goûter de cinq heures et c'est un autre petit plaisir qui m'attend: les crêpes au sirop d'érable. Sœur Sainte-Marie est ravie de me retrouver dans sa cuisine.

«Marianne, tu n'as pas eu trop froid? As-tu fait une belle promenade?» me demande-t-elle d'une voix douce.

Elle m'aide à me défaire de mes lourds vêtements.

«Viens, je t'ai préparé une montagne de crêpes, comme tu les aimes tant, et, quand tu auras fini, il y aura une surprise!

– Une surprise? Pour moi? dis-je en pressant affectueusement contre ma joue la main qui dégrafe le gros blouson molletonné qu'elle m'a donné. Je voudrais la voir tout de suite, je peux?

– Non, Marianne. Mange d'abord ton goûter. Viens t'asseoir, là! Tu vois, j'ai même allumé une chandelle! Alors, elles sont bonnes mes crêpes, non? Cette fois-ci, j'ai ajouté un peu de muscade, un petit péché mignon, dit-elle, amusée, en me regardant les dévorer. On peut se permettre un peu de luxe, même en temps de deuil. Après tout, aujourd'hui, c'est Noël! Je vais à côté pour une minute. Quand tu auras fini, appelle-moi!»

Ainsi, quelques instants plus tard, je m'avance vers ma chambre, sur les pas de sœur Sainte-Marie qui ouvre la porte pour me laisser passer. Les belles choses me procurent toujours un sentiment de plaisir et de bien-être et, en regardant le sapin, décoré de longs fils argentés et de petites boules rouges, mon cœur retrouve le sens de la fête. Un vrai conte de fées! Je regarde, en l'admirant, mon premier arbre de Noël qui étincelle, nimbé par le reflet rose de ma petite lampe, mais qu'importe! Je souris à mon sapin, je souris à sœur Sainte-Marie, je ris de joie. Puis je découvre, sous l'arbre, un petit paquet tout doré avec un gros ruban vert.

«C'est pour moi?

– Oui. Bien sûr que c'est pour toi! Ouvre-le!»

Elle parle d'une voix douce. Je lève sur elle des yeux interrogateurs.

« C'est de vous ?

– Non, ma chérie, un paquet est arrivé par la poste, à ton nom. Avec la maladie de mère Saint-Anselme, je n'ai pas pu l'apporter à son bureau. Alors je l'ai conservé pour te le donner aujourd'hui ! Ouvre-le, voyons ! »

Je défais le papier d'emballage avec maladresse. Dans mes mains tremblantes, je tiens un étui en velours. En l'ouvrant, j'y trouve une petite carte à bordure dorée.

« Je ne comprends pas ce qui est écrit, dis-je en la donnant à sœur Sainte-Marie.

– C'est en anglais, *Merry Christmas*, ce qui veut dire "Joyeux Noël", fait-elle simplement. Mais pas de signature, ajoute-t-elle en se signant... »

Une grande pâleur s'étend sur son visage.

« Eh bien, qu'est-ce qu'il y a dans l'étui ? Fais voir, Marianne ! »

Sur une plaque de cuir noir tapissant le fond de l'écrin, mes yeux émerveillés découvrent une montre-bracelet en or, qui brille comme un feu d'artifice.

« Comme c'est beau, comme c'est beau ! dis-je en l'ajustant autour de mon poignet. Quelle magnifique montre, ma sœur, regardez ! »

En m'approchant de la lampe, je déchiffre la marque, en caractères italiques : *Longines.*

« Quelqu'un m'a offert un bien beau cadeau, ma sœur. Longines, ça vous dit quelque chose ?

– Oui, cela vient de Suisse. Des montres de grande qualité et chères !

– Alors ma montre a beaucoup de valeur ?

– Je le crois ! Garde-la pour le moment. Mais je devrai en parler à mère Saint-Ignace. Je crois que c'est elle qui sera la prochaine Supérieure.

— Elle va me l'enlever. Elle n'a pas l'air de m'aimer, comme vous savez! Vous êtes sûre que vous devez lui dire…

— Oui, Marianne. Ne t'en fais pas! J'ai la certitude que certaines choses vont changer, et très vite. Va, ma chérie, il faut finir cette journée en beauté!

— Je vous remercie pour tout, pour le beau sapin, et… et je vous aime tellement, merci!»

Je me blottis dans ses bras et, en me berçant, elle murmure: «Marianne, tu as la bénédiction de Dieu, ton destin te mènera loin! Mais il est long le chemin de la vie et parfois difficile!»

Aux vêpres, mère Saint-Ignace occupe la place assignée à la Supérieure et le père Antoine a repris ses fonctions de chapelain. Une certaine chaleur ou, plutôt, une cordialité émouvante règne, comme si les regrets, la mélancolie et le drame étaient tombés dans l'oubli.

Quel Noël étrange! Disparaissent les deux êtres que je craignais le plus… une fillette névrosée et une religieuse impitoyable. Puis j'aime Jocelyn, même le tourment qu'il me cause… Et la belle étrenne que quelqu'un m'a envoyée, fait-elle partie de mon destin, comme l'a dit sœur Sainte-Marie? Avant de me coucher, j'appuie ma tête contre la vitre de ma fenêtre… La neige, dehors, scintille sous un ciel étoilé… Mes épaules tressaillent… Un médaillon pour ma première communion et, pour le Noël de mes six ans, une exquise montre-bracelet!

«Marianne, tu as de la chance, après tout!»

CHAPITRE XV

Ainsi que prévu, un peu avant le jour de l'An, mère Saint-Ignace fut officiellement nommée, par la maison mère de Québec, Supérieure du couvent. La transition se fit sans heurt et n'apporta aucune surprise.

Aussitôt instituée, mère Saint-Ignace opéra quelques changements. Son discours de bienvenue à la rentrée des classes fut bref et précis ; il ne contenait pas les longs et mornes monologues de mère Saint-Anselme. Pour nous, en classe de première, les leçons furent raccourcies d'un quart d'heure et, pour les plus grandes, les cours de pédagogie furent modifiés, car ils relèveraient désormais de l'Université Laval et non plus de l'évêché.

≈

Je suis assise près d'Agnès et elle me fait écouter la sonate *Clair de lune*.

«Dis, Agnès, est-ce mère Saint-Ignace qui t'enseigne le piano?

— Écoute, Marianne, écoute... N'ai-je pas vraiment trouvé le bon tempo? Eh bien, c'est mère Saint-Ignace qui m'a éclairée sur les intentions de Beethoven.

Eh oui, mon petit agneau, mère Saint-Ignace est une enseignante merveilleuse.

— Tu l'as entendue jouer ?

— Non, excepté pour me faire comprendre une phrase musicale... elle a un doigté extraordinaire. Je voudrais bien jouer comme elle.

— Tu sais si elle a donné des concerts avant d'être religieuse ? »

Agnès me regarde avec un sourire rêveur, passe sa main dans mes cheveux, effleure mon visage. Elle semble s'essouffler...

« Tu ne sais pas à quel point tu es belle, Marianne, soupire-t-elle... Enfin... oui, j'ai entendu des rumeurs à son sujet. Il paraît, continue-t-elle d'une voix plus basse en mettant sa main sur mon genou, qu'elle et sa sœur étaient des pianistes déjà assez connues et qu'à la suite d'une catastrophe elle a tout abandonné pour prendre le voile, il y a à peine six ans. Un ami de ma famille qui est venu nous voir à Noël la connaissait.

— C'est vrai, Agnès ?

— Je te répète ce que j'ai entendu.

— Est-ce qu'elle a beaucoup d'élèves ? »

Agnès s'est rassise devant le piano. Comme dans une chorégraphie, l'équilibre gouverne ses mouvements. Elle tourne une page de sa partition avant de me répondre.

« À part moi, au moins une demi-douzaine, je crois. Il y a aussi un élève qui vient de l'extérieur, un ami de ma famille, d'ailleurs ; c'est un jeune garçon très doué. Je suis sûre qu'il ira loin », dit-elle nonchalamment.

Je tressaille et ferme les yeux afin de lui cacher mon émoi. Heureusement, elle se remet à jouer et chaque note entre dans mon cœur pendant que, les yeux de nouveau rivés sur le clavier, j'imagine les mains de Jocelyn courant sur les touches, accompagnées étrangement par celles de mère Saint-Ignace...

Mère Saint-Ignace! Je soutiens son regard lorsque ses yeux se posent sur moi, avec l'espoir d'obtenir de sa part un peu de douceur et peut-être même un peu d'amour. Il y a moins de reproches maintenant dans son regard bleu, mais subsistent de la défiance et parfois un brin de surprise qui m'ébranle toujours. Mère Saint-Ignace est un être contradictoire. Je l'ai vue diminuée sous la flagellation, je la vois maintenant agrandie par les louanges de Jocelyn et d'Agnès, et plus mystérieuse encore... Pourquoi a-t-elle abandonné les acclamations des foules pour l'anonymat dans un cloître?

~

Il me tarde d'apprendre le nom de notre nouvelle institutrice. Qui cela pourrait-il bien être?

Thérèse est la première à rentrer au couvent après son escapade dans sa famille pour Noël. Je vais la voir peu de temps après son arrivée. J'ai le sentiment que quelque chose a changé chez elle, elle semble plus calme et plus sereine. Elle rougit imperceptiblement lorsqu'elle touche mes cheveux et ma joue, et sa bouche tremble. Peut-être que mon imagination me joue des tours! Mais...

Le premier jour du trimestre, elle se présente dans notre classe vêtue d'habits de novice. Thérèse a décidé de prendre le voile sans attendre la fin de l'année scolaire. Mère Saint-Ignace lui a confié notre classe de première. Je suis si surprise. Dans sa longue tunique, elle est bien différente de celle dont les mains et le sourire consolaient ma tristesse. Pourtant, elle n'est pas un nouveau personnage, plutôt la continuation de l'ancien.

«À partir d'aujourd'hui, dit-elle d'une voix qui vacille un peu, je serai votre institutrice!

– On t'appelle... on vous appelle comment? demande Brigitte, alors que quelques mains se lèvent pour poser des questions.

– Mon nom religieux est sœur Maria-Térésa.»

Sa voix s'est raffermie alors qu'elle nous expose brièvement ses plans de noviciat.

«Quand j'aurai prononcé mes vœux, avant la fin de cette année, je deviendrai mère Maria-Térésa! Mais je dois vous dire combien je suis heureuse d'avoir été choisie pour être votre institutrice.»

Je regarde ses mains qui se referment comme pour prier et je soupire, la gorge serrée, avec un petit coup au cœur, et je souris, je lui souris puisqu'elle me regarde.

Mes tâches à la cuisine sont terminées. Je suis maintenant comme les autres élèves, ou presque... Mère Saint-François-Xavier m'interpelle au moment où je m'apprête à partir en récréation.

«Marianne, j'ai à te parler.

– Oui, ma mère.

– J'ai reçu l'ordre de te donner des leçons d'anglais, deux heures par semaine...

– Est-ce que je serai avec les autres?

– Non, Marianne, ce sera juste toi, en cours particulier.

— Mais pourquoi?

— La Mère supérieure m'a donné ces instructions ce matin. C'est tout ce que je sais. J'ai bien peur d'avoir à empiéter sur ton temps de récréation. Désolée, Marianne!

— Mais… si je ne peux pas…

— Marianne, dit-elle d'une voix un peu plus sèche, il faut obéir. Il a été décidé que tu dois apprendre l'anglais, c'est une condition… Bref, nous commençons demain matin, durant la première demi-heure de récréation. Je t'attendrai dans la pièce près de la grande salle. »

~

« Tu parles anglais, toi? dis-je à Brigitte après lui avoir fait part de la nouvelle.

— Bien oui, un peu. Il y a quelques Écossais qui vivent au village, alors on parle les deux langues… Mais je ne parle quand même pas couramment anglais.

— Je ne sais pas pourquoi mais, moi, il faut que j'apprenne l'anglais!

— C'est pas si mal que ça, Marianne! Ça peut te servir, tu sais!

— Il va bien falloir que je m'y mette… Dis, Brigitte, t'as vu? »

Je lui fais voir ma montre.

« Qu'elle est belle, Marianne, répond-elle après un moment de réflexion, un vrai bijou… Peut-être qu'il vient du roi en personne… On ne sait jamais, tu es peut-être une princesse! »

Nous pouffons de rire.

«Et pourquoi pas, dis-je en ouvrant mes bras dans un grand geste emphatique, et tu dois me faire la révérence. Allez, vas-y, Brigitte!»

~

Pour vivre toutes ces choses nouvelles, il me manque la présence de Jocelyn. Je me berce d'illusions en pensant que je le verrai demain, car je sais qu'il est parti... Parfois je le vois comme un fantôme du passé, bien que son image demeure à tout jamais blottie dans mon imagination et dans mon cœur...

Comme il me l'a promis, je trouve, sous le banc de la grange, son cadeau enveloppé dans du papier orné de petits pères Noël. C'est un lièvre en porcelaine, assis sur ses pattes de derrière, et qui tient dans ses griffes une noisette. Une courte note l'accompagne: *Pour te rappeler Boudi et moi! Ne m'oublie pas. Jocelyn.* Je souris au bonheur, ce jour-là. Quand j'embrasse la petite statuette, passent devant mes yeux quelques images inoubliables de Jocelyn. J'y ajoute celle de Boudi, en chair et en porcelaine, et je me sens mieux.

CHAPITRE XVI

L'apprentissage de ma vie future passait par la routine sévère et la discipline quasi militaire du couvent, et je me pliais à toutes les exigences qui m'étaient imposées. Je n'étais pas une petite fille comme les autres. À l'encontre de mes camarades, je me sentais surveillée, épiée, en butte aux restrictions de tous ordres, objet d'une éducation plus poussée, et tout ça, sans aucune raison apparente. J'en souffrais. Je gardais secrets mes rêves les plus passionnés et j'avais le profond sentiment que mon existence actuelle n'était pas celle qui me revenait de droit. Était-ce encore des chimères ?

Les années passaient et les bribes d'informations que je recevais n'épaississaient que davantage le mystère qui m'entourait. J'arrivai à neuf ans toujours aussi ignorante de mes origines.

∼

Au cours d'une de mes leçons d'anglais, mère Saint-François-Xavier pose une question à voix basse à la Supérieure venue faire une visite impromptue :

« Est-ce que je dois lui enseigner la religion anglicane ?

– Non, pas pour le moment, répond mère Saint-Ignace, elle aussi à voix basse.

— Il faudra la lui enseigner un jour...

— Oui, oui, avec l'histoire des Tudor.»

Mon fidèle *Larousse* me donne quelques informations: «Anglican, anglicanisme: Religion officielle de l'Angleterre depuis le règne d'Élisabeth Ire, établie à la suite de la rupture d'Henri VIII avec Rome, et malgré un retour au catholicisme avec Marie Tudor.»

Tiens, tiens, une quelconque relation avec Henri VIII, à cause de sa religion... et, malgré moi, je me vois déjà apparentée avec celui que l'histoire a surnommé «Barbe-Bleue». Sœur Sainte-Marie me raconte l'histoire d'Henri VIII, ses multiples mariages, la décapitation de deux de ses femmes...

«C'est pour ça qu'on l'a appelé Barbe-Bleue?

— Probablement. Dis-moi, pourquoi cet intérêt pour lui, Marianne?

— Bien, j'ai entendu parler d'une autre religion, en Angleterre, et j'ai cherché dans le *Larousse*...»

Ses yeux restent fixes pendant un long moment, puis elle se reprend et me sourit.

«Ah bon, ça t'intéresse, Marianne? Alors, voyons un peu. J'ai appris l'histoire d'Angleterre il y a bien longtemps. Oui... j'y suis. Henri VIII a rompu ses relations avec le Vatican, parce que le pape avait refusé de lui accorder un divorce. Alors, en plus d'être chef temporel, il s'est proclamé chef religieux de la nouvelle Église. Et depuis son règne, le souverain anglais est à la tête de l'Église. Aujourd'hui, c'est George V. C'était un homme bizarre, cet Henri VIII, ne l'oublie pas, Marianne.»

Je reste rêveuse une partie de la journée... Henri VIII, la religion anglicane, George V et moi?... Quelle drôle d'idée! Je consulte encore une fois le *Larousse,* la

tête d'Henri VIII… Oh oui, il n'a pas l'air commode!
Puis mon insouciance enfantine reprend le dessus et je
mets de côté les révélations des religieuses, mais je ne les
oublie pas…

La routine me console. Agnès, qui est maintenant
le capitaine des élèves, s'intéresse à moi. Je la trouve
douce, et son autorité naturelle m'inspire confiance.
Son âme éprise s'élance, puis se replie quand ses mains
touchent mes cheveux, mon front, mes mains. Ses yeux
noirs fouillent les miens sans pitié dans le silence et
l'immobilité, ou dans l'ivresse de la musique. Je la trouve
belle, mais je reste sur mes gardes.

J'écoute sa musique, je me laisse bercer par son
rythme enchanteur.

«Écoute bien, Marianne, dit-elle en me fixant à tra-
vers ses longs cils qui ombragent ses yeux mi-clos, la
Pathétique, c'est la nuit enchantée sous les arbres que tu
vois au loin, depuis les fenêtres du dortoir, c'est le clair
de lune qui se mire dans la mer dansante… c'est aussi
les nuages d'ardoise et l'automne qui fait frissonner…
Tu comprends ce qu'on éprouve, ma jolie Marianne?»

J'acquiesce d'un signe de tête et je cherche dans
cette musique un coin de lumière magique afin d'y
enfouir mes chagrins et mes doutes, et je fais un grand
effort pour comprendre ce qu'Agnès essaie de m'expli-
quer, la beauté d'un doigté, les rythmes changeants et
mystérieux du tempo… Ils me sont inconnus jusqu'au
jour où mère Saint-Ignace m'annonce que je vais suivre
des cours de piano et qu'elle sera mon professeur.

Peut-être se fait-elle maintenant une plus haute
opinion de ma personne, de ce que je peux accomplir.
J'en éprouve un grand soulagement. La méfiance que

j'ai ressentie envers elle jusqu'à présent décroît petit à petit, un voile se lève, enfin. Comme je la rejoins deux fois par semaine, un lien s'établit qui met fin à nos isolements respectifs.

Comme pour mes leçons d'anglais, je dois sacrifier quelques récréations. Je fais désormais partie du groupe prestigieux de La Retraite, du petit cercle musical du couvent. Je suis une élève exemplaire, paraît-il, et ce compliment, provenant de mère Saint-Ignace elle-même, constitue un trésor que je chéris. Comme Agnès, je m'attache à cette passion de la musique et je m'y voue corps et âme.

Sous la tutelle sévère et nullement sentimentale de mère Saint-Ignace, je parviens en peu de temps à jouer un extrait du *Concerto pour piano* K. 456 de Mozart. Ce jour-là est pour moi l'apothéose. J'ai le sentiment d'accaparer une partie de l'âme de Mozart lui-même et j'interprète ses phrases musicales avec une telle passion que l'indifférence de mère Saint-Ignace est vaincue.

À la fin de mon interprétation, je me tourne vers elle. Des larmes coulent de ses paupières baissées, ses mains jointes ne bougent pas... « Valérie », murmure-t-elle. Et comme si elle sortait d'un rêve, elle me fixe douloureusement de ses yeux d'un bleu de ciel argenté.

« Avec du travail et de la pratique, tu vas développer ton talent ! » me dit-elle finalement.

De nouveau, elle me fait un peu peur... je recule mon tabouret et me prépare à partir.

« Excuse-moi, Marianne, dit-elle d'une voix tremblante, une petite saute d'humeur... un souvenir difficile lié à ce que tu viens de jouer... ta façon de jouer... »

Elle n'en dit pas davantage. Mais, pour la première fois, elle serre ma main avant de me donner congé. Je

peux enfin construire un royaume où mes folles es-
pérances d'être aimée d'elle deviendront, je le sens, des
réalités.

~

«On a parlé de toi à la maison, hier, me dit Bri-
gitte, pendant la récréation de la matinée.

– De moi? Pourquoi?»

Nous sommes à bout de souffle toutes les deux
après une dure séance de saut à la corde. J'ai réussi cin-
quante sauts et elle, quarante.

«Faut toujours que tu gagnes, toi!»

Elle se laisse choir sur le banc, pantelante.

« Mais je te battrai un de ces jours!

– Qu'est-ce qu'on a raconté sur moi? dis-je en
m'affaissant à ses côtés. Dis vite, tu sais que nous
sommes attendues pour jouer avec l'équipe de base-
ball. »

Son regard se détache du groupe des fillettes qui
préparent les quatre buts du base-ball.

«C'est un ami de mon père en visite chez nous...
Lui et sa famille vivent maintenant à Sainte-Agathe,
mais, avant, ils vivaient ici, au village. Au cours d'une
conversation avec mon père, je l'ai entendu dire qu'il
avait vu autrefois une énorme voiture noire prendre la
route du couvent, très tôt un matin.

– Mais quand, Brigitte?

– Bien, quand on t'a trouvée, il y a neuf ans!»

Je pose une main sur ma poitrine et je sens mon
cœur battre plus vite...

«Elle venait d'où, la voiture, Brigitte?

– Elle n'était pas d'ici, c'était une Rose Roïce, paraît-il, et quand elle est passée dans le village, M. Ouellette a remarqué que les vitres étaient teintées! C'est ça qu'il avait trouvé drôle!

– Et puis?

– C'est tout, Marianne, la voiture a disparu et elle n'est jamais revenue. "Une voiture comme ça, ça se remarque", a-t-il dit à mon père. Viens, Marianne, on va aller jouer au base-ball…

– Non, pas tout de suite… vas-y, moi, je reste, je suis encore trop essoufflée. »

Une vague de chaleur m'enveloppe tout entière bien qu'un pincement au cœur me rappelle mon impuissance devant une telle révélation. Je sais que je suis une petite fille abandonnée mais, désormais, je sais que mes doutes recèlent une part de vérité. Quelles intrigues entourent donc ma naissance?

De nouvelles images viennent s'immiscer dans mon esprit pendant que je regarde les belles couleurs printanières autour de moi. La tête appuyée sur le dossier du banc, je respire profondément en suivant le vol incessant des hirondelles qui, de retour au pays, tracent inlassablement des sillons dans le ciel. Je voudrais les rejoindre sur les ailes de mon imagination devenue plus fébrile encore… Qui, mais qui était dans cette voiture? Moi?

Thérèse… non, sœur Maria-Térésa –j'ai du mal à m'habituer à son nouveau nom – me tire de ma rêverie:

«Tu as un visiteur, Marianne!»

Je me lève d'un bond.

«Un visiteur, pour moi?»

Elle acquiesce de la tête. Quelques mèches de cheveux s'échappent de son voile de novice et, sous la lumière du soleil, brillent d'un éclat d'or pur. Son visage est sérieux.

«Mais qui est-ce? Un homme, une femme?

– Un monsieur! Viens avec moi, Marianne, il t'attend dans le bureau de mère Saint-Ignace.»

Elle me prend par la main et m'entraîne sans plus d'explications. Je fais un petit geste dans la direction de Brigitte qui hausse les épaules.

«Qui est ce monsieur? Est-ce qu'il est venu dans une longue voiture noire? Tu dois... vous devez le savoir, vous?

– Non, Marianne, je ne sais rien.»

J'hésite devant la porte fermée. Hier encore, je mesurais patiemment le passage du temps avec mes compagnes et, aujourd'hui, j'ai l'impression d'avoir vieilli. J'ai enfin reçu des informations qui me font trembler en même temps qu'ébaucher des espoirs insensés...

Je frappe légèrement.

«Entrez, dit mère Saint-Ignace.»

Je tourne doucement la poignée. L'atmosphère lourde du bureau me saisit au visage. Un monsieur d'un certain âge se lève et me salue de la tête.

«Marianne, dit mère Saint-Ignace, je te présente monsieur McFarlane!

– Comment allez-vous, monsieur? dis-je en lui tendant la main.

– Très bien, je vous remercie, votre... mademoiselle Marianne! Et vous-même?»

Il m'observe avec une curiosité à peine feinte. Son visage est maigre et distingué. Il reste debout jusqu'à ce que je m'assoie. Il ne me quitte pas des yeux. J'ai cru

162

discerner un certain accent quand il s'est adressé à moi, probablement anglais.

«*Very well, thank you!*

— *I see that you have started your English lessons,* dit-il en souriant.

— *Yes, I have!*»

Je remarque le brun profond de ses yeux intelligents et la masse de ses cheveux bien lissés, avec une raie impeccable sur le côté. Ce n'est pas de l'arrogance qui émane de lui, mais une grande force de caractère. Il est vêtu d'un costume foncé à fines rayures, rehaussé par le blanc éclatant de sa chemise.

«Mademoiselle Marianne, je suis venu vous rendre visite, et nous allons désormais nous revoir à intervalles réguliers. Vous avez neuf ans, n'est-ce pas? Madame la Supérieure me dit que vous avez aussi commencé vos études de piano et que, bientôt, vous apprendrez l'allemand...

— Qui êtes-vous, monsieur?»

Mère Saint-Ignace fronce les sourcils et s'apprête à intervenir, mais M. McFarlane lui fait signe: il affiche un air de sphinx mystérieux.

«Je m'occupe de vos affaires, mademoiselle Marianne. Jusqu'à aujourd'hui, j'ai entretenu des relations épistolaires avec le couvent, mais le temps est venu pour nous deux de faire plus ample connaissance!

— De quelles affaires s'agit-il, je vous prie?

— Celles qui vous concernent, bien sûr. Je suis... comment pourrait-on dire, une sorte d'ambassadeur... un intermédiaire.

— Pour qui?

– Ah, cela, c'est un secret ! Ce qui importe, mademoiselle Marianne, c'est que vous possédiez une solide éducation, une clé qui ouvre beaucoup de portes dans la vie ! Vous êtes bien ici ! »

Ça, c'est à moi d'en juger, me dis-je en le regardant bien en face.

« Tu peux maintenant rejoindre tes compagnes, Marianne, interrompt alors mère Saint-Ignace. M. McFarlane et moi avons des choses à régler. »

Je me lève, M. McFarlane déploie son long corps. En lui tendant la main, qu'il retient dans la sienne, je ne peux m'empêcher de lui demander s'il est venu au couvent dans une grande voiture noire.

« Non, bleue, et plutôt de taille moyenne…
– Avec des vitres noires ?
– Non, mademoiselle Marianne, elle n'a pas de vitres noires. »

Il paraît un peu amusé et surpris par ma question.

« Vous venez de la part de mon père, de ma mère ? »

Il lève les sourcils. Son regard fait le va-et-vient entre mère Saint-Ignace et moi.

« Je regrette, mademoiselle Marianne, je n'ai pas de réponse, dit-il en me regardant de nouveau avec un petit sourire en coin.
– Au revoir, monsieur. Je serai heureuse de vous revoir.
– *Goodbye* », dit-il en inclinant la tête.

Sœur Maria-Térésa m'attend à la sortie du bureau.

« Qu'est-ce que vous en pensez ? lui dis-je. Un monsieur anglais qui va venir me voir de temps en temps… ça veut dire quoi ?
– Qui sait ? C'est la Providence qui veille sur toi, j'en suis certaine. Maintenant, va jouer ! »

Pendant les heures suivantes, je disséquai ce dernier événement. Il agissait comme un ressort romanesque qui me propulsait dans des sphères où des personnages sans visage allaient et venaient. Au cours de la dernière récréation de la journée, je me mis à courir comme une folle, les bras ouverts, et mon cœur chanta d'allégresse, car j'étais sûre à présent que je n'étais pas seule au monde. Oui, quelqu'un se souciait de moi…

Les grandes vacances approchaient et j'essayais de cacher de mon mieux ma tristesse. Pourtant j'aurais dû en avoir l'habitude… voilà trois ans que j'étais écolière. Le jour du départ de mes compagnes, je les regardai d'un œil un peu vindicatif, aspirant l'air à pleins poumons pour refouler mes larmes. La vie était injuste! Heureusement, mes amies Brigitte et Françoise promirent de m'envoyer des cartes postales et des lettres.

Durant ces vacances, je passai plus de temps avec sœur Maria-Térésa. La Supérieure, probablement de concert avec M. McFarlane, avait décidé que je devrais me concentrer davantage sur l'étude de la langue allemande. Sœur Maria-Térésa endossa alors le rôle de préceptrice, puisqu'elle parlait couramment allemand – sa mère était autrichienne.

«Vous êtes à moitié saxonne alors, ma sœur? lui dis-je un jour. C'est un mot que j'ai trouvé dans le dictionnaire, vous savez.

– Oui, ma petite Marianne, répondit-elle en étendant vers mon visage sa main qu'elle retira avant le contact.

– Je suis toujours votre petite Marianne?»

La stupeur envahit son visage qui pâlit un peu. Existait-il toujours ce fil invisible et pur qui nous liait, elle et moi, sans ses mains sur mon corps, sans sa bouche sur la mienne? Maintenant, elle tremblait. Je me sentis alors un peu abandonnée.

Le son de sa voix intelligente me guidait. J'attendais d'elle, lorsqu'elle se montrait distante et douce, des larmes en même temps que des sourires, mais si des émotions vivaient en elle, elle les gardait bien cachées. Lorsqu'elle se penchait vers moi pour me faire répéter des mots plus difficiles, je respirais, comme dans le passé, son haleine parfumée à la menthe.

～

Pendant l'été, je suis heureuse de me réveiller chaque matin dans ma chambre près de celle de sœur Sainte-Marie. Je retrouve avec grand bonheur mon petit coin, Chez Marianne, où une surprise m'attend: un gramophone et quelques disques, des musiques de Beethoven et de Mozart. Ma joie est si grande que des larmes me viennent aux yeux. «Pour moi? Pour moi? dis-je à sœur Sainte-Marie d'une voix tremblante.

– Pour qui d'autre? Ainsi, tu te sentiras moins seule durant les grandes vacances.»

Elle m'indique une étagère que dans mon excitation je n'ai pas encore remarquée. Des livres y sont bien rangés... une grammaire allemande, une autre en anglais, quelques livres de Charles Dickens, *Great Expectations, Bleak House,* entre autres, un livre d'extraits des écrits de Goethe et de Schiller, en allemand celui-là, et une histoire de l'Angleterre.

«Je ne peux pas tous les lire cette année, dis-je à sœur Sainte-Marie, d'un ton inquiet.

— Je sais, ma chérie, ces livres sont là pour maintenant et pour plus tard. Tu verras, tu vas t'en servir éventuellement.»

Mon quotidien est plus varié et j'arrive à bien organiser les jours et les semaines entre mes loisirs et mes études, m'étonnant parfois moi-même de mon assiduité vis-à-vis de ces dernières. Ma concentration et ma curiosité d'écolière ne faiblissent pas. Ces nouveaux chemins sur lesquels je m'achemine doucement, n'ont-ils pas été préparés depuis ma naissance? Qui sait...

Et puis Jocelyn est revenu pour les vacances. Nos rendez-vous à la grange ont repris. Un samedi, vers la fin juillet, il m'annonce:

«Marianne, je t'emmène en ville aujourd'hui!

— Tu divagues, tu sais bien que je ne peux pas sortir!

— C'est ce qu'on va voir.»

Il hésite, un peu mystérieux.

«Écoute, Marianne, je voudrais t'amener au cirque, c'est la dernière représentation. Qu'en dis-tu? Je sais que tu vas adorer. Alors, tu peux sortir ou pas?

— On m'a toujours dit que ça m'était défendu! Mais tu crois que je peux? Tu crois que c'est possible?

— Puisque je te le dis! Tu as au moins quelques heures de liberté, non?

— Oui, sœur Sainte-Marie m'a dit de m'amuser dehors pour quelques heures et de faire comme d'habitude. Ça ne veut pas dire sortir du domaine...

— Elles n'auront pas à le savoir. Je ne veux pas t'enlever! lance-t-il de son ton narquois. On s'éclipse durant trois heures, pas plus. Décide et vite, je veux simplement te faire plaisir.

— Le cirque, dis-je, rêveuse.

— Tu viens ou pas ? »

J'acquiesce de la tête.

« Mets ça alors ! ajoute-t-il en me tendant un blouson de couleur rouge. Enfile-le par-dessus tes vêtements gris. Comme ça, tu auras l'air comme tout le monde !

— Est-ce que je n'ai pas l'air comme tout le monde ? dis-je, blessée.

— Ce n'est pas ce que je veux dire, reprend-il d'une voix impatiente. Avec ta robe de couvent, tu as l'air un peu étrange, tu ne trouves pas ?

— Oui, tu as probablement raison, dis-je en examinant le vêtement qu'il me prête. Il est à qui ?

— Pas à moi, c'est certain. Bon, ne nous attardons pas, on y va. »

Prenant ma main, il m'entraîne.

En quittant la grange, je respire le parfum enivrant du rosier sauvage que j'ai découvert, pendant les vacances de Pâques, enfoui sous de grandes herbes qui l'avaient presque étouffé. Avec l'aide de sœur Sainte-Marie, j'ai défriché le sol autour et mis un peu de terreau frais. Ses délicates fleurs roses offrent aux insectes leurs délicieuses étamines rousses.

« Il sent bon, mon rosier, n'est-ce pas, Jocelyn ? »

La haute barrière qui délimite la propriété du couvent n'est pas fermée à clé. Elle marque l'extrême limite de ma liberté et, pourtant, elle est si facile à franchir…

« Et si les religieuses se rendent compte que je suis partie, Jocelyn !

– Une vraie sainte nitouche de fille! Ne fais pas l'imbécile, voyons! On va s'amuser un petit bout de temps en dehors de ton saint couvent!»

La voix fluette de ma conscience se tait et je décide de me griser du luxe de l'insouciance que m'offre Jocelyn. Je marche allègrement, ma main dans la sienne. Tous mes sens sont en fête. L'odeur des grands pins chatouille mes narines, les oiseaux nicheurs gazouillent à tue-tête, saluant notre passage. La lourde chaleur tombe sur nous à la verticale et nos pas soulèvent une poussière fine et brunâtre. Une multitude de fleurs sauvages colorent par touches délicates l'herbe qui a jauni et des familles d'insectes butinent les haies de ce paysage champêtre. Je suis la cadence du pas de Jocelyn sur le sol dur et sec.

Brusquement, une bouffée de vent chaud me coupe le souffle et fait tomber à mes pieds une branche morte et desséchée d'un vieux bouleau. Je la regarde avec stupeur, comme si le destin me faisait un signe…

«Quelle tête tu as, Marianne, ce n'est qu'une vieille branche.

– Ça m'a fait peur, c'est tout.

– Tu es trop émotive!» dit-il de son ton familier, mais dénué de raillerie. Il serre davantage ma main.

Soudain, il s'arrête, met son bras sur mes épaules et, de sa main libre, il m'indique les grands champs qui s'étendent jusqu'au pied de la montagne. À notre gauche, l'entrée d'une caverne bée dans un énorme rocher de granit…

«C'est l'antre d'un dragon, dis-je.

– Tout ça, Marianne, c'est à moi! s'exclame Jocelyn. Un jour, j'y ferai construire une immense maison, blanche, avec deux tourelles, une pour moi et une pour celle que je choisirai… »

Une soudaine mélancolie voile ma joie… un rêve fragile s'envole, celui que j'ai bâti autour de Jocelyn. Je ne réponds pas tout de suite, puis je lui demande d'une voix que je veux ferme :

« As-tu choisi celle qui sera ta femme ? »

Je le trouve si serein, avec une lueur étrange qui danse dans ses yeux. Il éclate de rire.

« Il ne manquerait plus que ca ! Tu veux m'épouser, toi ? Marianne, j'ai seize ans… »

J'accepte mal son attitude désinvolte et son rire sarcastique. Je me détourne pour ne pas me trahir davantage.

« Qu'est-ce que tu as ? »

Enfin, qu'ai-je à dire ? Solitaire, je me suis souvent promenée dans le silence de mon amour pour lui et je comprends mal l'étonnement que je lis sur son visage… Il ne sait donc pas que je veux simplement accaparer une parcelle de son cœur et la chérir comme une promesse de bonheur futur.

Son beau visage se penche vers moi, et le décor que j'ai sous les yeux vole en éclats. Il effleure ma joue d'une caresse légère et, tendrement, il murmure :

« Petite fille solitaire, si jamais la vie nous sépare, toi et moi, je t'attendrai dans ma maison… je demanderai ton dévouement, ton amour et ton courage… Petite fille, tu me hantes déjà… Pour sceller ma promesse, je te donne ce baiser et, toi aussi, ma petite Marianne, tu te souviendras ! »

Avec douceur, il me presse contre lui et nos lèvres s'unissent. Je mêle mon plaisir au sien avec la grâce de mon extrême jeunesse et je reconnais la forme de sa bouche, qui s'ouvre pour m'offrir son secret. Je ferme les yeux sur ce moment merveilleux qui me procure un sentiment d'éternité, où mes rêves vont s'ancrer dans l'image d'une grande maison blanche au flanc de la montagne, sur la terre de mon enfance...

Certes, il y a ce temps, celui du rêve à deux qui nous appelle... mais il y a l'autre aussi, celui des champs inondés de soleil, de l'horizon, du cirque qui nous attend. Nous reprenons la route qui mène au village. Derrière nous, je crois entendre un bruit qui se rapproche rapidement et, comme par magie, un nuage de poussière jaunâtre nous enveloppe. Le crissement de pneus sur le sol caillouteux nous fait sursauter, et je me retourne, un peu effrayée.

Jocelyn tourne la tête aussi. Une voiture vient de s'arrêter à quelques pieds de nous. Deux hommes en surgissent, l'un d'eux se rue sur moi, m'empoigne rudement et m'entraîne vers la voiture. Je crie. Je me débats. Alors que mon assaillant pare mes coups de pied, le second homme se dirige vers Jocelyn. En l'espace de quelques secondes, ils sont à terre. Jocelyn se relève, s'élance de nouveau contre son agresseur en lui assénant une pluie de coups.

«Maudit de maudit, lâche-moi donc! hurle l'énergumène.

— Attrape ça! crie Jocelyn.

— Ahhhh... *Shit,* il a de la force, l'animal!» gueule l'autre.

Durant un bref instant, j'aperçois l'agresseur de Jocelyn plié en deux, les mains crispées sur son bas-ventre... Enragée, je donne un coup de pied dans les tibias de celui qui me tient, tout en gesticulant comme un diable.

«Sale petit démon, marmonne-t-il entre ses dents en me secouant, tiens-toi tranquille ou j't'assomme avec une paire de claques!»

Je tombe à la renverse et j'essaie de me relever. «*Come on!*» dit-il et, me ramassant comme un vulgaire tas de chiffons, il m'emporte en courant. «Jocelyn!» Je crie de toutes mes forces. Mais, à travers mes larmes, je vois Jocelyn étendu sur la route, immobile. «Qu'est-ce que vous lui avez fait, *you pig*? Lâchez-moi où je vous arrache les yeux…»

L'agresseur de Jocelyn est presque à notre hauteur et, tout essoufflé, crie vivement: «Faut s'dépêcher, filons. Ce sont de vrais démons, ces deux-là! Vite, allons-y!»

En désespoir de cause, j'attrape les oreilles du solide gaillard et tire les cheveux de la grosse tête plantée sur un cou énorme. «*Put me down, put me down! Now, you pig!*» Son visage vire à l'écarlate, quand, d'une main leste, j'insère mes doigts dans sa bouche et les enfonce jusqu'à la glotte. Surpris par mon attaque, il suffoque et relâche sa prise. Puis tel l'éclair, je glisse ma main libre dans la poche de ma robe pour en extraire les petits ciseaux qui ne me quittent jamais et je frappe à l'aveuglette. Sa joue déchirée par une longue balafre se met à saigner…

«*What the hell!*»

Il hurle de rage et de douleur. Pourtant il réussit à m'asséner une gifle retentissante qui m'étourdit… De minuscules étoiles dansent devant mes yeux!

«*Shit*! dit l'autre, t'as vu ce qu'elle t'a fait, la petite garce, ah *shit*!

– Laisse… prends-la par les pieds et on l'enfourne dans la voiture… Dépêche-toi, voyons… On a déjà eu assez de problèmes!

– Pas si vite!» dit une voix forte, qui résonne sèchement.

Comme une apparition venant de nulle part, un homme de grande taille se tient à quelques pas de nous. Je reprends tout à fait conscience et, à travers mes cheveux en désordre, je crois reconnaître cette silhouette… «Jim… ça doit être Jim.» Je recommence à me débattre. Je suis presque devenue hystérique et je distribue autant de coups de pied que mes forces me le permettent. Les deux hommes ne s'arrêtent pas… Je suis presque à l'intérieur de la voiture.

Un coup de feu éclate et son écho plane longtemps dans l'air.

«Lâchez-la maintenant! Je répète, maintenant! Mademoiselle Marianne, venez vers moi, dit Jim qui tient un revolver dans sa main. Lâchez-la si vous tenez à la vie», continue-t-il en pointant son arme vers celui qui immobilise toujours mon bras.

Libérée, je cours vers Jim. Mais apercevant Jocelyn qui se relève péniblement, je m'élance pour l'aider.

«Restez ici, mademoiselle Marianne, Jocelyn n'est pas blessé. Et vous autres…», ajoute-t-il à l'intention des grands gaillards qui s'avancent vers nous, menaçants. Il appuie sur la gâchette et un nouveau coup de tonnerre ébranle l'air. Ils s'arrêtent net.

«Je disais donc… voilà plusieurs jours que je vous vois rôder aux alentours. Je ne sais pas pour qui vous travaillez, mais si jamais je vous revois, n'importe où, c'est moi qui réglerai votre compte personnellement, pas la police, moi! Compris?»

Les deux hommes demeurent immobiles. Pareils à des fauves devant leurs proies, ils nous observent.

«Ils ne vont pas attaquer Jim… ils n'oseront pas… ils vont se faire tuer…» Mes pensées se bousculent dans ma tête, mon cœur bat la chamade, et je serre la main de Jocelyn qui m'a rejointe. Le visage du deuxième homme, celui qui a aidé mon balafré à me pousser dans la voiture, a une expression veule et il pose sur moi un regard qui m'effraie. Le balafré recule vers le véhicule et je remarque que des gouttes de sang coulent sur sa chemise. Il marmonne quelque chose, je crois entendre «À la revoyure».

«J'ai déjà signalé votre présence suspecte à la police du village qui a l'immatriculation de votre Ford, dit Jim en gardant son arme braquée sur eux. Si jamais on vous aperçoit dans les alentours, vous aurez un comité d'accueil pour s'occuper de vous! À bon entendeur, salut! Maintenant, décampez!…

– Ah! ah! dit celui à l'air bourru, vous avez peur que ça se sache, hein? C'est ça, amenez-nous la police!»

Un autre coup de revolver fend l'air, je sursaute…

L'énergumène avance vers Jim…

«Si tu penses que tu m'fais peur, morveux!» dit-il alors qu'une grimace haineuse lui barre le visage.

«Mon Dieu, il va y avoir un massacre, Jocelyn… J'ai peur.

– Ne crains rien, il s'en tire bien!»

En effet, avec la crosse de son revolver, Jim assène sur la tête de son assaillant un coup si fort qu'il en chancelle, et le sang gicle d'une entaille.

«*Fuck you,* hurle-t-il, *you fucking moron!*

— Comme ça, il n'y aura pas de jaloux. Vous aurez tous les deux un souvenir de notre rencontre! Maintenant, décampez et tout de suite, dit Jim d'une voix dure, sinon vous allez le regretter!»

Braquant son arme, Jim lance d'une voix forte et autoritaire:

«Je compte jusqu'à dix et si au bout de dix vous êtes toujours là, je commence à tirer... un... deux... trois...

— *I'll get you,* "christie d'hostie"... *see if I don't!*»

La voiture démarre dans un grincement de pneus et disparaît en bas de la côte dans un nuage de poussière.

«Maintenant, mademoiselle Marianne, rentrons! dit Jim en rangeant son revolver dans sa ceinture. Mais avant, dites-moi qu'est-ce qui vous a pris de sortir du couvent, sans permission?

— On voulait seulement aller voir le cirque, juste pour une fois, dis-je d'une voix un peu raide, les nerfs à vif. Je ne comprends pas. On ne faisait rien de mal!

— Ah, vous croyez! Et ces deux énergumènes, alors? Croyez-vous qu'ils voulaient vous emmener en promenade? Je devrais vraiment vous gronder, mademoiselle Marianne, et vous aussi, Jocelyn.

— Qu'est-ce que tout cela signifie? demande Jocelyn d'une voix anxieuse. On a voulu enlever Marianne?

— Jim, qu'est-ce qu'ils me voulaient, ces deux hommes? M'emmener avec eux? Mais pourquoi?

— Écoutez-moi bien tous les deux, répond Jim, je ne peux vous répondre, car ce n'est pas de mon ressort. Mais, jamais, jamais, vous m'entendez bien, jamais vous ne devez refaire une telle bêtise ni même y penser... Comprenez-vous ce que je dis? Jamais!

– Une minute... Qu'est-ce que tu racontes, Marianne? demande Jocelyn en prenant ma main. Tu connais ce monsieur?

– Oui. Nous nous sommes rencontrés. Comment va ta tête, Jocelyn? Cet affreux bonhomme t'a bien assommé! Quelle journée! On n'aurait jamais dit... OK, nous rentrons, Jim! Pas de cirque, alors?

– Certainement pas! Même si j'allais avec vous deux...»

Jocelyn, étrangement silencieux, me regarde avec une curiosité toute nouvelle, sa voix change de timbre lorsqu'il murmure:

«Pauvre petite Marianne, que se passe-t-il?»

Un rire nerveux se forme dans ma gorge et je fonds en larmes. Il me serre contre lui. Tout mon corps est secoué de sanglots et, telle une poupée de son, je sens mes jambes qui se dérobent sous moi.

«Marianne, souffle Jocelyn à mon oreille, tu as été brave, tu sais! Tout est fini, tout va bien maintenant. Tu n'as plus rien à craindre.»

Jim a pris mon autre main dans la sienne et me regarde en souriant.

«Vous avez fait preuve de courage, mademoiselle. Mais, dites-moi, gardez-vous toujours des instruments tranchants sur vous?

– Ah, mes ciseaux, ils sont où? J'ai dû les laisser tomber. Il faut les retrouver! Je m'en sers beaucoup...

– C'est évident», renchérit Jim.

Il n'est pas difficile de les retrouver, brillant d'un éclat d'acier sous le soleil. Je me penche pour les récupérer... je me sens étourdie, un bras me retient.

«Appuie-toi sur moi...

– Que se passe-t-il, monsieur… Monsieur Jim ? demande Jocelyn.

– Oui, Jim, répond-il. Je m'appelle Jim et je vis dans la maison au-dessus du couvent.

– Et vous veillez sur Marianne ?

– Non, les religieuses veillent sur Marianne. Moi, je suis là, tout simplement. »

Jocelyn semble incrédule.

« Ces hommes, que voulaient-ils ?

– Qui sait ?

– L'enlever ?

– Peut-être ! Quoi qu'il en soit, ils n'ont pas réussi !

– Grâce à vous… »

Mes deux compagnons gardent le silence, alors que nous rebroussons chemin vers le couvent. La barrière par laquelle Jocelyn et moi étions sortis, deux heures auparavant, est maintenant fermée à clé.

« Bon, il va falloir trouver autre chose, dit Jim en regardant autour de lui. Je n'ai pas la clé avec moi.

– Je ne peux pas rentrer par la porte principale, dis-je, alarmée. Je vais me faire décapiter !

– J'ai trouvé, dit Jim. Voyez ce grand arbre le long de la clôture… Je vais y grimper, et on vous hissera par-dessus. Il y a une cabane de l'autre côté, je la vois à travers les lattes. Allons-y. »

Avec une aisance bien masculine, il monte jusque sur la branche la plus basse et tend son bras vers moi. Jocelyn me pousse. Pendant quelques secondes, je suis suspendue à la main de Jim juché sur la clôture, à six pieds du sol. Il me hisse près de lui et me retient contre sa poitrine. Je m'abandonne dans ses bras forts et je cherche sur son visage le regard, le sourire intérieur, la confiance… «Vous êtes toujours là quand j'ai besoin de vous, Jim…» et, soudainement angoissée, je lui demande:

«Ils ne vont pas revenir, ces deux-là?

– Ça me surprendrait, mademoiselle Marianne! Qu'en pensez-vous, Cl… Jocelyn?»

Pendant que Jocelyn nous rejoint sur la grosse branche, je remarque qu'il a l'air moins fanfaron que d'habitude. J'attends qu'il parle. Sa main nerveuse s'accroche à la mienne, une ébauche de sourire se dessine sur son visage.

«Je crois que les coups de pistolet les ont effrayés suffisamment, vous ne croyez pas, Jim? Mais, dites-moi, comment se fait-il…

– Je vous en prie, plus de questions. Aidez-moi plutôt à grimper plus haut et, de là, je ferai glisser mademoiselle Marianne sur le toit de la cabane.»

Ses yeux brillent et, dans l'ombrage du grand arbre, j'y décèle une grande douceur, un certain attendrissement. Sans détourner son regard, il met son bras autour de ma taille, me soulève et, avec Jocelyn qui retient mon autre main, ils me font descendre doucement jusqu'à ce que mes pieds touchent la surface ferme d'un toit.

«Je vous remercie, vous êtes mes anges gardiens, tous les deux!»

Puis je réalise que l'endroit, que l'endroit, c'est…

«Oh! Jocelyn, dis-je en gémissant, paniquée. Tu sais où je suis?

– Bien, sur le toit d'une cabane, pardi!

– Non, pas une cabane… c'est… c'est le charnier… oh là là, faut me sortir d'ici… oh là là! Est-ce que mère Saint-Anselme est encore là?

– Ne dis pas de bêtises, Marianne, tu sais très bien qu'elle a été enterrée il y a longtemps !

– C'est pas toi qui es sur le charnier ! J'ai la frousse…

– Voyons, mademoiselle Marianne ! Descendez-en vite, sans y penser. Vous êtes en sécurité. Allez ! Je peux vous assurer que le charnier est vide. Descendez ! »

L'endroit et les circonstances me semblent de plus en plus irréels. De mon perchoir, je regarde l'immense propriété des religieuses et je l'imagine se peupler de mauvais esprits… une envolée de corneilles noires, pas des plus belles à voir en ce moment de tourmente, tournoient au-dessus de nous, puis en croassant s'envolent vers le clocher du couvent qui sonne les cinq heures de l'après-midi. Ce même clocher m'apparaît en contre-jour comme le doigt de Dieu jugeant et sanctionnant mes actions. J'exhale un grand soupir… Le charnier de mère Saint-Anselme… je dois le quitter… Le sol, au-dessous de moi, m'attire comme un aimant et je saute, les yeux fermés.

Je touche le sol avec un bruit sourd et je sens à peine le clou qui déchire ma jambe. Mais ma cheville qui se dérobe sous moi me fait trébucher. « Me voilà estropiée maintenant, il ne manquait plus que ça ! » J'entends un petit bruit près de moi… je crois m'évanouir, mais ce n'est qu'un mulot qui se faufile dans les longues herbes. Néanmoins, je suis bien contente de retrouver la paix du couvent. Je lève les yeux et scrute l'épais feuillage qui dissimule mes deux champions.

« Ça y est, j'y suis. Je rentre. Merci encore, vous deux…

– Attention, Marianne, dit Jocelyn, il y a une religieuse qui vient de ce côté-ci, ne bouge pas... Ça y est, elle s'en va! On se sauve, Marianne, au revoir!»

J'attends encore un peu.

«Marianne, dis, excuse-moi de t'avoir causé des ennuis... je ne savais pas... au revoir, ma petite Marianne, je te verrai bientôt.

– Quand, Jocelyn?»

Je n'ai pas de réponse... ainsi que je le prévoyais.

«Mademoiselle Marianne, ajoute Jim, rentrez tout de suite. Il serait prudent de ne rien dire sur l'incident d'aujourd'hui. Je m'en occupe! Bon, allez. Au revoir.»

Je ne sens pas le sang qui s'écoule de ma blessure, trop ébranlée par les émotions que je viens de traverser. Je m'empêtre dans des ronces qui égratignent mes jambes, mes bras, qui s'accrochent à ma chevelure. Avec patience, je me libère, enlève le blouson que Jocelyn m'a prêté, l'enterre sous un buisson et, en boitillant, je m'achemine vers le couvent pour retrouver sœur Sainte-Marie.

À peine suis-je revenue dans ma chambre qu'elle me dit:

«Marianne, mère Saint-Ignace veut te voir dans son bureau sur-le-champ!»

Soudain, elle réalise mon piteux état et s'exclame:

«Doux Jésus, sainte Marie et tous les saints, mais que t'est-il arrivé?

– En descendant du toit de la petite maison, près de la clôture, je me suis blessée sur un clou et égratignée dans les buissons.

– Mais que faisais-tu sur le toit et dans ce coin? Viens avec moi! dit-elle d'une voix pressante et pleine d'inquiétude. Tu as besoin de soins!»

Et sans rien ajouter, elle m'entraîne dans les corridors. Elle a son air des mauvais jours et son humeur m'attriste. Devant le bureau de la Mère supérieure, elle m'indique une chaise du doigt et frappe à la porte. Une voix dit : « Entrez ! »

Sœur Sainte-Marie me pousse à l'intérieur. Mère Saint-Ignace est assise à son bureau, au-dessous d'un imposant crucifix accroché au mur et elle écrit dans un gros cahier.

« Eh bien, sœur Sainte-Marie ? demande-t-elle en nous regardant tour à tour, ahurie par le désordre de ma tenue.

– Je ne sais pas où Marianne est allée jouer et elle vient juste de revenir dans cet état lamentable, comme vous le constatez vous-même. Je crois aussi qu'elle s'est blessée et qu'elle a besoin d'être soignée. Elle s'est déchirée la jambe sur un clou du charnier. »

Mère Saint-Ignace se lève précipitamment, contourne son bureau et s'avance rapidement vers moi. Je me raidis et m'attends au pire.

« Un clou rouillé, sans doute ! » dit-elle d'une voix affaiblie, se penchant pour examiner de près ma blessure.

La pression de sa main sur ma jambe me fait mal. Elle a déjà fait volte-face et pris le téléphone. Elle compose un numéro et attend ; son visage est pâle et ses mains nerveuses ne cessent de bouger.

« Le Dr Goulet, s'il vous plaît !... Ici la Mère supérieure du couvent, docteur, dit-elle dans l'appareil. C'est pour Marianne, elle s'est déchirée la jambe, apparemment sur un clou rouillé... oui, la blessure saigne... non, il n'y a pas de bandage dessus... oui, très bien... oui, merci ! »

À la suite de ce court entretien, elle dépose le récepteur et se tourne vers moi, courroucée. Sa nervosité fait place à un déchaînement de colère.

« Marianne, tu es une imprudente qui cause toutes sortes de tracas, en plus, personne ne savait où tu étais. Tu ne te rends pas compte de ma responsabilité, de mes inquiétudes, Marianne ? À l'avenir, ne t'avise plus de grimper sur n'importe quoi et de disparaître sans dire à sœur Sainte-Marie où tu vas. La propriété est grande et nous voulons savoir où tu es et où tu t'amuses. As-tu compris, Marianne ? »

Sa voix se brise. Elle détourne son regard en tentant de conserver son attitude distante habituelle, mais je vois ses yeux s'embuer.

« Pour cette fois-ci, tu es consignée dans ta chambre pendant deux jours, continue-t-elle d'une voix un peu radoucie. Maintenant, va te mettre au lit. Sœur Sainte-Marie te fera un bandage provisoire. Le docteur viendra te voir d'ici une demi-heure. »

Elle semble lasse et, d'un geste de la main, elle me congédie sans autre forme de courtoisie. Avant de sortir, je la vois qui s'écroule sur sa chaise.

Je repars vers ma chambre, accompagnée de sœur Sainte-Marie qui ne dit mot. Affaiblie par les émotions, je me crois menacée par des forces inconnues, mais je demeure tout de même reconnaissante de ne pas avoir été soumise à un interrogatoire sur mon emploi du temps. Oui, mère Saint-Ignace est en colère et moi, maintenant, j'ai mal.

Dans le secret de mon âme, je maudis ce méchant clou rouillé du charnier. Mes cheveux se dressent sur ma tête... Peut-être mère Saint-Anselme se venge-t-elle de moi ? Et tout à coup, tout mon être se rapetisse… Je veux que l'on m'aime, je veux poser ma tête sur les genoux d'un être chéri… Jocelyn, mon ange gardien… Mon Dieu que j'ai mal !

Le Dr Goulet, muni de sa fidèle trousse médicale, arrive avec ses bonnes intentions et sa bonne humeur. Après un court échange de politesses, il prépare une seringue avec un liquide incolore qui, selon lui, doit me protéger contre le tétanos. Pour détendre l'atmosphère, il s'emploie à m'expliquer les principes du trismus et de la contraction maxillaire. Est-il vraiment sérieux ? Comment est-ce possible qu'un vilain petit clou rouillé puisse avoir un tel effet sur ma mâchoire ?

« Je t'administre une antitoxine, en prévention. Il ne faudrait pas que ta blessure s'infecte. Et maintenant, tourne-toi sur le ventre et soulève ta chemise de nuit.

— Mais pourquoi ? Vous ne pensez pas que ça serait mieux de mettre votre liquide sur ma blessure, non ?

— Ah, tu crois ? Eh bien non, mademoiselle, c'est tout ton organisme qui doit en profiter et pour ça, il faut une piqûre. L'endroit que je préfère est le *gluteus maximus*.

— Peut-être que moi, j'en n'ai pas de glutus machin…

— Alors ta fesse fera l'affaire… bon, vas-y, tourne-toi. »

Fermant les yeux sur l'inévitable, j'essuie la larme qui coule sur ma joue lorsque je sens l'aiguille entrer dans ma chair. Après le nettoyage de la plaie avec un antiseptique, je ressens à peine la brûlure de l'iode sur les dessins bizarres de mes égratignures. Puis il fait le pansement en enroulant autour de ma cheville un bandage souple. Dr Goulet me prescrit un repos complet pour deux, voire trois jours.

« Je téléphonerai demain pour avoir de tes nouvelles. Repose-toi et profites-en pour faire de belles lectures. »

Puis il me quitte après m'avoir fait avaler deux comprimés d'aspirine.

Sœur Sainte-Marie, silencieuse, m'apporte ce soir-là un léger repas. Je perçois encore un peu de mécontentement chez elle, mais le silence de ma part est encore ce qui est préférable. J'ai promis de ne rien dire de ma mésaventure de l'après-midi. Avant de me souhaiter bonne nuit, elle m'adresse un sourire timide et plein de tendresse. Elle m'embrasse. L'incident est clos.

J'enfonce ma tête dans l'oreiller. Je suis brisée de fatigue. Graduellement, mes douleurs et mes courbatures disparaissent et je sombre dans un demi-sommeil où les souvenirs de ma journée se mêlent aux rêves de mon humeur fantasque. Ainsi, un chevalier monté sur un beau destrier blanc m'indique une grande maison aux tourelles blanches s'élançant vers le ciel. Mais d'une caverne, tout près, sort alors un dragon qui s'avance vers moi. Il me menace de son souffle qui lance des flammes et de ses longues dents, en forme de clous rouillés. Une grande balafre barre sa joue…

Le chevalier l'arrête et le dragon, qui a la tête de mère Saint-Anselme, recule vers son antre et son purgatoire. Un bras fort m'enlève et me ramène vers le feu et le monstre… Tout bascule dans un râle sinistre, la détonation d'une arme à feu fait trembler la terre… Deux chevaliers me déposent enfin sur le toit d'une cabane recouverte de ronces, et je gémis.

Mon sommeil est plus qu'agité…

CHAPITRE XVII

Cet automne-là, la rentrée des classes fut marquée par un événement qui mit le couvent dans un état d'extrême énervement. Sœur Maria-Térésa avait décidé de prendre le voile six mois avant la fin de son noviciat. Elle avait insisté pour que son oncle, Mgr Lachapelle, qui était sur le point de quitter le pays pour une mission de quatre ans en Afrique, dirige la cérémonie de prise de voile. Sœur Maria-Térésa souhaitait aussi que nous formions, pour l'occasion, une chorale spéciale et que nous chantions son cantique préféré : *Les cieux racontent la gloire de Dieu*. Sous les directives d'Agnès, nous y avons consacré une grande partie de nos loisirs durant les jours précédant la cérémonie.

« Mesdemoiselles, dit Agnès, alors qu'elle sépare les groupes de sopranos et d'altos, mettez-y tout votre cœur et donnez-nous la preuve de votre enthousiasme ! Pierrette, dit-elle en s'adressant à une de mes compagnes de classe, distribue les feuillets aux deux groupes ! Il ne s'agit pas d'un enterrement, alors il faut que ce soit gai et plein de vie ! Vous comprenez ce que je veux dire ? C'est un jour de bonheur pour Thérèse, et nous y participons toutes. Vous avez des questions ? »

Notre groupe reste muet.

«Il nous faudrait peut-être un ténor! suggère une voix fluette derrière moi.

– C'est quoi, un ténor?» dis-je timidement.

Une vague de gloussements déferle et se termine par de francs éclats de rire. Agnès nous regarde avec une sévérité feinte.

«On n'en trouve pas tellement ici, lance une grande. À moins de demander au père Antoine?

– Surtout pas lui, il va nous empoisonner avec sa mauvaise haleine!

– Arrêtez vos petites ironies de coquettes et soyons sérieuses. Comprenez bien que nous allons rendre hommage à Thérèse pour son choix de vie, et ce sera sa journée bénie, alors mettons-y du nôtre... J'ai confiance en vous.

– Agnès, dis-je, je crois que ma place est avec les voix plus basses.

– Non, Marianne, tu restes avec les sopranos! Tu vas y arriver!»

Nos répétitions, dans la salle de musique, sont nombreuses et pleines d'entrain. Entre-temps, Agnès a créé à l'harmonium un accompagnement grandiloquent et, la veille de la cérémonie, nous répétons à la chapelle dans l'enceinte des élèves, pour la dernière fois. Agnès nous complimente.

«Pas mal pour des amateurs. Cela n'a rien encore de comparable avec les chœurs et les grandes orgues de Notre-Dame de Paris, mais je suis fière de vous! Viens, Marianne, j'ai quelque chose à régler avec toi!»

J'entends un petit rire sous cape, mais je fais la sourde oreille.

Je suis Agnès jusque dans la salle de quatrième, maintenant vide, et m'assieds à mon pupitre tandis qu'elle prend la chaise voisine de la mienne. Elle a toujours son teint incroyablement pâle et j'admire ses yeux remplis de paillettes d'or et bordés de longs cils noirs.

«Marianne, dit-elle, demain Thérèse aura pris le voile, elle va prononcer ses vœux de religieuse. Il ne lui reste que quelques heures... elle voudrait passer un moment avec toi. Tu veux bien, Marianne?

— Ou... ui, mais je la vois assez souvent pour mes cours d'allemand...

— De quoi parles-tu? Tu sais que ce n'est pas la même chose!... Voyons, Marianne, tu n'es pas si bête!

— Où est-elle?

— Elle t'attend en bas, dans ton petit coin... On y va?»

Devant la porte de mon refuge, Chez Marianne, Agnès s'éclipse. J'entre, un peu hésitante et émue. Thérèse est debout près de la fenêtre et regarde dehors. Elle se retourne lentement.

«Je suis contente que tu sois venue, Marianne! Je ne te retiendrai que quelques minutes. Viens...»

Je m'approche et j'attends, debout. J'observe son visage juste au-dessus du mien. «J'ai dû grandir ces derniers temps», me dis-je. Ses yeux bleus s'accrochent aux miens, son souffle sent bon la menthe...

«Demain, c'est mon grand jour, ma petite Marianne... et avant ce rite d'entrée dans la vie que j'ai choisie, je... j'ose... j'ai eu envie d'être juste comme ça, nous, toutes les deux.

— Oui... ma sœur...

— Non, appelle-moi Thérèse, comme avant.

— Comme vous voulez… Thérèse…

— Asseyons-nous, Marianne. »

Elle parle d'une voix si douce que je dois prêter attention à toutes les paroles qu'elle murmure. Ses joues veloutées ont pâli, de même que sa bouche fraîche, légèrement fendillée comme un fruit trop mûr. Son chuchotement me trouble un peu, même si je suis fière d'être celle qu'elle désire voir, la veille de sa prise de voile. Elle m'indique une chaise alors qu'elle s'assied sur celle qui lui fait face et elle arrange autour de ses jambes sa longue jupe grise de novice. Son linge dégage des effluves de lavande. Elle garde le silence un moment, et un nuage de tristesse passe devant ses yeux qui s'assombrissent en se posant sur moi.

« Marianne chérie, dit-elle finalement, je… N'aie pas peur, je voudrais simplement te confier… ma chère petite fille… Marianne, écoute-moi, je veux simplement te dire que… que depuis ce premier jour, ta première journée scolaire, dans la chapelle, je t'ai aimée… je t'ai aimée d'une tendresse si… »

Elle cesse de parler et des larmes soudain voilent son regard.

« Moi aussi, je vous aime bien, Thérèse, dis-je en mettant ma main dans la sienne, il n'y a pas de mal à ça… »

Elle saisit mes mains avec emportement – les siennes sont chaudes et moites – puis, avec fougue, elle les fait glisser contre sa poitrine. Je sens son cœur battre sous la rondeur d'un sein… bien vivant et palpitant. Je comprends et ne tremble pas. Je referme une main contre sa poitrine, puis la laisse tomber sur mes genoux. Je baisse la tête alors qu'elle pose un baiser dans la paume de mon autre main… J'essaie de la lui retirer, mais elle m'en empêche.

«Ce n'est pas la même chose, ma chérie… Demain, il sera trop tard pour te le dire. Toi, ma jolie Marianne, petit agneau abandonné, petit ange de beauté, tu as suscité en moi un grand amour…»

Je soupire, indécise… J'ai envie de fuir. Je la regarde… elle me fait un peu peur.

«… mon amour pour toi, Marianne, est un amour défendu… l'amour qui n'a pas de nom, murmure-t-elle, cherchant ses mots. Je prends le voile parce que… parce qu'il me faut sauver mon âme. »

Sa poitrine se soulève, comme si elle devait faire un grand effort pour respirer. Elle enfouit son visage dans ses mains tremblantes et douces, imprégnées, me semble-t-il, d'un parfum de fleurs sauvages. Qu'ai-je de commun avec elle? Je la contemple, impatiente, et, dans ses yeux bleus, je retrouve la lueur passionnée que je lui connaissais et qu'elle avait réussi à masquer depuis… depuis… Mais sur son visage, son mince sourire éploré m'attriste soudainement. Elle se rapproche de moi, son gracieux corps se penche…

«Pour la dernière fois, laisse-moi t'embrasser… Ne me le refuse pas, laisse-moi goûter à ta bouche fraîche et te toucher. Je t'en prie, Marianne, sois gentille…

– Non, je ne suis pas gentille.

– Mais oui, tu sais être gentille…»

Il y a tant de supplication dans ses mots… Son visage est tout près, elle se colle à moi et me cloue contre le dossier de ma chaise. Je me sens prisonnière, son corps est lourd, ses lèvres s'appuient sur les miennes longuement, alors que sa langue cherche à les séparer…

Je reconnais le goût de menthe sucrée… et elle gémit dans l'ombre de son voile.

D'un ton humble et passionné à la fois, elle semble m'implorer… «Ma petite Marianne… si tu savais comme je t'aime!» Une de ses mains glisse lentement le long de mon corps et de l'autre, elle remonte ma robe… elle baisse ma culotte et avec sa main elle essaie doucement d'écarter mes cuisses.

C'est à moi de décider… et j'en ai assez de son jeu. Je me débats avec une telle force qu'elle se détache enfin de moi et retombe sur sa chaise, pâle et haletante… Non, non, je ne veux pas, oui, je veux qu'on m'aime, mais de là à… Que veut-elle de moi? Me caresser… et puis…

Puisqu'elle désire sauver son âme à cause de ses penchants, alors cela veut dire qu'elle a péché? C'est son affaire après tout! Je me lève et rajuste mes vête-ments. Durant un court moment, je ferme mes yeux sur une image que je ne veux pas voir: une femme vaincue qui tourne sa tête d'un côté et de l'autre, sans pouvoir retenir ses larmes.

«Thérèse, il faut que je m'en aille, Agnès m'at-tend!»

Elle se lève à son tour.

«Oh, pardonne-moi, je me suis laissé emporter… Marianne, dis-moi que tu me pardonnes!»

Je ressens la confusion de ses sentiments et cette prise de conscience perturbe mon équilibre. Quel sou-venir voulait donc emporter Thérèse? Je la quitte pour chercher refuge chez sœur Sainte-Marie. Je suis désolée, choquée aussi, et ses derniers mots restent gravés dans mon cœur: «Marianne, mon amour, oublie… oublie… je t'en prie…»

~

Non, je n'ai pas oublié. Lorsque la voix de mon enfance se réveille parfois, je retrouve en moi la petite Marianne de Thérèse, le petit agneau d'Agnès, et notre tendre attachement… Pour elles, je réserve ma tristesse et mon sourire… Je me rappelle les mots brûlants de Thérèse, son délire confus et la façon dont, par jeu, elle cachait son visage sous son voile.

~

« As-tu vu Thérèse ? me demande Agnès juste avant l'étude du soir.

– Oui.

– Et alors ?

– Mais rien !

– Comment, rien ? Il ne s'est…

– Laisse-moi, Agnès, je n'ai pas envie d'en parler ! »

Je préfère penser à l'ensemble mélodieux de notre cantique plutôt qu'à Thérèse dont le comportement m'a profondément chamboulée. J'ai peine à m'endormir, car le souvenir de cette scène continue de me hanter.

Le lendemain, je suis plus matinale que d'habitude et un morceau de ciel bleu emplit déjà ma fenêtre. L'aube, qui irise le ciel d'une lueur rosée d'un raffinement exquis, est annonciatrice d'une belle journée. La cérémonie de prise de voile doit commencer à huit heures par la célébration d'une grand-messe, avec un service liturgique et la communion pour tout le monde. Un soleil radieux inonde la chapelle lorsque nous y entrons, toutes de blanc vêtues.

Je suis saisie d'admiration. L'autel croule sous les fleurs blanches et virginales, comme si une pluie de pétales s'était abattue à l'aube étincelante d'une véritable fête de l'amour. Jamais nous n'avons vu un tel spectacle, une telle abondance. Je ferme et j'ouvre les yeux sans arrêt, éblouie par tant de splendeur.

La rumeur court que la famille de Thérèse désapprouve son entrée dans la communauté religieuse... les fleurs sont quand même un hommage... leur contribution.

Les élèves émerveillées murmurent à l'entrée de Thérèse. Elle est si belle et si radieuse. Pour un moment, je ne veux rien d'autre que remplir mes yeux et ma mémoire d'elle, de son image en ce jour transformée. J'ai de la peine à croire que c'est Thérèse... Mais elle est là, moulée dans une longue robe blanche à traîne, dont le tissu soyeux bruit à chacun de ses pas. Sa tête est couronnée d'une tresse de fleurs d'oranger qui retient un long voile aussi vaporeux qu'un nuage. D'élégants lis d'un blanc immaculé reposent au creux de son bras droit et leurs corolles veloutées se balancent légèrement au rythme de sa démarche. À son poignet droit, elle porte un chapelet d'ivoire et dans son autre main elle tient un missel blanc à la tranche dorée.

Elle avance lentement, seule, la tête haute et les yeux fixés droit devant elle jusqu'à la balustrade de l'autel et prend place sur une chaise capitonnée, installée devant un prie-Dieu. Elle tourne la tête dans notre direction et sourit. Elle est si belle dans sa robe de mariée, comme une image d'un livre de contes. Thérèse aspire maintenant à un bonheur qu'elle ne peut goûter qu'en renonçant au monde. «Elle va prendre le voile pour aimer un époux invisible, mythique et pur», m'a dit sœur Sainte-Marie.

Durant la messe, un grand calme habite Thérèse et elle communie avec la ferveur que je lui connais. Ce n'est que lorsque Mgr Lachapelle fait son entrée, paré de sa longue chasuble brodée d'or et coiffé de sa mitre, qu'elle pâlit un peu, mais elle conserve son sourire. Elle enlève doucement ses gants. Ses joues rosissent lorsqu'elle lève son regard vers son oncle et c'est comme si le soleil apparaissait dans ses yeux. Elle est prête.

D'une voix claire et ferme, elle déclare son désir d'abandonner les biens et les intérêts du monde terrestre pour devenir l'épouse du Christ, pour Lui vouer sa foi, et elle prononce ses vœux de chasteté, de pauvreté et d'obéissance. Mgr Lachapelle glisse à l'annulaire de sa main droite un anneau d'or blanc qu'elle touche de ses lèvres. Puis impassible et digne, il entonne des oraisons en latin auxquelles elle répond en se signant à plusieurs reprises. Et derrière le vitrail, même le vol inlassable des hirondelles semble vouloir participer au rituel du passage de Thérèse vers cette autre existence. Lorsque l'écho de la dernière bénédiction s'évanouit dans l'air, les oiseaux disparaissent de la fenêtre comme s'ils allaient, eux aussi, répandre la parole divine.

Thérèse penche sa tête sur ses mains jointes et son voile, dissimulant son visage dans des plis vaporeux, l'isole davantage de son entourage. Je comprends mieux ce geste de soumission lorsque mère Saint-Ignace s'avance vers elle, une longue paire de ciseaux à la main.

Bien que sœur Sainte-Marie m'ait expliqué brièvement le symbolisme de ce rite, je tressaille et les larmes me montent aux yeux. J'aurais voulu repousser la main de mère Saint-Ignace, qui, délicatement, ôte la couronne de fleurs et le voile, et les dépose sur le dossier du fauteuil. Nous sommes les témoins. Puis la Supérieure brandit les ciseaux comme un instrument de conquête et coupe, dans un crissement sec, la splendide chevelure... Une mèche souple tombe sagement sur le sol, puis une autre... Ce dernier geste symbolique confirme la soumission et l'entrée de Thérèse dans l'ordre religieux. Elle l'accepte avec grâce; ses yeux secs sont fiévreux et sa bouche, qui, jusque-là, a obéi à la prière du prêtre, tremble. Elle s'allonge, face contre terre, sur le sol de la chapelle, parmi les restes de sa chevelure et, les bras en croix, elle répète de nouveau ses vœux.

C'est le signal pour notre cantique; les voix s'élèvent, mais la mienne se brise dans un sanglot. Les paroles d'allégresse ne peuvent adoucir la rigueur et la tristesse de ce moment. Thérèse, si calme dans son humilité de chrétienne immolée, paraît écrasée devant son oncle qui, rigide, lui donne une dernière bénédiction avec un léger tremblement dans la voix.

Mon regard s'embrouille. Mère Saint-Ignace a repris sa place.

Les religieuses acceptent l'offrande de Thérèse en se joignant à la chorale pour le dernier refrain du cantique, *Les cieux racontent la gloire de Dieu,* et sourient lorsque Thérèse se relève et se dirige vers la sortie. Jouée par Agnès à l'harmonium, une musique triomphale l'accompagne... Comme musique on aurait dû plutôt choisir celle d'un enterrement.

Lorsqu'elle revient, quelques instants plus tard, elle est vêtue de l'habit de la communauté des ursulines. La blondeur de sa tête a disparu pour l'éternité, sa taille est désormais serrée par la sinistre ceinture de cuir noir. En endossant cet habit anonyme, elle vient d'enterrer son identité, sa personnalité et sa liberté. Elle se fond au milieu des religieuses qui l'entourent, après une dernière bénédiction de son oncle qui se retire cérémonieusement vers le côté droit de l'autel.

C'est terminé! La cérémonie prend fin abruptement. La musique a cessé et la vie de tous les jours va reprendre son cours habituel. Mais pas tout de suite, pas avant un goûter offert à nous toutes par la famille de Thérèse: un gâteau aux fruits et aux noix, servi sur un lit de crème avec, chose incroyable, un petit verre de vin mousseux des bords de la Loire, un Saumur dont l'étiquette sur la bouteille représente un chevalier sur sa monture.

Thérèse a cessé d'exister et mère Maria-Térésa naît, habillée de noir comme si elle portait le deuil…

∽

«Elle fait partie de ces âmes choisies par la grâce divine, je suppose!» avait dit Agnès lorsque je lui avais demandé si Thérèse était vraiment convaincue de son choix.

Cette phrase tournoyait encore dans ma tête, pendant que j'essayais de m'endormir cette nuit-là, et je souhaitai de tout cœur que Dieu ne veuille pas de mes services plus tard. Je sondai mon âme pour y chercher un penchant pour la vie cloîtrée, pour les serments rigides et les promesses ultimes qui ne se réaliseront qu'après la mort. Rien de tout cela. Mon âme devint plus calme et j'eus la certitude que Dieu acceptait que ma réalité et

CHAPITRE XVIII

Tout changea imperceptiblement autour de moi alors que je m'installais dans l'adolescence. Le rythme de ma vie ne variait pas tellement entre mes cours d'anglais, d'allemand et le reste de mon programme scolaire chargé. Je n'étais plus la fillette tourmentée d'autrefois, et mon miroir me renvoyait le visage d'une jeune fille de treize ans raisonnable et enjouée.

Mon âme s'élançait parfois vers les souvenirs du passé, à l'époque où j'étais en quête constante de réconfort, animée de ce besoin incessant de me savoir aimée, de retrouver à tout prix le calme de mon esprit et de mon cœur lorsque je me sentais déchirée. Je chérissais ces moments qui ressemblaient à ce que je vivais alors. Car, bien que j'essayais de m'en défendre, les absences prolongées de Jocelyn m'attristaient toujours autant, alors qu'il poursuivait sa vie et ses études sans moi. La magie et la féerie de ses visites irrégulières me consolaient, pourtant, à certaines heures, j'avais peur de vivre une grande illusion sentimentale. C'est pourquoi je trouvais toujours avec bonheur et soulagement les lettres et billets doux de Jocelyn à l'endroit de nos rendez-vous secrets. Ses « Je t'aime, Marianne » me donnaient le vertige et chassaient vite mes doutes. Mais les baisers de notre pacte s'espaçaient en raison de ses fréquents voyages et j'avais l'impression que la différence d'âge, plus sensible désormais, agissait comme une barrière psychologique entre nous. Nous n'étions plus des enfants.

~

La chaleur de cet après-midi d'août est suffocante. Je pars me promener, seule. À l'air chargé d'humidité saline qui arrive jusque dans les hauteurs du couvent se mêle le parfum du foin récemment fauché. Le soleil au zénith se mire dans le feu de mille miroirs qui dansent sur la mer. Je soupire d'aise. J'écoute le riche gazouillement des oiseaux au vol doux sous quelques légers nuages dorés par la lumière du soleil. J'admire le paysage. Je peux passer ainsi de longs moments à regarder l'horizon. Une brise chaude soulève mes cheveux que j'ai dénoués, heureuse de secouer mes boucles.

Soudain, je tressaille, car je crois bien entendre le bruit d'un galop de cheval… «Mon Dieu, faites que ce soit Zorro!» Et je crie subitement:

«Jocelyn! Jocelyn!»

Le galop se rapproche. «Jocelyn!» Derrière la haute clôture, le cheval a ralenti son allure. Tout émue, j'ai conscience que seule l'enceinte sépare le rêve de la réalité dans ce sentier rempli de douces promesses.

«C'est la petite nonne? appelle une voix masculine.

— C'est toi, Jocelyn. Tu viens me voir?

— J'arrive. Juste le temps d'attacher Zorro.»

Une main contre ma poitrine, je suis la cadence du pas plus lent du cheval, de ses sabots qui piétinent maintenant le sol herbeux du champ voisin, et lorsque j'arrive à la hauteur du charnier, Jocelyn s'y trouve, debout sur le toit. Il se laisse tomber à mes côtés d'un bond souple et enlève sa bombe. Un grand sourire éclaire son visage.

«Tu as drôlement embelli, petite, et tu as grandi aussi! dit-il.

— Toi aussi, tu as changé depuis un an.

— Je suis un homme, maintenant! Viens, on va aller plus loin, je n'aime pas tellement cette cabane.

— Jocelyn, te rappelles-tu quand vous m'avez déposée ici, Jim et toi, il y a quelques années?

— Comment pourrais-je l'oublier! Quel drame! répond-il en enlaçant ma taille. Pourquoi diable ces hommes en avaient-ils après toi? En as-tu appris davantage?»

— Non, rien de plus, dis-je, laconique.»

Je goûte de nouveau sa présence comme une réalité bien vivante. L'énergie de son corps d'homme qui me frôle alors que nous marchons me trouble. Je l'admire, il est mon héros romantique… je sens la femme naître en moi.

«M. McFarlane vient maintenant me voir plusieurs fois par an. Mes études sont d'une importance majeure pour mon avenir, c'est ce qu'il me répète toujours!

— Et on n'a pas encore essayé de t'enlever? demande-t-il en effleurant mon bras d'une légère caresse.

— Non, tu penses! Jim est toujours là, je le vois de temps en temps, parfois à motocyclette, parfois à pied. Je ne sais pas s'il est là pour moi… il doit avoir sûrement d'autres occupations!

— Probablement. J'ai chevauché du côté de sa maison… Aucun signe de lui aujourd'hui. »

Exaltée à la pensée d'avoir Jocelyn tout à moi et bercée par le son lointain de la cloche du couvent qui sonne quatre heures, je redeviens la Marianne de nos rendez-vous, heureuse et comblée…

« Et toi, Jocelyn… au fait, merci pour tes petites notes…

— Ce n'est rien… je les fais passer par un ami.

— Et tes études ?

— Je ne suis pas venu ici pour parler de cela, je suis venu te voir !

— Mais moi, cela m'intéresse ce que tu fais !

— Comme tu veux ! Mais allons nous asseoir sur notre tronc d'arbre ! Tu veux bien ? »

Je fais signe que oui en levant sur lui des yeux interrogateurs.

« Eh bien, ma petite Marianne… enfin tu n'es plus si petite, dit-il, quel âge as-tu ?

— Tu sais exactement l'âge que j'ai.

— Treize ans, n'est-ce pas ? Hum… Regarde-moi un peu… on dirait que tu commences à avoir de belles formes. Un bon début de petite bonne femme… »

D'une main leste, il effleure ma poitrine en me regardant droit dans les yeux, et je recule un peu… Je ressens une brûlure, là où il a posé sa main… il rougit un peu et respire profondément.

« La semaine prochaine, je vais quitter Ottawa pour poursuivre ma carrière de musicien à New York, avec d'autres professeurs, m'annonce-t-il rapidement pour couper court à la gêne qui vient de s'installer entre nous. Marianne, apprends-tu toujours le piano ? »

Je lui réponds avec beaucoup d'aplomb que l'on croit (c'est-à-dire mère Saint-Ignace) que je fais preuve de talent. En riant, il me dit que nous pourrions peut-être, à ma sortie du couvent, jouer des duos ensemble.

«Et tu n'as que treize ans, répète-t-il d'une voix plus grave alors qu'il pose son bras autour de mes épaules. Tu es jolie, tu sais, Marianne... Est-ce que tu es devenue femme?

— Qu'est-ce que tu veux dire? Devenir une femme... je suis une femme!

— Je me comprends, je veux dire une femme, eh bien... tu sais quand une fillette devient femme... lorsqu'elle devient pubère!

— Ah, ça! On ne vit pas à l'époque de la préhistoire ici, Jocelyn, nous suivons des cours de biologie.

— Et qu'est-ce qu'on te raconte dans tes cours au sujet de...

— Je suis plus ou moins au courant, j'en parle avec Brigitte et Françoise... toutes les deux, elles... Enfin, ça ne te regarde pas, ces histoires-là!

— Pourquoi ça ne me regarde pas?

— Parce que t'es un garçon!

— Tu crois que je suis un garçon... ou un homme?»

Sa voix est plus chaude et son regard, plus profond... Je me lève et vais m'asseoir dans l'herbe pour faire un bouquet de ces épervières orange qui ont souvent accompagné les heures solitaires de mon enfance. Je réfléchis un bref instant à la différence entre Jocelyn garçon et Jocelyn aujourd'hui. Pour moi, il est simplement Jocelyn. Malgré la sagacité de mes treize ans, j'ai peur de ne pas comprendre où il veut en venir. Ma confiance faiblit. Il m'a rejointe, m'offre une petite fleur, et je regarde ses yeux, embellis par un éclat étrange.

« Alors ?... »

Je perçois l'odeur de musc qui se dégage de sa personne. Je suis troublée, angoissée... et gênée.

Je me redresse et demande :

« Et... Jocelyn, as-tu des projets ?

— Pour toi et moi ?

— Bien... si tu veux !

— Tu es la pucelle de mes rêves !

— Pour qui tu te prends ?

— Excuse-moi, Marianne, je ne voulais pas être aussi fanfaron, dit-il plus doucement en prenant ma main. J'avais vraiment envie de te revoir et je suis heureux que tu sois là ! »

J'appuie ma tête contre son épaule. Je tressaille lorsqu'il pose sa main sur mes genoux. Avec fougue, je songe à la forme de cette main sur mon corps... Je ferme les yeux et demeure blottie contre lui... L'amour ne m'a-t-il pas, dès l'enfance, sacrée comme sa future amante ? Sa main caresse mes cheveux, je suis bien dans ses bras.

« C'est quoi, faire l'amour, Jocelyn ? »

Je sens son bras se raidir. Il se redresse.

« Je suppose que tu ne veux pas une explication clinique ? »

Sa voix gouailleuse me pique, je le repousse. Sur sa bouche, un demi-sourire semble envoyer un baiser qui tombe quelque part dans l'air...

« Il y en a donc plusieurs ?

— Ça dépend, Marianne... Vous en parlez entre vous ?

— Bien... ou...ui, on voudrait savoir, dis-je dans un chuchotement.

« – Mince alors, s'exclame-t-il, voilà les petites non-nes du couvent qui s'émancipent! Intéressant!»

Je hausse les épaules avec dédain et me lève, je ne veux plus l'écouter. J'aspire alors une grande bouffée d'air, pendant que des larmes gonflent mes paupières...

«Toi, il faut toujours que tu te moques... t'es trop bête!»

Me penchant vers lui, je le frappe au visage. C'est si imprévu qu'il éclate de rire, il saisit mon poignet et me force à me rasseoir. Je repousse ses mains. Des lar-mes roulent le long de mes joues, mais je ne suis pas prête à la douceur... Je le frappe de nouveau.

«Tu es trop bête, Jocelyn! Pourquoi te deman-derais-je quoi que ce soit? On se voit à peine... et tu ne peux même pas être gentil! Toi, il faut que tu rigo-les de tout! Alors, oublie tout puisque ça t'amuse autant! Et puis, il faut que je m'en aille maintenant... Et... Jocelyn, moi aussi, je suis idiote, parce que je t'aime!»

J'ai les nerfs à fleur de peau. Je redeviens une petite fille désolée qui ne peut retenir sa peine. Je suis en colère comme une enfant qui n'a pas eu ce qu'elle vou-lait... Je me fiche qu'il voie mes larmes. Je tourne les talons et pars en courant. L'herbe blonde et sèche, gor-gée de soleil, craque sous mes pas.

Jocelyn me rattrape par le bras. Je le repousse...

«Va-t'en! *Go away! Geht! Weg!*

– Tiens, tu es aussi un petit génie des langues étrangères! Non, non, je n'ai pas voulu dire... excuse-moi, ma petite Marianne...

– Tu vois... tu vois comment tu es? T'es trop bête, *go away!*»

D'un geste un peu brusque, il m'arrête et, me faisant pirouetter, il m'attire à lui... Je me débats, mais il resserre ses bras autour de moi.

« Chut... chut... ne bouge pas, juste une minute, reste comme ça une minute et après, si tu veux t'en aller, je ne t'empêcherai pas. »

Je me laisse bercer, m'abandonnant petit à petit à une passivité étrange, toute nouvelle. Je savoure notre proximité, mon oreille écoute les battements de son cœur, et sa voix douce m'enveloppe d'un immense bonheur.

« Écoute, ma petite Marianne, écoute et ne bouge pas, tu n'as rien à craindre de moi... Ma petite chérie, moi aussi, je t'aime depuis le premier jour de notre rencontre, Marianne... tu le sais bien, n'est-ce pas ? Non, ne dis rien ! Je travaille beaucoup et la musique m'oblige à voyager, nous nous voyons si peu... »

Je lève la tête et capte un rayon de soleil qui joue dans ses cheveux...

« ... mais je pense à toi, ma petite princesse, souvent, et lorsque je pense à toi, je suis plus confiant, oui, Marianne, plus serein et plus positif... Pour répondre à ta question, faire l'amour est un acte d'amour, tout simplement, un don de soi entier à l'autre. C'est ce que nous ferons tous les deux plus tard, toi et moi... parce que nous nous aimons. Nous ferons l'amour ! Tu veux savoir ce que nous ferons ? »

Il prend mon visage entre ses mains. Muette, je le regarde, lui que je connais à la fois si bien et si peu, et la lumière du soleil radieux rend encore plus bleue la couleur de ses prunelles. Sa bouche pleine m'attire... Il me serre de nouveau contre lui...

«Nous nous aimons, toi et moi, n'est-ce pas, Marianne? Quand... quand le moment viendra pour nous de faire l'amour, notre pacte prendra tout son sens, je t'embrasserai sur tout ton corps... oui, oui, nous serons nus et quand tu le voudras... quand tu seras prête à me recevoir, tu ouvriras tes jambes et...»

Nous sommes tous deux silencieux, ses mains descendent le long de mon corps et il me presse violemment contre lui, son haleine brûle mon cou. Il guide ma main obéissante vers son bas-ventre. «Le sens-tu, Marianne? Il est prêt... il faut qu'il soit ainsi pour...»

Sa voix devient pantelante d'émotion.

«... je pourrai te pénétrer, entrer en toi, et notre acte d'amour durera une éternité, nos corps enlacés connaîtront un grand bonheur, une libération, la promesse d'un avenir merveilleux. Nous serons heureux, Marianne, nous serons si heureux...»

Il est là, me dominant de sa haute taille, ce beau jeune homme qui veut me faire découvrir les plaisirs de l'amour. Je suis comme un dormeur réveillé trop vite, en proie aux sortilèges des songes. Affolée par l'ivresse promise, je le regarde... une enfant de treize ans ne saurait demander un tel plaisir à un jeune homme, débordant lui aussi d'amour mais lui promettant un futur bonheur... rien qu'un futur bonheur.

«Jocelyn, je suis trop jeune... que faire d'autre?»

Incertaine, j'ai envie de pleurer.

Je lisse de mes doigts ses cheveux que le vent rebrousse. Ses yeux brillent, il retient ma main et l'embrasse à plusieurs reprises.

« Marianne, ne faisons rien. Ma petite chérie, je respecte ton jeune âge, ton innocence, mais, ne l'oublie jamais, je t'aime...

– Jocelyn... Jocelyn... »

Je ne peux que murmurer son nom. Je reste debout contre lui, vaguement apaisée.

« Je dois rentrer ! » dis-je lentement, émue et mal à l'aise.

L'odeur insistante qui monte de l'herbe et de la terre me fait soudainement éternuer... Je ne tiens plus en place. Je cherche peut-être le Jocelyn de treize ans qui bousculait une petite fille joyeuse... Mais non, je regarde un jeune homme de vingt ans, au charme magnétique, et je suis sa future amante. Je ne me sens ni légère ni sereine...

« Viens ici, Marianne. On se dit au revoir puisque je dois, moi aussi, m'en aller. »

Je me blottis dans ses bras qui m'enlacent à m'étouffer. « Ma petite fille chérie, mon adorée... laisse-moi te serrer fort. Je me sens si bien quand tu es là... »

Sa bouche se presse contre la mienne, je sens sa langue me caresser et ses dents me mordre, doucement. Je souris avec attendrissement, dans sa bouche... Nous arrachons au temps qui passe un moment d'éternité. Entre deux baisers, je murmure :

« Tu pars pour longtemps ?

– Ma petite Marianne, pour encore une année... Laisse-moi boire ton amour dans ta bouche, ma chérie... tu me manques déjà. Je veux t'aimer et je te désire si fort. »

Je suis plongée dans un monde irréel, je me sens lourde et je tressaille. Je soupire... Je suis trop jeune pour comprendre toute la signification de ces derniers mots, et pourtant je sens en moi les frémissements troublants du désir… Il prend mon visage entre ses mains et, doucement, il embrasse mon front, mes yeux, mon cou… « Ma chérie, je veux que tu te souviennes de chacun de mes baisers… »

Je demeure immobile dans ce pré nourri de soleil, les yeux à demi clos, et j'attends le retour du vide et de la douleur au creux de mon estomac. D'un bond, Jocelyn est sur le toit du charnier, puis il disparaît. Je baisse la tête et je rougis, coupable de glisser vers un monde interdit où l'amour tourmente, monde scellé par un secret qui n'appartient qu'à nous deux.

Lorsque je suis de retour au couvent, sœur Sainte-Marie respecte mon silence et, tout en vaquant à ses tâches habituelles, elle m'observe à la dérobée. Mais quand elle aperçoit des larmes qui roulent sur mes joues, elle m'adresse aussitôt la parole :

« As-tu du chagrin, Marianne ? Que se passe-t-il ? Veux-tu m'en parler ? »

Sa voix affectueuse me rappelle le lien particulier qui existe entre elle et moi, et j'en suis troublée davantage. Je voudrais pouvoir me confier à elle, mais je ne crois pas qu'elle comprendrait.

« Je vous remercie, lui dis-je à mi-voix, ce n'est rien, ça va passer.

— Tu travailles trop. Les vacances ne sont pas terminées, profites-en quand même. As-tu fait une belle promenade aujourd'hui ? »

Je fais un signe de tête affirmatif. J'ai un besoin urgent de me retrouver seule avec mon souvenir encore chaud et vibrant, puisque je ne peux le partager avec personne. Je veux me réfugier dans la musique pour être plus près de mon amour.

«Je t'apporte un citron pressé avec de la glace dans une demi-heure», ajoute-t-elle.

Dans ma chambre, je revis les instants passés avec Jocelyn. Non, cet amour n'est pas illusoire, non, je ne suis pas désespérée puisqu'il me l'a dit : il m'aime, il m'aime. Je ne me lasse pas de me répéter ces mots magiques... Mon petit coin, mon abri, m'est d'autant plus cher qu'il est le témoin de ces déclarations... Ah que j'ai hâte de vieillir ! Encore tant d'années où je devrai attendre...

Dans ma collection de disques, je choisis l'enregistrement de la *Pathétique* que m'a prêté mère Saint-Ignace pendant une leçon consacrée aux sonates de Beethoven, mais aujourd'hui cette pièce ne m'apporte pas la consolation espérée...

Dehors, l'orage a éclaté et j'écoute la pluie, pensive, en tentant de régler son rythme sur les notes de la *Pathétique*... J'ouvre la fenêtre. L'air est saturé par l'humidité et le parfum des champs lavés... Je bois lentement la limonade que sœur Sainte-Marie m'a apportée et je me distrais en observant les mouettes qui se dirigent vers la mer avant que le crépuscule ne s'installe pour de bon.

Le soir, avant de m'endormir, j'écris dans mon journal intime l'ébauche d'un petit poème, à l'ombre de ma tristesse. J'évoque le nom de Jocelyn, son départ, sa vie... S'il n'existait pas dans le monde réel, il se devrait d'appartenir au monde des merveilles.

À mon réveil, je rêve encore des fleurs de ténèbres, pleurant

Dans le désert...

Mon cœur est seul, il ne bat que pour lui-même.

Mes bras sont vides et tremblent contre mon corps

Dans la solitude de la nuit, comme si, avant le jour, un rêve

Mêlait l'aurore au crépuscule en repoussant l'aisance du matin

Alors que ma tristesse ne retrouve que le néant où je suis si seule.

Ses baisers, furent-ils amers ou retinrent-ils le souffle argenté

D'une étoile filante ?

Ses yeux, laissèrent-ils une traînée d'astres dans le ciel frissonnant

Ou firent-ils pleurer les anges ?

Non, j'attends le rêve qui masquera les promesses inutiles

D'un paradis parfumé

Et la brise fraîche et dorée qui me rendra mon âme et le miroir de mon amour.

Le lendemain, sœur Sainte-Marie me dit qu'elle m'a entendue sangloter durant mon sommeil. Elle est venue me voir et a remis en place mes couvertures qui gisaient par terre.

Mortes déjà me semblent les feuilles de l'été puisque Jocelyn n'est plus là. Mais je sais qu'il y aura encore des matins radieux. Le bonheur sera au rendez-vous, un jour...

CHAPITRE XIX

Un petit rai de lumière se détacha de l'ombre et dansa sur mon piano. Je m'étais réveillée de bonne heure et j'étais là, assise dans mon refuge, alors que le reste du couvent était encore endormi. Je berçais mon imagination dans un monde nouveau et laissais mes pensées vagabonder dans le silence profond du petit matin. Encore tout exaltée par l'arrivée de mon *Baby Grand,* un superbe piano crapaud livré la veille pour moi, je repensais à ma surprise, à mon émoi et à mes palpitations quand j'avais réalisé qu'il m'était destiné.

«Agnès aurait aimé en jouer!» me dis-je. Chère Agnès! Je penchai ma tête sur mes mains jointes et je respirai profondément, en revivant en esprit notre conversation à la veille de son départ… il y avait déjà un an.

«Mon petit agneau, je ne t'oublierai pas et je viendrai te rendre visite. J'ai décidé de m'investir sérieusement et complètement dans la musique. Les prochaines années vont être décisives. Mes parents ont tout arrangé. Je vais étudier avec l'un des professeurs d'un ami musicien, Claude, et je veux mener une carrière internationale.»

Sa voix palpitait, nerveuse, comme si elle avait hâte d'en finir. «Ma petite Marianne, tu vas me manquer, tu es très spéciale, tu sais! m'avait-elle dit alors que ses mains encadraient mon visage. Laisse-moi t'embrasser, juste comme ça, en camarade... Marianne, tu as ma promesse, je reviendrai.»

Avant de partir, elle avait murmuré: «Tu ne te rends pas compte des sentiments que tu suscites chez certaines personnes!»

Chère Agnès! Je l'aimais bien! J'avais reçu peu de temps après son départ une carte postale de Montréal sur laquelle elle avait écrit que le Conservatoire de musique avait assurément été construit pour elle! Chère Agnès... Toi aussi, tu me manquerais.

~

«Tu vas pouvoir bien travailler sur ce magnifique Beckstein, remarque mère Saint-Ignace quand elle vient me voir quelques heures après la livraison du piano. Joue quelque chose pour moi, veux-tu?»

Elle s'assied dans mon fauteuil et, pour la première fois, je suis frappée par la jeunesse de ses traits. Le temps semble n'avoir aucune emprise sur elle. Aujourd'hui, mère Saint-Ignace n'affiche pas son air autoritaire habituel. Alors qu'elle est là, dans mon domaine, assise dans mon fauteuil, je songe aux souffrances qu'elle m'a infligées à certaines heures de mon enfance... N'a-t-elle donc aucune idée de ce qu'une enfant peut ressentir? Je garde le net souvenir de ne pas avoir été aimée d'elle. Maintenant, c'est différent. Son regard mesuré se pose sur moi avec un brin de mélancolie.

Je commence à jouer.

« N'est-ce pas un peu plaintif pour Mozart ? me dit-elle quand sonne la dernière note.

– Oui, peut-être, ma mère, mais ce rondo a pour moi une dimension plus profonde que les autres mouvements... une signification toute particulière.

– Empreint de tristesse, Marianne ?

– Oui, pourquoi pas ? Une tristesse isolée, une partie de mes contes de fées... c'est mon interprétation, vous comprenez !

– Marianne, tu as du talent. »

J'observe la beauté inutile de son visage, sa lèvre qui tremble imperceptiblement. Oui, j'ai toujours rêvé de tendre mes bras vers elle, de recevoir son affection. Ses rares appréciations ne manquent jamais de me toucher. Elle est là, chez moi, et je sens que s'établit entre nous un début de complicité.

« Mozart me console, dis-je encore.

– Tu ne peux être morose devant un tel instrument, Marianne !

– Non, pas à cause du piano, non... plutôt parce que je sais que vous me cachez le nom de celui ou de celle qui m'envoie ces cadeaux... le gramophone, un Beckstein... Ne me dites pas qu'il n'a pas de valeur ! Ma belle montre Longines, le médaillon en or... Tout cela, je l'accepte avec joie et gratitude. Mais qui me les donne ? Vous, les religieuses ? »

Elle se lève lentement et se dirige vers ma table de travail. Elle me tourne le dos.

« Marianne, dit-elle, tu as maintenant quinze ans, bientôt seize. Tu as été admirable, tu nous as émerveillées par ta vitalité, ta fraîcheur et la façon dont tu as vécu une existence cloîtrée comme nous… Crois-moi, Marianne, il n'y avait pas d'autre choix… la réponse que tu cherches te sera donnée, le temps venu. Cela ne tient pas à moi, crois-moi, ma chère enfant!»

J'entends à peine ces derniers mots… il me semble percevoir les battements de son cœur. Des larmes brillent dans ses yeux. Nous demeurons silencieuses, face à face, telles deux statues, n'osant bouger de peur d'effaroucher l'autre…

«Il te faut encore un peu de patience, Marianne, murmure-t-elle finalement. Tu seras heureuse.»

Elle se tait, les yeux dans le vague.

Puis elle se met à feuilleter mon livre d'histoire qui est encore ouvert à la page où je l'ai laissé quelques jours auparavant. Sous le soleil de l'après-midi qui s'infiltre jusqu'à nous, le bleu de ses prunelles s'accroche à mon visage. Je crois y lire de l'angoisse et de l'inquiétude. Elle ouvre la bouche pour me parler… puis reste silencieuse.

«Oui, comme vous voyez, ma mère, j'en suis à l'ère moderne, ayant finalement déchiffré la généalogie complexe de la royauté anglaise. D'après ce que j'ai lu, la famille actuelle, en Angleterre, ne descend pas directement d'Henri VIII.

– Tu as raison, Marianne, et mère Saint-François-Xavier a dû t'en parler déjà. La Couronne anglaise est passée par plusieurs maisons, celle des Hanovre, des Saxe-Cobourg…

– Oui, mon institutrice me l'a dit. Comme Élisabeth Ire n'a pas eu d'enfant, la Couronne est passée au roi d'Écosse. Aujourd'hui, c'est la lignée des Windsor qui règne en la personne du roi George V. Et selon toute logique, je suppose que le prochain roi sera le prince de Galles, Edward ? »

Un long silence s'installe. La grande pâleur de mère Saint-Ignace et les perles de sueur qui lui couvrent le visage m'alarment. Au bord de ses cils, des larmes. Elle y glisse la main.

« Vous n'êtes pas bien, ma mère ? Attendez, je vais vous chercher un verre d'eau. Asseyez-vous, je reviens. »

Sa tête repose sur le dossier de mon fauteuil et elle ne bouge pas, comme paralysée. J'ai soudain un drôle de sentiment. Je perçois chez elle un malheur si profond, si obscur... Elle rouvre les yeux et trempe ses lèvres dans le verre d'eau que je lui ai apporté.

« Merci, Marianne, dit-elle. Juste un petit malaise. Excuse-moi, je dois te quitter. »

Elle se lève lentement. Je lui propose de la raccompagner à sa cellule, mais elle décline toute aide et me remercie aimablement. Ses yeux anxieux me disent au revoir. Et moi ? Je ressens de nouveau une vague tristesse en regardant la porte qu'elle a laissée entrouverte... Va-t-elle revenir ? Quelle femme mystérieuse, quand même !

∼

Je ne me lasse pas d'admirer mon piano pendant que flotte dans mon esprit le souvenir de l'accablement de mère Saint-Ignace, hier, au moment où nous parlions de la maison des Windsor... Un petit malaise, a-t-elle dit ! Peut-être n'était-ce qu'un malaise... Pourquoi chercherais-je une autre cause ? Par contre, peut-être qu'elle n'aime pas les Anglais... Qui sait ? « Laisse, Marianne, un petit mystère de plus... Tu as autre chose à faire ! »

Ma main caresse la surface vernie, douce et lisse de l'instrument. Oui, en effet, il est magnifique, Mozart l'aurait aimé, je crois...

Je m'approche de ma fenêtre et l'ouvre. Le jour est complètement levé et des bouffées d'air encore un peu tièdes transportent l'odeur poivrée de foin coupé qui monte jusqu'à moi. J'aspire à pleins poumons. Il n'est pas encore temps de rejoindre les autres élèves pour la messe; je m'installe donc à ma table de travail et profite de cette heure de liberté.

Délaissant l'histoire de Barbe-Bleue au temps des Tudor, je feuillette les pages de l'histoire anglaise contemporaine. Je m'arrête longuement sur la photo du roi George V et de son épouse, la reine Mary de Teck. Ah oui, le roi d'Angleterre et du Dominion du Canada, notre roi, en somme! Il n'a pas l'air si formidable que ça, me dis-je, et sa femme n'a pas l'air commode non plus avec son visage plutôt froid et hautain.

À cette page, quelqu'un a placé une coupure de journal qui relate la proclamation du vingt-cinquième anniversaire, en cette année même de 1935, de l'accession du roi au trône d'Angleterre; on y mentionne aussi sa santé fragile qui l'a obligé à réduire ses activités. D'après ce que je lis, il semble que le peuple anglais fait montre d'une grande affection et d'une vive admiration pour son souverain malade.

En retournant un peu en arrière, je fixe mon attention sur le portrait du père de George V, Édouard VII. Je l'examine de plus près... «Oh là là, s'il avait une jaquette rouge, je pourrais jurer que c'est lui que j'ai vu sous mes fenêtres, il y a bien longtemps...» Mes yeux se posent de nouveau sur la photo et je la scrute pendant au moins une minute… «C'est incroyable, mais je pourrais jurer… Voyons, Marianne, tu rêves tout éveillée et tu as dû rêver aussi ce jour-là! Secoue-toi un peu. Tout de même…»

Je tourne quelques pages puis contemple le portrait du prince de Galles, Edward… Eh bien, lui, il est beau… et quelle élégance! Il pourrait bien faire partie de la troupe de mes chevaliers servants… Pourquoi pas? Il est le futur roi d'Angleterre et puisque je n'ai pas de roi!…

Fillette, j'étais rêveuse, et je le suis restée. Je me réfugie à la première occasion dans les jardins romantiques de mon imagination. S'y trouvent déjà le comte de Monte-Cristo, le poète Lord Byron (j'ai lu des extraits de *Manfred*) et Lamartine, poète sensuel qui a touché la couronne des anges en la faisant sienne. Pendant une courte période seulement, j'ai écarté Dickens, Paul Claudel et Victor Hugo.

«Non, chevalier Edward ne sonne pas juste… c'est trop banal. Je dois lui trouver un nom qui lui convienne mieux. Mais quoi? Il est Anglais, alors, Hamlet? Non, Hamlet était Danois… D'Artagnan? Non, bien entendu, il était Français. Voilà, j'ai trouvé, je vais le baptiser sire Lancelot, oui, le prince de Galles sera mon sire Lancelot! On ne sait jamais, il est peut-être un descendant de la cour de Camelot…»

Je saute d'un siècle à l'autre, m'amusant à fouiller le passé, mais, sans savoir pourquoi, je suis encore attirée par le portrait de ce prince étranger, comme si lui, ma dernière découverte et mon nouveau chevalier, avait le pouvoir de réaliser mes vœux, de combler mes envies de voyages. Comme si, par magie, en Angleterre, lorsqu'il serait roi et empereur, il pourrait me faire découvrir les brocarts d'or et les joyaux des maharajahs…

Mes yeux croisent les siens dans mon livre… Devant son regard en papier glacé, le mien se voile… «Sire Lancelot, lui dis-je, fais-moi rêver!»

Un coup retentit à ma porte. Je sursaute, l'esprit encore plein de songes. Je vais ouvrir.

«Bonjour, ma mère, dis-je à mère Maria-Térésa, qui se tient devant moi avec un paquet dans les mains.

– Bonjour, Marianne. Comment vas-tu?

– Très bien, ma mère, encore bien exaltée… Avez-vous jamais vu un aussi bel instrument que ce piano?

– En effet, Marianne, il est magnifique!

– Ce paquet, est-il pour moi?

– Oui, Marianne, dit-elle en s'approchant, il vient d'arriver par la poste du matin et mère Saint-Ignace m'a demandé de te l'apporter sur-le-champ. Ne veux-tu pas l'ouvrir tout de suite?»

Notre intimité passée a changé depuis qu'elle est devenue mon professeur d'allemand et je me sens parfois si petite devant son esprit cartésien et sa grande patience… Mais grâce à ses efforts et à ma volonté tenace, j'arrive à lire la langue de Schiller et de Goethe avec aisance.

Excitée, je déballe mon cadeau.

«Oh, Marianne, s'écrie mère Maria-Térésa, c'est un enregistrement de *Meistersinger von Nürnberg* de Wagner, par Wilhelm Furtwängler! Marianne, tu vas aimer Wagner. Et quelle belle coïncidence, il arrive à point pour nos leçons!

– Comment? Vous le connaissez?»

Elle me regarde en souriant.

«Ma mère est Autrichienne, Marianne. La culture allemande ne m'est pas étrangère…

– D'où provient cet envoi? Non, ne dites rien, il n'y a pas de carte, expéditeur inconnu!»

Elle feint de ne pas avoir entendu ma remarque.

«S'il te plaît, pourrait-on simplement écouter l'ouverture? Tu verras, c'est si beau. Cet opéra va aussi te permettre d'exercer ton oreille pour l'allemand.»

Il me plaît de jouir de la vitalité qui se dégage de mon interlocutrice. Heureusement, elle a gardé ce trait de caractère de son passé d'avant sa prise de voile. L'épanouissement du matin se reflète dans ses yeux alors que, ayant mis en marche le gramophone, elle reste immobile à me regarder. Je lui demande: «Vous aimez beaucoup Wagner?» Elle hoche la tête.

Elle demeure figée, les yeux clos.

«Vous êtes heureuse?

– Écoutons Wagner, ma petite Marianne… écoutons!»

J'aimerais prendre sa main, mais je n'ai pas le droit de jouer avec sa sensibilité, ni avec la discipline qu'elle s'est imposée… Qu'a-t-elle fait de ses désirs et de ses fantasmes? Les a-t-elle terrassés définitivement? Car en grandissant, je comprends ce qui la troublait, pourquoi elle s'est cloîtrée.

Un profond soupir s'échappe de ses lèvres. Ses mains reposent sur sa ceinture de cuir noir, la boucle de métal brille et je frissonne… S'en sert-elle, elle aussi, comme d'un instrument de mortification? Dans un murmure presque inaudible, ses lèvres prononcent quelques mots: «*Ich liebe dich…*» Ai-je encore rêvé?

Après son départ, je chante à voix haute une aria, en essayant d'être mélancolique et tendre, en modifiant les intonations... La présence de mère Maria-Térésa chez moi a fait chavirer l'équilibre tranquille qui m'enveloppe d'ordinaire entre mes quatre murs... Sous son habit de religieuse, mère Maria-Térésa demeure toujours Thérèse... et je le sais... je me sens, moi aussi, punie!

À la fin du petit déjeuner, je vais rejoindre notre troupe de théâtre pour une autre répétition d'une pièce de Claudel que nous préparons pour la fin de l'année scolaire. Cette année, je dirige la pièce. En même temps, je joue le rôle de Marie-Madeleine, la pécheresse, celle qui a reçu le pardon et l'amour de l'homme-Dieu. Manquant d'accessoires et de décors, je concentre mes efforts sur le texte et l'action.

« Brigitte, dis-je à ma compagne alors qu'elle n'habite pas encore le personnage de Jésus, il faut que tu t'imprègnes des souffrances de l'amour, du trouble ressenti par un homme qui n'en est pas un, mais qui a voulu vivre dans la peau d'un homme, d'un pécheur. Comprends-tu?

— Voyons, Marianne, je fais de mon mieux! Je ne suis pas un homme, moi!»

Derrière nous, les actrices pouffent de rire.

«C'est plus facile pour toi, Marianne, tu vis dans l'atmosphère de sainteté du couvent, réplique ironiquement celle qui joue la Vierge Marie. Pour nous, c'est différent!

— Ça n'a rien à voir! Allons, mettez-y de l'imagination... ressentez les mots de l'auteur, la vie intérieure des personnages, la dualité de l'homme, le bien, le mal... Allons, recommençons. C'est d'une simplicité...»

Soupirs de la part des actrices… et de la directrice, car ce n'est pas si simple! Comment transmettre l'idée de l'auteur de manière objective? Comment faire sentir que l'homme-Dieu voit l'image de la condition humaine se refléter dans les yeux de la pécheresse? Ou cherchait-il seulement, comme un bon berger, à sauver un de ses agneaux perdus? L'aimait-il comme un homme ou comme un dieu? Le personnage de Marie-Madeleine est plus facile à cerner, mais, avec mon aplomb habituel, je lui donne un caractère pas très catholique! Après tout, c'est moi qui dirige la production, alors…

«Allez, on recommence. Brigitte, fais de ton mieux! Je suis sûre que tu sais de quoi je parle!»

CHAPITRE XX

Il ne restait qu'un peu plus de deux ans avant mon départ du couvent. Le cours de mon existence se déroulait normalement entre un programme d'enseignement de plus en plus chargé, les prières, la musique et mes loisirs avec mes consœurs. J'avais quelques bonnes amies qui répondaient en partie à mon besoin de solidarité et de camaraderie, mais je me retrouvais seule, comme toujours, pendant les vacances d'été. D'ailleurs, j'avais décidé qu'il était inutile de nourrir en vain un quelconque espoir de sortir de ma réclusion avant le temps prescrit.

Je n'attendais pas non plus un signe du ciel, car, je le croyais fermement, il y avait un chemin de vie tracé pour chacun d'entre nous et, pour le moment, le mien était dans ce couvent. Ma relation avec Jocelyn, dont l'existence était sujette aux contraintes que son choix de carrière lui avait imposées, ne me satisfaisait pas. Si j'y pensais trop, le sang me montait aux joues, j'avais envie de caresses intimes, des pensées qui me faisaient rougir... mais je gardais la dignité et le caractère revêche d'une enfant qui n'en était plus tout à fait une. Comment aurais-je pu combler le fossé qui se creusait entre mon existence vide, à l'écart du monde, et la vie que j'aurais voulu vivre? Patience. Il fallait tant de patience! «Un peu de douceur, Marianne», me dis-je en soupirant.

Heureusement, depuis quelques mois, je recevais régulièrement trois journaux, dont deux en provenance de l'étranger. Ainsi le *Times* de Londres, *Le Monde* de Paris et *Le Devoir* de Montréal représentaient mon lien vital avec le reste de l'humanité et je me repaissais à loisir des nouvelles qui me parvenaient par ce biais. J'avais un peu l'impression de vivre comme tout le monde! Je suppose aujourd'hui que le fidèle M. McFarlane devait y être pour quelque chose…

~

«Tu vois, dis-je à Brigitte qui me demande ce que je trouve d'aussi fascinant dans les journaux, c'est si différent pour toi. Tu vis une existence normale, à l'extérieur du couvent. Tu es libre, tu vis la réalité… Viens t'emmurer quelque temps dans mon coin, et tu comprendras!»

Elle me suit, alors que nous dégringolons l'escalier. Les jambes plus courtes que les miennes, elle fait des efforts pour me suivre. Je m'arrête et me retourne pour la regarder. Même dans l'ombre de l'escalier, son visage est toujours aussi blanc sous des cheveux blonds comme du chaume et taillés en éventail sur le front. Je lui souris.

«Grouille-toi, alors!

– Toi, t'es toujours pressée…», me dit-elle.

En passant devant la cuisine de sœur Sainte-Marie, nous nous arrêtons pour lui dire bonjour.

«Vous voulez un thé? demande-t-elle.

– Oui, s'il vous plaît!

– Et des biscuits?

– Hum, oui, s'il vous plaît, ma sœur!

– Je vous les apporte dans quelques minutes!»

Nous entrons dans mon refuge, Chez Marianne, alors qu'un timide rayon de soleil éclaire ma table de travail sur laquelle mes journaux sont entassés.

«Elle est formidable, sœur Sainte-Marie, dis-je d'un air de contentement.

– Elle est toujours comme une mère poule avec toi?

– Bien oui, Brigitte, c'est elle qui m'a élevée!

– Tu es extraordinaire, Marianne, de t'être si bien adaptée à la vie dans ce couvent. Moi, ça m'aurait rendue folle!

– Crois-tu que j'ai eu le choix? Comme tu sais, je suis là et j'y reste... Alors imagine, Brigitte, avec les journaux je peux voyager dans le monde entier, découvrir des pays inconnus. J'apprends d'autres traditions, d'autres cultures et je goûte la nouveauté, comme les hommes de science avides de découvertes.»

Elle éclate de rire.

«Ça te permet de faire de la poésie aussi, Marianne?»

Pendant que nous feuilletons le *Times,* je lui montre du doigt un éditorial:

«Regarde, Brigitte, ce qu'on imprime partout dans la presse, et c'est la même chose dans mes trois journaux. La politique est triste. Lis un peu. Hitler et le nazisme en Allemagne, tu te rends compte? Et ils sont en train de monter une *wirklische krieg machine,* un véritable engin de guerre... Le *Times* est le plus pessimiste, les Britanniques croient à la possibilité d'une guerre!

— Pas comme celle de 1914-1918 quand même? Mère Saint-François-Xavier a toujours dit qu'un conflit pareil ne pourrait jamais se répéter.

— Nous n'en sommes pas encore là, mais l'avenir est sombre.

— Puis-je emprunter le *Times*, aujourd'hui? Cela va m'aider pour ma dissertation sur la bataille de la Somme. Je pourrai faire un parallèle avec la politique d'aujourd'hui, oui, bonne idée, c'est ce que je vais faire… Te souviens-tu, Marianne, où les Canadiens se sont distingués dans les tranchées, en Picardie?

— Oui, Brigitte, ce fut à Vimy. »

≈

Quelques semaines plus tard, le jour de mes seize ans, j'étrenne une magnifique paire de skis. Encore un cadeau de mon donateur inconnu! Après le petit déjeuner et une heure avant les classes, on nous donne la permission de sortir et de profiter d'une nouvelle chute de neige.

Bien emmitouflées, nous émergeons sous un soleil d'hiver qui étire de longues ombres derrière nous et je regarde les étendues enchantées, bleuâtres ici et là, et d'un blanc si aveuglant que mes yeux ont de la peine à s'habituer à la lumière. Brigitte, trois autres compagnes et moi-même décidons de faire le versant ouest de la montagne.

Je chausse mes nouveaux skis et enfile à mes poignets les attaches des bâtons. Debout près de Brigitte qui, elle aussi, est toute fière de ses skis neufs (qu'elle rapporte chez elle en fin de semaine), j'évalue la pente.

«Brigitte, je te parie que je serai la première en bas de la côte!

— Je te parie vingt-cinq sous que c'est moi qui arriverai la première.

— Ne sois pas si bête, tu sais que je n'ai pas d'argent.

— Deux de mes pinceaux de peinture à l'eau contre un des tiens.

— D'accord.»

Mon nouvel équipement me propulse dans la descente avec plus de rapidité que les vieux skis que Thérèse m'avait donnés et je m'enivre de vitesse. Au bas de la côte, je fais un virage impeccable, alors que Brigitte traîne quelques secondes derrière moi.

«Tu as encore gagné, incroyable! Je te dois deux pinceaux!

— Tu n'as pas à me les donner, gagner me suffit! Je suis championne, Brigitte, hourra!»

Il me semble que cette journée est faite pour moi. Maintenant que j'ai seize ans, je me crois presque adulte. Je ferme les yeux un moment, bercée par la musique de la lointaine cloche du couvent, et je savoure la caresse du vent sur mon visage. Oui, il fait beau aujourd'hui, puisque c'est un jour spécial…

Nous refaisons des descentes, je continue de rêver…

«Viens, Marianne, il faut aller en classe.»

Ce matin même, sœur Sainte-Marie est venue me voir de bonne heure, dans ma chambre d'en bas – j'ai désormais la permission d'y coucher quand je le désire.

« Tu as seize ans aujourd'hui, une jeune fille déjà ! Heureux anniversaire, ma petite Marianne, et que Dieu te garde. »

Elle m'embrasse affectueusement.

« Est-ce vous qui avez redécoré ma chambre ? Imaginez ma surprise, hier soir, quand je suis venue me coucher.

– Ça te plaît ?

– Comment si ça me plaît, mais bien sûr ! Tous ces jolis meubles ! Et puis un nouveau couvre-lit, de nouvelles tentures, une belle descente de lit dans mes tons favoris… C'est vous qui avez fait tout ça ?

– Seulement en partie. Mère Saint-Ignace et mère Maria-Térésa ont acheté les meubles et les tissus, et je n'ai eu qu'à aménager le tout. Tu vas les remercier, Marianne, n'est-ce pas ?

– Oui, bien sûr, mais d'abord un gros merci à vous ! »

Sautant en bas du lit, je me jette dans ses bras. Elle me berce contre elle, passe ses mains dans mes cheveux. Elle parle encore plus doucement que d'habitude. Je cherche, sur son visage un peu amaigri, son rire facile, la trace de ses fossettes qui, maintenant, ressemblent à des rides, et la lumière de ses yeux.

« Tu es presque aussi grande que moi et tu sens bien bon ! Quel savon préfères-tu ? Celui à la lavande ou celui à l'œillet ?

– Je les utilise tous les deux, ma sœur. Aujourd'hui, je me suis lavée avec de la lavande ! »

Elle respire profondément, me serre fort dans ses bras et m'enveloppe d'un regard rempli à la fois de bonté et d'un peu d'orgueil. Je lui souris, je suis heureuse.

« Je peux te le dire, n'est-ce pas, Marianne, que tu deviens bien jolie. Tu as des yeux merveilleux comme... comme...

– Comme qui ? »

Elle secoue la tête...

« Comme un ange, finit-elle par dire.

– Avez-vous déjà vu un ange ? dis-je en riant.

– Va vite t'habiller, nous prenons le petit déjeuner ensemble, ce matin ; tu n'as pas besoin de te rendre au réfectoire. Mère supérieure m'a donné son accord et je t'ai préparé quelque chose de spécial !

– Oh, dites, ma sœur, c'est quoi ?

– Il va falloir... quand je t'appelle, tu te présentes vite, sinon mon soufflé va s'écraser.

– Un soufflé ? Au fromage ?

– Oui, Marianne !

– Miam-miam, j'en ai déjà l'eau à la bouche ! »

~

D'avoir seize ans m'émerveille... mon sourire est plus aisé, peut-être moins docile. Je garde pour moi ma fierté d'être une adolescente presque femme, et belle puisqu'on me le répète... Mon miroir, il ne sait pas mentir... Je ris doucement en regardant mes yeux... « Des yeux d'ange », a dit sœur Sainte-Marie. Pourtant, je crois qu'elle a pensé à quelqu'un d'autre... Mais à qui ? « Passe, Marianne... »

227

Mère Maria-Térésa vient me chercher à la fin de la classe, alors que le reste des élèves prennent le chemin de l'étude.

«Marianne, me dit-elle de sa voix toujours aussi douce, je voudrais te souhaiter un bon anniversaire. Seize ans, c'est un si bel âge et une autre étape vers la maturité.»

Elle s'approche, prend mes mains, et tous les souvenirs de notre intimité passée resurgissent, des émotions aux racines profondes et indéfinissables, attachées à un parfum de menthe... Pendant un court moment, mère Maria-Térésa cesse d'exister et c'est Thérèse, l'élève de La Retraite, qui se tient devant moi et qui m'enveloppe amoureusement de son regard pervenche. «Ma chère petite fille, dit-elle en m'embrassant sur le coin de la bouche, ma chère petite fille, je suis si fière de toi... et j'ai tant de mal à t'oublier! Tu es devenue si belle... si belle...»

Elle laisse tomber ses bras le long de son corps et, en soupirant, elle continue de me regarder de ses yeux qui m'hypnotisent un peu et où brille une seule larme. En ce jour de mes seize ans, le désir inassouvi de la religieuse prend tout son sens. Elle laisse transparaître la blessure ancienne qui saigne encore sous son armure de soldat de Dieu, et j'ai soudain pitié d'elle.

Puis d'une voix qu'elle s'efforce de raffermir, elle m'invite à la suivre pour nous rendre dans le grand hall. «Viens, nous avons une petite surprise pour toi! Que Dieu te bénisse, ma chérie!» et en prononçant cette dernière parole, elle fait le signe de la croix sur mon front.

La grande salle a été décorée et tous les sièges sont occupés, la première rangée par une dizaine de religieuses et les autres, par les élèves, y compris les plus jeunes. Mère Saint-Ignace vient à ma rencontre et, à ma surprise, elle se penche pour m'embrasser. Ensuite, le chœur des élèves s'enflamme pour me souhaiter un heureux anniversaire.

Je reste bouche bée. Je cligne des yeux plusieurs fois tant la surprise est grande. Je retrouve enfin la parole :

« Pour des cachottières, vous êtes vraiment fortes ! Qu'est-ce que…

– Ne dis rien et viens t'asseoir ici, avec nous, dit Brigitte, ça ne fait que commencer ! »

Il me semble entendre un roucoulement de colombes autour de moi. Les unes chuchotent doucement, d'autres rient sous cape, d'autres encore disent tout simplement : « Bonne fête, Marianne ! »

Le piano a été installé au milieu de l'estrade et, tout à coup, comme une vision, Agnès fait son entrée, un large sourire aux lèvres. Elle salue l'assemblée, s'assoit devant le piano et place ses mains sur le clavier.

« Je suis très heureuse de revenir au couvent, annonce Agnès, et surtout aujourd'hui, à l'occasion des seize ans de Marianne. Je suis fière d'avoir été invitée à jouer pour vous. J'ai appris, par Mère supérieure, que Marianne a développé sa fibre musicale avec succès et que la musique a pris une grande place dans sa vie, et me souvenant de sa préférence pour la *Pathétique* de Beethoven, je vais en jouer quelques extraits pour débuter. »

Brigitte tapote ma main gentiment. Elle aussi semble émue. J'écoute, retrouvant dans le jeu d'Agnès sa foi, sa détermination et sa passion.

Elle est là, devant moi, égrenant les notes multiformes, denses et résistantes, elle m'élève bien au-dessus de la musique… Agnès ouvre mon âme et mes sens, comme si des parfums de roses se répandaient dans l'air… Elle a appris à transmettre son amour aux autres, à partager sa magie. Les phrases musicales passent, fugitives, et me parlent presque sensuellement. Je l'admire de nouveau.

Juste devant moi, mère Maria-Térésa tressaille. Sous son voile noir, ses épaules se voûtent, elle penche la tête et croise ses mains sous son menton. Je reporte mon regard sur Agnès. Moulée dans un tailleur rouge, les cheveux coupés court avec une frange barrant son front, elle est magnifique. Les applaudissements éclatent, puis elle entame immédiatement un autre de mes morceaux préférés. Lentement s'élève la mélodie pleine de mélancolie du second mouvement du *Concerto n° 21* de Mozart… et je ferme les yeux sur une majesté nouvelle, une volupté particulière… j'entrevois les nuances délicates d'un amour inconnu et inusité.

J'ouvre les yeux et la regarde, ses yeux brillants me fixent avec intensité. Me dédie-t-elle sa musique ? Pour moi seule ? Ses yeux ne quittent mon visage que lorsque les applaudissements redoublent et que mes compagnes réclament toutes les sonates de Beethoven. Elle éclate de rire et lève une main pour demander le silence. Que va-t-elle nous jouer ensuite ?

Les premières notes de *Eine kleine Nachtmusik* résonnent clairement dans la salle, une musique moins pure peut-être… du moins pour moi… mais j'y retrouve le caprice et la grandeur d'un Mozart effervescent ; je l'imagine dans une lumière dorée et folâtre qui masque les ombres de la nuit. «Comme elle joue bien…», me dis-je à mi-voix. Brigitte me sourit en serrant ma main.

Et chacune d'ovationner et d'applaudir l'ancienne élève devenue une vedette. « Merci, Agnès », clament les élèves, en chœur. Moi, mon humeur est languide... celle d'une héroïne romantique au seuil d'une nouvelle vie. Maintenant que j'ai seize ans, j'ai hâte de vieillir et de quitter le couvent... et de retrouver Agnès et Jocelyn. Jocelyn surtout... Ah, Jocelyn !

À la fin du concert, mère Saint-Ignace monte sur l'estrade. Le silence se rétablit petit à petit. Elle se tourne vers le piano où Agnès est toujours assise :

« Agnès, dit-elle, tu nous as offert un très beau concert et au nom de toutes, je te remercie vivement. Nous savons que ta carrière de musicienne a pris son essor et que tu es connue, non seulement dans notre belle province, mais aux États-Unis, et à New York particulièrement. Nous te souhaitons beaucoup de succès dans ta nouvelle tournée. Nous sommes vraiment très fières de ta belle réussite et, connaissant bien ta détermination, nous sommes sûres qu'elle va continuer. »

Des applaudissements lui coupent la parole. Elle reprend :

« Nous devons également être fières d'un autre Gaspésien, Claude Foucault, qui mène lui aussi une carrière musicale, ici en Amérique du Nord et aussi en Europe. Maintenant, poursuit-elle au moment où l'ovation diminue, j'aimerais demander à Marianne de bien venir nous rejoindre. Viens, Marianne », insiste-t-elle alors que, confuse, j'hésite.

Je monte sur la scène et, devant une mer de visages souriants, Agnès m'attire contre elle. « Heureux anniversaire, petit agneau », s'exclame-t-elle, pleine d'enthousiasme, et plus bas elle ajoute : « Je veux te voir avant de partir, arrange-toi pour venir me parler!» Et chacune d'applaudir encore.

«Mes petites filles, reprend la Supérieure, nous avons le bonheur de célébrer les seize ans de Marianne, en famille, pour ainsi dire. Comme vous le savez, Marianne nous a été confiée toute petite et nous avons été – nous le sommes toujours – sa famille adoptive. Je tiens, devant vous toutes, à lui exprimer notre admiration et à l'assurer de notre respect et de notre amour. Car il est certain que la vie dans ce couvent n'a pas toujours été facile pour elle! Je n'ai pas l'intention de prolonger mon discours davantage: un goûter nous attend au réfectoire. Mais avant, je voudrais t'offrir, Marianne, de la part des élèves qui se sont cotisées, cette mallette en maroquin qui te servira à garder tes cahiers de musique. Avec tous nos meilleurs vœux, Marianne», me dit-elle en se rapprochant de moi. En me présentant le cadeau, elle baise ma joue.

Ses yeux brillent et sont indulgents... j'y vois aussi un peu de douleur, un feu secret. Elle me cache quelque chose, comme toujours, mais, aujourd'hui, j'ai l'impression qu'elle veut me dire... non, je rêve... elle ne me dira rien! Mon regard se durcit, mais je lui souris quand même lorsque je reçois de ses mains le superbe cadeau. Il sent bon le cuir bien tanné et, en l'ouvrant, je découvre à l'intérieur les partitions de la *Pathétique*, de l'*Appassionata* et du *Clair de lune*, les trois plus belles sonates de Beethoven.

«Discours, discours, discours...», clament mes compagnes. J'essuie mes yeux... «Vous permettez? Je suis émue, vous savez!»

Je respire profondément et, sans trop bredouiller, je remercie tour à tour les religieuses et les élèves, ainsi qu'Agnès. Puis prenant un peu plus d'assurance, je continue :

« Vous toutes, et d'autres avant vous, avez été mes seules compagnes et, parmi vous, j'ai de bonnes amies. L'amitié compte beaucoup pour moi. Mère Saint-Ignace m'a guidée au fil des années et je n'aurais jamais osé la décevoir dans mes études ou déroger du droit chemin, mais, comme vous le savez, nous n'avons pas vraiment le choix... »

Les gloussements, les rires d'approbation et les sourires en coin des religieuses me réconfortent. Je continue, plus détendue :

« Il n'a pas toujours été facile d'être le " petit mystère " du couvent et votre discrétion à ce sujet a été pour moi une grande consolation. Je tiens à vous remercier, vous, les religieuses, et vous, les élèves de La Retraite, pour tout ! Et surtout, je tiens à remercier sœur Sainte-Marie, ma mère adoptive. Merci ! »

Agnès quitte le piano et s'approche de moi. On nous entraîne. Toutes sortes d'émotions et d'idées folles se bousculent dans ma tête pendant que nous nous dirigeons vers le réfectoire pour le goûter. Durant toutes ces années au couvent, je n'ai jamais pris autant conscience de mon appartenance au groupe, mais aujourd'hui ces témoignages d'amitié, l'ampleur et la vivacité de la célébration de mes seize ans me confirment l'importance de ma place parmi toutes les autres. Un vrai couronnement !

Sœur Sainte-Marie a dû puiser dans des livres secrets et magiques pour si bien réussir les gâteaux et les friandises qui nous sont servis avec une tasse de chocolat chaud. Les plus jeunes ne peuvent pas s'attarder, car l'heure du coucher a déjà sonné pour elles, alors avec l'aide des plus grandes, nous les servons en premier. Dès que je le peux, je m'approche d'Agnès qui m'entraîne à l'écart.

«Marianne, ma petite chérie, tu es encore plus belle», dit-elle en m'entourant de ses bras.

Elle m'écrase contre elle, pose sa bouche sur la mienne avec fougue, sa langue essayant de séparer mes lèvres... Elle ne semble pas pouvoir ou vouloir se contrôler. Embrassée par surprise, je la repousse. «Excuse-moi, dit-elle d'une voix haletante. Mais ne me regarde pas ainsi, Marianne, j'ai oublié où je suis et...»

Je ne peux lui dire ma propre confusion... cette sensation qui m'est étrangère... mon propre désir de la mordre et d'y trouver plaisir. Je la regarde bien en face.

«Ma petite Marianne, comme tu es belle... Tu pourrais me rendre folle, tu sais.»

Elle croise ses mains sur sa poitrine et poursuit:

«Depuis que j'ai quitté le couvent, j'ai découvert ma vraie sexualité. J'aime les femmes, Marianne.

— Je n'en suis pas surprise!

— Comment peux-tu dire ça, petit agneau enfermé?»

Un peu agressive, je rétorque:

«Agnès, j'en sais plus que tu ne le crois.

— Toi aussi, alors?

— Non, Agnès, pas moi!»

Elle a repris une contenance, et un sourire malicieux s'ébauche sur ses lèvres.

«On se dévergonde au couvent depuis mon départ?

– Non, je ne crois pas, seulement j'ai grandi. Mais, je t'en prie, laissons tomber le sujet. Tu voulais me voir? Ce n'était pas seulement pour m'embrasser, Agnès?

– J'ai une lettre pour toi, d'un copain, annonce-t-elle d'une voix qui tremble encore. »

Je lui demande vivement, mais à voix basse:

« De Jocelyn?

– Oui, c'est de lui! Dis donc, tu en es une cachottière! Il paraît qu'il y a des années que ça dure…

– Dis vite, Agnès, tu l'as vu?

– Non, pas dernièrement, car il voyage beaucoup! Je l'ai rencontré il y a presque un an, mais cette lettre est arrivée il y a quelques mois par la poste. Voilà sa lettre, mets-la vite dans ta poche. Les chères bonnes sœurs ont les yeux partout, dit-elle en riant. Ah, ma chère petite Marianne, je suis vraiment contente de te revoir et, continue-t-elle de sa voix mélodieuse devenue plus rauque, j'ai vraiment des quantités de choses à te dire, mais j'ai si peu de temps. Tu as changé, Marianne, tu vas briser bien des cœurs, ça, c'est certain!

– J'ai, moi aussi, beaucoup de choses à te raconter, Agnès. En bref, il y a un Anglais qui vient me voir de temps en temps. Je reçois des cadeaux, toutes sortes de belles étrennes. Mais je me bute toujours contre un mur de silence lorsque j'essaie de savoir qui me les envoie.

– Il paraît qu'on a essayé de t'enlever, il y a plusieurs années…

– Eh oui, heureusement il y a eu Jim, un vrai ange gardien…

– Oui, je sais. Tiens, voilà mère Maria-Térésa qui vient donner le signal de la retraite. Je dois lui parler, alors bon courage, petit agneau. Ne m'oublie pas! Je vais t'écrire. Je t'enverrai des cartes postales des États-Unis. Au revoir. Vraiment, ma chérie, tu es à croquer », soupire-t-elle.

Je la regarde disparaître au milieu des élèves. Je passe ma langue sur mes lèvres pour retrouver le goût de sa bouche. Mes doigts sont chauds lorsqu'ils touchent la lettre qu'elle m'a remise… je la caresse.

Réfugiée dans ma chambre, je place ma mallette sur mon bureau et, d'une main fébrile, je dépose la lettre sur ma table de chevet. Je retarde le moment de la lire, je suis dans un état que je ne saurais nommer… angoissée, sereine, puis gaie, et angoissée de nouveau. Je repousse le moment sublime où Jocelyn sera tout à moi, où ses mots ne seront que pour moi… Je voudrais le monde, avec lui à mes côtés, là, tout de suite…

« Calme-toi, Marianne, et lis ta lettre, voyons… » Je continue à multiplier les hésitations. Je l'ouvrirai lorsque je serai plus calme… pour mieux profiter de mon bonheur.

Après ma toilette du soir, j'enfile ma chemise de nuit, j'éteins le plafonnier, allume ma lampe de chevet et m'attarde, avant de tirer les rideaux, à regarder le givre qui dessine sur les carreaux des ciselures ressemblant à des églises et, au-delà de ces motifs, la grande nuit pleine d'ombres éparpillées sous les arbres jusqu'au village. Un clair de lune éclatant s'étend sur l'émail d'une neige paisible et la mer m'apparaît plus compacte, alourdie par une étendue de glace percée ici et là par des petits lacs argentés qui clignotent comme du cristal pur. Un seul nuage, mince et filiforme, dans l'immensité… je l'imagine déployant des ailes et s'inclinant devant moi… « Oui, petit nuage, j'ai une lettre de Jocelyn… »

Je me retourne et regarde la missive... Je me rapproche, la touche et la porte à mes lèvres. Je m'allonge dans mes draps neufs et soupire d'aise... «Quelle belle journée!» dis-je à voix basse.

Mes mains tremblent en décachetant la lettre, les souvenirs tendres me submergent, les mots dansent devant mes yeux... le calme que je désirais est impossible à trouver... Je m'assieds bien droite dans mon lit et bois une gorgée d'eau. Le courrier date d'il y a quatre mois.

Ma petite Marianne,

Je t'écris en ne sachant même pas si tu vas recevoir cette lettre, mais j'ai confiance dans l'ingéniosité d'Agnès qui trouvera certainement un moyen de te la remettre. Nos rendez-vous me manquent, et je pense souvent à toi. Il est parfois si difficile d'ignorer le cri du cœur et de vivre selon la raison! Le rythme trépidant de ma vie m'oblige à faire appel à mon imagination pour me rappeler les moments que nous volions aux religieuses, et c'est comme une vague de bonheur qui me transporte vers toi. Tu as toujours su, par ta seule présence, insuffler en moi un sentiment de confiance et d'aise, même lorsque tu me taquinais! Chère Marianne, je voudrais tellement te tenir dans mes bras! Je voyage beaucoup. Je rentre chez moi rarement, et quand je le fais, je passe en coup de vent. Si j'ai un seul regret, c'est de t'avoir fait peur lors de notre dernière rencontre et je souhaite de tout cœur que tu m'aies pardonné. Je ne désirais que ta promesse! Tu vas avoir seize ans bientôt et, dans deux ans, tu quitteras le couvent. Tu verras, deux années, c'est vite passé. Marianne, dans mon cœur, je refais notre pacte. Mon cher amour, je t'écrirai de nouveau. Agnès sera mon messager.

Jocelyn

À travers les larmes qui embrouillent mes yeux, avec la félicité dans mon cœur, je cherche Jocelyn dans le ciel, dans la nuit, dans le clair de lune. J'élève ma tendresse par-dessus les mers et l'envoie à la rencontre de celle qui vient vers moi et, dans la richesse du silence et des souvenirs, je refais notre pacte, comme une prière…

Mon amour, que je vivais uniquement dans ma mémoire, devient notre culte souverain exclusif, à Jocelyn et à moi. Je crois maintenant à l'éternité de notre amour, malgré les deux années qui restent avant ma sortie du couvent. *Nous deux*, cette expression vit en chacun de nous… j'en avais presque oublié le réconfort et je pleure doucement sur mes souvenirs en pensant au bonheur que nous promettent nos lendemains. Notre passé n'est pas si loin et notre avenir non plus. Et, faisant un grand effort, j'essuie mes yeux et essaie de m'endormir avec, dans mon âme, ces quelques vers de Lamartine :

> *Mais pourquoi m'entraîner vers ces scènes passées ?*
> *Laissons le vent gémir et les flots murmurer ;*
> *Revenez, revenez ô mes tristes pensées !*
> *Je veux rêver et non pleurer !*
> *Elle avait seize ans ! Oui, seize ans !*
> *Et cet âge n'avait jamais brillé sur un front plus charmant !*

CHAPITRE XXI

L'ambition de M. McFarlane à mon égard semble sans bornes. Ses visites me font certes plaisir, même si, en même temps, elles sont empreintes d'une gravité un peu solennelle. Quelques jours après la célébration de mon anniversaire, il arrive au couvent. En me saluant, il m'offre une rose rouge. En acceptant, je lui fais remarquer un peu malicieusement :

«*Der Rosenkavalie... Danke vielmals! Wie geht es Ihnen?*

– *Sehr gut, danke schön*.*»

Comme un puzzle, les souvenirs s'imbriquent naturellement et je repense à notre première rencontre. M. McFarlane n'a pas changé, il a toujours la même allure, la silhouette un peu raide, le même teint gris, les joues lisses révélant l'ombre d'une barbe forte, et aucun fil d'argent dans ses cheveux noirs. Il a déposé sur une chaise son traditionnel manteau foncé à rayures, puis son chapeau melon, son parapluie et ses gants, bref, la parfaite panoplie du gentleman anglais.

---

* «Le Chevalier à la rose... Merci mille fois! Comment allez-vous?
– Très bien, merci.»

Désormais, après chacune de ces visites, j'ai l'impression que le poids de mon éducation devient de plus en plus lourd à assumer. Je me rends bien compte que mes compagnes de classe ont moins de travail. Mais dans quel but fait-il tout cela? Éternelle question sans réponse...

«Vous avez donc, et j'en suis ravi, étudié Richard Strauss? demande-t-il en m'observant.

— Oui, je l'admire beaucoup, et je le préfère à Wagner, je crois. J'ai reçu dernièrement un disque de l'opéra *Arabella*. Était-ce de vous?

— Oui, répond-il simplement. Nous sommes tous satisfaits de vos progrès. Mère Saint-Ignace nous tient au courant, mais elle ne veut plus nous chaperonner, ajoute-t-il en me regardant avec une lueur amusée dans les yeux. Nous devons vous préparer davantage pour votre sortie du couvent, et le temps passe vite.»

Et sans attendre mes commentaires, il poursuit sa tirade.

«J'ai apporté deux volumes que vous voudrez bien étudier; le premier s'intitule *Étiquette et politesse,* et le second, *Façons et manières en société*. On affirme que ces livres sont de véritables bibles sur le protocole, ceci dit sans vouloir offenser vos hôtesses. Une jeune fille ne doit pas négliger l'apprentissage des us et coutumes de notre belle société!

— Monsieur McFarlane, vous parlez de "nous", vous dites "nous sommes". Est-ce que le "nous" inclut mon père ou ma mère, ou les deux? Si oui, comment vont-ils?»

Je me tais, mordillant ma lèvre inférieure, surprise par mon audace. Le sang afflue à mes joues...

Un sourire énigmatique barre son visage. En attendant sa réponse, je prends soudain conscience de mon impertinence et une angoisse irrépressible serre ma gorge. Si je n'étais pas déjà assise, je crois que je m'écroulerais. Instinctivement, je me sens si près d'obtenir une réponse, si proche de la vérité, que j'en suis effrayée. Je murmure :

« Monsieur McFarlane, s'il vous plaît, répondez ! »

Son regard s'adoucit, sa main vient se poser sur la mienne.

« Mademoiselle Marianne, c'est vrai que le " nous " comprend plusieurs personnes. Oui, votre père se porte bien, et je viens de sa part.

— C'est vrai... il existe... dis-je d'une petite voix qui se brise. J'ai un père... un papa ! »

J'éclate en sanglots et je m'abandonne à l'effroi auquel se mêlent la peur de savoir et celle de souffrir davantage d'une demi-vérité.

« Mon père est-il quelqu'un d'important ?

— Oui.

— Il m'aime ? »

Il acquiesce d'un signe de tête. L'inconnu sans visage et sans nom, celui que j'invente et à qui je rêve depuis toujours, vient de m'être en partie révélé. Une bribe de réalité remplace le chaos de l'imaginaire. J'ai un père, mais toujours immatériel... Dans mon esprit, j'essaie de le visualiser. A-t-il le beau visage de Lord Byron, la bravoure de sire Lancelot et le langage angélique de Lamartine... Mais qu'importe, il existe, j'ai un père !

J'essuie mes yeux et je m'adresse à M. McFarlane qui, gêné par mon trop-plein d'émotions, s'est tourné pour compulser ses papiers sur la table derrière lui.

«Pourquoi m'a-t-il abandonnée?

– Il ne vous a pas abandonnée, Miss Mary Ann!

– Tiens, je suis Miss Mary Ann maintenant, je suis Anglaise alors? Monsieur McFarlane, est-ce une autre miette de vérité, un indice de plus? Tout cela est trop cruel!»

Il se raidit. J'ai retrouvé un calme apparent, mais je prépare tout mon corps à la révélation du secret qui entoure mon existence. Il soupire.

«Mademoiselle Marianne, reprend-il posément, je suis un Anglais, alors, nécessairement, les mots anglais...

– Pas vous, monsieur McFarlane, vous connaissez trop bien le français. Allez-vous admettre que je suis d'origine anglaise? Miss Mary Ann... ça ne me déplaît pas. Au contraire, cela sonne bien, ne trouvez-vous pas?»

Je prononce ces phrases sans douceur dans la voix, car la tension du moment me rend nerveuse, presque agressive. J'ai compris que l'heure des divulgations n'a pas sonné et qu'elle est de nouveau remise à plus tard.

Il se lève et, s'appuyant sur le dossier de la chaise, il m'observe longuement, en silence. Une lame de lumière se pose sur son visage. J'ai du mal à soutenir son regard.

«Mademoiselle Marianne, je suis désolé de ne pas avoir toutes les réponses que vous souhaiteriez...»

Pour la première fois, je ressens une profonde sincérité chez lui. Puis comme pour masquer un sentiment qu'il voudrait partager avec moi, il s'empresse d'ajouter malicieusement:

«Vous êtes bagarreuse et vous n'avez pas froid aux yeux. Cela vous servira dans la vie! C'est un trait de caractère non négligeable...»

Il marque un temps d'arrêt.

« Mademoiselle Marianne, petit à petit les faits et les événements évoluent et vous prenez place dans un monde qui… mais, continue-t-il en levant la main alors que je m'apprête à l'interrompre, je ne peux vous en dire davantage pour l'heure, et je le regrette. D'ici peu, le Dr Gatineau viendra vous rendre visite, puisque vous irez vivre dans sa famille à la sortie du couvent. Ils habitent le manoir Saint-Charles à Saint-Florent et si vous le désirez, en plus d'être leur invitée, vous serez chargée d'organiser leur bibliothèque qui renferme une très belle collection de livres. Le docteur et son épouse sont un couple charmant et de merveilleux hôtes, et je peux sans crainte vous assurer que vous vous y plairez. Et, poursuit-il en se levant et en me tendant un petit paquet enveloppé de papier de soie bleu, j'ai le plaisir de vous transmettre ceci pour votre anniversaire ! Permettez-moi de vous offrir aussi tous mes vœux à cette occasion. »

J'ai remarqué qu'il a regardé l'heure à sa montre à plusieurs reprises.

« Excusez-moi, mais je suis vraiment pressé ! »

Il incline la tête, et je lui tends la main qu'il porte à ses lèvres.

« Au revoir, mademoiselle Marianne. Ayez confiance ! »

Après son départ, je demeure immobile, le sang battant contre mes tempes. Je réfléchis tout en regardant le petit colis déposé sur la table. « Il faut que j'aille trouver sœur Sainte-Marie… il faut que je parle à quelqu'un sinon je vais exploser ! »

Brigitte est repartie chez elle pour la fin de semaine. Or, c'est à elle maintenant que je me confie. En son absence, je me précipite donc vers la cuisine.

Sœur Sainte-Marie est assise à notre petite table, pensive, buvant une tasse de thé fumante. Des rides profondes marquent son doux visage. Les années ont passé et l'amour que je lui porte est bien différent du désir de me fondre et de me perdre en elle que j'éprouvais quand j'étais petite fille. J'ai moins de choses à lui demander, le sacrifice de son temps, par exemple… mais je garde pour elle un grand respect doublé d'un amour filial profond. Je l'aime, tout simplement.

«Je viens de voir M. McFarlane, lui dis-je, et j'ai appris une nouvelle incroyable, celle que j'attendais depuis si longtemps, et il m'a donné ceci pour mon anniversaire! Je tiens à l'ouvrir avec vous.

– Comme c'est gentil, Marianne! Alors, voyons un peu! Tiens, prends mes ciseaux pour couper la ficelle!»

Elle me fixe de ses yeux qui ont tout compris.

«M. McFarlane m'a annoncé qu'il venait de la part de mon père. Je n'en crois pas mes oreilles… je suis si énervée, bouleversée… Il a dit que plus tard je serais accueillie dans la famille du Dr Gatineau. Mais il n'a rien dit au sujet de ma mère…»

Quelqu'un soupire… c'est moi dont les pensées errent, attendries… Un inconnu m'offrait des étrennes, et je les acceptais comme des louanges… un piano, un gramophone, un poste de radio… Ces cadeaux venaient-ils de mon père? Peut-être de ma mère aussi? On m'a promis des révélations et je n'ai qu'à attendre, mais combien de temps? Un départ et une arrivée. Mon départ du couvent et l'arrivée de mon père, simultanément. Et ma mère? Mon cœur se serre…

Lorsque j'ouvre l'étui de velours noir, j'écarquille les yeux… Je vois, non, j'admire une épaisse chaînebracelet avec un médaillon en or massif accroché à l'une des mailles. Avec précaution, j'extrais le bijou de l'étui et le place à la hauteur de mes yeux.

«Quel beau bracelet, dis-je, et si lourd. Regardez, ma sœur, sur l'une des faces du médaillon, il y a l'effigie d'un château ou d'un fort et là, au-dessus, une grappe de trois fleurs... du moins, ça ressemble à des fleurs. Des initiales sont gravées au revers: M. A. M. W. Vous savez ce que ça veut dire, ma sœur? Je n'ai jamais rien vu d'aussi beau!»

Sœur Sainte-Marie est devenue livide et s'assied lourdement. Sa pâleur s'accentue... elle porte une main à sa poitrine. Elle a du mal à respirer et pousse un gémissement qui m'effraie.

«Que vous arrive-t-il? Que puis-je faire?»

Alarmée, je prends sa main et, sous la peau fine de son poignet, je sens son pouls rapide et irrégulier. Je murmure:

«Ma sœur, votre cœur bat la chamade... Attendez, je vous apporte un verre d'eau...

— Ce n'est pas la première fois, dit-elle, faiblement.

— Comment ça, pas la première fois? Cela vous arrive-t-il souvent, ma sœur? Pourquoi ne vous soignez-vous pas? Quand on est malade, il faut faire plus attention... c'est ce que vous me diriez, non? Vous avez vraiment besoin que quelqu'un vous gronde, et c'est moi qui vais m'en charger! Vraiment, vous n'êtes pas raisonnable! Pourquoi ne m'avez-vous rien dit?»

Un faible sourire se forme sur ses lèvres...

«Ça va déjà mieux, Marianne, ce n'est qu'une petite crise, ça va passer.»

Elle se lève pesamment.

«Comme tu vois, je me sens déjà mieux!

– Vous allez vous reposer maintenant, d'accord?»

Elle acquiesce d'un signe de tête.

«Marianne, ne mentionne à personne cette faiblesse, je t'assure, ma chérie, ce n'est rien. Je vieillis, tout simplement. Et, continue-t-elle en se penchant pour m'embrasser, je suis heureuse que tu aies reçu ce magnifique cadeau…

– C'est de mon père…

– Oui, je sais!»

Elle hoche la tête doucement. Outre la lassitude qui pèse sur toute sa personne, je crois lire dans son regard le contentement face au devoir accompli. Elle sort lentement de la cuisine. Je suis des yeux sa silhouette recroquevillée qui avance péniblement et mon cœur se serre. Tout à coup, je réalise combien son état de santé s'est détérioré et j'ai peur… Ne m'a-t-elle pas dit, il n'y a pas si longtemps : «Marianne, il y a une raison pour tout, pour toi autant que pour moi! Tu es forte, Marianne, et tu es un être positif, je le sais bien. Aie confiance dans la vie!»

Debout devant la fenêtre de ma chambre, j'enfile le bracelet à mon poignet et, agitant le bras, je regarde le médaillon qui oscille. Le métal jaune brille. Je n'ai jamais possédé quelque chose d'aussi beau et mes pensées s'envolent vers mon père qui a comblé ma vanité de jeune fille. Je me dis qu'il doit être quelqu'un de généreux. Pour moi, ce bracelet constitue le symbole de la paternité, comme si je venais de naître une seconde fois. Je le chéris comme un trésor!

Dehors, les rafales de vent violent, qui recommencent à hurler contre ma fenêtre, soulèvent des tourbillons de neige. J'ai une pensée amicale pour M. McFarlane qui doit voyager par un temps pareil. Sa voiture noire est devenue presque blanche sous la bourrasque. Deux hommes se dirigent vers elle... Je reconnais Jim malgré ses lourds vêtements et son casque enfoncé jusqu'aux oreilles. Il ouvre la porte arrière et M. McFarlane monte dans la voiture...

«M. McFarlane n'est sûrement pas venu pour me donner un cadeau... Hum, lui et Jim... Bizarre!»

Les feux arrière de la voiture clignotent à travers la neige qui tombe maintenant à gros flocons. J'entre dans un nouveau monde, le flot de mes pensées est dominé par les révélations de M. McFarlane. Le père que j'avais si souvent inventé et réinventé dans mes rêves a pris enfin pied dans la réalité. Le visage d'un homme, dans un tableau mystérieux, se rapproche de moi... ma pensée s'échappe, si fragile... Mon père est, sans aucun doute, le héros d'une sorte de conte, mais pour l'instant un magicien cache son visage dans une clarté surnaturelle. Mon Dieu, est-ce que je lui ressemble? Sait-il tout de moi? Suis-je la fille de mon père?... Suis-je ce qu'il attend de moi?

Qu'importe, j'ai un père! Un jour, oui, un jour je le connaîtrai, et le même magicien peindra clairement ses traits rien que pour moi. Je le prendrai dans mes bras... et nous bannirons à jamais les longues séparations...

Dans mon fidèle journal, j'écris vite les mots, les couleurs qui tourbillonnent dans ma tête.

Un oiseau éternel se transforme avant le crépuscule
Malgré l'horizon menaçant plus bas que notre monde...

Dans le temps, une éternité qui avance
Vers les racines du lendemain.
Dans les yeux de l'enfance,
Dans les fleurs d'un rêve,
Je vous offre, mon père, cet oiseau du paradis
Que je découvre enfin...

En soupirant, je ramasse le *Times* qui a glissé par terre. Je jette un bref coup d'œil sur la première page et je reçois tout un choc:

Death of King George V. Edward VIII, King of England!

CHAPITRE XXII

Death of King George V. Edward VIII, King of England! Je lus, incrédule, le titre du *Times* et le relus plusieurs fois. J'ouvris le journal à plat sur ma table de travail. À côté de l'éditorial, le gros titre annonçait: *Le roi est mort! Vive le roi!* Il y avait aussi une page entière imprimée dans le style des faire-part de décès, bordée de noir, sur laquelle la famille royale était représentée. Une sombre photographie en noir et blanc faisait découvrir aux lecteurs la dépouille du roi défunt exposée en chapelle ardente à l'abbaye de Westminster. Et puis quelques autres photos-souvenirs retraçaient les diverses étapes de la vie du souverain, de son enfance à son couronnement. Près de lui, la reine Mary gardait toujours le même port altier et rigide.

Mon journal est daté du 21 janvier 1936. Six jours ont donc passé depuis sa parution. Le souverain doit être enterré à l'heure actuelle, me dis-je, un peu contrariée. J'aurais dû écouter mon poste de radio. À quoi me sert-il donc? Bref, je reprends ma lecture.

D'autres articles sont, bien entendu, consacrés au nouveau roi, Edward. Ne l'ai-je donc pas sacré l'un de mes chevaliers servants? Eh bien, il l'est véritablement…

«Mince, tu es bien tombée avec lui, Marianne, en plus d'être sire Lancelot, il est roi et empereur...»

Je m'attarde à regarder sa photo et, inconsciemment, j'absorbe son esprit et son être pour les faire miens, puisqu'il est le dernier de mes chevaliers! Il est vivant, réel et, de loin, préférable au comte de Monte-Cristo! Ce n'est qu'une photographie, je le sais, mais j'aimerais bien effacer cet air distant, un peu mièvre, qu'il affiche et qui lui donne une physionomie boudeuse. «Pourtant, roi, cela doit être intéressant! Pourquoi alors avoir un air si triste, sire Lancelot?» lui dis-je.

Une grande distance nous sépare. Nos vies ne peuvent être plus disparates! La sienne baigne dans les privilèges royaux, la mienne est vouée aux oracles et aux promesses, de même qu'elle est remplie de mystères et de restrictions. Mais, puisqu'il est mon chevalier, il m'appartient... un peu!

Le sire Lancelot, celui qui avait capté mon attention lors d'une leçon sur l'histoire d'Angleterre, a été proclamé roi. Pourtant, en parcourant l'article de fond d'un des grands journalistes du *Times* sur la personnalité et la valeur de l'ex-prince de Galles, je relève des impressions un peu contradictoires. Que cache donc sire Lancelot derrière cette petite porte qui ne demande qu'un peu de magie pour être ouverte? Mon chevalier de la Table ronde ne connaît-il donc pas l'enchanteur Merlin?

«Sire Lancelot, dis-je en caressant du doigt son visage de papier, je vais te surveiller! Je suis sûre que tu nous réserves des surprises!»

Je ferme mon journal. Soudain, j'ai envie d'un peu de distraction et j'allume mon gramophone. Je choisis l'enregistrement d'une gigue, que Brigitte m'a offert en cadeau.

«Une gigue irlandaise, Marianne, a-t-elle spécifié, c'est vraiment endiablé. On la danse en quadrille.» Et elle n'a pas hésité à en faire une démonstration. «Ce n'est pas du Mozart, mais je suis sûre que ça va te plaire. Tu te laisses juste emporter par le rythme, par l'âme de l'Irlande. Et tu peux danser toute seule, quand tu en as envie, tu sais...»

En effet, je ne peux m'empêcher de virevolter et mes pieds impatients suivent la cadence du violoneux qui, s'il manque de virtuosité, gratte son instrument avec fougue. Après quelques instants, je me sens tout étourdie et je m'écrase sur ma chaise. «Qu'il soit un branle irlandais ou écossais, il me coupe le souffle!... Eh, Marianne, tu te parles de plus en plus... Commencerais-tu à radoter, hein?...»

Je secoue mes épaules, fais claquer mes doigts et reviens donc à la lecture de mon journal, après avoir fermé mon gramophone. Le titre à la page 4 attire mon attention. On y parle encore de la montée au pouvoir d'Hitler et de la nouvelle génération d'Allemands qui adulent le Führer. Le *Times* souligne surtout le rôle de Joseph Goebbels, le principal artisan de la politique hitlérienne et le créateur du mythe entourant le Führer. Grâce à ses campagnes de propagande, rapporte le *Times*, aux célébrations et aux démonstrations nationalistes d'unification qu'il dirige, il travaille à la conversion des Allemands au nazisme.

Une photographie le représente, le bras levé droit devant lui. Ce salut nazi lui donne un air encore plus sinistre. Il a le visage rusé d'une fouine, sec et dur, des lèvres minces barrent son visage comme une plaie, des lèvres cruelles… une bouche démoniaque, me dis-je.

Ma solitude me pèse et je décide d'aller retrouver les élèves de première. Dans le couloir qui mène à la salle d'études, je rencontre mère Saint-Ignace. Après l'avoir saluée respectueusement, je lui demande si elle peut me consacrer quelques minutes. Elle accepte.

«Je viens d'apprendre par les journaux que le roi George V est mort. Étiez-vous au courant, ma mère?

– Oui, je le savais!

– Savez-vous si ses obsèques ont déjà eu lieu?

– Non, elles sont prévues pour demain. Il faut du temps, Marianne, pour organiser de telles funérailles, surtout avec la pompe et le décorum qu'exige la royauté. Demain sera un jour important pour le peuple britannique.

– Pour nous aussi?

– Oui, je suppose, puisque nous sommes sujets britanniques…»

Sa voix traîne un peu alors qu'elle prononce ces derniers mots. Ses yeux brillent aussi d'un drôle d'éclat.

«Et le nouveau roi, Edward, quand sera-t-il couronné, ma mère?

– Je n'en sais rien, Marianne…», murmure-t-elle en me quittant précipitamment.

Je suis sûre d'avoir vu une larme couler le long de sa joue et, lorsqu'elle tourne le coin du couloir, elle presse une de ses mains contre son visage. Est-elle triste à ce point? Mais pourquoi? À cause de la mort d'un vieux roi anglais? Non, sûrement pas… Un autre mystère…

~

Aujourd'hui, j'attends avec impatience la livraison du journal *Le Monde* et les commentaires de ses journalistes. Il me tarde de lire les réactions de la presse française concernant les derniers événements en Grande-Bretagne. La critique y est habituellement plus ouverte, directe, et les propos, moins obséquieux que dans la presse anglaise.

Le journal parisien présente des gros titres similaires à ceux du *Times,* accrocheurs mais sérieux. Puis je lis :

« Le roi d'Angleterre est amoureux d'une divorcée américaine ! »

Et en sous-titre : « La vie exotique et mouvementée de la maîtresse du roi Edward VIII, Wallis Simpson. »

Un peu plus loin, en caractères plus petits, un entrefilet serré entre deux autres colonnes me saute aux yeux :

« L'ancien prince de Galles et son histoire d'amour au Canada. »

On parle du Canada. Voilà quelque chose qui m'intéresse. Je vais m'asseoir dans mon fauteuil, près de la fenêtre, pour poursuivre ma lecture :

« Outre sa résidence privée dans le grand parc de Windsor, Fort Belvédère, le nouveau roi anglais est le propriétaire d'un ranch en Alberta, dans l'Ouest canadien. Il a séjourné à plusieurs reprises au cours de ses voyages officiels dans cette région du globe. Entre 1917 et 1920, ses visites privées dans ce pays ont été plus nombreuses, il a résidé à Montréal et, parfois, en Alberta pendant plusieurs semaines. Les chroniques d'alors parlaient beaucoup d'une belle jeune femme canadienne-française qui ne le quittait pas pendant ses visites! On a parlé d'une grande romance qu'ils avaient essayé de garder secrète. Mais le sort a brisé cet amour. Le prince a été particulièrement affecté par la mort de la jeune femme, mort dont la cause est demeurée inconnue. Les rumeurs avaient même fait mention d'un mariage morganatique. Celle que l'on nommait "la fiancée" d'Edward avait déjà une solide réputation comme pianiste dans toute la province de Québec et aussi dans le nord des États-Unis. Elle partageait sa renommée avec sa sœur jumelle, avec qui elle formait un duo. Ce fut une douloureuse perte pour beaucoup. Mais, aujourd'hui, Edward se souvient-il de Valérie Mayol?»

Valérie… Valérie Mayol… Valérie, ce nom me dit quelque chose… Je l'ai déjà entendu… Valérie? Mayol, c'est aussi mon nom. Comme c'est bizarre, l'amie du prince portait le même nom que moi!

Mais, tout à coup, comme prise de vertige, j'ai l'impression de perdre pied… des idées folles se précipitent dans mon esprit et j'ai même de la difficulté à respirer… Des mots, des phrases, des images s'entrechoquent en moi.

Et puis, très distinctement, voilà le souvenir d'un après-midi qui remonte subitement à ma conscience ébranlée. N'est-ce pas mère Saint-Ignace qui a murmuré «Valérie», lorsque j'ai joué cet adagio du *Concerto n° 22* de Mozart, il y a déjà plusieurs années? Elle-même avait choisi ce morceau. N'a-t-elle pas dit que je lui rappelais quelqu'un?

Non, je dois me tromper. Cela ne peut être qu'une coïncidence. J'aime encore trop les contes de fées, mais j'ai passé l'âge d'y croire, maintenant, me dis-je comme pour me convaincre. Non, c'est probablement Agnès qui m'a parlé d'une Valérie !

Pourtant, tous mes sens sont en alerte et des idées complètement incongrues tourbillonnent dans ma tête. Je me lève pour faire quelques pas dans ma chambre. La lecture de cet article m'a désorientée. Se pourrait-il qu'une concordance d'événements si extraordinaire et si unique puisse être... Non, cela tient trop du roman... Mais il reste tout de même une mince possibilité que... que... mère Saint-Ignace, Valérie Mayol, le prince de Galles... et moi soyons...

Non, non, ce n'est pas possible ! Le temps s'arrête tout à coup alors que je voudrais le voir passer plus vite... Il est trop mesuré... Je pleure doucement, sans faire de bruit, tous les chagrins de ce monde. Dans les pages d'un journal, je cherche désespérément à découvrir un secret, l'énigme de ma naissance, pour enfin trouver le bonheur et réaliser un rêve. Je m'attarde à ces quelques lignes qui me bouleversent sans raison.

J'ai un père, M. McFarlane me l'a confirmé, mais le prince de Galles ? Non !...

J'ai besoin de réfléchir...

Je m'éloigne de ma table, je ferme les yeux, mais un sentiment obscur perdure en mon for intérieur, comme une intuition à laquelle je dois absolument me fier. Les images et les impressions qui s'entassent dans mon esprit sont incertaines, mais je veux espérer, trouver une branche invisible où accrocher mon rêve de famille, mes origines. Et je deviens une princesse tragique telle l'Ophélie d'Hamlet !

Je m'efforce, mais c'est difficile, de chasser les artifices attachés à mes désirs et, en même temps, je consolide le fragile château de cartes fabriqué dans mes rêves, qui n'abrite, en fait, que mes incertitudes et mes doutes. En soupirant, je secoue la tête. «Marianne, avec ton imagination tu devrais devenir écrivain!»

Comme je le fais depuis que je reçois mes journaux, je découpe les articles qui m'intéressent particulièrement et je les colle dans un grand cahier. Sire Lancelot... Je ne peux détacher mes yeux de sa photographie... Les grandes ombres du passé reviennent me hanter. Je suis celle qui a faim d'un amour filial, lui n'a rien à y voir. Sire Lancelot n'a sa place qu'autour de la Table ronde de mon imagination, et cela devrait me suffire!

Les ténèbres s'éloignent lentement. Mon passage solitaire dans la grande plaine des doutes se termine et je reprends pied dans la réalité. Dans un coin de ma mémoire, mon secret, mon rêve va s'ancrer. J'ouvre mon carnet et j'y écris quelques lignes. Je voudrais exprimer mes sentiments présents à la manière romantique d'un Alfred de Musset ou d'un Lamartine.

Je trace à l'encre:

«Qui suis-je?

Je suis celle qui rêve, orgueilleuse, celle qui est seule...»

J'ai mal, je ne peux me concentrer. Je m'installe dans le malheur. Excédée, je repousse le carnet... j'y reviens et, vivement, j'écris: «Puis-je, mon âme, me reconnaître... moi?»

Puis je ferme mon carnet et m'allonge sur mon lit en essuyant mes yeux...

CHAPITRE XXIII

« Mademoiselle Marianne, dit M. McFarlane pendant qu'il referme un dossier, j'ai une surprise pour vous !

— Pour moi, monsieur McFarlane ?

— Oui, pour vous, en effet ! Mme McFarlane et moi, nous vous emmenons en voyage. Mère Saint-Ignace nous accompagnera aussi, puisqu'elle doit se rendre à la maison mère des ursulines à Québec. »

Je reste sans voix. Mes yeux s'écarquillent. J'ai du mal à comprendre…

« Pardon, vous avez bien dit… ?

— C'est bien cela, nous partons en voyage dans deux jours, le 24 juillet exactement, tous les quatre. Nous voyagerons en voiture avec Jim. Il sera notre chauffeur. Vous vous souvenez de Jim, je pense ?

— Vous savez très bien que je me souviens de lui ! Ne fait-il pas partie du monde de mystère qui vous entoure ?… »

Il m'observe sans répondre.

Depuis quelque temps, je cherche un peu à l'agacer, avec l'espoir de lever le masque impassible qu'il porte toujours, tel le Sphinx.

«… Et du monde de silence aussi, renchéris-je. N'est-ce pas, monsieur McFarlane?»

Il fait semblant de ne pas avoir entendu ma dernière réplique.

«Vous êtes sérieux au sujet du voyage?

— M'avez-vous connu autrement, chère Marianne? dit-il avec un brin d'ironie dans la voix.

— Alors, c'est vrai? Je vais partir? Ah merci, merci mille fois!»

Je me lève et me rue sur lui pour l'embrasser.

«Voyons, mademoiselle Marianne, bredouille-t-il mal à l'aise, ce n'est pas moi qu'il faut remercier. Mère Saint-Ignace s'est occupée de tout.»

Puis une lueur amusée passe dans son regard, et il sourit.

«Et, continue-t-il, lorsque je me suis rassise, un peu calmée, des vêtements plus appropriés seront livrés sous peu à votre intention ainsi qu'une malle de voyage.

— Nous allons à Québec?

— Oui! Nous logerons au château Frontenac.»

Il s'apprête lentement à partir et ramasse quelques papiers épars sur le bureau. Il me tend une liste qui contient les références des livres dont j'aurai besoin pour les prochains mois comme complément d'études. Un titre retient mon attention et me fait sourire: *Précis sur la loi internationale.*

«Monsieur McFarlane, j'espère que vous ne vous attendez pas à ce que je devienne avocat? Ce serait trop drôle!»

Il se tourne vers moi.

«Mais je suis avocat, mademoiselle Marianne!

— Cela vous va comme un gant, monsieur McFarlane… je n'en doute pas un instant. Mais le droit, et le droit international par-dessus le marché, n'est-ce pas un peu... aride?

— Pas du tout, c'est un domaine passionnant, surtout par les temps qui courent. Nous aurons certainement l'occasion d'en discuter plus amplement, vous et moi, un jour. Pour le moment, je dois vous quitter, mademoiselle Marianne. Au revoir, à mercredi, jour du départ.»

Il s'incline, bien droit dans son complet sombre et élégant et sort d'un pas alerte de la petite salle où nous avons l'habitude de nous rencontrer. Cher M. McFarlane, il s'en va maintenant s'enfoncer dans la pénombre secrète de sa vie et dans celle de mon père.

Je me précipite dans les corridors vides. Les murs répercutent le son de mes pas et me renvoient mon refrain enjoué: «Je pars à Québec, je pars à Québec, Québec!...» J'entre en trombe dans la cuisine et me heurte à sœur Sainte-Marie qui se retient à la table.

«Eh bien, Marianne, quel ouragan! Tu es drôlement pressée!

— On le serait à moins! Vous ne savez pas ce qui m'arrive?

— À voir tes yeux brillants, cela doit être important. Tu vas certainement me le dire!

— Je pars en voyage à Québec!»

Elle prend ma main dans la sienne.

«Je suis si heureuse pour toi, ma chère petite fille. Il est temps que tu sortes un peu du couvent.

— Vous le saviez?

— Mère supérieure nous a informées de ses démarches. Au fait, Marianne, un gros colis est arrivé pour toi!

– Chouette! Je vous laisse, je vais voir!»

Avant de la quitter, je lui demande :

«Vous venez avec moi? Vous pouvez, vous savez!

– Non, vas-y toute seule et découvre tes nouveaux vêtements. Tu me les feras voir plus tard!»

À la vue de tant de merveilles, je m'imagine dans les rues, dans les restaurants et dans les boutiques de Québec. Je serai protégée du vent impétueux par une magnifique redingote cintrée, de la chaleur étouffante par cette fraîche robe de batiste, je danserai la valse dans ce costume d'organdi... et je ferai du sport dans ces shorts en lin.

Je rêve et, en tournant sur moi-même, je tente d'enfiler une jupe coquille d'œuf assortie à un chemisier du même ton. Quelques secondes plus tard, comme un bolide, je fais irruption dans la cuisine.

«Voyez comme ça me va bien!

– C'est un peu profane ce que je vais te dire, Marianne, dit sœur Sainte-Marie, mais tu as vraiment une taille de mannequin!

– C'est doux à porter, et tout ce qu'on m'a envoyé est tellement élégant. Ma sœur, sans vouloir faire de la peine aux religieuses et à vous-même, c'est beaucoup mieux que les vêtements de chez Dupuis Frères que vous m'avez achetés depuis des années!»

Elle sourit tristement.

«Marianne, le couvent, ce n'est pas comme le monde extérieur... Ne l'oublie pas.

– Oui, je sais, ma sœur, j'ai simplement dit...

– Je sais ce que tu as voulu dire, va, ma chérie, commence à faire tes valises. Deux jours, ça passe vite!»

~

Comme par hasard, le début de mes vacances coïncida avec celles du roi d'Angleterre qui avait loué le yacht *Nahlin* pour une croisière semi-officielle le long de la côte de la Dalmatie et de la Croatie. L'invitée d'honneur n'était autre que Mme Wallis Simpson. Pour des raisons de sécurité et compte tenu de la situation politique instable en Europe, qui baignait dans les campagnes de propagandes à la fois pacifistes et guerrières, deux destroyers accompagnaient le yacht; le roi et ses invités furent donc escortés tout le long de leur périple par la Royal Navy. D'après ce que je lirais dans *Le Monde* à mon arrivée à Québec, les passagers du *Nahlin* furent assiégés par des meutes de journalistes et de photographes à chacune de leurs escales. Le *Times* fit des comptes rendus du voyage royal plus respectueux.

~

Je brûle d'impatience en attendant, dans le hall d'entrée du couvent, ma valise serrée près de moi, l'arrivée de mère Saint-Ignace et de notre voiture. Ce matin, j'ai le sentiment d'être un personnage spécial et romantique qui part à la conquête de l'inconnu. Un peu d'inquiétude se mêle encore à mon excitation, car tant que je ne serai pas assise dans la voiture de M. McFarlane je n'y croirai pas vraiment. Mais le crissement des pneus sur le gravier signale l'arrivée de la voiture. Me voilà rassurée. Mère Saint-Ignace apparaît soudain, sans aucun bruit, et la grande porte s'ouvre. Jim est là, le sourire aux lèvres.

Nous partons.

Le voyage va être long; mis à part quelques remarques sur certains sites le long de la route, il se déroule en silence. Mère Saint-Ignace, distante et distraite, manipule nerveusement une bible qu'elle ouvre et referme à intervalles réguliers. M. McFarlane, installé sur le siège avant, lit des documents et Mme McFarlane, assise à ma gauche, s'est absorbée dans la lecture d'un livre dont je n'ai pu lire le titre. C'est la première fois que nous nous rencontrons. Je dois dire qu'elle me fait de grands sourires lorsque nos regards se croisent. Arrivée à la hauteur de Cap-Chat, la voiture ralentit et on me montre un rocher aussi haut que le couvent… je reconnais vaguement la forme d'un félin.

«Il date de la dernière ère glaciale, il y a dix mille ans, dit M. McFarlane. Il ressemble à un chat tigré, vous ne trouvez pas?»

L'atmosphère se détend pendant que la voiture avale les milles à bonne allure. À l'exception de quelques incursions dans les terres où nous traversons de petits villages endormis, nous longeons la plupart du temps le fleuve Saint-Laurent qui, au début de notre voyage, est une masse d'eau immense qui s'étend à perte de vue. «Le plus grand cours d'eau du monde», fait remarquer mère Saint-Ignace d'un ton empreint de fierté… et je le regarde qui suit les contours de la rive comme un gigantesque serpent. Je dévore des yeux le paysage qui défile trop vite à mon goût. Tout est si nouveau pour moi! Le vent est le bon génie du Saint-Laurent et fait danser les vagues sur toute son étendue. Avant que le fleuve ne se rétrécisse près de Québec, il m'est difficile de reconnaître la démarcation absolue entre le firmament et l'eau… des navires semblent naviguer dans le ciel. Près de Rimouski, des flottilles de pêcheurs rentrent au port… Un tableau tout neuf, un peu abstrait et mystique pour moi… la personnification même des choses marines.

«Ces longues tables, le long de la rive, à quoi servent-elles? dis-je.

— On y fait sécher la morue au soleil après l'avoir enduite de gros sel de mer, répond M. McFarlane, et, dans les barils, à côté, on entasse les harengs dans la saumure.

— On aime la pêche par ici, alors?

— Oui, beaucoup même, mademoiselle Marianne, les pêcheries sont l'industrie première du Bas-du-Fleuve.»

Le ronronnement de la voiture me rend un peu somnolente, je ferme les yeux un instant.

«Nous ne serons pas à Québec avant la fin de l'après-midi, signale M. McFarlane. Jim, arrêtons-nous au restaurant *Les Fruits de mer* à quelques milles d'ici.»

Peu de temps après, Jim gare la voiture et dit:

«Je viens vous chercher dans une heure.

— Vous descendez, ma mère? demande M. McFarlane à la religieuse.

— Non, je vous remercie, je n'ai vraiment pas faim… le mouvement de la voiture probablement, ajoute-t-elle. Mais je vous serais reconnaissante de me faire servir une eau minérale. Je reste ici. Merci.»

Nous entrons dans le restaurant.

Après avoir fait asseoir sa femme, M. McFarlane m'offre une chaise.

«Je recommande le homard, il est excellent, dit-il d'un air jovial, plus décontracté.

« — Votre ensemble vous va à ravir, note Mme McFarlane. En aimez-vous la couleur?

— C'est vous qui l'avez choisi?

— Oui, mademoiselle Marianne. Cela a été un vrai plaisir de choisir des vêtements pour une toute jeune fille.

— Je les aime tous et je vous en remercie du fond du cœur. Vous avez choisi une magnifique garde-robe pour ce voyage. Mais pourquoi ne m'appelez-vous pas simplement Marianne? dis-je en prenant le menu qu'offre le garçon de table.

— Non, vous êtes mademoiselle Marianne, et c'est ainsi que nous préférons vous appeler!» répond son mari d'un air plutôt sérieux.

Je le regarde, étonnée, mais n'ajoute rien de plus. Cependant, il a l'air différent, moins grave, plus détendu, et, quand il s'adresse à sa femme, son visage s'éclaire.

«Muriel, lui demande-t-il, crois-tu que nous pouvons offrir à mademoiselle Marianne un verre de vin?

— Bien sûr! Surtout si on nous sert ce bon vin d'Alsace moelleux comme lors de notre dernier repas ici! Vous voulez bien?» dit-elle en posant son doux regard sur moi.

Elle met aussi sa main sur la mienne, et je suis rassurée… Son contact amical me procure le réconfort dont j'avais besoin. Je connais si peu de femmes qui ne sont pas des religieuses… en fait, seulement une, Agnès. Elle ne doit pas être jeune, me dis-je, certainement entre trente-cinq et quarante ans. Mme McFarlane est un de ces êtres qui respirent la confiance et la sérénité et qui, je crois, ne connaissent pas la banalité de l'existence. Une chevelure blonde relevée en chignon encadre un visage agréable au teint de porcelaine, et ses yeux clairs remontent légèrement vers ses tempes, ce qui lui donne un petit air exotique.

«Bien volontiers, mais je n'en ai pas l'habitude! Et mère Saint-Ignace?

– Pas de vin pour elle, dit M. McFarlane en souriant. Je pense qu'il ne faut pas insister si elle refuse de déjeuner. Elle préfère sans doute un peu de solitude.»

Je sais que je vis bien dans la réalité et non dans mon imaginaire, mais je dois me pincer pour me convaincre que tout cela ne tient pas du rêve. Mon humeur est plus frivole. Je trouve tant de plaisir à me trouver assise parmi tous ces gens heureux de vivre, au sein d'une société qui n'a jamais été mienne, et je pense à toutes les surprises que me réserve encore mon séjour dans la ville inconnue. J'aimerais que les aiguilles de la grosse horloge accrochée près de la porte ralentissent pour savourer chaque instant. Mon bonheur est trop impatient.

∽

«Regarde, Marianne, dit mère Saint-Ignace, alors que nous approchons de Québec, le fleuve rétrécit à vue d'œil et, à l'horizon, ces hauteurs, ce sont les célèbres Laurentides. Ce sont les plus anciennes montagnes du monde.»

À mesure qu'elle parle, ses traits se détendent et je me demande si c'est le résultat d'une victoire ou d'un combat intérieur. Un grand calme l'enveloppe à mesure que nous nous rapprochons de Québec. Même Jim qui est resté quasiment silencieux tout au long du voyage semble soudain retrouver la parole.

«Voilà, mademoiselle Marianne, le pont de Québec!»

Laissant la ville de Lévis derrière nous sur l'autre rive, nous traversons le grand pont suspendu. Le soleil de ce milieu d'après-midi fait miroiter le fleuve qui brille comme les écailles des poissons argentés et, tel un joyau, Québec s'offre tout entière à nous.

Au sommet du cap Diamant, l'ancienne citadelle de pierres grises veille sur la vieille ville où se mêlent les couleurs ocrées de la terre des alentours. L'œuvre de Samuel de Champlain, son fondateur, est enfin là, devant moi… je commence déjà à l'aimer.

Perchée sur un promontoire, la ville est dominée par la masse solide du château Frontenac avec son toit de cuivre vert. En observant tout l'ensemble, l'origine du nom de Québec me remonte à la mémoire. Au début de la colonie, un colon français, voyant ce promontoire pour la première fois, se serait exclamé: «Quel bec!» Mais on m'a aussi expliqué que le nom venait de la langue algonquine et signifiait «le rétrécissement de la rivière».

Le cri des mouettes nous accompagne, même jusque dans les dédales de la basse ville où mère Saint-Ignace nous quitte. Jim s'empresse d'ouvrir la portière de la voiture et l'aide à descendre. Respectueusement, M. McFarlanè lui serre la main. Tous deux échangent quelques mots en bas des marches du vieux monastère. Avant de nous quitter, elle m'a dit seulement: «Sois sage, Marianne!»

Comme tout semble simple. Fascinée, je m'émerveille devant l'architecture du château Frontenac, cette imposante bâtisse qui s'élance devant nous. La chaise magique de mes rêves vient de me déposer au seuil d'une nouvelle existence…

La voiture se range devant l'entrée.

Jim se tient près de la portière ouverte, m'observant avec un petit regard en coin ; il me fait un clin d'œil et m'aide à descendre.

« Je gare la voiture et je vous rejoins sous peu ! »

Tous les lieux et les bâtiments ont un charme qui leur est propre, et le château Frontenac m'impressionne vraiment ; c'est d'ailleurs le premier édifice baroque que je vois de près. Son architecture prouve la vitalité d'un passé colonial chargé, et la richesse des formes et la profusion des ornements témoignent du style cher aux pays catholiques.

Puis on nous conduit à nos appartements. Je découvre une belle chambre, qui communique avec un salon ; toutes les pièces sont en enfilade. Jim s'installe dans une autre chambre et M. et Mme McFarlane ont pris la suite à côté. Je remarque aussi le luxe des salles de bains. Nos appartements donnent sur un petit couloir individuel.

Il est six heures du soir et le dîner sera servi dans une heure. Je me délasse dans un bain moussant où j'ai ajouté quelques gouttes d'huiles parfumées ; je n'ai pas oublié mon savon à la lavande… celui de sœur Sainte-Marie. Dans ce décor si douillet et si opulent, enveloppée par les parfums, mes pensées s'envolent. Placés en corolle, les petits vitraux multicolores de la haute fenêtre en face de moi tamisent la lumière. Je perds la notion du temps. Quelques petits coups sur la porte me font sursauter.

« Mademoiselle Marianne, appelle Jim, il faut vous préparer, nous descendons dans quinze minutes !

– Tout de suite, Jim, je crois que je me suis assoupie ! »

Le reste du monde me semble bien lointain. Je garde mes yeux bien ouverts afin de ne pas retourner au pays des rêves… pourtant je suis bien éveillée… Je sens le besoin de retenir dans mes mains le fil du présent et, en même temps, de goûter la douceur d'un songe…

J'enfile une belle robe bleutée en tissu soyeux imprimé de minuscules marguerites. En admirant mon image dans le grand miroir, je me promets d'être à la hauteur de la situation, alors que je fais mon entrée dans le monde, dans mon nouveau rôle de jeune fille accomplie.

«Cet homme assis près de nos portes, il est là pour qui?

— Je crois qu'il monte la garde, dit M. McFarlane en nous ouvrant la porte de l'ascenseur.

— La garde de qui?

— Qui sait? Je ne serais pas surpris que ce soit l'usage dans ce grand hôtel!

— Pour que les clients se sentent plus en sécurité, c'est bien ça?

— Oui, mademoiselle Marianne!»

∾

Une atmosphère singulière se dégage de l'immense portrait accroché derrière M\ :sup:`me` McFarlane. Son mari a dû remarquer mon intérêt pour le tableau et m'informe que c'est le portrait de sir Wilfrid Laurier, l'un de nos grands premiers ministres du début du siècle. C'est une admirable peinture et le personnage est splendide. Avec son regard d'homme d'âge mûr, il a l'air de tous nous juger.

«On est patriotique, ici. Mais pourquoi sir Wilfrid Laurier dans la salle à manger?

— Pourquoi pas dans la salle à manger? N'oubliez pas que nous sommes, mademoiselle Marianne, dans le fief des Canadiens français et je crois sans aucun doute qu'ils sont fiers de cet ancien premier ministre qui a mené la destinée du Canada entre 1896 et 1911. Connaissez-vous le sobriquet que les Anglais lui ont donné?

— Non, dis-je en secouant la tête.

— "L'homme au panache blanc"! Le surnom qui avait été donné à Henri de Navarre!

— En effet, ça lui va à ravir! Je dois être fière de lui, moi aussi, je suppose! Est-ce que je suis une Canadienne française?»

Il ne répond pas, légèrement agacé. Peut-être ai-je fait un faux pas? Mais après tout, j'ai le droit de savoir.

«Vous devez comprendre, monsieur McFarlane, que ma curiosité est sans limites, même si chacun a décidé de se taire...»

Mme McFarlane se penche vers moi et, d'une voix basse, me murmure:

«Pas dans un endroit public, mademoiselle Marianne, chut! Continuons notre repas et parlons d'autre chose, je vous en prie.»

Je lève la tête, un peu blessée par le reproche, et réponds promptement:

«Bien sûr, parlons d'autre chose! Où est Jim?

— Il est sorti, il reviendra d'ici un quart d'heure.»

Nous avons peu de chose à nous dire alors nous commentons les points saillants de notre voyage. À la fin du repas, Mme McFarlane et moi remontons à nos appartements.

« Ne soyez pas vexée, dit-elle en entrant dans ma chambre, mon mari ne peut vraiment pas vous donner les explications que vous aimeriez entendre. Soyez patiente, mademoiselle Marianne… Jusqu'à ce jour, vous avez été un modèle de petite fille! Oui, oui, je suis au courant de tout! »

Je la regarde alors qu'elle s'affaire à vérifier les portes et les placards.

« Pensez-vous y trouver des pirates, madame Mc-Farlane? »

Elle éclate de rire.

« Simplement une petite manie à moi, je fais la même chose chaque fois que je quitte la maison! Bon, pas de pirates ni de boucaniers, mademoiselle Marianne.

– Vous colorez très bien la vérité, madame McFarlane. Merci quand même. »

Elle me regarde. Un grand sourire se dessine sur son visage aux traits réguliers, et elle pose ses deux mains sur mes épaules.

« Nous allons bien nous entendre. J'en suis ravie. »

Puis elle reprend:

« Gardez votre porte fermée à clé et n'ouvrez à personne. Je vous souhaite une bonne nuit de sommeil, dit-elle en faisant volte-face. Jim va rejoindre sa chambre sous peu, ainsi vous ne serez plus seule dans ce grand appartement. Quant à nous, nous n'irons pas nous coucher très tard, continue-t-elle en tapotant sa chevelure. Reposez-vous bien, mademoiselle Marianne, nous aurons demain une journée bien remplie. »

Elle m'embrasse sur la joue et me sourit. Une odeur se répand.

«Il sent bon ce parfum…

– Le numéro 5 de Chanel. S'il vous plaît, je vous l'offrirai. Vous voulez bien?

– Bien sûr, mais je ne le porterai pas en même temps que vous!

– Pourquoi pas… je n'en ai pas l'exclusivité, vous savez!»

La porte se referme sur cette petite boutade et je me retrouve seule dans ma belle chambre du château Frontenac. Si j'avais un jour pu imaginer…

J'apprivoise la nuit en regardant dehors. Sous ma fenêtre, un ballet d'hirondelles monte et descend dans un merveilleux paysage où commencent à clignoter des milliers de petites lumières. Nous sommes au sixième étage et le panorama devant moi s'étend à perte de vue, bien au-delà de la ville de Lévis de l'autre côté du fleuve.

De gros navires, construits comme des forteresses, manœuvrent sans difficulté, même là ou le fleuve se rétrécit, et les derniers voiliers blancs qui voltigent sur la surface plus calme du côté sud, en face des hauteurs de Lévis, rentrent au port. Plus loin, vers ma gauche, un bac, comme un immense radeau, fait la navette d'une rive à l'autre.

La Citadelle est presque à mes pieds, immense, solide, avec ses grands murs, lavés par le temps, qui prennent une teinte bleutée sous la lumière nocturne. Je distingue les contours du grand parc des plaines d'Abraham à la symétrie verdoyante. Le ciel est étoilé, ce soir, et cela augure qu'il fera beau demain. «Comme c'est beau, Québec!»

Une clé tourne dans la serrure et met fin à ma contemplation. Jim vient de rentrer et, à travers la porte, me souhaite une bonne nuit.

Mon cher Jim! De le savoir si près, de l'autre côté du mur, éveille en moi tant de souvenirs… Mon ange gardien fait partie de ma vie sans toutefois y être, et j'ai pour lui une reconnaissance attendrie…

Je respire profondément. Mon corps fatigué s'enfonce dans le matelas moelleux et je rejoins Jocelyn dans mon cœur, sur le chemin où nous nous cachions pour goûter à notre amour. « Je t'aime, Jocelyn… »

Je laisse vagabonder mon esprit librement sentant le sommeil me gagner. Il est neuf heures et demie à mon réveil… Mais il n'est pas tard et je ne suis pas au couvent! Alors je m'assois dans mon lit et choisis la *Gazette* de Montréal parmi la pile de journaux sur ma table de chevet.

« Ferveur nationaliste au Québec! » Tel est le titre de la première page. Je poursuis ma lecture. « Le Parti conservateur de Maurice Duplessis se prépare aux élections du mois d'août et vient de s'allier au plus petit parti nationaliste, dirigé par Paul Gouin, pour former l'Union nationale. Le nationalisme est en vogue, autant au Québec qu'ailleurs. »

Mes paupières s'alourdissent de plus en plus, mais un gros titre du *New York Herald* me tire complètement de ma torpeur : « Wallis, Edward et le clan nazi en croisière sur l'Adriatique! »

Je replace mes oreillers. On parle encore d'eux! Mon regard se fixe sur la photo; mon Lancelot et sa dulcinée sont accoudés à la passerelle d'un yacht, apparemment heureux. Sur le visage de Wallis, ciselé et dur, mais souriant sous les bandeaux lisses de sa chevelure noire, je perçois un cynisme que je n'aime pas. Celui de mon sire Lancelot, par contre, reflète le charme du chevalier servant. Mais l'article en dessous de la photo me déçoit...

Le roi Edward VIII rencontre, comme par hasard, le prince Paul de Yougoslavie, qui a récemment signé un accord relatif aux contrats d'armements avec les nazis d'Hitler et les fascistes de Mussolini! S'agit-il ici d'un effort de l'Angleterre pour souscrire à une politique de conciliation et d'apaisement?

La rumeur d'un éventuel mariage entre le roi et Mme Simpson, divorcée américaine qui, selon certains, aurait reçu un apprentissage « exotique » dans les maisons closes de Singapour, semble de plus en plus fondée... Nous suivons les développements de l'affaire avec beaucoup d'intérêt! Nous leur souhaitons un bon voyage!

Mon chevalier devient une idole aux pieds d'argile, amoureux d'une femme pas comme les autres. Qu'est-il donc advenu de son amour pour la jeune Canadienne française du passé?

Je m'éloigne d'Edward et de Wallis en laissant mon journal choir sur le sol et j'éteins ma lampe de chevet.

CHAPITRE XXIV

Il y a souvent des jours faciles et étranges qu'on met un temps indéfini à faire siens, tant ils sont remplis d'images différentes et nouvelles. En ce début de journée, même la lumière était plus belle et je humais le parfum des pins diffusé par la brise matinale.

Nous étions tous réunis pour le petit déjeuner dans la salle à manger et nous discutions du programme de cette seconde journée. M. McFarlane devait se rendre à un rendez-vous en ville. Sa femme et Jim me feraient visiter Québec. Mme McFarlane se leva de table pour accompagner son mari jusque dans le hall de l'hôtel. Avant de s'éclipser, elle s'adressa à Jim :

« Nous partons dans une demi-heure. Vous serez prête, n'est-ce pas, mademoiselle Marianne ? me lança-t-elle avec un joli sourire.

– Oui, bien sûr. »

Son mari lui offrit le bras et ils s'éloignèrent tous les deux.

Je les suivis du regard et soupirai profondément. Peut-être que moi aussi, plus tard, je vivrais en osmose avec mon bien-aimé après des années de vie commune.

La Daimler ronronne comme un magnifique et puissant chat. Jim conduit la grosse voiture aisément dans les rues étroites. Je me cale sur la banquette confortable et regarde Mme McFarlane assise à mes côtés… elle est plutôt pensive. Dans ses yeux sombres, le soleil trempe un rayon doux. Notre première escale a lieu à la Citadelle et nous arrivons juste à temps pour la relève de la garde qui est, paraît-il, une cérémonie identique à celle qui se déroule tous les jours à Buckingham Palace à Londres. Malgré la tenue traditionnelle, c'est-à-dire la veste rouge, le pantalon noir et les bottes cirées, les soldats ressemblent à des pantins, car le casque en peau d'ours qui coiffe leurs têtes leur donne des allures de polichinelles.

« Leurs costumes sont-ils des reliques de cérémonies britanniques ? » dis-je innocemment.

Mme McFarlane semble surprise. Elle se détend, prend mon bras et me guide vers la voiture.

« Mademoiselle Marianne, ces soldats portent l'habit de la Brigade of Guards, que ce soit ici ou en Angleterre. C'est une tradition dans les milieux militaires. Maintenant nous retournons dans la basse ville, cette fois afin de visiter l'église Notre-Dame-des-Victoires, qui date de 1688. C'est l'une des plus anciennes églises du Nouveau Monde. Ensuite nous ferons quelques magasins au-delà de la porte Saint-Jean. »

Cette matinée d'été est une véritable petite merveille : gens occupés formant de petits nuages colorés et passagers, voitures comme des apparitions de chars divins, pelouses aux teintes d'émeraude… Tout se déroule très vite sous mes yeux. Nous traversons de vieux quartiers encombrés de rues étroites où les façades des immeubles témoignent du passé colonial. Je regarde, émerveillée, en écoutant les commentaires de Mme Mc-Farlane qui semble bien connaître la ville. À loisir se mêlent les architectures anciennes et modernes – leur diversité de style ne choque pas. La Conquête a laissé des traces bien tangibles, mais, avec une population à quatre-vingt-quinze pour cent franco-canadienne, l'influence latine domine.

Jim nous guide vers un promontoire où des escaliers en pierre invitent à l'escalade. Nous sommes soudainement perchés sur les hauteurs du fameux cap Diamant… l'objectif de conquête du général Wolfe avant la bataille des plaines d'Abraham. Devant l'à-pic vertigineux, impossible à escalader, je songe aux événements de 1759 et j'en frissonne d'épouvante, alors qu'une bourrasque de vent me secoue.

«Dites-moi, Jim, comment les Anglais ont-ils pu grimper une pareille falaise?

– Si j'étais chauvin, je vous répondrais: "Parce qu'ils étaient des Anglais!"»

Je le regarde sévèrement.

«Vous plaisantez, Jim. Comme moi, vous savez ce que rapporte l'histoire: les Peaux-Rouges ont aidé les Anglais. Mais le marchandage des Anglais avec les Indiens n'a pas été très catholique… Vous êtes sûrement au courant?

– De quoi, mademoiselle Marianne? demande Jim après un court silence et avec un sourire en coin.

– Que les Anglais les ont soudoyés avec des provisions de «*firewater*», l'eau-de-vie défendue par les Français… Alors les Indiens ont donné acte d'allégeance aux Anglais et se sont rangés de leur côté. Vous voyez…

Wolfe et ses soldats ont gagné la bataille grâce aux Indiens…

– *Oh, that!*» répond Jim en riant.

Je m'avance vers lui, les poings serrés, puis, à mon tour, je souris.

«Vous voulez vous payer ma tête? Allez-y alors!

– Nous avons une patriote avec nous, dit Mme Mc-Farlane. Il est vrai que notre version des faits diverge de celle de nos anciens adversaires. L'histoire peut-elle être vraiment objective, mademoiselle Marianne?

– Bien sûr… mais Montcalm a été pris par surprise. Vous savez, j'ai étudié l'histoire, moi aussi. Il doit y avoir du vrai dans toutes les théories, mais penser que la France a perdu le Canada à cause de ce cap, c'est quand même émouvant. Je me rappelle avoir lu que Montcalm a dit avant de mourir pendant la bataille: "Tant mieux, je ne verrai pas les Anglais à Québec."

– N'oubliez pas que Wolfe, lui, a dit avant de mourir, à la fin de cette même bataille: "Je meurs content!"» dit Jim d'un ton un peu rogue.

J'essaie de l'ignorer, mais je ne peux m'empêcher de murmurer: «*Poetic justice…*»

Mme McFarlane n'a pas dû m'entendre puisqu'elle acquiesce d'un signe de tête et nous propose de redescendre.

«Maintenant, il est temps d'aller admirer ce que les Canadiens de notre ère moderne ont fait de leur belle ville de Québec, voulez-vous?»

La rue Saint-Jean nous attire avec ses beaux magasins aux vitrines décorées de grands pots de fleurs. Jim nous suit à quelques pieds pendant que nous flânons, regardant les devantures des boutiques de modes et d'antiquités. Mme McFarlane m'entraîne dans une parfumerie pour m'offrir le n° 5 de Chanel qu'elle m'a promis.

Je sens que la ville de Québec s'installe dans mon cœur. Oui, Québec sera ma ville! Pourquoi ai-je cette certitude?... Je le sais, tout simplement!

Pendant cette matinée, je fais place dans mon esprit à la sérénité et, naturellement, je me laisse emporter par ma rêverie, tandis que l'histoire de la ville de Québec s'anime sous mes yeux et se grave dans mon esprit et dans mon âme. Je regarde avec admiration la statue de Samuel de Champlain, fondateur de Québec, sur la place Dufferin, et celle du marquis de Montcalm, non loin du Parlement, et même, quoique avec moins d'enthousiasme, celle du général Wolfe, le conquérant...

Ces hommes de notre passé, pourquoi ne seraient-ils pas, eux aussi, mes chevaliers dignes de prendre leur place à côté de mon sire Lancelot? Mais Wolfe? Non, certainement pas!

Après avoir déjeuné dans un petit restaurant typique de la basse ville, Mme McFarlane nous annonce qu'elle doit nous quitter pour rejoindre son mari vers trois heures. Elle demande à Jim de la déposer devant le Parlement. Juste après avoir dépassé la porte Saint-Jean, je remarque une affiche publicitaire qui annonce, pour ce soir, le dernier concert de Claude Foucault à Québec. Je me rappelle que mère Saint-Ignace avait déjà mentionné son nom en précisant qu'il était «un de nos grands talents canadiens». En montrant l'affiche à Mme McFarlane, je lui demande:

«L'avez-vous déjà entendu jouer?

– Oui, lors d'un séjour à Londres au Wigmore Hall. Il a beaucoup de talent et il est de plus en plus connu en Europe. Savez-vous qu'il vient de la Gaspésie?

– Oui, je le sais. Mais puis-je vous demander une faveur? Comme vous sortez ce soir avec M. McFarlane, me permettriez-vous d'aller assister à son dernier concert, en compagnie de Jim, bien entendu. Oh, je vous en prie, j'aimerais tellement l'entendre jouer!

– Oui, pourquoi pas, dit-elle, en hésitant quand même un peu. Je vais demander à mon mari de faire le nécessaire, mais je ne peux vous garantir qu'il obtiendra des billets, car c'est la dernière représentation. »

Je la remercie vivement et, déjà, je ne l'écoute plus. «Mon Dieu, faites qu'il reste des billets!» Rassurée, j'ai soudain un accès de folle gaieté… Quelle chance d'aller à un concert, en plus celui de Claude Foucault! Perdue dans ma rêverie, je ne me rends pas compte que la voiture s'est arrêtée; Jim a ouvert la portière à Mme McFarlane qui me lance un «À plus tard, mademoiselle Marianne. Profitez bien de votre leçon de tennis. » Je lui fais un signe de la main et la voiture repart en douce en direction de notre hôtel.

«Dites, Jim, ce n'est pas souvent que nous sommes ensemble, tous les deux, seuls. Alors, êtes-vous mon ange gardien?

– Vous me faites un bien grand honneur, mademoiselle Marianne, je n'aurais jamais osé me qualifier ainsi.

– Vous me surveillez, n'est-ce pas?

– Si cela est votre impression, je… »

Je l'interromps un peu brusquement.

«Il serait difficile de penser autrement, vous ne croyez pas!

– Je suis au service de M. McFarlane et vous êtes son invitée.

– Vous jouez sur les mots, Jim, il me semble. M. McFarlane est au service de mon père. Pourquoi tant de cachotteries ? Et Jocelyn, l'avez-vous revu après l'épisode du cirque ? Il ne fait pas partie de la grande conspiration, lui, au moins ? dis-je en rigolant.

– Non, mademoiselle, je ne l'ai pas revu. Voilà, nous arrivons. »

Il gare la voiture au sous-sol de l'hôtel. Nous nous dirigeons en silence vers l'ascenseur.

« Une dernière chose, Jim, je suis curieuse. Vous n'avez ni l'accent du pays ni un accent vraiment anglais.

– Vous non plus, vous parlez plutôt à l'européenne.

– Oui, cela vient de mère Saint-Ignace, je crois.

– Pour tout vous avouer, comme nous en sommes aux confessions, mademoiselle Marianne, je suis d'origine écossaise.

– Alors, vous devez avoir un beau nom, un Mac… un Mac quelque chose ?

– En effet, je suis un Mac, renchérit-il jovialement, mon nom est McNish-Porter !

– C'est un beau nom, Jim McNish-Porter.

– Pardon, James McNish-Porter pour être tout à fait exact.

– Oh là là, toutes mes excuses ! Dois-je vous faire la révérence ? Vous appartenez peut-être à un clan célèbre ! »

Tout à coup, Jim me fixe très sérieusement et son regard se trouble quelque peu.

« L'ascenseur est là. Je vous en prie, après vous.

– Je ne voulais pas vous blesser, Jim, vous savez. Je vous connais depuis ma plus tendre enfance, vous êtes toujours présent, quelque part, c'est comme si…

– Quoi? demande-t-il.

– On pourrait nous prendre pour des amoureux!

– Vous vous jouez de moi, mademoiselle Marianne, et vous ne devriez pas… votre père… pardon!

– Quoi, mon père? Je ne sais même pas qui il est! C'est lui, si j'ai bien compris, qui m'a tenue enfermée dans un couvent. Je n'ai pas à vous le dire. Je suis fatiguée de vos cachotteries à tous. Oui, Jim, entre nous, j'en ai assez, assez, assez!»

Je m'énerve, je gesticule et je sens les larmes gonfler mes paupières.

«Oh, Jim, prenez-moi dans vos bras, s'il vous plaît. Si vous saviez comme je suis malheureuse parfois, si seule.»

Il m'entoure de ses bras, attire ma tête contre sa poitrine, pose sa joue contre mes cheveux et, me serrant davantage contre lui, murmure tout doucement comme l'on parlerait à une enfant:

«Miss Mary Ann, silence, ne dites plus rien. Oui, c'est mon devoir de veiller sur vous, oui, je suis donc un peu cet ange gardien. C'est vrai que je suis au service de votre père…»

Je veux le regarder, mais il me presse encore plus fort contre lui.

«Miss Mary Ann, nous vous aimons beaucoup et vous faites preuve d'un tempérament courageux et noble. Bientôt vous quitterez le couvent et votre existence va changer, alors…»

Je desserre son étreinte et le repousse. Je porte une main à ma poitrine où les battements de mon cœur me font mal…

«Alors, pourquoi suis-je Miss Mary Ann maintenant, Jim? Non, n'ajoutez rien. Je suppose que vous revenez à votre langue maternelle comme M. McFar-lane ! »

Il interrompt notre conversation par un lourd silence et baisse la tête.

Je reste immobile pendant quelques instants. Suis-je Miss Mary Ann, un personnage différent de la petite Marianne de Thérèse, d'Agnès et des religieuses ? Je songe sans gratitude à mon père. Mon père... N'est-il pas devenu, depuis quelque temps, une sorte de fantai-sie, faisant de ma vie une musique que je dois exécuter selon sa volonté, et rien d'autre ?

Jim attend sans bouger... Je soupire si profondé-ment que j'en tousse... « Zut, Jim, voyez dans quel état je suis, et c'est de votre faute... Zut et zut ! »

Énervée, je rentre vite dans ma chambre pour aller me changer et retrouver ma sagesse habituelle. Je suis mal à l'aise... Certes, Jim m'exaspère parfois, mais, au fond, je l'aime bien...

C'est bientôt l'heure de ma leçon de tennis. Je prends mon temps. Quelques minutes s'écoulent et Jim frappe à la porte. Nous descendons sur le court sans ajouter un mot, je passe en premier et il me suit.

Les efforts physiques me permettent de chasser la tension nerveuse qui s'était accumulée dernièrement, et mon professeur de tennis est très patient. Je réussis quel-ques bons coups. Jim, assis sur un banc, m'applaudit. La leçon terminée, nous rentrons par le hall principal de l'hôtel où je crois reconnaître quelqu'un qui me suit des yeux. Je ne dis rien... pour Jim, ce n'est ni l'endroit ni le temps de sortir un revolver de sa poche. Est-ce mon « balafré » qui me regarde ainsi, l'homme qui a tenté de m'enlever, il y a quelques années ? Je suis trop éloignée pour voir la marque de mes ciseaux. Je me rapproche de Jim en détournant les yeux. «Marianne, il ne faut pas t'énerver... Tu dois faire erreur.»

À la réception, l'employé donne un message à Jim. S'agit-il de la confirmation de nos places de concert? Je le souhaite ardemment.

En effet, arrivés dans le couloir à notre étage, Jim m'annonce que nous avons deux billets pour la représentation de Claude Foucault, ce soir. J'ai envie de l'embrasser, mais, à cause des sautes d'humeur de l'après-midi, je contiens mon impulsivité.

«Je suis ravie, Jim. C'est formidable. J'ai hâte d'y être. Pas vous?

— Bien sûr.

— Vous n'avez pas l'air très enthousiaste!

— Mais si, je suis heureux de vous accompagner ce soir au concert. Maintenant nous devons nous préparer.»

Voici une fin d'après-midi splendide. Plongée dans la douceur de mon bain, j'imagine de petits nuages et des pluies de fleurs blanches; j'aperçois les arabesques harmonieuses des hirondelles émergeant des coins les plus sombres de la ville, traquées par la lumière. Et je rêve.

Je m'habille de ma plus belle robe en fredonnant un air joyeux. Devant le miroir, je virevolte tout en songeant à la soirée qui m'attend, à Claude Foucault, à sa musique, à son jeu et...

Je pense aussi à Jocelyn, à notre amour, à ma tristesse de le savoir éloigné, à mon goût de lui... Je renouvelle notre pacte en embrassant longuement la paume de ma main... Mon bonheur aurait été complet si lui aussi avait été là ce soir. Soudainement, je frissonne...

CHAPITRE XXV

Une foule compacte occupe l'entrée du théâtre et la salle de concert commence à se remplir. Un grand panneau annonce les œuvres qui vont être interprétées... Une seule fait battre mon cœur plus vite.

«Regardez, Jim, regardez ce que Claude Foucault va jouer, la *Pathétique* de Beethoven. Oh Jim, ce sera sensationnel!»

Ici, l'atmosphère est fébrile. Le public agité se presse vers la salle de concert... Un murmure constant de voix s'élève comme un bourdonnement d'insectes. Un grand lustre répand sa forte lumière sur toute la salle. Dans mon excitation et mon énervement, je le compare à un immense diamant accroché au plafond... Je préférerais un clair de lune...

Jim a pris ma main et me guide à l'étage supérieur vers la porte de notre loge située au balcon. Nous nous installons et je lui lance un regard plein de reconnaissance. La salle est pleine et son brouhaha parvient jusqu'à nous.

Sur la scène, je vois l'immense piano à queue. Un Steinway probablement. Rien de comparable à mon Beckstein qui m'attend au couvent. Cette pensée m'arrache un petit sourire amusé. Ce soir, Jim est plutôt silencieux. Je me tourne vers lui.

« Jim, n'est-ce pas merveilleux d'être ici ? »

Il acquiesce d'un signe de tête. J'ai envie de lui demander quel est son compositeur préféré, mais des applaudissements frénétiques viennent d'éclater alors que Claude Foucault entre en scène. Le jeune homme s'arrête près du piano et salue le public à plusieurs reprises. C'est un homme grand, à la chevelure un peu folle, qui me rappelle quelqu'un… comme c'est étrange. J'ai de la difficulté à distinguer ses traits, mais, quand il relève la tête et que son regard erre dans notre direction, j'ai le souffle coupé…

Malgré le brouillard qui danse maintenant devant mes yeux, je reconnais la promesse de mon enfance. Je reconnais cet homme droit et souriant qui reçoit l'ovation admirative du public… Jocelyn ! Les applaudissements crépitent toujours et il va s'asseoir devant l'instrument. Puis le silence s'installe dans toute la salle.

Je me blottis dans mon fauteuil et je respire par saccades. Étourdie, je porte une main à mon front… « Je ne vais tout de même pas m'évanouir… ce serait trop bête… » Inspirant profondément à plusieurs reprises, je prends conscience du miracle incarné, là, sous mes yeux. Je regarde avidement l'homme baigné dans la lumière dorée. Je ne rêve pas, c'est bien lui… Claude Foucault ! Je voudrais chanter, pleurer, composer des poèmes, le rejoindre… Je ne peux m'empêcher de trembler. Jim pose sa main sur mon bras. Je le regarde à travers mes larmes.

« Oh, Jim, ce n'est pas possible… »

Je m'enfonce de nouveau dans mon fauteuil. Le rythme de la musique, diffus et bourdonnant dans mes oreilles, me détend. Je laisse les premières phrases musicales m'entraîner vers des mondes connus, ceux d'Agnès et du couvent… Pendant que, dans ma tête, je répète la mélodie claire et si belle sous les doigts de Jocelyn, je suis entraînée vers ses horizons, pleins de sensualité et de vivacité.

Jocelyn plonge son public dans les profondeurs de la musique. Son jeu est puissant, dominateur, et je sens la salle frissonner en découvrant le monde invisible qu'il développe pour chacun, pour lui, pour moi. Il y a longtemps, j'avais connu la séduction de cette œuvre sous les mains expertes d'Agnès, et moi aussi, j'avais essayé de la jouer, mais, avec Claude, elle prend une autre dimension, celle qui naît du génie d'un virtuose qui repousse les limites humaines. Jocelyn – je dois l'appeler Claude désormais – fait corps avec son instrument et j'en ressens tout à coup un peu de jalousie, comme si une connivence sensuelle les liait. Je sais que chaque musicien aspire à partager l'essentiel de ses sentiments grâce à la musique. Je veux, moi aussi, vivre le triomphe de chaque note qui résonne, communier avec la beauté renouvelée et jouir de l'enchantement dans lequel il entraîne son public.

La sonate à peine achevée, je suis debout; je ne suis pas la seule d'ailleurs. La salle croule sous les applaudissements, la foule s'est levée et ovationne le musicien pendant de longues minutes. Claude quitte la scène puis revient pour de nouvelles ovations. Je suis si fière de lui. Je l'aime, je l'aime tant que je pourrais en mourir.

Il s'assied au piano et, pendant plus d'une heure, joue des œuvres de Chopin, de Mozart et de Liszt. Les rappels se succèdent au rythme des mouvements de la foule et, après plusieurs, Claude fait ses adieux. Le concert est terminé.

Les yeux remplis de rêves et d'émotions, je me tourne enfin vers Jim qui, dans la semi-pénombre de la loge, semble plus pâle qu'à l'ordinaire.

« Vous saviez, Jim ? Pourquoi ne m'avez-vous rien dit ? Pourquoi ?

– Je suis désolé, mademoiselle Marianne. Il était préférable que vous le découvriez par vous-même.

– Je veux aller le voir, tout de suite.

– Non, mademoiselle, je ne peux le permettre... »

En un éclair, je me dresse et me précipite vers la porte.

« J'y vais seule, je n'ai besoin de personne. »

Mais un bras fort me retient.

« Non, il y a trop de gens. Sa loge est certainement prise d'assaut et M. Jocel... Claude doit être occupé en ce moment. Voilà ce que je vous propose, continue-t-il alors qu'il lève la main pour arrêter le flot de mes paroles. J'ai pris la précaution de lui faire remettre une note en le priant de bien vouloir nous rejoindre à notre appartement pour une coupe de champagne...

– Vous lui avez bien dit que je suis ici, à Québec ?

– Oui.

– Vous en êtes sûr ?

– Oui, je vous le jure. D'ailleurs, il a aussi une chambre au château Frontenac. »

Certes, j'avais souvent ressenti du chagrin mêlé à de l'espoir lorsque je rêvais à notre éventuelle réunion.

Ce soir, le bonheur que je m'étais promis s'agrandit à l'infini et mes craintes cèdent déjà devant l'irrésistible besoin de sentir son visage contre le mien…

～

Silencieux, nous roulons vers l'hôtel. Je réfléchis. Anxieuse, je me débats contre la confusion de mes sentiments. Claude-Jocelyn… Jocelyn-Claude… Il est toujours le grand amour de ma vie, le Jocelyn de mon enfance, maintenant il est Claude le virtuose… Et rien n'a changé? Mais non, tout a changé!

Mon angoisse me pèse. J'ouvre la fenêtre de la voiture à la recherche d'un souffle céleste qui puisse me détendre, calmer mon exaltation et ma fièvre. Puis je fouille dans ma mémoire pour ramener à moi les paysages de mon passé qui me faisaient oublier mes inquiétudes et mes soucis… Impossible… Jocelyn fait partie de mes souvenirs. Si Claude vient vers moi ce soir, mon Dieu, que dois-je faire?

Nous sommes tous les deux dans la même ville, bientôt sous le même toit… J'ai soudainement tellement peur… Serai-je à la hauteur de cette nouvelle réalité, trop grande pour une simple jeune femme… Claude et moi, dans un hôtel… Pourrai-je enfin goûter le bonheur qui s'offre à moi? Je ne tiens plus en place. Heureusement nous y sommes.

Dans la douce pénombre du petit salon de notre suite, je me rends à la fenêtre et scrute la nuit. Le ciel si serein ce soir ne s'harmonise pas avec mes états d'âme; l'impatience me ronge. Je dirige mes regards vers la rivière, je vois une multitude de couleurs sous les lampadaires de la place en face de l'hôtel... Je cherche Claude... Est-il déjà là?

Je joue dans ma tête la musique de cette soirée et... non, je ne désire pas voir Jocelyn dans ce salon. Je regrette la grange rustique où nous nous sommes connus, où nous goûtions cette grande source de joie dans notre tendresse insatisfaite... Oui, j'aimerais l'attendre seule.

Installé dans un fauteuil, Jim est plongé dans la lecture d'un magazine, peut-être fait-il seulement semblant? J'ai envie de m'échapper, d'aller au-devant de Claude. Mais on frappe à la porte. Jim se lève rapidement pour aller ouvrir et j'entends une voix claire et enjouée.

«Bonsoir, monsieur Claude, comment allez-vous? Le temps a passé depuis notre dernière rencontre. Entrez, je vous prie. Donnez-moi votre pardessus, si vous voulez bien. Mademoiselle Marianne vous attend au salon.»

Je demeure immobile, pétrifiée... Il est là, devant moi. Je ne peux que balbutier un bonsoir presque inaudible.

«Je crois que vous vous connaissez tous les deux», fait remarquer Jim en souriant.

Je l'entends à peine... comme s'il parlait dans le vide.

«Je vous laisse, dit-il après un moment de silence, j'ai de la correspondance en retard. Je serai dans ma chambre, si vous avez besoin de quoi que ce soit. Heureux de vous avoir revu, monsieur Claude.

– Merci, Jim.»

Je m'arrête, je ne peux bouger. Lorsque Jocelyn s'approche, je vois une clarté semblable à celle d'un vif azur. Je le regarde intensément et mon anxiété disparaît. Nos regards désirent saisir, toucher, aimer...

«Ma petite Marianne, ma petite chérie, quelle surprise...»

Il s'élance vers moi et me soulève dans ses bras, puis me fait glisser contre son corps. Ses yeux brillent, il sourit. Un caprice, une surexcitation flottent autour de nous... il tourne son visage vers le mien...

«Nous refaisons notre pacte, Marianne?»

La caresse dure un long moment, comme si nous ranimions le bonheur... celui qui nous appartient depuis longtemps. Il me relâche. Sa voix est douce, un peu haletante...

«Mon amour, tu ne peux imaginer ma joie de te savoir avec moi... j'y ai si souvent rêvé... Enfin je te retrouve.»

Venant loin du passé, un doux parfum de tendresse s'insinue de nouveau entre nous... celui de sa bouche qui s'ouvre sur la mienne, celui de son corps contre le mien... Et c'est à moi de découvrir le monde des sens nouveaux, celui que mes rêves m'ont promis.

Ses yeux brillent d'un éclat violent et son visage resplendit de toute sa sensualité. Je sais que tout est possible et que Dieu peut permettre à deux âmes de s'aimer comme nous nous aimons.

«Tes saintes religieuses t'ont laissée sortir, Marianne. C'est inouï que tu sois à Québec. J'aime la vie, j'aime la vie, clame-t-il soudain, presque déchaîné. Tu ne peux t'imaginer mon bonheur, j'ai si souvent rêvé de ce moment, ma chérie.»

Je le fais taire en caressant sa bouche avec mon doigt.

«Comme tu es belle, murmure-t-il. Ma jolie princesse, il faut célébrer ce soir avec du champagne. »

Son visage expressif ne peut dissimuler ses sentiments, et Claude arbore tout à coup cet air espiègle que j'ai déjà connu sur le visage de Jocelyn. Faisant un clin d'œil vers la porte, il susurre :

«Pourquoi ne fuguerions-nous pas? Jim, je suppose, est comme une mère poule avec toi!

– Oui, partons. Je pensais d'ailleurs aller à ta rencontre tout à l'heure.

– Est-ce vrai, ma petite Marianne. Je suis content, les religieuses n'ont donc pas fait de toi une sainte nitouche!

– Jamais de la vie, Jocelyn… pardon, Claude! Tu en fais de vilaines cachotteries, toi. Claude Foucault… Mais pourquoi?

– Laissons cela, ce soir, pensons seulement à nous. Tu viens? Ma suite est au premier étage. J'ai déjà… je ne veux pas paraître trop audacieux, mais j'ai commandé du champagne. Il nous attend. »

Je me sens de nouveau tendue et troublée… ma faim de lui décuple mon désir. La chaleur de sa main dans la mienne signe la fin de notre longue séparation… pour ce soir du moins, et je murmure : «Mon amour… oui. »

Nous sortons sans bruit. Sa suite ressemble à la nôtre; Claude me guide vers sa chambre et, à la vue de son grand lit, je pâlis. Je sens mes genoux se dérober sous moi et ma gorge se nouer. Les démons généreux de la passion emplissent l'atmosphère et m'attirent. Il a remarqué mon trouble et la pression de sa main se fait plus intense, comme la faim que nous avons l'un de l'autre. J'ai besoin d'être rassurée.

«Mon amour, murmure-t-il langoureusement, assieds-toi.»

Je renverse ma tête sur le dossier du fauteuil et ferme les yeux… Claude s'éclipse vers le salon. Dans cette chambre, seule face à lui, j'ai subitement des doutes. Je vis dans une attente délicieuse où mes mains, mes lèvres, mon corps se préparent à l'amour. Mon angoisse se dédouble en même temps que mon désir s'amplifie… Suis-je en train de faire une erreur? Comme Ève qui a croqué le fruit défendu, ne suis-je pas sur le point d'être bannie du royaume des justes! La chair est péché, le père Antoine nous l'a répété tant de fois! Et pourtant… pourtant, je l'aime à la folie et je suis si attirée par lui… Je secoue la tête en soupirant…

«Comme tu es pâle, dit-il en revenant avec deux coupes de champagne. Buvons au miracle de cette rencontre, à nous deux, à notre amour, Marianne.»

Les bulles du champagne pétillent délicieusement sous ma langue. Je le bois avidement… il me redonne un peu de courage. Claude s'est agenouillé à mes pieds et pose sa belle tête sur mes genoux. Je suis troublée, incertaine… je caresse lentement ses cheveux. Un puissant désir serre mon bas-ventre, mon cœur bat très vite et je mordille mes lèvres. Il lève vers moi des yeux doux remplis d'une ardente dévotion, mais aussi d'un désir si puissant que je me mets à trembler…

«Comme tu es belle, Marianne! dit-il en prenant mes mains dans les siennes. Plus belle que jamais. Ma petite princesse, tu vis en moi chaque jour. Mais aujourd'hui, être près de toi me rend si heureux, si heureux, tu ne peux pas savoir… Mon amour, tu ne dis rien… tu ne regrettes pas d'être venue? Dis-moi…»

Je secoue la tête. La joie de l'avoir retrouvé se mêle inexorablement à la crainte, mais j'ai tellement besoin de la douceur de l'amour, de l'apaisement de mon désir, mais…

«Claude, dis-je d'une voix tremblante, je ne crois pas que je doive…

– Ma petite Marianne, je veux te l'entendre dire! Dis-moi seulement que tu m'aimes! Je serai si heureux de te l'entendre dire… Dis-le, Marianne et, si tu veux partir, je te ramène…»

D'un mouvement doux, volontaire, ses mains glissent le long de mes épaules, le long de mes bras… Rien ne peut être comparé à l'élan qui soulève ma poitrine… mes mains sont prisonnières dans les siennes… Gênée, j'essaie une autre stratégie.

«Je m'adresse à qui maintenant, est-ce à Jocelyn ou à Claude?

– Appelle-moi seulement "mon amour". Je suis le même, Jocelyn, Claude, ce sont deux prénoms pour une même personne… Marianne, je suis celui qui t'aime depuis le premier jour, depuis toujours…»

Je me lève en même temps que lui. Il enlace ma taille, ses mains descendent le long de mes reins, il se penche pour m'embrasser… «C'est notre pacte, Marianne, murmure-t-il, embrasse-moi!» Je sens son souffle sur mon visage, il écarte mes lèvres doucement et tendrement, et la caresse dure et dure encore… comme si nous déplacions le bonheur… Ce moment nous appartient depuis toujours. J'enroule mes bras autour de son cou et je lui rends son baiser, longuement. Je ne doute plus.

Lentement il me relâche.

«Mon amour, tu sais ce qui va se passer?»

Je recule d'un pas... j'acquiesce d'un signe de tête.

«Tu te souviens de notre conversation, Marianne. Tu voulais savoir ce qu'était faire l'amour, tu te souviens? Je peux maintenant te répondre, mon amour, le moment est venu... Je te désire, Marianne, et tu me désires, je le sais... Ma princesse, nous sommes si bien ensemble... Je t'aime tant.»

Mon cœur bat si fort que j'ai mal... Je sens de nouveau contre mes lèvres la forme de sa bouche. Devant l'empressement qu'elle met à s'ouvrir, mon désir s'accentue. Je chancelle... Oui, la possession sera un miracle délicieux. Je gémis faiblement, ma voix tremble et, dans un souffle, je murmure: «Mon amour, mon amour, prends-moi.» Et je goûte encore sa bouche...

Avec douceur, il enlève mes vêtements. «Laisse-moi faire, ma petite Marianne... tu es si belle!» Il embrasse mon corps, ses baisers doux deviennent farouches. Il se déshabille. Nous sommes debout, face à face, nus... Dans mes rêves les plus fous, jamais je n'avais osé imaginer l'émotion, l'ardeur, l'exaltation de tout mon corps frôlant le sien... J'appuie mon ventre contre son sexe...

«Ma chérie, tu es prête à aimer...

– Oui, apprends-moi, oui... oui...»

Le rythme de ma respiration s'accélère. Il me soulève dans ses bras, me porte jusqu'au lit et s'allonge contre moi... Nos genoux se frôlent... J'unis la grâce de mon extrême jeunesse à la souplesse de ses mains qui me caressent, furtivement d'abord, puis plus langoureusement. Mon corps se raidit alors qu'il touche mes seins et je gémis doucement lorsque sa main se dirige vers mon bas-ventre, puis s'arrête...

«N'aie pas peur, ma chérie, murmure-t-il d'une voix plus rauque. Mon amour, je serai doux... laisse-moi faire, laisse-moi te guider. Ô Marianne, sens ma passion, elle est pour toi... Marianne, c'est pour toi... Je t'adore, ô mon amour! Ce soir, notre pacte va prendre tout son sens.»

Son souffle me brûle. J'embrasse sa peau chaude, partout... Je lèche sa poitrine lisse et parfumée. Sa main vient d'écarter mes cuisses et a frôlé mon sexe. Je me raidis de nouveau en étouffant un cri, car j'ai peur maintenant de ce qui va arriver. Je croise les yeux de Claude qui comprend mon désarroi. Nous n'avons pas besoin d'échanger une seule parole. Pendant longtemps encore, il va m'embrasser, me caresser, puis doucement, lentement, guider mes mains pour me faire connaître le secret de son corps... Je touche son sexe... je suis encore plus troublée... lui en moi. Et mon tremblement qui ne cesse pas...

Avec douceur, nos bouches s'unissent et, encore une fois, un frémissement passe dans mon ventre. J'écarte mes jambes comme si je ne pouvais faire autrement. Claude s'allonge sur moi... Son corps est lourd et je l'enlace. Tendrement, il glisse vers mon ventre. «Détends-toi... tu vas aimer...» Avec douceur, il pose sa bouche sur mon sexe, l'embrasse et me pénètre avec sa langue.

La caresse continue encore... l'univers inconnu de la sensualité me révèle ses secrets. Des sons voilés, des gémissements de plaisir s'échappent de ma gorge... Claude m'apprend l'amour charnel sans brusquerie, avec patience. «Tu es prête, ma chérie, laisse-moi faire, je serai doux...»

Sous mes paupières fermées, mes prunelles se dilatent, résistantes, au point de soulever le monde... Puis mes yeux s'ouvrent sur la délicate pénombre de la chambre lorsque Jocelyn, tendrement, pénètre profondément dans ma chair, comme dans un héritage qui était sien. Il est en moi... son sexe, cette vie immense qui repose en moi, ce torrent de sensations. La douleur aiguë du début fait place à un plaisir si étrange, si voluptueux. Il m'initie lentement à l'amour, se retire avec douceur puis me pénètre tendrement. Chaque fois, un léger gémissement de jouissance naît dans ma gorge.

«N'aie pas peur, ma chérie... Sens comme je t'appartiens. Marianne, ton corps est merveilleux.»

Petit à petit, ses baisers se font plus gourmands, plus intenses, ses bras glissent sous mon dos et me soulèvent, le mouvement de ses hanches s'intensifie. Je pose mes mains moites sur ses reins pour l'arrêter, pour sentir son sexe prisonnier en moi... et, je ne sais comment, mais, en le retenant avec amour, avec un plaisir sexuel redoublé, des spasmes lents et doux dans mon bas-ventre caressent son sexe... Il gémit. «Mon amour, mon amour, encore... Marianne, je t'adore...» Il écrase sa poitrine contre la mienne, je mange sa bouche sauvagement et, le relâchant, ajuste le rythme de mes hanches au sien.

Je le sens monter en moi, l'inviolable gardien du plaisir, ce sentiment inconnu d'une puissance incontrôlable, je le sens, il vient de mon cerveau, de mes sens, de mon ventre... il gonfle comme une houle et déferle dans tout mon être... des spasmes entre mes jambes, dans ma gorge... j'étouffe. La bouche de Claude avale la plainte de ma jouissance alors qu'en moi une pulsa-

tion comme un battement d'ailes me caresse... long-
temps.

« Mon amour, ma bien-aimée...

– Jocelyn, je t'aime... »

Nos souffles sont saccadés, nos corps tremblent
encore...

Le bonheur nous baigne d'une clarté qui rend nos
corps fluides, aux contours indécis. Le regard de Claude
luit comme un miroir fiévreux et sensuel. Je suis diffé-
rente, je suis autre, je suis voluptueuse et un peu mélan-
colique. La magie de Claude règne sur mon âme et mon
corps... Délicatement, il se détache de moi.

« Je voudrais faire l'amour avec toi pendant des siè-
cles et des siècles, murmure-t-il en s'allongeant à mes
côtés. Si tu savais, Marianne, comme je t'aime, ma
femme, mon amante... tu m'as donné le plus beau
cadeau du monde. »

Je place ma tête au creux de son épaule et, douce-
ment, ma bouche va rejoindre la sienne. Notre baiser
renferme toute la tendresse de l'univers. La force et la
fougue de notre passion ont-elles changé l'essence de
cette tendresse? Il ne saurait être question de reculer
devant un si grand amour, notre amour, celui qui, dès
l'enfance, m'a sacrée femme et amante. Je ne doute
plus... je suis comblée. Mais la passion est comme une
arme à double tranchant. À la pensée de l'inéluctable
séparation qui va suivre mon cœur saigne déjà...

Je m'échappe de ses bras et me lève.

« Je dois retourner à mon appartement, Claude,
maintenant. Jim va...

– Oui, je sais. Viens d'abord avec moi, Marianne,
allons prendre une douche ensemble. »

Ses mains savonnent tout mon corps et s'attardent sur mes seins, entre mes jambes... «Doucement», lui dis-je. Nous rions en nous enlaçant sous l'eau tiède qui apaise la tension de nos corps. À mon tour, le savon à la main, je lave sa peau et, m'agenouillant devant lui, ruisselante, j'embrasse son sexe. Il soupire et m'aide à me relever. «Mon amour... mon amour, ne me tente pas», soupire-t-il.

Claude me raccompagne jusqu'à la porte de ma chambre. Nous avons du mal à nous séparer et nos baisers sont interminables. La nuit est déjà bien avancée. Il s'éloigne en m'envoyant des baisers du bout des doigts, puis je ferme ma porte à clé. Je me déshabille prestement dans le noir et m'allonge dans mon lit. Les yeux grands ouverts, je scrute l'obscurité et réfléchis à ce que je viens de vivre. Mais je suis couchée depuis à peine quelques minutes quand Jim frappe à la porte communicante entre nos deux chambres:

«Tout va bien, mademoiselle Marianne? demande-t-il.

— Mais oui, Jim.

— Bien. Vous et moi reparlerons de cette fugue...

— Quelle fugue?

— Rien, mademoiselle Marianne, bonne nuit», dit-il finalement d'un ton sec.

Je m'attendais à une réaction de sa part, car je supposais bien qu'il ne tarderait pas à découvrir notre subterfuge. Mais, pour l'instant, je ne veux pas y penser ni gâcher ma rêverie. Le refuge de mon lit, je le remplis de ma dévotion, de ma passion, je veux revivre ces moments passés dans les bras de Claude... Il me semble entendre le souffle de son plaisir et du mien... Mes jambes ressentent encore le contour de ses hanches, les miennes suivant l'harmonie de son corps. J'ai été son amante, j'ai offert ma virginité... Mon apaisement est tel que je le reçois comme un don qui m'est dû. Je suis heureuse. Je connais le plaisir physique, son nouveau pouvoir dans ma vie, l'odeur d'un corps d'homme... celui de Claude, le parfum de son amour, le feu de son sexe... Tout exprime la beauté de notre union.

Mes réveils sont fréquents. J'entends M. et Mme McFarlane rentrer. Chaque fois, mon être est en attente, mon amour, exalté. Ma main cherche à toucher, mes lèvres désirent embrasser... Je revois un paysage de volupté... Je me rendors avec difficulté en me laissant emporter par un tourbillon de rêves.

CHAPITRE XXVI

«Quel beau soleil, on dirait des flammes», me dis-je en sortant de mon lit et en ouvrant la fenêtre. Je marche lentement et à chacun de mes pas je ressens un léger malaise dans mon bas-ventre… Je le tolère avec le sourire.

Bien qu'il soit presque dix heures, j'appartiens encore mollement à la nuit et tente de m'extraire des limbes de mes pensées. Le temps presse. Je me hâte d'aspirer par tous les pores de la peau la chaleur qui me vient du spectacle dans ma tête… la nudité, les contours, les épaules, les hanches, toute cette volupté qui confère tant de lustre à mon amant. Claude, mon Claude…

La sonnerie du téléphone me fait soudain sursauter.

«C'est Jim, mademoiselle Marianne, je suis à côté. M. et Mme McFarlane sont sortis et ne rentreront qu'à l'heure du déjeuner. M. Foucault les a invités et vous prie de vous joindre à eux au restaurant de l'hôtel. Avez-vous bien dormi?

— Oui, Jim, très bien, je vous remercie.

— J'arrive, si vous le permettez, je dois vous parler.»

J'enfile rapidement mon peignoir; la clé tourne dans la serrure et Jim entre, l'air quelque peu taciturne.

Il hésite à me parler. Il lui faut bien quelques minutes pour briser le silence qui suit son bonjour et les phrases d'usage qui ponctuent le début de chacune de nos journées.

«Vous n'avez rien à me dire, mademoiselle Marianne?

– Non… non, Jim, que voulez-vous dire? Si c'est d'hier soir dont vous voulez parler, vous avez certainement deviné où j'étais! Avec Claude, naturellement…

– Vous avez fait preuve d'une grande imprudence, mademoiselle Marianne…

– Jim, je le répète, j'étais avec Claude!»

Je suis désolée et prends conscience qu'une certaine distance vient de s'installer pour la première fois entre nous. J'ai un besoin de dire la vérité, car, vu mon éducation, je n'ai pas l'habitude de recourir au mensonge, et cette situation avec Jim torture quelque peu ma conscience. Pourtant, en ce moment même, je ne veux rendre compte à personne de mes agissements et je sais que le temps est venu pour moi de contrôler cette partie privée de ma vie. Devenir une femme, une adulte, c'est peut-être cela… aimer les uns, blesser les autres! Certes la froideur avec laquelle il me traite m'attriste, mais, à présent que j'ai déchiré le voile de l'innocence, je dois affronter la réalité.

Que veut-il donc? Des confessions, des pleurs, des regrets? Non, il n'en aura pas. Peut-être a-t-il compris que je n'ai pas l'intention de lui fournir d'autres informations, que je n'ai pas honte de ma fugue… Ses yeux soudain perdent leur dureté… Notre entretien ne menant à rien, je me sors de cette confrontation d'une manière avantageuse, en orientant la conversation sur un autre sujet.

«Jim, hier en revenant de ma leçon de tennis, j'ai cru voir le type que j'avais blessé à la joue avec mes ciseaux. Avez-vous remarqué quoi que ce soit?»

J'ai de la difficulté à décoder son comportement ce matin; ses yeux vagues, fixés sur un point imprécis, se reportent sur moi. Je le sens mal à l'aise. Est-il possible que la cause de son humeur ne tienne pas seulement à son devoir d'ange gardien? Se trouve-t-il dans une impasse à cause de moi?

Il redresse les épaules comme pour se donner une contenance et s'approche de la fenêtre.

«Oui, je l'ai reconnu. Hier soir, il était avec une autre personne sur la grande place. Ils portaient tous les deux des appareils photo en bandoulière.

– Alors?»

Une lumière bleu colle à son front et à ses joues... Le soleil s'est-il déjà caché? Non, c'est l'éclairage du plafonnier qui lui donne cette couleur blafarde. Ses yeux, par contre, brillent étrangement.

«Alors, rien. Nous restons sur nos gardes. Vous surtout, prudence et prévoyance, ne restez jamais seule, vous m'entendez?»

Sa voix a repris un ton plus ferme sans être pour cela autoritaire. Sa froideur est calculée, je le sais...

«J'aimerais faire un petit tour de voiture avant le déjeuner, Jim? Je n'ai guère envie de rester enfermée dans ma chambre!

– Si vous le désirez, Miss Mary Ann. Mais je ne vous quitte pas d'une semelle! dit-il avec sévérité.

– Bien entendu, Jim. Donnez-moi juste quelques instants pour me préparer.»

Il me laisse donc. Comme d'habitude, je rêve, je me parle, je me fais des discours... «Jim est contrarié, c'est dommage, mais tant pis! Claude est à moi et je le verrai tout à l'heure, balafré ou pas, parce que je l'aime... Et rien ne pourra nous séparer... Non, rien...»

Je cherche dans la penderie l'ensemble de voyage que Mme McFarlane a envoyé nettoyer aussitôt après notre arrivée... Oui, il est là. Quel service!

«Entre Claude et moi, c'est une longue histoire qui va continuer puisque nos destinées sont liées... depuis toujours. Nous devons nous séparer, c'est inévitable, mais...»

Pendant un instant, j'arrête de soliloquer. Je brosse vigoureusement mes longs cheveux. J'examine mon visage dans le miroir de la salle de bains, puis je reprends mon monologue: «Il faut profiter de chaque moment avec Claude, ma petite Marianne... Hum, tu es un peu pâlotte ce matin, mais le bonheur te va bien!»

Des oiseaux passent devant ma fenêtre en faisant entendre des cris si longs et si perçants qu'ils me donnent l'illusion de vouloir m'arracher à ma rêverie...

«Je retrouverai Claude à ma sortie du couvent ou avant, qui sait?»

Cependant, comme un sentiment qui n'a pas sa raison d'être, j'ai subitement d'indescriptibles craintes... A-t-il au cours de ses voyages inspiré d'autres femmes? Était-ce sa musique qui parlait à leurs sens ou sa personne qui leur promettait plaisirs et volupté?

Claude n'a pas à me le dire, et ma fierté ne me permettrait pas de le questionner... Surtout je ne veux pas souffrir. J'y pense aujourd'hui, mais je ne pensais pas hier à l'équation des jeux de l'amour. «Mais, Marianne, ce n'est pas un jeu...» Dans mon cœur, dans ma tête, je ne veux que sceller, d'un baiser doux et profond, notre nuit trop tôt achevée. Oui, ses mains sont expertes et ont dû apprendre le dessin des corps de femmes… Oui, elles ont dû s'égarer sur la peau des sirènes qui l'ont envoûté, mais son cœur m'appartient, il me l'a juré!

Rassérénée, j'applique un peu de poudre sur mon nez, du rouge sur mes lèvres et du Chanel derrière mes oreilles et sur mes poignets… «C'est peut-être ça la vie, oublier le passé et vivre dans le présent… et, Marianne, ne l'oublie surtout pas!»

~

La voiture roule lentement sur l'esplanade que surplombe la statue du sieur de Champlain. L'endroit grouille de monde, et ce jusqu'à la terrasse de l'hôtel qui jouxte le funiculaire qui transporte les touristes vers la basse ville. Je crois que l'affluence fatigue les plantes; les fleurs autour du fondateur de Québec sont étiolées… peut-être sont-elles trop sensibles au son des voix… mais aussi au soleil à son zénith qui frappe fort sur la place et sur les gens qui s'éventent.

«Faisons le tour du monument, voulez-vous bien, Jim? Quelle vaste esplanade!

– Oui, mademoiselle Marianne, mais attendez de voir la place de la Concorde à Paris ou encore celle de l'Ermitage à Leningrad!

– Vous connaissez tous ces endroits, Jim?

– Eh oui…

– Jim, arrêtez la voiture… Est-ce Claude là-bas, cet homme qui se dirige vers l'hôtel habillé d'un costume clair avec un porte-documents à la main?

– Oui, on dirait… oui, c'est bien lui…

– Suivons-le, Jim ! »

Une douceur m'enveloppe et un frisson de bonheur qui ressemble à un rire court le long de mon dos. Jim se gare, donne un petit coup de klaxon. Claude tourne la tête, son visage s'éclaire au moment où j'ouvre la portière. Il me rejoint sur la banquette arrière.

« Bonjour, vous deux, dit-il gaiement, j'allais justement vous voir. Comment vas-tu, ma petite Marianne ? »

Sa main a déjà glissé discrètement sur mon genou. Je rougis. Mon cœur chante de nouveau.

« Très bien, Claude.

– Voilà, j'arrive de chez mon agent et… bien, je pars cet après-midi pour New York. J'ai une série de concerts aux États-Unis, dans plusieurs villes, et je débute ma tournée au Carnegie Hall. Les répétitions commencent avec l'Orchestre philharmonique de Boston dans quelques jours.

– Comme ça, tout de suite ?

– Hélas, oui ! Je dois travailler sur quatre concertos, dont deux en particulier. Je me sens un peu rouillé, dit-il avec un clin d'œil malicieux. Je veux me concentrer aussi sur le *Concerto n° 2* de Rachmaninov, ma pièce de résistance pour mon premier concert ! »

Je suis de nouveau cette petite fille d'antan qui avait un immense chagrin lorsqu'il me quittait… le même poids m'écrase.

« Encore un moment, peux-tu m'accorder juste un moment ?

– Bien sûr, ma petite Marianne, mon train n'est qu'à trois heures. »

Jocelyn… Comme toujours, son visage animé et lumineux me domine… et, comme toujours, il est la source de mon immense tristesse puisqu'il doit partir. Je me sens isolée de tout, encore le drame d'un départ…

Jocelyn… Claude appartient au clan des gagnants, au clan des êtres qui croquent la vie à pleines dents, tandis que moi j'appartiens à celui des femmes dépendantes, qui doivent attendre. Je retiens un profond soupir lorsqu'il prend ma main dans la sienne et me sourit.

« Rentrons à l'hôtel, veux-tu ? Je vais saluer les McFarlane et m'excuser de leur faire faux bond pour le déjeuner. Au revoir, Jim, et merci, dit-il en lui tendant la main.

– Tu es comme toujours, Jocelyn, si sûr de toi… » lui dis-je.

Jim nous dépose au pied des marches de l'hôtel. Nous rentrons la main dans la main… il m'entraîne. Je suis soudainement muette, comme vidée, je me sens aussi très fatiguée. Accepter son départ me paraît soudain au-dessus de mes forces. Il parle à voix basse, tout près de moi… Je bois ses paroles… j'en ai tellement besoin.

« Marianne, ma femme, mon tendre amour, j'aurais tant voulu rester encore quelques jours avec toi. Mon métier est si exigeant, tu comprends ? Un jour, nous voyagerons ensemble, je te le promets. Après ton départ du couvent, ce sera merveilleux, tu verras. Et ne remarques-tu pas, je ne t'ai pas appelée la petite nonnette, car tu es mienne maintenant ! Ma chérie, si tu savais comme je t'aime !… »

Sa voix me berce ; je suis un petit peu moins malheureuse. Doucement, il murmure à mon oreille : « Je suis contre toi, en toi, comme hier, et, dans ton lit, chaque soir, tu m'imagineras. Je t'embrasserai, je t'aimerai avec mon corps et mon cœur... tous les soirs avant de me coucher. Marianne, promets-moi que tu feras la même chose! Promets-le, Marianne!»

J'acquiesce d'un signe de tête et, à travers mes yeux noyés de larmes, je lui souris. Nous sommes arrivés dans le grand hall d'entrée. M. et Mme McFarlane sont assis autour d'une table basse dans le salon tout à côté. Dès qu'il nous aperçoit, M. McFarlane se lève, tend la main à Claude et me salue chaleureusement, comme il le fait d'habitude.

«Comment allez-vous, monsieur Foucault? Vous connaissez mon épouse, je crois?

— Oui, en effet, dit-il en se penchant pour lui faire le baisemain. Enchanté de vous revoir, madame McFarlane. J'ai eu le plaisir de faire votre connaissance l'année dernière à Londres. Ne nous sommes-nous pas rencontrés à une réception après un récital au Wigmore Hall?

— Oui, enchantée de vous revoir, dit-elle, souriante. Permettez-nous de vous offrir un rafraîchissement. Asseyez-vous, je vous prie!

— Merci, mais je vais devoir vous fausser compagnie plus tôt. Comme je viens d'en informer Marianne, je dois partir pour les États-Unis, cet après-midi même. Mon agent a devancé les dates d'une tournée qui était prévue pour l'automne. Je dois me préparer maintenant et malheureusement prendre congé de vous. Permettez-vous que Marianne m'accompagne jusqu'à l'ascenseur?»

Mme McFarlane fait un geste d'approbation et son mari acquiesce.

«Bien sûr. Bon voyage, Claude, et tous nos vœux de succès pour votre tournée!»

Nous nous dirigeons lentement vers l'ascenseur.

«Je regrette que nos derniers moments ensemble aient lieu dans un endroit public, ma chérie, dit-il, gardant ma main dans la sienne. Je t'écrirai par le biais d'Agnès.

— Non, désormais j'ai le droit d'ouvrir moi-même mon courrier, et tu peux m'adresser tes lettres directement sans craindre qu'elles ne soient ouvertes. Au fait, comment va Agnès?

— Nous nous croisons de temps en temps. Elle commence à être connue. Voilà l'ascenseur... et Jim! Comme je l'avais dit, une vraie mère poule, ce Jim!»

Tendrement, il entoure mes épaules de son bras. Personne ne peut voir nos yeux remplis de ferveur, nos bouches murmurant notre passion.

«N'oublie pas notre maison blanche avec les deux tourelles.»

Il se penche et pose ses lèvres sur ma joue en susurrant encore...

«Oui, ma chérie, nous nous aimerons dans cette maison, je te le promets... mais là, maintenant, je te désire tant, je voudrais sentir tes seins sous mes mains et redécouvrir le trésor de ton ventre... Marianne, je t'aime.

— Moi aussi, Claude, je t'aime si fort... Adieu, que Dieu te garde!»

Puis il se détache brusquement de moi et s'engouffre dans l'ascenseur. Jim m'a déjà rejointe.

«Nous allons déjeuner, mademoiselle Marianne?»

Je soupire un oui évasif. Les mots de Claude résonnent toujours en moi; j'aurais voulu me donner à lui encore une fois et renouveler notre promesse. Dans deux heures, il sera dans le train pour New York... Pourquoi faut-il souffrir ainsi quand on aime ?

~

Puis les événements se précipitent. Un appel téléphonique bouleverse nos plans. Nous partons le lendemain dans la matinée. Pas de soirée à l'Université Laval, pas de randonnée vers les chutes Montmorency, car on rappelle mère Saint-Ignace d'urgence au couvent.

« Monsieur McFarlane, est-ce grave ?

– Je n'en sais rien, mademoiselle Marianne ! Je regrette d'avoir à raccourcir ainsi notre voyage. Il y a aussi autre chose. Jim pense avoir vu cet énergumène que vous appelez "le balafré" traîner aux alentours. Nous devons être vigilants. »

J'ai l'impression qu'il me sonde en prononçant cette dernière parole. Je soutiens son regard, en toute innocence.

« Le concert vous a plu hier soir ?

– Énormément, merci ! »

Ses yeux ne me quittent pas. Il continue.

« Jim vous accompagne à votre leçon de natation comme prévu cet après-midi. Ce soir, nous dînerons avec M. Gagnon, un collègue, qui sera accompagné de sa femme et de sa fille. »

Oh ! non ! pas cette chipie de Caroline ! Je suis décidée à ne pas me laisser faire... Pas question qu'elle gâche mon séjour à Québec !

M. McFarlane se lève.

309

« Je sors avec mon épouse maintenant. Nous avons rendez-vous au consulat britannique. À ce soir ! »

Il incline la tête et sort du grand salon où nous nous étions confortablement installés pour prendre notre café. Jim et moi restons immobiles, plongés dans nos pensées. Je le regarde... je lui trouve un air vague et patient... Je croise les mains sur mes genoux en soupirant profondément.

« Quelle drôle de journée. Je dois avouer que ce séjour me réserve vraiment des surprises. »

Nous faisons une partie de tennis et, vers trois heures, je me rends à la piscine de l'hôtel où le maître nageur m'attend. Je lance un clin d'œil à Jim avant d'exécuter un plongeon. Il me fait un signe de la main. Ma leçon se déroule sans anicroche ; j'ai encore des progrès à faire en ce qui concerne la brasse papillon, mais j'y arriverai... Ces activités sportives calment mon corps fiévreux et me délassent.

La leçon terminée, on nous sert le thé sur la terrasse de la piscine. Cette habitude anglaise ne me semble pas si incongrue sous le ciel de Québec.

« Jim, dînez-vous avec nous, ce soir ? lui dis-je, lorsque nous nous dirigeons vers l'ascenseur.

— Je ne sais pas.

— Je crois que je vais aller me reposer, dormir un peu probablement. N'oubliez pas de me réveiller à six heures, s'il vous plaît, Jim !

— Oui, bien sûr. N'ayez crainte ! »

De retour dans ma chambre, une belle surprise m'attend. Une douzaine de roses rouges s'épanouissent dans un vase de cristal taillé. Un petit billet est attaché par un ruban blanc à l'une des tiges, et je lis : *À ma*

princesse inconnue, Claude. Quelle merveilleuse atten-
tion! Je souris aux fleurs, je souris à mon reflet dans la
grande glace au cadre doré et je me mets à danser de joie
autour du lit. La vie est si belle, belle et je l'aime à la
folie. Je me jette sur mon lit. Je voudrais que Claude
soit là pour me blottir dans ses bras et recevoir les preu-
ves de son amour encore et encore. Le parfum des roses
se mêle au mien. Je rougis un peu de mes pensées… Je
vois mon amour allongé, le sexe dressé. Ma bouche se
gonfle, enfiévrée… je m'offre au plaisir et j'y prends
goût. Je ne peux y résister…

Mes mains glissent vers la moiteur de mes cuis-
ses… un renouveau de volupté envahit mon corps…
Claude, je le désire tant… Je ferme les yeux au souvenir
de son sexe me pénétrant. Je m'impatiente… je rêve de
possession, je souffre d'amour et de silence… Ma main
descend plus bas, je me mords les lèvres, je reste immo-
bile durant quelques secondes, des images se pressent
dans ma tête… Je caresse mon sexe, lentement pour
commencer. Puis je continue… plus vite… plus vite…

Une autre jouissance se déchaîne en moi… Je mets
mon poing dans ma bouche afin de ne pas pleurer…

Fatiguée, je reprends peu à peu mes esprits…
Ainsi, j'ai découvert en moi une autre source de plaisir,
une autre jouissance liée au souvenir de ma nuit
d'amour… «Claude, tu m'as si bien appris…»

Exténuée, je m'assoupis.

≈

Pas de nouvelles surprises en vue, mais la soirée
promet d'être très intéressante, puisque je vais revoir

l'ennemie numéro un de mon enfance, cette peste de Caroline. Jim est venu frapper à ma porte comme convenu vers six heures, me réveillant en sursaut.

Le souvenir de ma jouissance tourne dans ma tête... Ai-je rêvé ou me suis-je réellement masturbée? Suis-je à ce point devenue hâtive, impatiente et curieuse? Mes mains jusqu'alors innocentes sont-elles devenues une source de plaisir?

«Ah, Marianne, secoue-toi! Es-tu contente? Non, pas tellement... Oublie tout ça et va t'habiller!»

Je prends soin de ma toilette et mets la dernière touche à la superbe tenue que Mme McFarlane a fait livrer juste avant le dîner. «Je n'ai pu y résister, me murmurera-t-elle pendant la soirée. Ce vêtement a été créé pour vous! Il vous sied à ravir!» En effet, elle m'a offert un splendide tailleur d'été rose saumon orné de gros boutons dorés tout le long de la veste. Un galon soyeux d'une teinte plus soutenue borde l'encolure et les manches. Des escarpins et un sac assortis complètent ce petit chef-d'œuvre de chic et d'élégance que je n'ai de cesse d'admirer. L'ensemble vient de la boutique Chanel. Je suis plutôt fière et contente de moi en faisant mon entrée dans la salle à manger et, sur mon passage, je surprends des regards admiratifs.

Les présentations se font dans la bonne humeur, malgré la mine renfrognée de Caroline qui arbore son air boudeur habituel. Elle n'a pas tellement changé.

«Bonsoir Caroline, comment vas-tu?» lui dis-je.

Elle me répond à peine et détourne vite le regard. Mais je suis bien déterminée à ne pas la laisser gâcher ma dernière soirée à Québec et j'ignore son geste. Je m'étais promis une revanche, il y a si longtemps... Ah oui, ma revanche, que sera-t-elle? Je le sais, je l'aurai.

Dans mon cœur reflue mon ancien ressentiment. Je l'observe sans bienveillance et, tout à coup, je me sens détachée et plutôt douce. «Marianne, oublie tout ça et amuse-toi!» Oui, j'ai le cœur à la fête, malgré Caroline. Je peux même oublier sa présence et, pour l'instant, mon désir de vengeance.

Ce soir, j'irradie la confiance et je joue mon rôle. D'ailleurs, est-ce vraiment un rôle? Je ne le sais pas, mais ne suis-je pas en train de découvrir un univers nouveau, d'assouvir mes désirs et de contenter mes sens… de combler ma faim pour la musique des voix, pour les parfums, pour tout le superflu enivrant du monde et pour la vie en société, tout cela qui m'a tant manqué?

Je m'essaie à la conversation, je suis enjouée, curieuse et je me sens à l'aise. La salle à manger se remplit… le bourdonnement des conversations se mêle au cliquetis du service. Je regarde le scintillement des lumières, le reste d'un vin pâle dans le verre à portée de ma main… Le garçon de table le remplit de nouveau, et je bois. J'écoute avec intérêt les commentaires de M. Gagnon sur la situation politique en Europe. Caroline, elle, la tête penchée sur son assiette, ne fait même pas semblant de s'intéresser à son entourage; elle continue de bouder…

Je réalise qu'elle n'a plus rien d'une rivale et que j'ai gagné un autre pari. Elle n'aura jamais la stature d'une Marianne! M. et Mme McFarlane me jettent à la dérobée des regards un peu amusés, conscients de mon petit jeu et de l'animosité que me porte la fille de leurs collègues. Ils me sourient. Je sens que j'ai leur approbation, et ma compagnie ne passe pas inaperçue au sein de notre petit groupe. Comme pour un baptême du feu, j'ai passé et réussi les épreuves !

Mme Gagnon, un peu timide, s'enquiert des mes études, pendant qu'elle surveille sa fille du coin de l'œil, cherchant à capter son attention. J'admire assez son mari, un homme distingué, sympathique et qui a un sens aigu de la répartie. Ses yeux pétillants témoignent d'une nature curieuse. On discute encore politique alors que nous dégustons des fromages. M. Gagnon me semble faire preuve d'un peu trop de complaisance envers la politique de l'Union nationale de Maurice Duplessis.

« D'après ce que je comprends, monsieur Gagnon, dis-je, ce parti est trop attiré par la droite… N'emploie-t-on pas le mot "nationalisme" quand on en parle ?

– Qu'est-ce que la cendrillon du couvent connaît à la politique ? » lance Caroline tout à coup, les joues en feu.

« Ah ! ah ! Caroline me prend encore comme cible ! »

Mme Gagnon rougit et secoue sa fille en lui disant d'une voix dure : « Excuse-toi et tout de suite ! Tu m'entends ? »

Caroline verdit un peu sous son léger hâle, ses yeux noirs me fusillent et sa bouche s'entrouvre sur de petites dents épaisses. Elle secoue la tête.

« Laissez, madame Gagnon, les paroles de Caroline ne m'ont pas blessée, dis-je, avec un peu d'humour. Si on m'a appelée la "cendrillon du couvent" – oui, oui, ce surnom ne m'est pas inconnu –, j'ai fait peau neuve, et je peux vous assurer, et surtout toi Caroline, que je ne perdrai pas ma pantoufle de verre à minuit… »

Un silence lourd s'ensuit. Tous les regards sont tournés vers moi qui affiche toute la confiance du monde. Derrière sa serviette de table, Jim me fait un clin d'œil amical. Je souris. Caroline enfonce la tête dans ses épaules. Malgré tout, elle a l'air triste, triste comme une enfant rejetée...

Heureusement, le chef cuisinier, en grande tenue, vient lui-même servir une montagne de crêpes Suzette, une véritable œuvre d'art culinaire, ce qui change l'humeur des convives à notre table. L'atmosphère se détend pendant que l'on admire sa dextérité. Dans la flamme bleue de l'alcool, il fait grésiller les minces crêpes pliées en deux et pétiller le sirop à l'orange et à la mandarine. Impulsive et heureuse, je ne peux m'empêcher d'applaudir. Je fixe Caroline assise de l'autre côté de la table. Elle baisse les yeux devant mon assurance. « Toi, ma fille, nous nous retrouverons », me dis-je !

Pourtant, au moment du départ, je lui tends la main pour sauver les apparences, même au prix d'une courtoisie hypocrite. Je serre la main de Mme Gagnon et, avec une grâce toute féminine, j'accepte le baisemain respectueux de M. Gagnon.

« Nous avons été enchantés de faire votre connaissance. J'espère que nous aurons l'occasion de nous revoir », dit-il. Ses yeux semblent en dire plus encore.

～

Mon séjour à Québec a été court, c'est vrai, mais j'ai la certitude d'avoir été à la hauteur des situations nouvelles et étonnantes. En même temps, sur ces images récentes, j'essaie d'imprimer une réalité complètement différente, celle que je cherche depuis toujours...

Chapitre XXVII

Réveillée de bonne heure, je fais mes bagages. Jim a commandé mon petit déjeuner. Je me sens étrangement nerveuse ; je me mords les lèvres en sentant les larmes nouer ma gorge, sans aucune raison apparente, mais comme si je m'attendais à une douleur, à quelque chose d'imprévu… « Non, Marianne, c'est ton retour au couvent… tu as pris goût à ce semblant de liberté, admets-le ! » me dis-je pour me convaincre.

Une tasse d'un bon café fort me réconforte un peu. Il fait beau. Notre voyage de retour sera agréable. Pourtant, je tressaille simplement à regarder la rivière… son courant rapide emporte ma réflexion et sa surface miroitante me lance des clins d'œil, l'air de me confier : « Tu reviendras un jour, Marianne. » Oui, c'est certain, je reviendrai.

Mme McFarlane doit rentrer directement à Ottawa. Notre brusque séparation me chagrine aussi, car je commence à mieux la connaître et à apprécier sa compagnie. Ayant averti Jim, je traverse le couloir pour aller frapper à sa porte.

« C'est moi, Marianne. Puis-je entrer ?

— Bien sûr, mademoiselle Marianne, je finis mes valises dans un instant.

— Jim m'a dit que vous partez presque tout de suite?

— Oui, la voiture du Dr Gagnon vient me chercher dans dix minutes. »

Je l'observe; ses mouvements sont vifs, pleins de grâce. Elle boucle ses malles et vient s'asseoir près de moi.

« Cela a été un bien court séjour! Mais je suis heureuse de vous avoir enfin rencontrée, dit-elle prenant mes mains dans les siennes. Nous allons nous revoir, sûrement. »

Notre amitié est trop récente pour que je lui ouvre mon cœur. J'ai pourtant envie de me confier, d'obtenir des réponses, de lui parler de moi, de ce que je ressasse depuis longtemps, de ce que je m'imagine ou devine, de ce qui fait partie de la réelle intimité d'une jeune femme, mais elle va partir dans quelques minutes.

Le téléphone sonne.

« La voiture m'attend, je dois descendre, dit-elle. Avant de nous séparer, j'aimerais, en souvenir de votre visite ici, vous offrir un disque de Claude Foucault qui a été enregistré à Londres l'année dernière. Il s'agit d'ailleurs de la *Pathétique* de Beethoven, l'une de vos œuvres préférées, paraît-il », continue-t-elle en souriant. Mais son regard, soudain plus pénétrant, cache quelque chose d'autre... une question peut-être!

Je soutiens son regard qui, cependant, ne contient aucun reproche. La *Pathétique*! Une coïncidence? Y aurait-il une communication télépathique entre nous?

Je la remercie. À cet instant précis, j'envie sa liberté et son autonomie, sa façon d'être, et je mesure encore plus la différence qui nous sépare. Mme McFarlane est une femme du monde, mais elle me témoigne toutefois des sentiments affectueux qui me consolent. Que pourrait-elle me dire de plus? Une amitié sincère se construit peu à peu.

Je lui tends la main, mais Mme McFarlane la repousse gentiment et m'attire vers elle pour m'embrasser affectueusement.

«Pas de cérémonie pour une fois, jeune Marianne. Laissez-moi aussi vous exprimer mon admiration pour votre courage et vous souhaiter le meilleur du monde pour l'avenir! Nous nous reverrons bientôt, vous et moi!

– Je vous remercie, madame, dis-je en prenant une de ses mains dans les miennes. Si j'avais à choisir une maman, elle serait comme vous...»

Son visage souriant s'assombrit et ses yeux se voilent légèrement.

«C'est le plus beau compliment...»

On frappe à la porte. Mme McFarlane va ouvrir. Le chasseur entre et elle lui indique les deux malles. Puis, se tournant vers moi, elle ajoute:

«Merci, Marianne, je ne vous oublierai pas, croyez-moi.

– Moi non plus, madame McFarlane.»

Et elle part.

~

Je rejoins M. McFarlane, pendant que Jim gare la Daimler devant l'entrée de l'hôtel. Immobile, je perçois davantage la fraîcheur du soleil matinal, l'obliquité de la lumière et le bleu cosmique qui s'étend sur la ville. Je me retourne, encore une fois, pour regarder la façade imposante du château Frontenac, ses portiques, ses balcons en encorbellement et ses colonnes, et mon cœur se serre. Je vais laisser, en quittant Québec, un grand secret, des confidences d'amour... enfin, une page vient d'être tournée.

Notre voyage de retour se déroule en un quasi-silence. Mère Saint-Ignace semble très préoccupée. Pourtant, lorsque je soupire en regardant le pont de Québec, elle tapote légèrement ma main. Je lui en suis reconnaissante. Son visage est triste et je respecte son mutisme.

M. McFarlane est enseveli, comme à l'habitude, sous une montagne de papiers. Alors je continue de regarder les paysages inondés de lumière qui défilent vitement et le cours majestueux du Saint-Laurent qui charrie tous mes souvenirs avec lui. Le film des heures qui viennent de s'écouler depuis les deux derniers jours rejoue sans cesse dans ma tête. Je ferme les yeux sur le souvenir de ma nuit avec Claude et je rêve de mon tendre amour. En revenant à la réalité, je remarque que mère Saint-Ignace me dévisage. Je n'ai pu me trahir. Comment pourrait-elle deviner? J'ai dû sourire et, dans l'état d'esprit où elle se trouve, elle s'inquiète déjà pour moi. Bientôt la silhouette des hauts murs du couvent se profile. L'escapade prend fin.

«Je compte venir au couvent avant Noël», annonce M. McFarlane en sortant de la voiture.

Il nous accompagne jusqu'à la porte d'entrée qui s'ouvre comme par magie. «Je vous remercie, ma mère, continue-t-il en se tournant vers la religieuse, je vous téléphone d'ici quelques jours. J'espère que tout ira bien. »

Je fais un signe de la main dans la direction de Jim, avec qui j'ai pu à peine échanger des paroles d'adieu. On dirait que personne ne désire s'attarder, surtout mère Saint-Ignace qui a vite disparu derrière le grand portail. M. McFarlane me salue et ajoute à mon adresse :

« À partir du mois prochain, nous changerons un peu le programme de vos études. »

Puis il hésite un court moment. J'attends, patiente, tandis que nous restons silencieux. « Soyez courageuse », dit-il en me tendant la main. Son visage est plus pâle que d'ordinaire.

« Monsieur McFarlane, merci, merci infiniment de m'avoir fait connaître Québec. Je vous en suis très reconnaissante.

– Ce fut notre plaisir, mademoiselle Marianne. »

Il s'engouffre ensuite dans la voiture qui démarre aussitôt dans un nuage de poussière.

Je demeure perplexe en réintégrant l'univers du couvent. On dirait que le silence est encore plus lourd aujourd'hui, mais je suppose qu'après les feux de la ville une telle impression est normale. Les couloirs paraissent plus déserts que d'habitude. Je pars à la recherche de sœur Sainte-Marie, mais ne la trouve ni dans notre coin ni nulle part ailleurs. « Comme c'est bizarre, je pensais qu'elle m'attendrait, impatiente de me revoir pour que je lui raconte mon séjour. »

Soudain, cette journée prend une tournure bien amère. Mes pas me guident le long du couloir qui mène au bureau de la Supérieure. Avant d'y arriver, mère

Maria-Térésa sort de la classe de troisième et me fait signe de la suivre.

« Où est sœur Sainte-Marie ? Je la cherche partout. Je veux lui donner le scapulaire que Mme McFarlane lui a acheté. »

Mère Maria-Térésa fait le signe de la croix. Mais pourquoi ? Que se passe-t-il ? Je sens alors une émotion puissante m'étreindre tout entière, une certitude s'immisce en moi, j'ai le vertige… Non, je rejette cette sinistre pensée !

« Viens, Marianne, murmure mère Maria-Térésa, la Mère supérieure veut te voir tout de suite. »

Un grand silence de mort règne d'un bout à l'autre du couloir, l'air même est suffocant. Mais c'est moi qui suffoque, pleine d'appréhension, et, brusquement, j'ai peur. Je rentre dans le bureau de mère Saint-Ignace.

Elle s'avance vers moi. Déjà, je sais.

« J'ai le pénible devoir de t'annoncer une bien triste nouvelle. Sœur Sainte-Marie est décédée ce matin, quelques heures avant notre arrivée. Elle a eu une attaque cardiaque. »

Sa voix se brise… « Elle a essayé d'attendre ton retour, mais son cœur était déjà trop affaibli… Elle repose dans la chapelle des religieuses. »

Je recule vers la porte.

« Elle t'aimait beaucoup, et ton amour a été pour elle son plus grand bonheur. Son dévouement sans borne sera récompensé, Marianne, car elle est dans le royaume des élus… »

Il m'est impossible d'articuler un seul mot, car le vide s'est formé autour de moi et la plainte déchirante qui s'élève dans mon corps me paralyse. La Supérieure continue… et soudainement je hurle presque.

«Non, ce n'est pas vrai, elle est encore avec moi… Non, elle n'est pas morte…»

Je repousse mère Saint-Ignace qui s'était rapprochée pour me prendre dans ses bras et, à travers mes larmes, je lui crie en lançant le scapulaire sur son bureau:

«Donnez-lui mon étrenne. C'est un scapulaire de la Vierge bénit par le pape. Il lui portera bonheur. Non, je ne veux pas la voir… elle n'avait pas le droit de me quitter, non, non, pas elle…»

Je pars en courant. Mère Maria-Térésa essaie de me retenir, mais je la repousse violemment. Je vais m'enfermer dans le refuge de ma chambre. Je laisse tomber mon front endolori sur mes bras repliés et je m'enfonce dans une solitude pesante, lourde. Ma peine aveugle cherche désespérément la présence de sœur Sainte-Marie. Je crie en silence: «Pourquoi, pourquoi m'avez-vous quittée?» Les religieuses ne peuvent comprendre mon chagrin, car elles n'ont pas vécu ce que j'ai vécu avec ma mère adoptive, personne ne peut comprendre. Je hais la mort, sa mort. Sœur Sainte-Marie a certainement droit à sa part de paradis, mais je n'étais pas prête…

Ma tristesse me renvoie l'image de la religieuse, elle qui a abrité la petite fille frissonnante que j'étais, qui a chargé ses bras si tendres du poids de mon balbutiant amour d'enfance. Maintenant, sans elle, je ne vois qu'un abîme…

Comme souvent aux heures de détresse, je me réfugie dans l'univers des sons et j'ai besoin d'entendre la musique qu'elle et moi partagions dans le passé. Je fouille parmi mes disques… Non, pas Beethoven ni

Verdi… et, comme par un coup du sort, je découvre un nouveau disque, le *Requiem* de Mozart, avec une lettre insérée dans la pochette. Je lis :

Ma chère petite fille,

Lorsque tu trouveras ce petit cadeau, je serai morte, mais surtout, ne sois pas triste. Mon temps ici-bas est terminé et, devant ce qui m'attend, je suis reconnaissante à notre Créateur de m'avoir donné le grand bonheur de t'avoir eue avec moi pendant les plus belles années de ma vie.

Que Dieu te bénisse, ma bien-aimée, et continue à vivre selon ton cœur.

Sœur Sainte-Marie qui veille sur toi

La musique de Mozart, émouvante et sublime, touche les cordes de mon âme… « *Requiem æternam dona eis* », la messe des morts, celle de sœur Sainte-Marie… J'ai mis le son si fort que les carreaux de mes fenêtres en tremblent, comme moi d'ailleurs. Je reste prostrée sur ma chaise à écouter la musique, les chants, relisant le message de sœur Sainte-Marie. Mozart aussi avait laissé un message dans ces passages divins, chargés de foi, d'espérance et aussi de charité. N'avait-il pas composé le *Requiem* en songeant à sa propre mort ? Sœur Sainte-Marie me l'a offert pour célébrer la sienne !

Je veux retenir à tout jamais dans mon cœur les moments où elle est vivante ; je les réveille en moi, et l'évocation attendrissante des heures passées avec elle met un baume consolateur sur ma peine. La fin du *Requiem* me rappelle son image embellie, sans la douleur des maux humains, et alors passe un souffle de douceur, douceur qui émanait d'elle tout entière, afin que je puisse continuer seule.

«Merci, merci», dis-je en croisant mes mains si fort qu'elles blanchissent. J'essuie mon visage... j'ai pleuré toutes les larmes de mon corps et maintenant je suis plus calme.

Dans mon journal, j'écris quelques vers de Lamartine que j'ai appris par cœur avec elle... il y a déjà longtemps...

À ce moment précis, le clocher du couvent sonne un glas lugubre. Je regarde dehors... un peu de vent pousse les moineaux vers le bas de la montagne, le lointain, vers la mer, paraît plus bleu sous un ciel devenu blanc...

Chapitre XXVIII

«La plus grande histoire d'amour du siècle», titraient la plupart des journaux. Le *Times* de Londres gardait un silence respectueux sur la liaison du roi avec Mme Simpson.

Comme tout un chacun, je m'intéressais aux développements de l'affaire sentimentale qui dominait la scène politique et sociale britannique en cette fin d'année 1936. La polémique battait son plein dans la vieille île. La monarchie traditionnelle était-elle en danger? Les avis étaient partagés: il y avait ceux qui soutenaient le souverain et ceux qui s'y opposaient. Pourtant, en lisant les articles de la presse internationale, on avait l'impression que la crise royale s'étendait bien au-delà de l'enjeu social. Pourquoi un roi avait-il jeté son dévolu sur cette divorcée américaine, que l'on qualifiait même d'aventurière ainsi que le proclamait *Le Devoir*? Quel bonheur, quelle tendresse offrait cette femme à mon sire Lancelot? Leurs amours, selon *Le Monde*, se mêlaient aux secrets d'État... peut-être sur l'oreiller? La maîtresse du roi confiait-elle ensuite ses informations à son ami Ribbentrop, l'ambassadeur allemand, et, de là, au régime nazi? Le souverain faisait-il montre d'indulgence pour le système fasciste?

Le sort de mon sire Lancelot m'attristait... En ce moment, je me demandais si son désir pour la femme qu'il aimait était comparable au mien, moi qui étais séparée de Claude. Oui, il avait l'air souvent triste. Le bonheur paraissait inaccessible, même dans les hautes sphères de la société...

Au début du mois de décembre, le *Times* publia en gros caractères: «*The King must take the next steps. Mrs Simpson offers to withdraw*»... Elle ne désirait aucunement transgresser les traditions de la couronne d'Angleterre.

Le gouverneur général du Canada, Lord Tweedsmuir, prit éloquemment la défense d'Edward. Il déclara son admiration pour le souverain britannique, parla de l'affection que lui portait le peuple canadien, pour lequel il représentait un idéal, constituait un symbole d'humanité.

C'était toujours quelque chose...

~

Pour nous, au couvent, la fin du trimestre approche. En ce 11 décembre, Brigitte et moi mettons la dernière touche à notre projet de fin d'année sur l'histoire contemporaine de notre pays. Nous avons travaillé d'arrache-pied pendant la matinée, car nous devons remettre ce devoir avant le début des vacances et nous avons pris un peu de retard. Tout à coup, en plein travail, Brigitte me demande:

«Marianne, crois-tu que le roi va abdiquer s'il veut épouser Wallis Simpson?»

– Les jeux ne sont pas encore faits. Il ne reculera pas devant le devoir. Jamais! Il est sire Lancelot, le modèle même de la chevalerie! Non, Brigitte, Edward ne peut pas abdiquer, c'est impossible!»

Elle continue de mâchonner son crayon, pas très convaincue. Prenant un journal de la pile que j'ai déposée sur le piano, elle me montre du doigt la photo en première page.

«Mais, Marianne, ton sire Lancelot est au pied du mur, il doit faire un choix! La tradition risque de l'écraser. Ne seras-tu pas déçue s'il quitte le trône?

– Oui, bien sûr. Qui te dit qu'il va abdiquer, hein?»

J'entre de nouveau en contact avec lui en regardant sa photo avec beaucoup d'attention. Je touche son visage et j'ai un choc au cœur… Non, il ne doit pas partir!

«Quelle heure est-il, Marianne?

– Midi.

– Écoutons les nouvelles de CHNC, on ne sait jamais!»

À peine ai-je tourné le bouton de la radio que le journaliste commence la lecture des nouvelles:

La BBC de Londres a annoncé, tard dans la soirée d'hier, que le roi Edward VIII a abdiqué. Il renonce au trône de la Grande-Bretagne au profit de son frère, le duc d'York. Nous retransmettons maintenant son discours d'abdication suivi de la traduction en français.

Nous nous regardons, interloquées. J'écoute, désemparée, la voix bien modulée, ce bel accent anglais, qui, ce jour-là, a pour moi la résonance d'un sanglot retenu. Je ferme les yeux et j'écoute les battements de mon cœur… Pourquoi, pourquoi a-t-il tout renié? Au nom de l'amour?

Il y a quelques heures déjà, je me suis acquitté de mes derniers devoirs en ma qualité de roi et empereur, et la succession passe désormais à mon frère, le duc d'York. Je désire que mes premières paroles servent de serment d'allégeance envers lui. Je fais cela de tout mon cœur!

Vous connaissez tous et toutes les raisons qui m'ont conduit à renoncer au trône. Vous devez me croire alors que je vous déclare qu'il m'est impossible de continuer à supporter le poids des responsabilités et tout aussi impossible d'exécuter mes devoirs de souverain comme je l'aimerais sans l'aide et le soutien de la femme que j'aime.

Du temps s'écoulera avant que je ne revienne dans mon pays natal, mais j'aurai toujours à cœur de suivre le destin du peuple britannique et de l'Empire, et si, à l'avenir, on estime que je peux toujours servir Sa Majesté, je ne manquerai pas à mes engagements.

Nous avons un nouveau souverain et je lui souhaite à lui et à vous tous, son peuple, bonheur et prospérité. Que Dieu vous bénisse. God save the King!

Edward a finalement choisi. Devant le monde entier, il clame son amour pour Wallis et renonce à la vie qui lui était destinée de droit par sa naissance. Il choisit l'exil. Mais quelles épreuves vont-ils devoir affronter ensemble? Ils vont connaître l'éloignement en terre étrangère, comme Manon Lescaut et des Grieux, Antoine et Cléopâtre. Sont-ils tous les deux assez forts pour s'aventurer sur le délicat sentier des amoureux de l'histoire et de la fiction. Je soupire longuement.

«Il est qui alors, puisqu'il n'est plus roi? demande Brigitte avec son air ironique.

– Écoute encore ce que l'on dit à la radio...»

L'ancien roi d'Angleterre est devenu aujourd'hui, par décret du roi George VI, le duc de Windsor; son titre est précédé de His Royal Highness... *Son Altesse Royale!*

«C'est quand même incroyable, Marianne... Ce n'est pas donné à beaucoup d'être souverain et, lui, il laisse tout tomber! Notre premier ministre doit désormais s'adresser à un nouveau roi... Tu t'imagines! Je crois que celui-là ne viendra pas visiter le Canada aussi souvent qu'Edward!»

Elle me regarde. La lumière du temps maussade de ce début d'hiver joue dans ses yeux qui se voilent légèrement.

«Tu ne peux savoir comme je suis déçue, Brigitte. Mon sire Lancelot n'était qu'une idole aux pieds d'argile! Il va falloir que j'y repense... Peut-être vais-je le garder quand même comme chevalier. Tu dois avouer que ce drame le rend quand même séduisant... un pur romantique!»

Et nous soupirons en chœur.

∽

Mes pensées se tournent vers Claude encore et toujours. Dans mon cœur, dans mon univers magique qui n'appartient qu'à nous, je refais notre pacte. L'amour pur qui vit en moi, hors du monde perceptible, m'assure d'une volupté que je goûte en de doux instants insouciants. Bien que ses voyages le tiennent éloigné de moi, je peux, seule, continuer la route de mes songes. Avec aise, je me transporte dans mes deux mondes, celui du couvent et celui que j'ai découvert à Québec, et j'y puise mes inspirations et mes fables. L'univers de Claude m'est inconnu, et, pour le moment, il me suffit de savoir qu'il m'y attend. Bientôt, nous serons ensemble pour la vie.

~

En 1937, le monde entier était en effervescence. Des crises de toutes sortes éclataient un peu partout en Europe, et seuls des événements heureux tel le couronnement du roi George VI réussissaient à égayer la morose réalité.

Ainsi, le 12 mai, les Britanniques acclamèrent en grande pompe leur famille royale. Ils avaient une nouvelle reine, Élisabeth, et deux jeunes princesses, Élisabeth et Margaret Rose.

Presque en parallèle, à la veille du couronnement, le duc de Windsor annonça officiellement ses fiançailles avec Wallis Simpson et, le 3 juin, ils célébrèrent leur mariage au château de Candé, près de Tours, en France.

Les journaux ne tarissaient pas sur les faits et gestes de l'ex-roi. Brigitte avait rapporté de chez elle un magazine qui relatait le mariage du couple Windsor et je pus assouvir ma curiosité à ma guise en découvrant les photos de leur union. La mariée était vêtue d'une longue robe cintrée, simple et élégante, et portait un chapeau dont le large bord était relevé sur le front et garni d'une voilette. Le marié, en jaquette noire et pantalon rayé, portait à la boutonnière un œillet blanc... ils étaient debout côte à côte, sérieux, réservés.

Le palais de Buckingham ignora son mariage. Aucun membre de la famille royale, aucun représentant politique anglais ne vint assister à la cérémonie. Pauvre Edward, mon pauvre sire Lancelot! On l'abandonnait complètement. J'avais de la peine en lisant certaines coupures de presse. Il était totalement isolé de sa famille et de son pays, un peu comme moi en quelque sorte!

L'aura froide de Wallis contrastait quelque peu avec l'amour et l'attachement que reflétait le visage serein de Lancelot... mais elle souriait néanmoins. Cachait-elle ainsi sa déception de ne pas avoir réussi à devenir reine?

Pour lui, j'essayais d'imaginer un monde rempli de fleurs et de lacs parfumés, un univers sans orages ni aigres silences, un monde comme avant, où j'admirais de nouveau mon sire Lancelot.

Peu de temps après, au cours de leur visite en Allemagne, la controverse les suivit. Bien qu'avertis du danger d'être mêlés à la propagande nazie, ils rencontrèrent Hitler, Goering, Himmler et autres hauts fonctionnaires du IIIe Reich, et partout le peuple allemand leur rendit hommage. Le couple serait une fois de plus frappé d'ostracisme par le gouvernement britannique et la royauté.

~

Durant cette année d'intenses bouleversements, m'arrive la plus agréable surprise de ma vie: une lettre...

sa lettre, celle que j'espère depuis toujours... Lorsque je la reçois, en un beau jour pas comme les autres, je suis l'héritière du plus grand trésor du monde, la première lettre de mon père. Je regarde la signature : *Father.*

Father... un mot insolite dans ma bouche qui devient à lui seul un poème plein de tendresse, porteur de promesses. Afin de me rassurer, je mets ma main contre mon cœur pour me prouver qu'il continue de battre... Un ange béni a rassemblé le soleil, la lune et les étoiles et me les amène dans ma chambre !

Dearest Mary Ann,

Les circonstances qui ont fait de toi, selon les apparences, une petite fille abandonnée ont changé et le secret qui a entouré ta vie jusqu'à présent n'a plus lieu d'être. Je ne peux t'expliquer, dans cette lettre, les détails entourant ta naissance, mais je peux t'assurer que tu es ma fille légitime et que tu m'es très chère. Ta maman fut la grande passion de mon existence ; malheureusement, elle mourut peu de temps après ta venue. Sa disparition fut pour moi une épreuve très douloureuse, crois-moi. Aussi, pour ta sécurité, j'ai dû te confier aux bons soins des religieuses. Tu comprendras un jour l'affreux dilemme auquel j'étais confronté en raison de ma situation et de mes responsabilités d'alors. J'ai suivi ta vie de loin et je suis fier d'avoir une fille comme toi. Mary Ann, cette première lettre est difficile. Je prends conscience de tout ce que j'ai perdu à ne pas te voir grandir. Tes premiers mots n'ont pas été pour moi et, dans ta bouche, le mot « papa » serait si beau à entendre. Aujourd'hui, les regrets sont devenus très lourds.

Father

Mon esprit semble tout à coup engourdi… Mes yeux sont secs et fixent la lettre… je la relis.

Mais pourquoi une enveloppe anonyme, sans timbre? Devant le premier signe tangible de l'existence de mon père, l'amertume se mêle au bonheur, car le mystère de son identité demeure intact. Celui dont le secret a dominé ma vie n'est-il qu'un homme sans cœur qui ne me donne qu'une petite parcelle de vérité? Cherche-t-il uniquement à s'excuser, même s'il m'assure que je vis en lui?

Et ma mère? J'ai certes passé toutes ces années sans elle, mais l'espoir de la retrouver un jour a toujours été niché au plus profond de mon être. Mais maintenant… Sous mes paupières fermées, son image immatérielle s'enfuit et des larmes amères roulent sur mes joues, car je sais désormais que je ne pourrai jamais prononcer le plus beau mot du monde: «Maman.» L'évidence m'accable, je me sens seule et abandonnée… J'ai perdu, l'un après l'autre, mes deux amours… ma mère véritable et ma mère adoptive. Je laisse mes pensées soigner ma peine jusqu'à ce que la fièvre me quitte et que je ne sois plus comme une rose triste pliant sous l'orage.

Dans ma main crispée, la lettre froissée… Je la relis lentement. Mon cœur chante de nouveau en répétant d'une voix ferme le mot *Father*… Je vis un moment solennel où une fée m'ordonne de me transfigurer et de prendre ma place dans la beauté, dans la réalité de nous deux…

Une jeune femme marche sous le ciel qui éclaire la terre réchauffée par ce nouveau bonheur. Elle va, des bosquets à la montagne, humant l'amour de son passé, de son avenir, comme si le printemps s'agenouillait devant elle. Elle a un père, un amant et, dans le temps qui s'annonce, elle trouvera sa liberté.

CHAPITRE XXIX

Les aubes naissent, les crépuscules tombent et les tempêtes aussi. Un état d'âme neuf, une douce félicité et mon ancienne réalité s'évanouissait… comme si la pluie d'hier faisait place au soleil d'aujourd'hui. Je bâtissais un nouvel univers et j'étais impatiente d'arriver à ce moment où le grand portail du couvent s'ouvrirait devant moi.

Ne m'avait-il pas fallu près de dix-huit années pour conquérir ma liberté? Quelque chose qui se déplaçait… j'écartais des souvenirs et des émotions… Oui, plus que toute autre, j'éprouvais la résistance, j'entendais la rumeur des orages que j'avais traversés… J'avais été si longtemps dans un cloître… Était-ce possible? Heureusement, tout ce temps avait réussi à me forger un caractère solide…

Arriveraient-ils jusqu'à la surface de ma conscience ces souvenirs venus de si loin, ceux qui furent gais et ceux qui furent tristes, pendant que je me préparais à les emporter avec moi? Bien sûr! Ce serait avec un cœur léger que je les accueillerais.

Mais, pour l'instant, je me conseillais d'ignorer cela, de penser simplement à mes tâches quotidiennes... Mes désirs de demain ? Je les remâchais sans peine.

~

Mère Saint-Ignace termine le cours d'histoire supplémentaire en vue de l'examen final. Elle nous informe que des revues contenant des articles sur l'histoire contemporaine en Europe sont à notre disposition à la bibliothèque. Il ne reste plus qu'à aller les consulter et à en tirer un maximum de renseignements. Toutes celles qui terminent leurs études au couvent travaillent avec acharnement sur leur projet de fin d'année, car il est récompensé d'une mention particulière.

« Ma mère, demande Brigitte, me permettez-vous d'emporter mon travail à la maison en fin de semaine ?

– Bien sûr, mais n'oubliez pas toutes les deux de ramener tous les matériaux empruntés lundi matin, car d'autres en auront besoin. »

Il y a, dans l'intérêt que me porte désormais sœur Saint-Ignace, surtout depuis la disparition de sœur Sainte-Marie, quelque chose que je ne peux définir. Je sens qu'elle m'aime à sa façon, mais certaines nuances de son affection m'échappent. Elle ne m'aime pas comme Thérèse m'aime ni comme les autres religieuses. Il est certain que son attitude à mon égard a changé au cours des années et que nos rapports se sont bien améliorés. Pourtant, mère Saint-Ignace demeure une énigme pour moi, un paradoxe et, lorsqu'elle est indulgente, j'en pleurerais de plaisir.

Mais il me faut poursuivre et finir mes travaux. Installée à ma table de travail, je suis vaguement heureuse mais aussi tendue lorsque je pense à la fin de mes études. Je feuillette le magazine que mère Saint-Ignace m'a conseillé de lire pour mon projet sur les mouvements nationalistes en Europe. Je n'aurais pu choisir un sujet plus d'actualité. Le chancelier allemand à la tête du national-socialisme mène une politique annexionniste, et la guerre civile ravage la péninsule ibérique.

La barbarie de la guerre, je la retrouve dans les écrits d'Ernest Hemingway, le grand écrivain américain. Je lis, sans m'en lasser, son livre, *A Farewell to Arms*. Dans cette œuvre, Hemingway devient le porte-parole de la génération égarée, désorientée par la Première Guerre mondiale.

À l'approche de la fin scolaire, un esprit de compétition règne dans la classe. Pour ma part, je dois passer mon épreuve d'allemand sous l'œil vigilant de mère Maria-Térésa. Je m'installe à l'une des tables de la salle d'étude. Elle me tend les papiers d'examen. «Mon Dieu, j'en ai pour des heures!»

Mère Maria-Térésa me souhaite bonne chance. Je concentre toute mon attention sur les questions, mais je sens son regard sur moi, regard qu'elle détourne dès que je lève la tête. Son attitude me déconcerte quelque peu et j'essaie de l'ignorer. Après une bonne heure d'application, je m'arrête pour boire une gorgée d'eau et tente de me souvenir de la conjugaison d'un verbe irrégulier. Mère Maria-Térésa n'a pas bronché depuis le début de l'examen, seuls ses yeux bougent. Pendant un court moment, mon esprit erre…

Je pense à sa bouche parfumée à la menthe et à la douceur de sa peau qui avait effleuré la mienne. Je me demande si, par la prière et le don de sa personne à l'Église, elle a réussi à devenir une religieuse comme les autres. Sous son voile, je crois qu'elle dissimule toujours des regrets et cet amour qui la pousse vers moi. Lit-elle ma pensée lorsqu'elle murmure : « *Verbotenes frucht, liebe !* » Je fais semblant de ne pas avoir entendu.

Aujourd'hui, nous sommes toutes deux penchées sur nos tables, et sa proximité dissipe un peu ma concentration… Son semblant de sang-froid m'énerve. J'écris, en tête d'un livre qu'elle m'a laissé, quelques mots de Goethe : « *Mehr licht* »… Plus de lumière… Les phrases semblent glisser, attirées par une pente invisible.

Je finis ma traduction, puis je la quitte après l'avoir remerciée. Elle ne répond rien.

La nuit tombe et je frissonne. En passant devant la porte de l'ancienne chambre de sœur Sainte-Marie, je m'arrête et la regarde, encore une fois… Elle est maintenant fermée à clé. Je me suis habituée à l'absence. Je me souviens surtout du sourire qui me rendait si heureuse…

Lasse, j'appuie ma joue contre le coussin de mon fauteuil et je ferme les yeux. Tout est calme, mes muscles se détendent, je songe et je soupire…

Ma sortie du couvent ? Mon présent s'éclaire… J'ouvre les paupières et admire la lune croissante qui joue entre les petits nuages plus légers après la pluie. Une fine odeur de pin s'infiltre dans ma chambre. Je suis bien… Je serai libre… à peu près libre, si j'ose dire, lorsque j'entrerai dans le monde.

Et puis, je fêterai à ma manière ma prochaine rencontre avec Claude… Je tente d'être sereine, mais, en pensant à lui, je voudrais toucher son visage, son corps, écouter son souffle qui m'attire vers lui. Et, pour nous deux, je retourne à sa musique comme si, au milieu de l'univers clos de ma chambre, chaque note de son interprétation de l'*Appassionata* devenait une œuvre nouvelle inspirée du silence de la nuit… Je me sens alors plus étroitement liée à lui. Où est-il aujourd'hui ? Pense-t-il à moi tous les soirs, comme il me l'a promis ? Moi, je tiens ma promesse…

Le temps qui nous sépare ne peut altérer la fraîcheur et l'intensité du souvenir, de ses bras autour de moi, de sa bouche contre la mienne, de la pression de ses mains m'enveloppant d'une sensuelle douceur… Fatiguée et en proie à la lassitude qui suit la tension des examens, je m'endors tout habillée sur mon lit. Jocelyn et Claude se confondent dans mon cœur, Claude… Jocelyn…

Je sombre pour aller chevaucher les vastes plaines du rêve… Un homme est à genoux devant une femme qui s'offre à l'amour, les jambes ouvertes, et il explore son corps… des mains curieuses suivent le contour de ses hanches et de ses cuisses, puis des dents mordent sa bouche… le corps est tendu, prêt à l'assaut. Les jambes s'écartent davantage… Les deux corps ne font plus qu'un…

Je me réveille en sursaut, moite ; la lourdeur dans mon bas-ventre s'accentue. Ai-je longtemps dormi ? Pourtant l'*Appassionata* n'en est qu'à son premier mouvement ! Ai-je ressenti dans mon rêve l'intimité de l'amour charnel ? Ou ma fatigue a-t-elle donné naissance à un flot d'émotions grâce auxquelles j'ai revécu l'allégresse de Claude me possédant tout entière, moi soumise à son commandement sensuellement délicieux ?

J'essaie de voiler la conscience du désir, cet amour douloureux qui n'existe en ce moment que dans le vide de ma chambre… Ma souffrance solitaire m'accable.

Je me prépare pour la nuit. Dehors, le ciel est plus argenté que d'habitude et ajoute une illumination, une beauté à ma tristesse, à mon désir de nouer mes bras et de mêler nos corps.

~

La pluie tombe encore… elle cesse tandis qu'un arc-en-ciel tente de franchir un solide entassement de nuages orageux et que le soleil lance ses rayons divergents vers la mer. Toute la nature filtre l'averse, et une odeur de brouillard se répand autour du couvent.

«Tiens, tiens, il va y avoir du nouveau aujourd'hui!» me dis-je en apercevant M. McFarlane.

Il me serre la main avec le petit salut de la tête auquel je me suis habituée, et je lui demande, avant qu'il ne m'adresse la parole:

«Pourquoi mon père ne m'écrit-il plus?

– Je crois que ceci comblera vos désirs, dit-il en me tendant une enveloppe avec un petit air de connivence.

– De mon père? Puis-je la lire tout de suite?»

Il acquiesce d'un signe de tête.

D'une main impatiente, j'ouvre l'enveloppe cachetée et je reconnais le papier à lettres avec en relief le symbole des trois épis, les mêmes que sur sa première missive, et encore une fois rayés d'un coup de plume. Cette fois-ci, mon père m'a écrit en allemand. Je traduis à voix haute au fur et à mesure.

« Je suis souvent malheureux de ne pas te connaître et de ne pouvoir t'aimer comme je m'en sens capable. Je suis si fier de toi. Il est temps que nous nous rencon-

340

trions enfin et j'espère que les circonstances le permettront très bientôt. En attendant ce moment, mon enfant, je t'embrasse. Ton père. »

Je lève des yeux larmoyants sur M. McFarlane qui me regarde fixement comme s'il rêvait tout éveillé. Je lui tends la lettre et, en lui montrant du doigt l'emblème des trois épis, lui demande :

« Que représente-t-il et pourquoi l'a-t-on raturé ?

— Je peux vous dire que ces trois plumes, oui, ce sont des plumes, font partie d'un étendard.

— Est-ce ainsi que mon père essaie de me donner des indices ? »

Il sourit et hausse les épaules. Je reprends :

« Alors, si l'on a rayé ce symbole, c'est tout comme s'il n'existait plus, c'est bien ça ?

— Non, pas exactement... il ne lui appartient plus, pour ainsi dire !

— Mon père se sert du papier à lettres de quelqu'un d'autre ? »

M. McFarlane se contente de sourire faiblement. Soudain, une mélancolie passagère envahit son regard. Devant lui, je me sens impuissante, contrariée. Essaie-t-il de me désorienter ou de me tromper ? Je ne comprends pas... Enfin, j'y repenserai... Il reste silencieux un long moment, puis poursuit avec un peu plus d'assurance :

« À la fin juillet, vous allez quitter le couvent et vous vous installerez au manoir Saint-Charles, la résidence du Dr Gatineau et de sa femme. Vous avez mérité des vacances ! Vous apprécierez certainement un peu plus de liberté, je pense !

« – Libre? Je suppose que là aussi il y aura des restrictions !

– Moins qu'ici. Le Dr Gatineau a une très belle collection de livres anciens qui n'ont jamais été classés... Je vous en ai déjà parlé, si vous vous souvenez !

– Et il désire que j'en fasse le classement ?

– Seulement si cela vous intéresse. Soyez sans crainte, vous allez apprécier votre séjour chez eux, mademoiselle Marianne. »

Quand je tâche de deviner ce qu'il ne me dit pas, il me manque toujours l'argument essentiel, et, si je trouve les mots, ils n'expriment pas exactement ce que j'aimerais dire.

« Cette guerre qui se prépare, monsieur McFarlane... et si mon père devait partir en Europe ? »

Une sorte de docilité dans sa voix m'émerveille.

« N'ayez pas peur pour lui. Il sera en sécurité, mademoiselle Marianne, ainsi que vous-même.

– Je me demande bien pourquoi vous continuez vos visites ici, puisque vous ne m'apprenez rien qui vaille. Vous n'avez aucune obligation envers moi, vous savez. Et si vous venez me voir parce que mon père n'a pas le courage de... de... »

Mes paroles ont peut-être dépassé ma pensée, mais, depuis que je sais que j'ai un père, le ressentiment accumulé depuis un certain temps explose. Mon esprit vacille, et une lueur de mécontentement se forme dans son regard. Mes yeux s'emplissent de larmes.

« Vous ne voyez pas, monsieur McFarlane, que j'attends depuis des années et des années ! J'attends quoi ? Mais non, personne ne se risquerait à me faire des confidences ! Ma petite Marianne, ne cesse-t-on de dire, sois patiente, attends qu'on daigne te dire… oui, tu as un père… oui? non? Et maintenant que ce quelqu'un a jugé bon de m'extraire de mon isolement dans ce couvent, et cetera, et cetera, et cetera! Ne suis-je donc qu'un pion pour lui?»

Il s'avance vers moi. Je l'observe à travers mes larmes, et il attend. Son regard s'est fait plus doux, presque protecteur.

«Mademoiselle Marianne, si ça ne dépendait que de moi…

– En serait-il autrement, monsieur McFarlane?»

Il acquiesce d'un signe de tête. Puis, avant de partir, il cherche encore à me rassurer:

«Mademoiselle Marianne, je vous promets de faire tout ce qui est en mon pouvoir. Sous peu, le Dr Gatineau viendra vous voir afin de préparer votre sortie du couvent.»

Après son départ, je m'attarde dans la petite salle pour relire la lettre de mon père. Pourquoi m'écrit-il en allemand cette fois-ci? Les trois épis… non, les trois plumes, identiques à celles gravées sur le médaillon de mon bracelet… Où donc les ai-je vues? Sur une coiffure militaire? Qui donc, mis à part les soldats, porte un plumet? Mon père était peut-être un militaire, mais désormais il est un simple civil… Mais, tout de même, quel enfantillage! J'ai passé l'âge des rébus et des devinettes!

~

Le déséquilibre militaire entre les pays européens s'accentuait, alors que les armées d'Hitler annexaient l'Autriche. L'Anschluss donnait sérieuse matière à réflexion. Les rangs se resserraient; Français, Anglais et Américains étaient consternés.

En Angleterre, la voix d'Oswald Mosley s'élevait pour glorifier les actions d'Hitler et, selon certains, il avait l'intention de regrouper la ligue fasciste anglaise autour de l'ex-roi Edward Windsor. « Incroyable, mon sire Lancelot impliqué dans une autre controverse », me dis-je...

« Les Windsor, commenta Winston Churchill à la suite d'une réception à Antibes donnée par le duc et la duchesse, sont pathétiques, mais ils semblent heureux. Le duc, autrefois si gai et si enjoué, a perdu son enthousiasme à converser. »

Mon pauvre sire Lancelot, pourquoi paraît-il si triste? A-t-il assez d'influence, sans sa couronne, pour jouer un rôle dans les affaires mondiales? À Verdun, dans un discours radiodiffusé aux quatre coins du monde, il a tenu, bien que retiré des affaires publiques, à réitérer son opinion sur la situation politique en Europe. Selon lui, les termes d'encerclement et d'agression utilisés par la presse ne peuvent que soulever des passions dangereuses. « Ceux qui le peuvent, a-t-il dit, doivent guider les nations vers une plus grande compréhension et un apaisement avant qu'il ne soit trop tard. »

Les journaux et la radio annoncent qu'Hitler a envahi la Tchécoslovaquie.

C'est dans ce monde en désarroi que je dois faire ma place. Mais, dans la mosaïque que je dessine pour moi, je sais ce que je désire le plus : deux présences uniques dans le crépuscule parfumé d'un mois d'été, deux voix, dont l'une murmure «mon amour» et l'autre, «mon enfant».

Le Dr Gatineau vient me rendre visite comme prévu, et mère Saint-Ignace est présente. Avec chaleur et simplicité, il m'assure que sa famille sera heureuse de m'accueillir comme l'une des leurs. Sa stature vigoureuse d'homme du monde bien mis et confiant m'impressionne beaucoup. Je le remercie et lui demande, innocemment:

«Combien de temps vais-je demeurer chez vous, docteur Gatineau?»

Il me sourit. Son regard perçant soutient le mien et son silence ne dure que quelques instants.

«Aussi longtemps qu'il sera nécessaire, mademoiselle Marianne. Vous serez toujours la bienvenue chez nous!»

Mère Saint-Ignace l'entraîne après lui avoir serré la main chaleureusement. Il retient la mienne encore un peu.

～

Pour mes compagnes qui sortent du couvent, armées de leurs certificats et de leurs diplômes, c'est l'angoisse et l'incertitude de la vie professionnelle d'institutrice qui se profilent à l'horizon. Les religieuses, par contre, insistent sur le fait que les diplômées de La Retraite sont très recherchées dans l'enseignement.

Nous avons organisé une dernière réunion pour fêter notre départ du couvent. Je prends soudainement conscience que je ne vais pas suivre la même voie ni partager les mêmes aspirations de carrière que mes camarades. Je demeure un individu à part. Pendant qu'elles apprécient et dégustent les friandises préparées par sœur Saint-Basile, qui a succédé à sœur Sainte-Marie, mes souvenirs refont surface… et je ne mange rien. Je désire seulement retrouver le goût des délicates merveilles que sœur Sainte-Marie préparait spécialement pour moi dans le secret de sa cuisine.

Avec Brigitte et Paulyne – une de nos camarades – qui m'accompagnent, je joue du Mozart et, lentement, le bourdonnement des voix s'éteint pour faire place à un silence quasi religieux. Nous avons choisi pour thème d'adieu la vieille mélodie écossaise *Auld Lang Syne* qui parle du temps jadis.

Puis, au moment de la séparation, la même rengaine revient encore et encore :

« Marianne, tu nous feras savoir où tu es ? Tu veux bien ? On se reverra certainement un jour. Tu ne nous oublieras pas, jure-le !

– Oui, je m'engage à rester en contact et vous aurez de mes nouvelles. N'oubliez pas que *Auld Lang Syne* n'est qu'un au revoir ! Bonne chance à vous toutes et bonnes vacances. »

Je promets à Brigitte, ma meilleure amie, de lui écrire… « Nous nous retrouverons, tu verras », lui dis-je en la prenant dans mes bras.

À la fin juillet, la veille de mon départ, je me dirige vers le bureau de la Mère supérieure. Comme si je remontais le cours du temps, le visage hideux de mère Saint-Anselme resurgit des brumes du passé devant la porte et je me revois, encore toute petite fille, si effrayée que je cherchais toujours à me cacher dans les jupes de sœur Sainte-Marie. Mon regard se porte dehors à cet endroit comme je le faisais dans le passé. Tout semble être de la même matière et de la même couleur et, aujourd'hui, un peu de rose haut dans le ciel ajoute une touche raffinée qui met fin à mon angoisse passagère.

La crainte d'avoir à faire mes adieux s'évanouit quand j'ouvre la porte. Toutes les religieuses m'attendent. Sur le bureau, je remarque deux bouteilles de champagne.

« Viens, Marianne, dit mère Saint-Ignace. Comme tu le vois, en ton honneur, nous allons faire une entorse au règlement du couvent. À la veille de ton départ, et grâce à M. McFarlane, nous allons boire un verre et te souhaiter du bonheur dans la nouvelle vie qui s'ouvre à toi. »

Nous buvons en silence. Je n'ai pas le temps de réfléchir à ce que je vais leur dire et je laisse parler mon cœur tout simplement :

« Je ne pourrai jamais vous rendre ce que vous m'avez donné, les unes et les autres, et j'espère que ma vie future prouvera que votre dévotion et votre exemple ont porté des fruits. Je ne vous oublierai jamais. J'ai confiance dans l'avenir. Et, en levant mon verre, je voudrais porter un toast à toutes dans la solennité de ce moment qui n'est pas une fin, mais une autre étape de notre vie commune. Je vous remercie de tout mon cœur. »

Après le champagne, les religieuses viennent m'embrasser une à une sur la joue et tracent le signe de la croix sur mon front. Quand arrive le tour de mère Maria-Térésa, qui me serre contre elle plus longtemps que les autres, je sens ses larmes mouiller ma peau... et les souvenirs refont surface...

Je reste enfin seule avec la Supérieure.

« Marianne, dit-elle d'une voix douce, tu nous quittes demain et je suis heureuse que ton avenir immédiat soit assuré. À l'avenir, M. McFarlane entrera directement en communication avec toi. »

Elle m'observe, silencieuse. L'expression de son beau visage, plus pâle que d'habitude, et ses yeux moins brillants dénotent de la tristesse. Je la trouve bien belle dans sa mélancolie et je l'aime. Elle ne me fait plus peur.

« Je veux que tu saches avant de partir, dit-elle encore, que ta chambre demeurera telle que tu vas la laisser. Je t'accueillerai quand tu le désireras. Tu es ici chez toi. »

Elle se rapproche et prend mes mains dans les siennes.

« Au revoir, Marianne. Demain, le grand portail sera ouvert pour ton départ, mais nous n'y serons pas. »

Elle m'attire contre elle. Je passe mes bras sous son voile et sens contre moi la sinistre boucle de métal de sa ceinture. Je l'embrasse… « Ma mère, ma mère, pourquoi avez-vous choisi cette vie ? Qui êtes-vous ? »

« Ma chère Marianne, n'oublie jamais que nous t'aimons beaucoup, que je t'aime beaucoup… »

Je sors de son bureau pensive. Ma légèreté d'esprit a soudainement disparu. Mère Saint-Ignace ne m'a pas tout avoué et je tente d'imaginer ce qu'elle cache.

Ainsi je vais quitter le couvent par la grande porte, seule, comme je suis arrivée. Demain, en franchissant ce seuil, je ferai le premier pas en direction de mon avenir, en direction de l'inconnu. Ma seule certitude est que ce chemin sera celui qui me conduira vers mon père et vers Claude.

Du passé, il restera des combats et des victoires et, me détachant de lui, j'en garderai le souvenir au plus profond de moi. J'ai vécu une enfance si différente de celle des autres, même si j'ai pu compter sur la douceur de ma mère adoptive qui repose maintenant sous son petit coin de terre. Avant de partir, j'irai y déposer des fleurs parfumées du rosier que nous avons cultivé toutes les deux avec amour et qui, aujourd'hui, retourne à son état sauvage.

Puis-je vraiment faire un véritable adieu à ce couvent, me détacher des religieuses et des moments enfouis sous les linceuls de deuil du passé?

Je dois les laisser aux soins de la grâce du Dieu qui veille sur tout… Et moi, Marianne Mayol, puis-je demander au Dieu des catholiques de me garder et de me protéger?

Enfin, les adieux sont-ils pour toujours?

CHAPITRE XXX

Je n'ai jamais vu une matinée aussi belle. La lumière du soleil levant semble modifier ce paysage qui m'a accueillie chaque jour depuis si longtemps. À l'heure de ce moment ultime, tout s'illumine sous la densité de l'aurore qui, comme un fleuve de miel, me livre cette journée magnifique. Je demeure immobile dans la clarté dorée.

Déjà, une longue automobile noire stationne devant le grand portail; les imposants pare-chocs de métal chromé brillent et les phares, tels de larges yeux hypnotisés, regardent droit devant eux. Un jeune homme, assis derrière le volant, ouvre la portière et s'avance vers moi. Je ne bouge pas.

«Mademoiselle Mayol?» demande-t-il en enlevant sa casquette à visière.

Je fais un signe affirmatif de la tête.

«Je suis le chauffeur du Dr Gatineau. Je suis venu vous chercher pour vous conduire au manoir», dit-il.

Alors qu'il s'apprête à prendre mes deux valises, je l'apostrophe:

«Pouvez-vous me prouver qui vous êtes?

– Oui, mademoiselle, répond-il en fouillant dans une des poches de son veston. Voici mon permis de conduire et une lettre du docteur avec ses instructions pour venir vous chercher aujourd'hui.

— Très bien, Arsène, allons-y», dis-je après avoir scruté ses documents.

Tout à coup, Jim arrive comme un bolide sur sa grosse motocyclette et se gare derrière la voiture. Je dois avouer que son arrivée subite me cause beaucoup de joie. Il me salue en ôtant sa casquette.

«Vous venez avec nous, Jim?

— Comme vous voyez, mademoiselle Marianne! Je suis à votre service!

— Ne recommencez pas à vous moquer! Allez-vous vraiment m'accompagner chez le Dr Gatineau?

— Mais oui, je vous suis et je m'installe là-bas.

— C'est merveilleux, Jim!»

Mon sourire dissipe vite la méfiance que j'avais cru percevoir sur le visage d'Arsène. Il ouvre galamment la portière arrière de la voiture. Comme c'est excitant; je viens à peine de vivre les dix premières minutes de ma nouvelle vie que, déjà, une surprise agréable m'attend. Je m'installe dans la luxueuse automobile qui sent bon le cuir et je soupire d'aise, enfin.

La longue voiture démarre et nous gagnons rapidement de la vitesse. La route que nous empruntons longe le grand champ où Claude rêve de bâtir pour lui et moi une maison blanche flanquée de deux tourelles. De ce côté, en face de la masse compacte des arbres couverts de leurs feuilles d'été, une haie de rosiers jaunes donnent le ton à ce début de journée.

Plus loin, la lumière horizontale crée des reflets chauds et un épanouissement de couleurs difficiles à discerner. Les maisons défilent vite et la voiture s'engage dans une forêt de pins que je ne connais pas.

Environ vingt minutes après notre départ, Arsène annonce que nous approchons du manoir. De fait, après avoir suivi les contours sinueux d'une route étroite, la voiture emprunte une longue avenue bordée de peupliers immenses puis s'arrête devant l'escalier imposant d'une demeure qui ressemble à un château.

« Est-on près de la mer ?

– Oui, mademoiselle, la propriété se situe à six cents pieds du golfe.

– C'est formidable ! »

J'anticipe déjà le bonheur de pouvoir enfin toucher les vagues et celui d'entrer dans la mer comme je le désire depuis ma tendre enfance. J'ai seulement pu contempler l'immensité bleue des fenêtres du couvent. Maintenant, par la vitre baissée de la portière, j'ai presque l'impression d'entendre le reflux des vagues. Je descends de la voiture qu'Arsène a garée sous la douce pénombre d'un gigantesque pin dont les plus hautes branches atteignent le toit de l'imposante bâtisse qui s'élance devant nous. D'un coup d'œil rapide, je fais le tour de l'ancienne seigneurie. Je lève les yeux sur la surface grise et polie d'une tourelle baignée par un rayon de soleil et j'admire les minuscules fenêtres rectangulaires, les ogives et les balcons ornés de balustrades en fer forgé.

Sous mes pas, le gravier crisse. La brise du large entraîne dans son sillage l'odeur des embruns salés que je respire avec un plaisir infini. Je me retourne pour contempler les grandes pelouses vierges où des arbres aux essences variées projettent leurs ombres en taches plus sombres. Je ne vois Jim nulle part.

Arsène me précède dans le vaste hall d'entrée et m'indique un fauteuil dans lequel je vais m'asseoir, puis il disparaît en emportant mes valises. Je m'habitue à la demi-pénombre qui règne et remarque sur la table, près de moi, une exquise petite pendule dont le tic-tac délicat rythme mon attente. De belles marguerites s'épanouissent nonchalamment dans une potiche de faïence turquoise. Sur le mur en face de moi, j'aperçois un grand tableau ; ce portrait d'une jeune femme aux yeux rêveurs me rappelle quelqu'un.

Arsène revient, revêtu d'un veston blanc à col haut, et me demande très poliment de le suivre.

« Si vous permettez, je vous conduis à vos appartements, mademoiselle. Madame viendra vous rejoindre sous peu. Pour commencer, nous irons à la cuisine afin de vous présenter Béatrice.

– Très bien, Arsène, merci. »

Une forte lumière inonde la pièce spacieuse où travaille Béatrice. Les rideaux de mousseline remuent légèrement sous la brise du dehors. Une femme très grande et sèche, habillée d'une robe noire et d'un tablier d'un blanc immaculé, me regarde. Je m'approche d'elle en lui tendant la main.

« Comment allez-vous, Béatrice ? Je m'appelle Marianne. »

Elle répond, lentement :

« Heureuse de faire votre connaissance, mademoiselle, et bienvenue au manoir. Je monte un café à votre chambre si vous le désirez.

– Pas tout de suite, je vous remercie. »

Arsène me devance dans l'escalier qui mène à un large palier. De là part un corridor aux boiseries en chêne qui donne accès aux chambres. De nombreux tableaux couvrant les murs et plusieurs tapis persans confèrent à l'endroit un air cossu.

«Voici vos appartements», dit Arsène en ouvrant une porte.

Il s'efface pour me laisser passer, puis referme derrière moi. Mon instinct me conduit tout de suite vers la fenêtre ouverte pour découvrir le paysage et respirer le souffle du large. Le silence n'est troublé que par le murmure des vagues sur le rivage que j'aperçois un peu plus loin. Quelle chance de m'installer dans cette magnifique demeure! Afin de me retrouver dehors le plus tôt possible, je m'empresse de ranger mes vêtements dans la penderie, puis je fais le tour de mon nouveau domaine. Il se compose d'une belle chambre avec une salle de bains attenante toute blanche, d'un bureau et d'un modeste salon dont les murs sont tendus de toile de Jouy rose. À ma grande surprise, un piano partage l'espace un peu restreint avec une bibliothèque aux rayons bien garnis. Une table basse et deux charmants fauteuils en chintz rose agrémentent le décor.

J'apprécie le confort et la beauté des lieux. Je caresse le piano en bois d'acajou et y dépose mes cahiers de musique… Un bref instant, je regrette mon Beckstein qui, comme me l'a promis mère Saint-Ignace, m'attend au couvent. La porte-fenêtre du salon s'ouvre sur un balcon et j'y demeure un moment sans bouger, les yeux fermés, à écouter le chant d'oiseaux invisibles tout en immergeant mon être entier dans la vague odorante des pins et les effluves salins de la mer si proche. Je me laisse bercer, apaisée.

Du haut de mon balcon, j'aperçois, derrière une haie de troènes, le toit d'une petite maison à demi enfouie sous des pins centenaires devant laquelle il y a une motocyclette. «Jim doit s'installer là, probablement!» Il ne sera pas loin. Puisque Mme Gatineau n'est pas encore apparue, je décide d'aller explorer le rivage.

Dehors, je me retrouve aveuglée par un soleil éclatant qui m'empêche de distinguer mon chemin. Lentement, je m'habitue à la lumière. Je traverse un bois de pins et de mélèzes... la pelouse du parc est ferme sous mes pieds. Sur la plage, j'enlève mes sandales et enfonce mes pieds dans le sable mou gorgé d'humidité. Enfin je suis au bord du fleuve. Le Saint-Laurent s'offre à moi à perte de vue.

Qu'il est beau! Comme un aquarium géant qui se jette à mes pieds! La force et l'élan des vagues créent une musique si belle qu'elle semble le chant des oiseaux du paradis.

Mon beau Saint-Laurent... vu toujours de si loin. Mais rien ne peut se comparer au remous des vagues – si près que je peux les toucher – qui changent sans cesse d'aspect. Parfois, leur écume ressemble à des ailes de mouches transparentes, entassées les unes sur les autres, ou à l'envers blanc d'une multitude de pétales de roses... Plus loin, le long du rivage, s'élèvent des vapeurs comme de la gaze légère... Quelle majesté!

L'eau mouvante rafraîchit mes pieds et je marche, heureuse de sentir la vague éclabousser mes jambes. Si la mer a été, en des temps immémoriaux, le milieu originel de la vie, je peux sans doute y trouver une plus grande vigueur. On dirait d'ailleurs que j'y puise de l'énergie !

Qu'il serait bon de dormir ici, sur la plage, sous les étoiles. Le ciel entier tournerait sur ma tête et je sombrerais dans le sommeil, bercée par la musique de la mer, et je m'éveillerais avec le chant des goélands, solitaire, émue...

Je m'arrache à la contemplation du cortège de vagues qui roulent les unes après les autres et dirige mon regard vers l'horizon. Ce n'est qu'un poudroiement d'étincelles d'argent qui brouille les frontières entre ciel et mer... Un pur ravissement !

En me retournant vers le bois que j'ai traversé pour atteindre la plage, j'aperçois la haute silhouette du manoir qui s'érige, droite et fière hors de la masse de verdure. Avec lenteur, je reprends le chemin du retour, heureuse d'avoir enfin connu le fleuve.

« Est-il possible d'avoir une tasse de café maintenant ? » dis-je à Béatrice en entrant dans la cuisine. Elle me répond affirmativement.

Je m'assieds à l'immense table tandis qu'elle prépare un plateau avec une cafetière, une tasse et quelques biscuits. Elle le pose devant moi.

« Je suis allée faire un tour, dis-je, comme si elle s'attendait à ce que je parle la première.

– Ah, oui, les alentours sont beaux, n'est-ce pas ?

– Oui... surtout la mer, je ne l'avais jamais vue de si près !

– Je comprends. »

Elle semble un peu nerveuse. En silence, je bois mon café et pense à ma prochaine remarque.

« Tout est tellement calme. Est-ce toujours ainsi ?

— La plupart du temps, oui, mais, dans les prochaines heures, le manoir va s'animer, car nous préparons le bal de demain. »

Le bruit d'une clochette me fait sursauter. Béatrice quitte la cuisine et revient au bout de quelques minutes.

« Si vous voulez bien me suivre, mademoiselle, Madame vous attend au salon. »

Les murs et les portes, par moments à peine visibles, changent de couleur. Nous marchons dans une demi-pénombre ou dans une clarté vive qui sent l'iris… je vois en passant une petite branche avancer ses quelques fleurs par la fenêtre ouverte. Nous traversons une antichambre, un autre couloir et, devant une porte en bois naturel verni, Béatrice s'arrête et frappe légèrement.

« Entrez ! »

Je pénètre dans un salon intime où la lumière se déverse à flots à travers les hautes portes-fenêtres. J'y vois mille détails, des dorures, des meubles délicats, des fleurs… M\ème Gatineau vient vers moi. Dès notre première rencontre, sans savoir pourquoi, je comprends que cette femme de la bonne société restera sur ses gardes. Vêtue d'un tailleur crème, un sourire poli aux lèvres, elle me tend la main.

« Je suis heureuse de vous souhaiter la bienvenue chez nous, dit-elle. J'espère que vous avez fait bon voyage. Asseyez-vous, je vous prie. »

Son regard est franc sous ses sourcils fins et bien dessinés. Elle ne tarde pas à m'expliquer la raison de l'absence de son mari qui a été réclamé d'urgence en début de matinée à l'hôpital.

« J'espère qu'il sera de retour bientôt, continue-t-elle en m'indiquant un fauteuil. Mais dites-moi, vos appartements sont-ils à votre goût ?

– Oui, madame, je vous remercie, tout est parfait. Je suis confortablement installée et la vue sur le parc est superbe.

– En effet, c'est un endroit magnifique et nous nous y plaisons beaucoup. »

Mme Gatineau, au visage peu marqué par l'âge et au teint de lis pur, se détend, mais ne fait montre d'aucune familiarité. Son menton est mince et sa bouche est rehaussée d'un rouge à lèvres carmin. Ses narines un peu pincées lui confèrent un air hautain et froid.

« Béatrice vous a peut-être déjà annoncé la fête. Votre arrivée coïncide avec les préparatifs en vue du bal qui aura lieu demain soir. Nous célébrons l'élection de mon mari comme maire de la ville et, par la même occasion, le retour de mon fils après une série de longs voyages.

– Si vous le désirez, je me ferai un plaisir d'aider Béatrice ou vous-même. Mère Saint-Ignace m'a aussi parlé d'une collection de livres anciens, mais cela peut attendre…

– Je vous remercie, mademoiselle Mayol, c'est gentil de votre part, mais j'ai embauché du personnel qualifié de l'hôtel du Pic-de-l'Aurore et ces gens se chargent de la décoration et de l'approvisionnement du buffet. Pour cette occasion, la maison, pour ainsi dire, leur appartient. Par ailleurs, mon fils arrive demain matin de bonne heure, ou peut-être même ce soir. Qui sait ! Son emploi du temps nous réserve souvent des surprises. Ainsi, vous ferez sa connaissance. »

«Un coup du sort propice, Marianne!» Un bal qui se prépare, le fils de famille qui rentre de voyage et mon arrivée dans une nouvelle vie... Ça promet!

«Madame, ma journée est libre, si je comprends bien?

— Bien sûr, prenez tout le temps de visiter le manoir et la propriété qui est vaste. Si vous le désirez, je vais vous montrer la bibliothèque avant le déjeuner.

— Certainement, avec grand plaisir.»

Je la suis dans un dédale de couloirs qui semble interminable. Le bruit de nos pas est étouffé par un tapis moelleux de couleur bordeaux, tacheté ici et là de rayons de soleil et de l'ombre des feuilles qui dansent... Mon regard se dirige vers le grand arbre près de la fenêtre.

Nous pénétrons dans la pièce en faisant craquer le parquet ciré.

«Voici donc la bibliothèque. Quand vous le souhaiterez, Arsène vous y apportera les caisses de livres à classer. Je suis sûre que mon mari vous aidera; il adore tous ses volumes chargés d'histoire, mais, malheureusement, il manque de temps pour s'en occuper. Votre enthousiasme pour les beaux livres saura, je pense, lui insuffler un regain d'intérêt.»

On dirait que cette journée va s'achever dans une apothéose de flammes tant le soleil inonde la pièce. Par bonheur, les vitrines de verre protègent les livres rares de la lumière forte qui pourrait les endommager. Cet endroit est vraiment magnifique et j'ai cru comprendre que la bibliothèque et la collection de livres anciens sont la fierté du Dr Gatineau. Je n'en suis pas étonnée. Je découvre aussi un piano à queue et, tout près, sur un guéridon en acajou, un gramophone. Oui, je me plais dans cette pièce… des livres et de la musique. Je décide, avant même d'avoir exploré davantage le reste du manoir, que la bibliothèque sera mon coin de prédilection.

«Je vous laisse. J'ai un emploi du temps chargé jusqu'à demain. À plus tard, mademoiselle Mayol.

– Je vous remercie, je vais rester ici un moment, si vous le permettez.

– Bien sûr, faites à votre guise!»

Son sourire est plus chaleureux lorsqu'elle me quitte. «Je semble lui faire un drôle d'effet. Pourtant sa voix ne trahit rien.»

Je me sens bien seule. Avant de rencontrer mon père, je vais résider dans cette belle demeure et faire miens ces appartements, la chambre là-haut et cette immense bibliothèque. Pourrais-je souhaiter mieux? Je m'approche des baies vitrées entrouvertes et, leur tournant le dos, étudie avec attention le mobilier d'époque, notamment un mince et délicat guéridon. Puis l'horloge du couloir et la cloche de l'église sonnent les douze coups de midi.

Le son de cette cloche me ramène à un autre univers, celui que j'ai quitté il y a quelques heures à peine. Mon cœur se serre subitement. Je revois le toit sombre du couvent, lorsque, cachée en haut de la montagne, je regardais le soleil s'y coucher et entendais le tintement…

Ici, aujourd'hui, je m'identifie à ce son, d'où qu'il vienne – de l'église de Saint-Florent probablement! –, et respire le souffle tranquille et parfumé des roses qui arrive du dehors.

Les Gatineau doivent beaucoup aimer la musique, car deux étagères sont chargées de disques. Et, à ma grande surprise, ce sont ceux de Claude Foucault qui dominent la collection. Mon cœur bat plus fort. D'une main nerveuse, je choisis le *Concerto n° 20* de Mozart. Le visage de mon bien-aimé irradie sur la pochette… Mes pensées tourbillonnent, j'imagine que son sourire m'est destiné et, sur-le-champ, je suis de nouveau sa captive… Son image réveille en moi la blessure de la séparation.

J'écoute l'enregistrement. La maîtrise de Furtwängler, le chef d'orchestre, m'amène, dans un rythme superbe, vers le bonheur noble de la musique de Claude. Les mouvements rapides, menus et mélancoliques se poursuivent, réveillant mes souvenirs, et je revis le passé, m'unissant à lui pour l'éternité.

J'entends à peine le crissement des pneus d'une voiture sur le gravier de la cour. Ce n'est que lorsque la porte s'ouvre et que le Dr Gatineau s'avance vers moi que ma rêverie cesse. Il me tend la main.

«Je suis désolé de n'avoir pu être ici à votre arrivée, mais je suis heureux de vous retrouver ici. C'est ma pièce préférée.

— À moi aussi, je crois. Le manoir est merveilleux, docteur Gatineau, et je suis si heureuse d'y être accueillie. Je vous en suis très reconnaissante.

— Je vous en prie, c'est un plaisir pour nous. Je suppose que ma femme vous a parlé de la petite fête de demain. J'ai été élu maire et nous tenons à marquer l'occasion comme il se doit», ajoute-t-il d'un air confiant.

Le docteur est un bel homme d'une cinquantaine d'années à la mine joviale et, aujourd'hui, il porte un complet prince de galles qui laisse deviner un début d'embonpoint. Il me dévisage sans trop d'insistance, mais je crois percevoir de l'angoisse dans son regard. Tout à coup, ma gorge se serre. Il se rapproche de moi... je recule...

« Pardonnez-moi, dit-il, je n'avais pas l'intention de vous effrayer, mais j'ai vu à votre cou un médaillon que je crois reconnaître. Me permettez-vous ? »

J'écarte les pattes du col de mon chemisier pour retirer le bijou et le lui présente. « C'est bien cela, murmure-t-il en passant la main sur son front. Je comprends mieux... »

« Excusez-moi, mademoiselle Marianne, c'est seulement l'effet de la surprise. J'ai cru... enfin, je me suis trompé. Ce médaillon... il n'est pas commun.

– Vous dites que vous ne le reconnaissez pas, docteur Gatineau ? dis-je, troublée. Je crois, au contraire, que vous le reconnaissez très bien ! »

Ses yeux se détachent enfin de mon cou.

« À Québec, jadis, un médaillon semblable au vôtre appartenait à l'une de mes patientes. Un bijou remarquable à cause du lapis-lazuli très spécial », ajoute-t-il d'une voix à peine audible.

Et puis il se tait. Son visage a pris une expression bizarre, immobile, comme si le temps venait de s'arrêter ou qu'un choc avait paralysé ses sens. Il garde les yeux fixés sur moi. Son regard se voile. Une puissante sensation m'étreint tout entière. Je me demande à quoi il pense. Puis il reprend d'une voix sourde :

« L'avez-vous reçu... il y a longtemps ?

– Le médaillon ? Oui, la veille de ma première communion ! Et, avant que vous ne me posiez d'autres questions, docteur Gatineau, je tiens à vous dire que je ne sais qui me l'a envoyé, car c'est un cadeau anonyme. Cela peut-il vous éclairer?»

Les mots se bousculent dans ma tête, mon esprit s'obscurcit, tout me semble soudain très éphémère. La tranquille réalité du moment a pris une tournure bien mystérieuse… Je suis mal à l'aise.

Le docteur me regarde longuement, puis me sourit.

«Allons déjeuner maintenant, ma femme doit nous attendre dans la salle à manger et, ajoute-t-il en prenant mon bras, je suis si heureux que vous veniez vivre ici avec nous! Oublions mes souvenirs à propos du médaillon, il est simplement admirable à votre cou!»

Je suis rassurée par sa voix qui a retrouvé ses chaudes intonations et par la connivence qui paraît s'installer entre nous. Je lui souris.

~

Ma première journée au manoir a commencé doucement, mais mon cœur bat plus fort au moindre bruit. Je reconnais là les premiers signes de l'angoisse qui présagent en général chez moi des événements inattendus. Au rez-de-chaussée, je longe le couloir qui mène à la bibliothèque et, me trompant de porte, entre dans le cabinet de travail du Dr Gatineau. Il s'agit là d'une pièce sans prétention, avec une table, des piles de dossiers médicaux et un petit nombre de fauteuils. Sur un guéridon, près de la fenêtre, quelques journaux sont entassés.

Je m'installe dans l'un des sièges et commence la lecture du *Devoir* livré le matin même. En première page, le titre en gros caractères me saute aux yeux: « La guerre en Europe peut-elle être évitée ? »

Tout un article est consacré à la dernière réunion d'Oswald Mosley à Londres où vingt mille personnes ont assisté aux fanfares militaires de style hitlérien et aux parades des Chemises noires qui, brandissant leurs bannières, ont proclamé haut et fort leurs sentiments nationalistes. *Le Devoir* ne rapporte que les points principaux du long discours de Mosley. Je relis deux fois le premier paragraphe:

On me dit qu'Hitler veut conquérir le monde! Qu'il est fou! Quelle preuve de folie avons-nous contre cet homme qui a sorti son pays d'une grande misère en près de vingt ans? Pourquoi serait-ce un devoir moral pour nous d'entrer en guerre si un Allemand donne un coup de pied à quelques Juifs à la frontière polonaise ou de nous préparer à nous battre pour quelques arpents qui ne nous appartiennent pas? Suicide? Folie?

Oswald Mosley n'y va pas de main morte! Le quotidien ne manque pas de conspuer ce dictateur qui ne fait qu'attiser les dissensions sociales du moment.

Comme pour accompagner la vague de tristesse qui soudain me submerge, j'entends le petit tapement sec de la pluie aux carreaux de la fenêtre. Celui-ci s'intensifie rapidement. Une violente averse se déchaîne. Le ciel d'un bleu si vif s'est assombri en quelques instants et l'orage a éclaté sur toute la campagne. Le vent secoue les arbres sur son passage; sous la tempête, leurs formes dramatiques et leur couleur d'un bleu de cobalt me rappellent certains paysages de Cézanne.

L'averse cesse brusquement et, brillante sous le soleil, une nuée ovale s'efface pour faire place à un arc-en-ciel, pendant que les dernières gouttes d'eau s'écrasent. Le tonnerre gronde encore dans le lointain...

Comme s'il était poursuivi par des fantômes, un gros chien noir passe en trombe devant la fenêtre. On dirait un terre-neuve. Appartient-il au maître des lieux?

J'aime la nature après la pluie et décide donc de faire une promenade. Dans la cour, la voiture a disparu; le docteur et Mme Gatineau sont sortis. Je hume à pleins poumons l'air lavé par l'orage dans un paysage aux couleurs ravivées. Le long du mur de l'annexe, des grappes de fleurs violettes embaument la fraîcheur transparente de l'atmosphère. Le nuage de tout à l'heure est moins dense et semble maintenant se jeter dans la mer.

Je m'achemine le long de l'allée qui mène à la route. À ma gauche, dans un grand champ clôturé, gambade un magnifique cheval bai qui, à mon arrivée, se rapproche de la barrière. Ses grands yeux doux me fixent. Je m'approche de lui aussi près que possible. Dans ma mémoire résonne alors un bruit de sabots derrière la grille du couvent... «Ce serait merveilleux si tu étais Zorro», lui dis-je en caressant ses naseaux. Il retrousse ses babines puis, se retournant, s'en va au galop vers le fond du pré.

Regardant autour de moi, je comprends mieux sa fuite, lorsque j'aperçois le terre-neuve s'avancer dans ma direction. Pris d'une folie soudaine, il se met à bondir autour de moi en aboyant. N'ayant aucune affinité avec les animaux, mis à part Boudi, mon lièvre, et les petits agneaux des religieuses qui se laissaient caresser, je suis craintive. Il arrête d'aboyer. Ses yeux jaunes me dévisagent pendant près d'une minute. Je ne bouge pas, puis, lentement, m'avance et tends la main vers lui. Un aboiement guttural, tel un présage de malheur, me fait sursauter, mais je continue néanmoins à marcher doucement vers lui, jusqu'à ce que je sois à environ trois pieds. Il baisse alors sa grosse tête et, comme une récompense, vient lécher ma main tendue. Peut-être cherche-t-il lui aussi quelqu'un à aimer? Je m'accroupis lentement, tandis que le chien s'assied et me fixe droit dans les yeux; sur son poitrail, accrochée au collier, brille une médaille argentée où je lis « Rubi » et l'adresse du manoir. « Tu t'appelles donc Rubi », lui dis-je et, comme signe d'assentiment, il me tend la patte et la pose sur mes genoux... j'aurais juré qu'avec ses babines retroussées jusqu'aux yeux il aurait aimé me sourire.

Le ciel n'est plus menaçant et, en compagnie de Rubi, je suis tentée de prolonger ma promenade. Il me suit ou me précède, selon sa fantaisie. Les odeurs qui montent de la terre après la pluie plaisent à mon imagination et à mes sens. La présence du terre-neuve me réjouit; je regarde danser sur son dos des filets de lumière dorée qui s'accrochent à son épaisse fourrure et tremblent à chacun de ses pas. Soudain, en entendant le bruit lointain d'une voiture, il se met à courir en direction de la route principale. Je lui souris quand il revient vers moi; Rubi tolère admirablement bien ma présence dans son domaine et j'en suis heureuse. Nous rentrons ensemble au manoir. Je crois qu'il m'a adoptée.

Ainsi va la vie et je me sens capable de l'accepter avec plus d'allégresse. Je mets de côté, sans trop de difficulté, mon habituelle anxiété et passe la fin de l'après-midi à lire un roman dans la bibliothèque. Je retrouve mes appartements avec plaisir... Une joie presque lyrique guide mes pensées et mes gestes, comme si j'étais prête à entrer dans un royaume inconcevable. J'interroge mon instinct… Oui, quelque chose de merveilleux m'attend dans cette maison, je le sens! Je prends un bain parfumé puis enfile une des jolies robes d'été que Mme McFarlane a choisies pour moi.

«Mon fils ne rentrera pas ce soir, annonce Mme Gatineau d'un air contrit en prenant place à table. Je vais demander à Béatrice d'enlever le quatrième couvert.

– Oh, laisse, ce n'est pas grave, soutient le Dr Gatineau, pendant qu'il m'aide à m'asseoir à mon tour. Je sais qu'il voulait organiser quelque chose pour la réception de demain. Je crois qu'il est en train de préparer une petite surprise… Je parie qu'Agnès est aussi dans le coup!»

Agnès! Est-ce l'Agnès de mon couvent, cette fervente de la musique qui me faisait partager son enthousiasme… cette Agnès-là? Ce nom qui fait partie de mon passé s'associe aussi à celui de Jocelyn… à Claude… Non, je dois encore interpréter les choses à ma façon! Plusieurs noms tournent dans ma tête, mais je fais un effort pour ne rien laisser paraître de mon trouble. Et, puisque le fils de Mme Gatineau prépare une surprise avec Agnès, je n'ai donc qu'à attendre comme tout le monde. Il s'agit certainement d'une simple coïncidence. Il n'existe pas qu'une seule Agnès au Canada!

Tout en me joignant à la conversation, je savoure une fois de plus le souvenir d'Agnès. Fait-elle partie de la surprise qui se prépare pour la fête de demain? Je suis fascinée par toutes les anecdotes que le Dr Gatineau se plaît à raconter. Toutefois, à la fin du repas, je les prie de m'excuser et, leur souhaitant une bonne nuit, je monte à mes appartements.

Avant de me coucher, je sors de ma chambre et explore l'étage, comme si j'étais seule dans le manoir endormi. Les fenêtres sans rideaux du couloir s'ouvrent sur le parc; la nuit est calme, et la lune, en partie cachée, adoucit la noirceur. Mon regard se porte vers la mer... Sa surface argentée étincelle ici et là sous la lumière tamisée, comme une tapisserie de verre, et donne une douceur mauve au firmament.

Des ombres imprécises glissent dans la nuit et des sons divers captent mon attention. Mais, dans ce paysage baigné seulement de lueurs argentées, je perçois surtout le bruit assourdi des vagues qui viennent se jeter sur le rivage. Je ne sais pas pourquoi l'histoire de Geneviève de Brabant me revient à l'esprit; je m'attends à ce que le cheval de Golo sorte de la mer et continue sa lente chevauchée jusque sous mes fenêtres et que Golo lui-même, comme un corps désincarné, monte jusqu'à moi et m'emmène avec lui...

Chapitre XXXI

« Madame et Monsieur sont levés, me dit Béatrice. Ils marchent dans le parc et ne prendront le petit déjeuner que dans une demi-heure. Désirez-vous un café ? continue-t-elle en se rapprochant de moi. Comme vous êtes pâle, mademoiselle, avez-vous mal dormi ?

– Non, assez bien. Merci, Béatrice. Oui, j'en veux bien un. »

En vérité, je ne tiens pas en place et j'essaie de dissimuler ma nervosité après une nuit tourmentée. Je m'efforce de boire lentement le café fumant que Béatrice m'a apporté tout en réfléchissant sur mon désir de voir les choses évoluer plus vite. Pourquoi encore cette angoisse ? Pourquoi suis-je si pressée ? Suis-je en train de devenir moins douce avec moi-même et les autres à cause de mon impatience ? Marianne, dans le passé, tu as été persévérante et patiente… Alors, continue !

J'ai un soudain besoin d'espace et de nature et me retrouve vite dehors, sous un ciel sans nuages, où des mouettes chassent quelques merles qui crient encore plus fort qu'elles. Je ne vois personne… je marche en direction de la plage. Je m'attarde dans la contemplation de la mer et de la ligne d'horizon qui a gardé les teintes rosées du petit matin. Il fait encore un peu frais et je respire longuement l'air salin. Je me sens déjà mieux et je rebrousse chemin.

Tandis que j'approche du manoir, les notes d'un air lointain volent à ma rencontre. La musique me procure du plaisir et je fredonne la mélodie à mi-voix... Soudain j'ai un choc en reconnaissant l'interprétation d'une des polonaises de Chopin... C'est un enregistrement de Claude! J'accélère le pas, mon cœur me fait mal... Mes souhaits vont-ils se réaliser?...

Je longe le couloir qui mène à la bibliothèque quand résonnent les dernières notes. La grande salle est baignée de lumière et, en y pénétrant, je suis presque aveuglée.

«Ma petite Marianne!» s'exclame une voix tout près.

J'avance de quelques pas en clignant des yeux et distingue mal la haute silhouette, mais je ne peux me tromper sur le ton grave de la voix. Passent vite quelques images inéluctables du passé. Je lève la tête... et c'est si bon de regarder le bonheur en face, sur le visage de Claude qui me tend les bras.

«Ma petite Marianne, tu ne peux pas savoir comme je suis heureux de te savoir ici. C'est un miracle!»

Mon équilibre, ma joie, mon amour... il se trouve là, devant moi, et je ne vois que lui. Mon angoisse apaisée se mêle à ses mots pendant qu'il se rapproche de moi... Ni la nature qui explose de vie ni la mer déchaînée ne peuvent être plus violentes que l'immense élan qui soulève ma poitrine quand sa main se pose sur mon épaule...

«Ma chérie, Marianne, toi, ici! Ai-je mérité un tel bonheur dans ma vie?»

Il se penche pour m'embrasser. Il m'enlace et son baiser me transporte dans l'univers qui n'existe que pour les amoureux transis. Son visage est de nouveau près du mien. Je sais que l'heure de la récompense a sonné. La caresse dure un long moment, comme si nous déplacions le bonheur, ce bonheur qui nous appartient depuis toujours.

Lentement, il me relâche.

«Comme tu es belle, Marianne, comme tu es belle, ma bien-aimée...»

Il prend mes mains et les porte à ses lèvres.

«Claude, que fais-tu au manoir?»

Il n'a pas le loisir de me répondre, car le docteur vient d'entrer et interrompt notre tête-à-tête.

«Mademoiselle Marianne, annonce le docteur Gatineau en s'avançant vers nous, Jean-Claude Jocelyn Foucault est mon beau-fils, le fils de ma femme. Vous avez fait connaissance tous les deux, je vois!» dit-il d'une voix insaisissable tandis qu'il s'efface pour laisser passer son épouse.

Nous nous regardons les uns et les autres, tour à tour, avec une lueur d'interrogation au fond des yeux.

«Eh oui, dit Claude, alors qu'il me tient toujours les mains, Marianne et moi, nous nous sommes rencontrés il y a environ douze ans. C'était notre secret jusqu'à maintenant!»

Le docteur et sa femme nous observent un court moment en silence. Leurs yeux s'interrogent mutuellement, comme s'ils mesuraient tout ce que leur fils leur a dissimulé. Quant à moi, je n'ai qu'une envie, celle d'échapper aux questions qui leur brûlent les lèvres. Je ne désire qu'une chose: la présence de Claude. Je tressaille et mon bien-aimé me serre contre lui.

«Allons voir ce que Béatrice nous a préparé pour le déjeuner», dit-il en reprenant une voix calme, j'ai une faim de loup!»

L'heure qui a démasqué notre passé, l'heure qui nous a réunis, Claude et moi, et l'heure qui va nous séparer, sera-t-elle si cruelle? En ce jour, l'univers du manoir rassemble un passé, un présent et un avenir, tous les trois enchevêtrés à jamais.

Le déjeuner se déroule presque en silence. Le docteur continue de nous regarder, tour à tour, et, de temps en temps, il sourit. Aucune question n'est posée. Mme Gatineau semble mal à l'aise et ses yeux ont pris une teinte plus sombre. Aujourd'hui plus qu'hier, je remarque sa beauté élégante rehaussée par un ensemble de soie sauvage de couleur naturelle. Claude a l'air aussi nerveux et tapote la table de ses doigts tout au long du repas. Il est le premier à se lever de table et nous prie de bien vouloir l'excuser.

«À tantôt, dit-il avec un geste d'au revoir. J'ai quelques courses à faire, mais cela ne sera pas très long.»

Il se penche vers moi, prend ma main, y dépose un baiser, puis me fait un clin d'œil.

«Pas si vite, Claude, dit le Dr Gatineau, j'aimerais te parler un moment.»

Ils sortent tous les deux et ferment la porte.

Je ressens une forte émotion et je n'ose nommer le sentiment qui s'installe. Intimidée, je me sens rougir. Après avoir été éloignée de l'amour, je ressens de nouveau le désir. Ma journée sera douce ou flamboyante: j'ai tellement de plaisirs à vivre et à découvrir…

Mme Gatineau me sort de ma rêverie en m'annonçant brusquement qu'elle doit s'absenter une heure ou deux. Béatrice et Arsène se chargeront des derniers préparatifs en vue de la réception de ce soir. Elle se lève de table à son tour et sort de la salle à manger. Je sens alors un grand vide, même s'il est difficile d'ignorer le va-et-vient des employés de l'hôtel autour de moi qui s'affairent à changer la place du mobilier. Béatrice supervise le travail des fournisseurs et Arsène donne ses ordres aux garçons qui les exécutent sur-le-champ. Je décide d'aller me réfugier dans la tranquillité de la bibliothèque.

Je regarde par la fenêtre et admire le jeu du soleil jouant à cache-cache sur la verdure abondante du sous-bois. J'ai besoin de me détendre, de calmer mon exaltation et d'analyser tout ce qui vient d'arriver. Je sais qu'il me faut trouver un exutoire à la grande nervosité qui me gagne, lentement mais sûrement. Fascinée par l'éblouissement du dehors, j'aperçois tout à coup une multitude de couleurs au centre desquelles je ne vois qu'un point noir.

Pourquoi ai-je l'intuition qu'il se dessine un grand drame ? En proie à l'inquiétude, je devine la peine qui me guette, comme une ombre qui s'avance, grandit, se disperse dans l'air puis revient me pourchasser.

«Marianne, me dis-je, tu divagues et tu broies du noir!»

La voix lointaine du Dr Gatineau me tire de ma rêverie.

«Non, Claude, je ne peux t'en dire davantage. Nous en avons assez discuté. Ce n'est pas de mon ressort.

– Mais tu ne peux donc pas me donner une idée de sa condition, de la situation, insiste Claude.

– Non, non et non. Maintenant, va chercher tes affaires. »

Les voix se perdent. Peu de temps après, le moteur d'une voiture est mis en marche.

Je me dirige vers la salle de musique. Je ferme la porte, m'approche du majestueux instrument, un Blüthner, et, les yeux clos, revois mon piano dans mon petit coin de La Retraite. Bouleversée, je m'assieds sur le tabouret capitonné et, sans regarder les pages de musique devant moi, me mets à jouer. Pendant un moment, je laisse mes doigts caresser le clavier, à la recherche d'une mélodie qui s'harmoniserait avec mon état d'esprit. Oui… Mozart, oui, je vais jouer Mozart, le plus grand génie du monde. Sous mes doigts, comme à mes moments tristes, le calme que me procurait le *Concerto nº 21 en do majeur* revient. Je l'interprète comme jamais je ne l'ai fait auparavant, me souvenant de l'émotion et de la réaction de mère Saint-Ignace. J'ai du chagrin…

« Comme tu joues bien, ma petite Marianne. »

Je me tourne vers le visage grave de Claude, qui se penche vers moi… Il m'embrasse tendrement sur le front.

« J'ignorais que tu étais devenue une virtuose, dit-il d'une voix un peu sourde; inutile de te demander qui a été ton professeur! »

Sous ses sourcils froncés, sa confiance semblant avoir disparu, je devine le rayon bleu de son regard. Pendant quelques secondes, je savoure le bonheur de l'avoir tout à moi, me rappelant les heures de nos rendez-vous clandestins. Le fait de savoir qu'il ne s'occupait que de moi me donnait alors une force bien réelle.

Il vient s'asseoir tout près. J'ai l'impression qu'il m'observe d'une façon nouvelle, comme si j'étais devenue quelqu'un de différent.

« Il faut que je te confie quelque chose. Je déteste le secret qui nous entoure, même ici, au manoir. Mes parents semblent vouloir nous tenir séparés et je ne comprends pas pourquoi. Sais-tu ce que cela veut dire ? Il ne s'agit pas uniquement de respecter la bienséance, j'en suis sûr ! »

Bien que je ne veuille pas être l'héroïne d'un roman où se joue un mystère, je me lève brutalement quand les portes-fenêtres claquent en raison d'un fort courant d'air, car j'ai le sentiment de recevoir un signal.

« Que crois-tu, Claude ? Que j'aime le secret dans lequel je vis depuis toujours ? J'attends ici une visite de mon père et, puisqu'il l'a décidé, je vais bientôt apprendre qui je suis vraiment… comme il me l'a promis.

— Comment ? Tu as enfin reçu des nouvelles de tes parents ?

— Oui, deux lettres de mon père.

— C'est formidable, ma petite Marianne. Mais laissons tout pour le moment. J'ai réussi à fausser compagnie à mes parents, mais je dois les rencontrer au village un peu plus tard. Nous avons une heure juste pour nous deux, toi et moi, seuls. Je t'arrache à tout ce branle-bas ! »

Je regarde son visage ouvert, son sourire, et je devine son corps impatient. De l'avoir à moi dans la demeure familiale m'émeut. J'avais imaginé ce moment depuis tant d'années ! Je prends sa main et la porte à mes lèvres. «Oui, Jocelyn, profitons de cette heure, juste toi et moi. »

J'accepte son invitation avec plaisir et nous grimpons en cachette l'escalier qui mène à sa chambre. J'écoute notre amour naissant et je me sens douce. Toute trace d'hésitation disparaît et, avec ravissement, je sens sa main palpiter dans la mienne... Nous préparons un nouveau paradis.

Tous deux voués à notre plaisir, nous ne demandons rien d'autre dans son lit que de partager notre amour et notre désir. Le Claude d'hier et celui de maintenant ne font plus qu'un alors que nos corps s'enlacent. J'entends sa voix tremblante murmurer: «Ma petite Marianne, ma femme, je t'adore, laisse-moi t'aimer encore...» Il vient boire mon souffle consentant à mes lèvres. Notre puissante passion s'empare de nous et nous glorifie... Nous sommes à sa merci. Je lève mes bras pour lisser ses cheveux et, impatiente, je l'attire vers moi. Émue, je souris, pressée contre sa bouche... et j'écarte un peu les cuisses...

Mes bras retombent sur l'oreiller. Je lui laisse mon corps, il peut faire de moi ce qu'il veut... Pendant qu'il me caresse, mon être se raidit... le feu dans mon ventre se propage et je tremble tout entière. J'attends qu'il me guide, qu'il m'aime, qu'il me comble. Sous lui, mon corps ondule, mes poings se referment sur son dos, ma respiration devient courte...

«Claude, entre en moi, je n'en peux plus...

– Ma chérie, tu veux jouir... si vite? »

Il écarte mes jambes et me pénètre, à petits coups légers, à demi, plusieurs fois, puis se retire... «Goûte, Marianne, goûte... Il faut savoir attendre, ma chérie...

Tu le sens, je te pénètre, là, profondément... Je te touche... partout...» Sa voix halète et brûle mon visage. «Tu es délicieuse. Je t'aime, je t'aime...»

J'essaie de repousser le flot de lumière éblouissant... Je ne dis rien. Le rythme de nos corps s'accentue... vite, plus vite... Claude s'arrête, retarde le plaisir qui est presque à son comble... je mange la bouche qui m'embrasse fiévreusement et avale ses mots embrasés... La cadence de nos corps reprend... l'enivrement, l'ivresse s'agrandit... il n'y a plus qu'elle au monde...

Je sens quand même le rayon chaud du soleil sur ma cuisse alors que je m'échappe vers l'orgasme... Ma gorge se contracte, j'ai de la peine à respirer... J'écoute, heureuse dans ma jouissance, le feu sombre de sa plainte... je cale ma tête contre son épaule, je touche sa hanche et sa cuisse jusqu'à ce qu'elles deviennent immobiles. Mes mains caressent son dos, prolongeant l'étreinte, son sexe palpite encore... le mien aussi.

Je porte sur mon cœur son corps alourdi, jeune homme presque endormi, sa tête près de la mienne. Nous renouons nos bras.

«Je t'aime, Marianne, veux-tu être ma femme?

– Oui, Claude!»

CHAPITRE XXXII

Après le départ de Claude, je reste dans la chambre encore quelques instants, sans d'autre envie que de m'occuper de mon bonheur. Mais je ressens déjà son absence et mes pensées le rejoignent. Plane-t-il une menace au-dessus de notre amour naissant et de mon bel été alors que nous cherchons simplement notre part de paradis?

Les petites nues d'un après-midi chaud agrémentent cette fin de journée, cachant le soleil aux corps délivrés... Le mien garde encore l'appétit des jours de fête.

Le cri strident d'un goéland parvient jusqu'à moi comme s'il m'appelait. Je cours dehors, je respire l'air odorant en traversant la pinède, tout est encore velours, chaleur, plaisir de vivre. Un bien-être troublant ne me quitte pas.

C'est une belle heure pour aller dans la mer. Sur l'eau d'un bleu dur, chaque foulée de mes jambes perce une pellicule d'émail plus foncé, et je m'amuse à piétiner gaiement les algues glissantes que la marée a déposées sur le rivage.

À mon retour, j'aperçois Jim qui marche en compagnie de Rubi, toujours aussi excité. Je lui fais signe.

«Vous faites la patrouille, Jim? lui dis-je en me rapprochant d'eux.

— Heureux de vous rencontrer, mademoiselle Marianne? Comment allez-vous?»

Il ôte sa casquette en tartan écossais. Ses yeux s'éclairent dans la lumière d'été. Il semble ému et un peu énervé.

«Tout va bien, Jim? Je vois que vous avez fait la connaissance de Rubi.

— Oui, nous nous connaissons depuis assez longtemps. C'est un bon chien.

— Vous saviez aussi, je suppose, que le manoir était la demeure de Claude?»

Son visage change d'expression. Il baisse les yeux alors que Rubi s'approche de moi et vient s'asseoir à mes pieds. Il me tend une de ses pattes. Je caresse sa grosse tête. Je ris lorsqu'il la redresse, comme s'il avait lu dans mes pensées. Oui, Rubi, veille sur nous tous ce soir, sois un bon chien de garde.

«Eh bien, Jim?

— Oui, mademoiselle Marianne.

— Je suis si contente de vous savoir près de moi. Ce tartan, c'est un McNish-Porter?

— Non, mademoiselle Marianne, nous n'avons pas nos propres couleurs, nous appartenons au clan des McGregor.

— Vous verrai-je ce soir, Jim?

— Oui, je crois.

— Comme invité?»

Je ne trouve rien à dire devant ses prunelles moqueuses et son rire vague.

«Je serai aux alentours, mademoiselle Marianne, ne vous en faites pas!

– Je ne m'en fais pas, Jim… malgré que…

– Malgré que… ?

– Hier soir, j'ai cru voir quelqu'un sur la plage… le balafré… »

Il se raidit un peu. Il paraît soudain plus grand.

« Soyez sans crainte. Personne ne pourra tromper Rubi ou moi-même. »

Je rejoins donc mes appartements après mon entretien avec Jim, car je dois me préparer pour la soirée. Claude sera à mes côtés et je me sentirai plus forte pour affronter tous les regards étrangers. Son éclat farouche m'envoûte… Claude! Je l'aime tant et je serai sa femme. Je suis de nouveau sage… Je prends une douche et parfume ma peau d'une délicate poudre de jasmin. Son vœu, sa promesse vivent en moi… Oh oui, nous nous marierons…

En me regardant dans le miroir, je prononce ces mots d'un ton ferme: «Demain, nous aurons, et après-demain encore, un jour pareil à celui-ci, un jour merveilleux…» Je porte beaucoup d'attention à ma toilette. Pour Claude, j'ai décidé de porter une superbe robe du soir qui arrive à la cheville et qui moule ma silhouette. Pour compléter l'ensemble eau de Nil, je chausse des talons hauts de la même couleur. Je m'étudie longuement devant la glace de la salle de bains et je ne suis pas mécontente du tout. Je n'échappe pas à la vanité féminine!

Du rez-de-chaussée montent les voix des invités qui commencent à arriver pour la fête. Les paroles et les rires se mêlent au cliquetis des coupes en cristal. Le champagne doit déjà couler à flots. Je fais une pause sur le palier avant de descendre le dernier escalier. Dans le grand hall d'entrée, la mère de Claude et le docteur accueillent les hommes en habits de soirée accompagnés de leurs femmes en robes longues ; un maître d'hôtel les conduit ensuite vers le bar. Soudain ma légèreté d'esprit et ma confiance ont complètement disparu et je me sens désemparée à l'idée de faire face à tous ces gens. Telle une ombre, je descends les dernières marches, lentement, en rasant les murs. Mais comment pourrais-je passer inaperçue ? Des regards sont fixés sur moi. Je crois que mes deux hôtes se sont aperçus de ma gêne et le docteur me fait signe de les rejoindre. Par bonheur, M. Gagnon, que j'avais eu l'occasion de rencontrer à Québec avec les McFarlane, vient d'arriver et son visage souriant me réconforte.

« Quelle belle surprise, mademoiselle Marianne, dit-il courtoisement en me faisant le baisemain. Vous vous souvenez de ma femme, continue-t-il en se tournant vers elle.

— Bonsoir, mademoiselle.

— Quelle joie de vous voir tous les deux, dis-je en serrant la main de Mme Gagnon. Caroline n'est pas avec vous ?

— Non, malheureusement elle n'a pu se libérer, répond M. Gagnon, d'un air évasif. Et vous, avez-vous... »

Avant qu'il n'ait pu finir sa phrase, Claude est à mes côtés. Il prend mon bras et, en riant, déclare :

« Monsieur et madame Gagnon, je réclame le privilège en ma qualité d'hôte de vous enlever cette jeune fille. Je vous la ramène plus tard. »

Il m'entraîne sur la terrasse à travers la foule compacte des invités et nous nous retrouvons dehors, un verre de champagne à la main, les yeux dans les yeux. Il m'attire vers lui.

«Tu es la plus belle ce soir, Marianne. Buvons à notre avenir, à nous deux. Ma bien-aimée, continue-t-il ses lèvres posées dans mes cheveux, je suis si heureux, si heureux. Je te désire toujours de plus en plus. Je crois que tu es une ensorceleuse, ma chérie!»

Des voix féminines pleines de gaieté se rapprochent et tout un groupe de jeunes femmes fait irruption sur la terrasse.

«Claude, voilà donc où tu te caches, s'exclament-elles. Petit cachottier, pensais-tu nous échapper? Mais est-ce une nouvelle conquête? Tu ne nous présentes pas?»

Les jeunes femmes nous encerclent presque mais je n'arrive pas à distinguer le visage de la dernière venue.

«Ce n'est pas possible, mais c'est toi, Marianne!»

En me haussant sur la pointe des pieds, j'aperçois Agnès dans une robe rouge vif très sobre. Elle se précipite au-devant de moi et me serre fougueusement contre elle, selon son habitude. Et, sans égard pour le groupe, elle applique un baiser fougueux sur ma bouche. Je recule.

«Ah non, pas de cérémonie entre nous, mon petit agneau, tu n'es plus dans ton couvent cloîtré, reprend-elle en riant.

— C'est donc elle, le petit mystère du couvent? demandent les autres en chœur.

— Eh bien, si je pouvais avoir la même allure, je veux bien être enfermée avec les bonnes sœurs pendant quelques années, ajoute une jeune fille au visage ingrat et aux cheveux blonds presque blancs.

— Pas de mesquineries, mesdemoiselles, coupe Claude en faisant un geste protecteur à mon endroit.

Marianne est notre invitée et va demeurer au manoir quelque temps. Que diriez-vous si nous allions tous nous restaurer au buffet maintenant?»

La soirée se déroule parfaitement.

«Vous amusez-vous bien, mademoiselle Marianne, murmure le Dr Gatineau en se rapprochant de moi avec une lueur étrange dans les yeux. J'aimerais vous présenter monsieur Jean-Luc Martin, un bon ami de la famille.

– Enchantée, dis-je, en lui tendant la main.

– Je vous laisse faire connaissance tous les deux, ajoute-t-il en s'éclipsant. Je dois m'occuper de mes invités et Claude aussi... Amusez-vous bien!»

Ils nous laissent en tête-à-tête.

L'atmosphère est gaie et pleine d'effervescence. L'orchestre joue des mélodies à la mode. Les invités circulent entre eux et les garçons, sous la direction d'Arsène, passent et repassent avec leurs plateaux de champagne. Béatrice, toujours vêtue de noir, a mis un tablier en dentelle blanche. Il est presque neuf heures. C'est alors que la voix forte du maître d'hôtel demande le silence.

«Mesdames et messieurs, nous avons l'honneur d'avoir parmi nous ce soir deux artistes célèbres qui ont accepté de partager leur art. Silence, je vous prie. Puis nous aurons le plaisir d'entendre le discours du nouveau maire.»

Les applaudissements crépitent. Je vais m'asseoir sur une marche de l'escalier et Jean-Luc prend place à mes côtés. Afin d'oublier que je partage la musique de Claude avec tant d'autres ici, je ferme les yeux. Cette œuvre m'est inconnue... Est-ce lui qui joue ou Agnès?

À un moment donné, je reconnais le jeu de mon bien-aimé… mon âme s'ouvre à la mélodie originale et capricieuse. J'y trouve un charme si personnel… tout mon être baigne dans sa ferveur.

« N'est-ce pas qu'il est formidable, dit la voix de mon compagnon, brisant ainsi ma rêverie solitaire. Ce dernier morceau est une composition de Claude. Il l'a nommée *Sonate pour une princesse inconnue*. Je crois qu'il va en faire un enregistrement. »

Et d'enchaîner :

« Savez-vous que Claude ne veut rien dévoiler quant à la source de son inspiration ni parler de celle pour qui il a écrit cette musique ? Il nous répète toujours : "Vous le saurez un jour !" En tout cas, il a produit un petit chef-d'œuvre. N'êtes-vous pas de mon avis, mademoiselle ?

– Oui, en effet, c'est si beau que je pourrais en pleurer ! »

Brièvement, mes souvenirs me ramènent à la grange de nos rendez-vous secrets où Jocelyn – j'avais alors six ans – m'avait déclaré avec tant de conviction : « Qu'importe qu'on ne connaisse pas tes origines, Marianne, pour moi tu seras toujours ma princesse inconnue. » M'offre-t-il aujourd'hui un merveilleux cadeau et encore une preuve de son amour ? Chaque note m'est-elle dédiée ?

Le petit chef-d'œuvre de Claude respire un intense amour de la vie et une profonde volupté, comme des volutes enchantées et fantasques… Oui, je le reconnais bien. Et cette sonate est-elle pour moi ?

Après les longs applaudissements qui m'ont tiré de ma rêverie suit un arrangement de Liszt à quatre mains.

«Agnès et Claude jouent bien ensemble», fait remarquer mon compagnon.

Je me tourne vers lui. J'avais presque oublié sa présence.

J'acquiesce d'un signe de tête. Le duo se termine et les applaudissements retentissent de nouveau, suivis par des «encore! encore!» Claude, d'une voix enjouée, annonce simplement:

«Je vous remercie, mesdames et messieurs, et je vous laisse en compagnie d'Agnès qui continuera à jouer!»

Soudain, il est devant nous.

«Voilà, dit-il avec un grand sourire. Cela vous a plu?

— J'étais impatient d'entendre ta composition! s'exclame mon compagnon. Comment vas-tu Claude, continue-t-il en lui tendant la main. Je venais juste de dire à madame Marianne que tu lui as donné comme titre *Sonate pour une princesse inconnue*. Est-ce exact?»

Mon bien-aimé me dévisage à la dérobée. Un sourire énigmatique se dessine sur son visage et, s'adressant à Jean-Luc, Claude répond:

«Marianne va peut-être nous donner son opinion personnelle? Eh bien, reprend-il en s'asseyant sur la marche au-dessous de nous, qu'en penses-tu?»

Je me sens un peu mal à l'aise et ne comprends pas vraiment à quel jeu joue Claude.

«Que penses-tu de ma mélodie dédiée à une princesse inconnue? Crois-tu qu'elle se reconnaîtra dans ma musique?

— Oh! oui!

— C'est tout?»

C'est le Jocelyn espiègle et un peu tyrannique d'autrefois qui me taquine ainsi, aussi je réfléchis bien avant de lui répondre.

« La mélodie propose un défi musical qui repose sur un fond très original. Le thème principal fait bien passer l'impression de mystère, impression qui est soutenue par la variété des sons qui rappellent des moments intenses mais fugitifs. La musique doit certainement rendre hommage à cette princesse inconnue, réelle ou fictive. Dois-je continuer ?

— Eh bien, dit Claude en riant aux éclats, comme tu vois, mademoiselle Nonnette a la langue bien pendue ! »

Jean-Luc demeure un instant interloqué par un tel échange de propos et nous observe tour à tour. Du grand salon nous parviennent maintenant les échos de chansons populaires entonnées avec enthousiasme par certains invités. Je reste sous le charme de Claude qui, près de moi, discute encore un moment avec Jean-Luc. Je ferme les yeux. Puis, un peu brusquement, une jeune fille survient et attrape Claude par la main pour l'entraîner sur la piste de danse. J'aperçois Jim au même moment. Je m'excuse auprès de mon compagnon et me fraye un passage jusqu'à mon ange gardien.

« Comment vont les choses, Jim ?

— Tout est dans l'ordre, mademoiselle Marianne. Espérons que votre balafré a perdu votre trace ! »

Il demeure près de moi en silence jusqu'à ce que Claude me rejoigne. Mon bien-aimé prend ma main dans la sienne et m'enlace pour danser une valse. Je me laisse conduire, car je n'ai jamais eu l'occasion d'aller au bal quand j'étais au couvent... Quand le rythme de la musique ralentit, son étreinte se resserre et je ressens la tension de son corps contre le mien, ses bras autour de ma taille m'emprisonnent. Le feu sacré de notre amour nous consume en silence.

«Ma petite Marianne, ne bouge pas, restons ainsi. Ma bien-aimée, je ne sais pourquoi, mais il se passe des choses qui semblent vouloir… chut, ne dis rien tout de suite… Promets-moi que tu me seras toujours fidèle, Marianne! Promets-le-moi!

– Oui, je te le jure.

– Merci, Marianne, tu ne peux savoir comme je tiens à ta promesse! Tu m'aimes? Non, ne réponds pas, mets tes bras autour de mon cou. Tu te souviens de notre première nuit d'amour?» murmure-t-il tendrement.

Après un court silence, ses paroles se bousculent:

«Marianne, je dois repartir en Europe pour une tournée assez longue, mais tu me rendrais heureux si tu acceptais de porter à ton doigt cette bague, comme un gage de ma foi et de mon amour. Donne-moi ta main, ma chérie, pour toujours. Marianne, je t'aime si fort!

– Je t'aime, Claude, pour toujours. Embrasse-moi, je t'en prie, je t'en prie…»

Je reconnais contre mes lèvres la chaleur et l'empressement de sa bouche, le goût du champagne…

L'arrivée de Mme Gatineau nous surprend et me fait revenir à la réalité.

«Excusez-moi, dit-elle, Claude, il ne faut pas oublier tes invités!»

Elle s'éloigne.

«Ma mère est un peu sergent-major parfois, et plutôt nerveuse ces derniers temps, je dois l'avouer. Tiens, fais voir ce bracelet qui s'accroche à mes cheveux. Mais ça alors, ce sont… D'où vient-il?

– M. McFarlane me l'a remis lors de mes seize ans. Tu reconnais le motif du médaillon?

– Je n'en suis pas sûr. On dirait des plumes et un fort avec des tourelles. Je crois qu'on a voulu te donner des indices, Marianne, ou te préparer…»

Ses yeux brillent étrangement, et il me regarde d'une façon si indéfinissable que je recule, un peu effrayée.

«Pourquoi me regardes-tu ainsi? Qu'y a-t-il?

– Excuse-moi, c'est que… Tu n'as donc aucune idée de sa signification?

– Je ne peux que faire des suppositions; cet emblème appartient probablement à un militaire. Comme ce médaillon vient de mon père, cela signifie que mon père est un militaire.»

La voix de Claude est douce lorsqu'il reprend:

«Ma petite Marianne, tu as sûrement raison.»

Il me prend dans ses bras, mais une vague prémonition me fait frémir tout à coup.

«Mon amour, qui veut nous séparer?

– Les circonstances, ma petite Marianne. Attends, je reviens tout de suite. Je dois parler à mon beau-père, c'est important.»

Instinctivement, je sens qu'il m'échappe et j'ai peur. Le souvenir des séparations passées fait redoubler mes craintes. Je le suis du regard traverser la salle pour aller rejoindre le docteur. Ils sortent du grand salon. Je circule parmi les invités. Jean-Luc bavarde avec quelques jeunes filles, M. et Mme Gagnon s'entretiennent avec un autre couple et Agnès est toujours au piano.

Afin de faire place à des danseurs déchaînés, je me réfugie dans l'antichambre du salon.

Et là, sans le vouloir, je perçois les voix de Claude et du docteur qui discutent derrière la porte fermée. L'atmosphère idyllique dans laquelle je suis plongée vole en éclats, je tombe des nues. Je reste clouée sur place, alors que la voix du Dr Gatineau s'élève : « C'est réglé, Claude, tu pars aussitôt que possible, sinon ce sera grave, tu m'entends ? Il faut attendre… oui, attendre, Claude… » Un bourdonnement de voix, puis comme une plainte : « Elle est la passion de ma vie, Pierre, je l'aime. » Seules des bribes de phrases décousues me parviennent. C'est de moi que l'on parle. De grandes ombres fantastiques viennent de se replier et de fondre sur moi… Deux grosses larmes roulent sur mes joues. Aurai-je le courage d'ouvrir cette porte, d'affronter le docteur et Claude et de leur dire… leur dire quoi ? Et la voix du docteur me parvient distinctement :

« C'est décidé, Claude, tu pars ce soir. Il n'y a rien à ajouter. Maintenant, allons rejoindre nos invités. »

Complètement désemparée, je m'éloigne vite et, sans plus attendre, m'esquive dans ma chambre. Je me jette en pleurs sur mon lit, je suffoque, et mon cœur bat si fort que je me sens physiquement malade. Mais pourquoi, pourquoi Seigneur veut-on nous séparer ? Que faut-il attendre pour nous aimer ? Et soudain je prends conscience que mon père fait figure d'autorité, un père sans visage. Il régit mon existence sans même me connaître. Je hais cette injustice, car c'est à cause de lui que Claude doit partir et s'éloigner de moi. Le Dr Gatineau a-t-il aussi comme mission de me garder vierge, pure et sans attachement ? Trop tard pour cela !

Les bruits en bas ont plus ou moins cessé. La fête s'achève. Quelqu'un frappe à la porte de ma chambre. C'est Agnès.

«Mon p'tit agneau, mais où étais-tu passée? Nous te cherchons depuis une demi-heure! Tu ne veux pas répondre? Bon! Je vois que tu as de la peine. Ouvre, ma petite chérie, les problèmes, ça finit toujours par s'arranger, tu verras! Me laisses-tu entrer?

– Oui, Agnès, dis-je d'une voix brisée. Où est Claude?»

Elle sourit mélancoliquement.

«C'est sérieux entre vous?»

Je regarde ses yeux sombres, sa bouche pulpeuse. Son air de défiance rehausse son charme. Je réponds d'un signe de tête affirmatif, puis ferme les yeux pour m'empêcher de me blottir dans ses bras en lui confiant ma peine. Elle soupire.

«Je suis dans les environs du manoir encore pour quelques jours. Je viens te voir demain, après-demain au plus tard. Nous parlerons de ton problème, si tu veux. Dors bien, Marianne.»

Avant de partir, elle s'arrête, me regarde longuement.

«Repose-toi, mon petit agneau!»

Puis elle s'en va en soupirant.

Je referme la porte derrière elle, puis j'enlève ma robe du soir pour enfiler une tenue plus décontractée. J'ai décidé de redescendre. Béatrice et les employés s'affairent déjà à remettre un peu d'ordre dans la maison. Je tombe nez à nez avec Mme Gatineau. Avant qu'elle ne m'adresse la parole, je lui demande:

«Où est Claude?

– Il a dû partir plus tôt que prévu.

– Parce que vous avez raccourci son séjour, je le sais, madame Gatineau! Claude et moi, nous nous aimons. Mais vous avez réussi à nous séparer. »

Mes yeux s'embuent de larmes. Je tourne la bague de mon bien-aimé entre mes doigts. Mme Gatineau regarde mes mains et ne dit rien. Le docteur nous a maintenant rejointes. Son épouse et lui échangent un regard de connivence et Mme Gatineau s'éloigne vers l'escalier. M. Gatineau m'offre sa main mais je décline son invitation.

« Venez, mademoiselle Marianne, j'ai à vous parler. Allons dans la bibliothèque. Venez! »

Nous marchons en silence. Arrivée dans la pièce, je m'assieds en face de lui. Je lui en veux terriblement.

« Pourquoi Claude est-il parti?

– Claude avait prévu de partir demain. Il a signé un contrat pour une série de concerts en Europe. Mais je vous en prie, laissez-moi vous expliquer, continue-t-il en levant une main alors que je m'apprête à l'interrompre.

– Je sais maintenant que vous vous aimez. Ma femme et moi n'avions aucune idée… »

Sa voix hésite un moment.

« Je suis votre tuteur légal, mademoiselle Marianne, et…

– Qu'est-ce que cela a à voir avec Claude?

– Claude veut vous épouser et, croyez-moi, nous en serions très heureux, mais il faut attendre.

– Mon père encore, je suppose! Qui est-il donc pour vouloir s'ingérer dans notre amour? Oui, je sais que vous ne pouvez me répondre, comme tous les autres, comme toujours. »

L'odeur humide des pins s'infiltre jusqu'à nous par la fenêtre ouverte. Comme mon humeur, la nuit est sombre. La lumière de la pièce éclaire les buissons immobiles près du mur. Ce soir, il n'y a pas de vent…

«Marianne, permettez-moi de vous appeler simplement Marianne… essayez d'être heureuse au manoir, ici, vous êtes protégée. Considérez cette maison comme la vôtre.

– Oui, toujours protégée. Vous ne pouvez comprendre, docteur Gatineau. Cela fait des années que ça dure et je commence à en avoir assez de cette situation.»

La conversation est sans issue et, pour le moment, je n'ai plus rien à dire. Je suis incapable de formuler mes incompréhensions. Je me sens lasse et ai du mal à garder un semblant de sérénité. Je me lève.

«J'ai la migraine, je vous prie de m'excuser. Quant à mon père, si vous saviez comme je lui en veux de m'imposer sa volonté! Je commence à être lasse de ces mystères!

– Il faut attendre, Marianne, je suis peiné d'avoir à vous le répéter, il faut attendre, rien de plus.

– … c'est tout de même pénible.»

Il me sourit affectueusement, puis me tend une lettre cachetée. «Ayez confiance, ayez confiance, votre vie sera heureuse, vous verrez!»

Je remonte l'escalier quatre à quatre jusqu'à ma chambre et, dans l'intimité de mon petit salon, je lis la lettre. Sur l'enveloppe est inscrit: Marianne, P. I.

Ah oui, Princesse Inconnue! Je souris malgré mes larmes.

Ma chérie,

Je dois partir sans te dire au revoir. Le docteur va certainement t'expliquer. Je suis dans l'obligation, moi aussi, de me plier à des exigences que je ne peux contrôler... Il me semble que nous sommes tous les deux sous le joug d'un secret qui nous dépasse. J'en suis si malheureux. Mon départ pour l'Europe approche, et je sais qu'un programme chargé m'y attend.

On dit la guerre imminente, mais les artistes doivent continuer leur métier, surtout lorsque les choses deviennent difficiles. La musique adoucit les mœurs, dit-on! Mon plus grand désir est de t'avoir toujours avec moi, toujours, ma bien-aimée et, dès que nous le pourrons, nous nous unirons pour la vie. J'attends ce jour de tout mon cœur.

Je t'embrasse très fort, je t'aime, Marianne, ne l'oublie jamais... Aime-moi.

Jocelyn

Je contemple la lettre de mon tendre amour et une onde de détresse m'envahit. J'imagine la main de mon père entre Claude et moi et je ne supporte pas son pouvoir. J'ai appris à ne pas poser trop de questions au fil de ma curieuse existence. Pourtant, cette fois-ci, mon amour pour Claude passe par-dessus tout et ma persévérance sera mon arme.

Je tremble. Ah, enfin connaître l'identité de mon père! J'imagine quel bonheur je ressentirai en le voyant pour la première fois debout devant moi. Devrai-je me hisser sur la pointe des pieds pour embrasser son visage et lui prouver que je l'aime malgré son abandon?...

J'embrasse la précieuse lettre et la glisse sous mon oreiller. Je mets la *Pathétique* en sourdine et me laisse bercer par la musique. Je ferme les yeux et j'écoute.

CHAPITRE XXXIII

Après une nuit où j'ai eu du mal à trouver le sommeil, je me sens épuisée. J'ai lutté contre mes émotions, j'ai pleuré, j'en ai voulu à celui qui empêche mon bonheur, j'ai même envisagé de m'échapper... mais pour aller où? Afin de dissiper ma peine, je reconstruis les jours heureux du passé et imagine ceux qui me sont promis par mon père et par Claude...

Pourquoi Claude a-t-il accepté de partir sans même me dire au revoir? Pourquoi? J'en ai encore tant de peine...

À l'heure où l'aube pointe, un rêve bizarre est encore bien présent à mon esprit. Sans visage, coiffé d'un casque à trois plumes, mon père marche sur le chemin vers la mer. Il n'est pas seul... des promeneurs croisent sa route, tournant autour de lui. Puis, avant de disparaître dans la nuit noire, il se retourne et je ressens alors une tendresse prête à se détacher...

Une cloche sonne dans le lointain, il est cinq heures.

À la table du petit déjeuner, je m'efforce de sourire. Je remarque que le docteur et Mme Gatineau ont les yeux cernés, les yeux de ceux qui ont mal dormi. Le docteur me verse une tasse de café. Après les tourbillons de la fête, nous replongeons dans la routine. Je n'ai pas très faim, ce matin, et je refuse même la brioche dorée que Béatrice sait si bien faire. Depuis hier soir, j'ai réintégré ma forteresse intérieure et mon silence constitue en quelque sorte un cri de révolte.

«Ma chère Marianne, je vous en prie, il ne faut pas nous en vouloir. Nous comprenons votre peine et nous sommes à vos côtés, croyez-moi.»

Elle se lève et s'approche en me tendant les bras.

«Je vous considère déjà comme un membre de la famille. Abandonnons le mademoiselle et le madame, si vous voulez bien. Mon prénom est Eugénie.»

Je me lève à mon tour et me jette dans ses bras. Son étreinte compte beaucoup pour moi. Je sens qu'intimement elle et son mari ne désapprouvent pas mon amour pour Claude. Leur sollicitude me fait quelque peu oublier la tristesse et l'injustice de cette nouvelle séparation.

«Merci, merci, Eugénie. Je serai patiente. Je ne dois pas oublier que vous êtes, tous les deux, les porte-parole de deux êtres absents...»

Le Dr Gatineau m'observe en souriant.

«Pourquoi ne pas vous mettre au classement de ces livres qui font partie du patrimoine de Claude? Il y a plusieurs années, j'ai commencé cette entreprise, mais avec ma profession, le temps m'a manqué. Cela ne vous ennuie pas?

— Bien au contraire, je déteste l'oisiveté. D'ailleurs, avant mon départ, la Mère supérieure m'avait parlé de cette besogne. Oh oui, j'aimerais me mettre au travail.

— Alors, c'est réglé. Je vais de ce pas demander à Arsène de préparer une grande table dans la bibliothèque et de descendre quelques caisses du grenier. Et si nous pouvons faire autre chose pour vous, Marianne, n'hésitez pas à nous le demander, entendu?

– Oui, si vous le permettez, j'ai déjà une requête. J'aimerais apprendre à monter à cheval. Le pourrais-je? Aujourd'hui peut-être?

– Quelle fantastique idée! En plus, ce pauvre Zorro a grand besoin d'exercice. Je vais faire le nécessaire. Jim est un excellent cavalier et sera heureux d'être votre instructeur; ce sera parfait. L'équitation est un sport complet. Quelle belle idée vous avez eue, Marianne! Je vous accompagnerai plus tard avec mon cheval Sheba, mais, à présent, je dois me sauver, car mes patients m'attendent.»

Il se penche vers sa femme, l'embrasse sur la joue et nous souhaite une bonne journée.

Je sens encore dans mon cœur la douceur de la présence de Claude lorsque je me rends compte que je suis assise sur la chaise où il était assis hier… Oh que j'espère un miracle! Qu'il me revienne audacieux, espiègle, même bourru ou taquin!

Au moins, cette journée débute sous de favorables auspices. Je fais presque partie d'une famille et j'en suis émue.

«Marianne, je suis sûre que Claude appréciera le classement de ses livres, mais n'entreprenez cette tâche que si vous le désirez.

– Eugénie, je vous assure que ce sera pour moi un grand plaisir, croyez-moi.»

Nous sortons de table et elle me précède dans le couloir qui mène à l'annexe. Là, près de la buanderie, nous nous retrouvons dans une pièce où sont rangées des choses disparates. Mme Gatineau ouvre une énorme armoire, et c'est avec une certaine émotion que je reconnais l'anorak multicolore, la culotte de cheval et, sous l'étagère, les bottes d'équitation de Jocelyn. J'ai envie de toucher ses vêtements, comme s'ils étaient des reliques du passé. Je soupire. Je me sens si vulnérable quand il s'agit de notre relation. Je chasse vite les pensées qui peuvent m'attrister et, avec l'aide d'Eugénie, j'enfile la tenue d'écuyère qu'elle a dû porter dans sa jeunesse. Même les bottes sont de la bonne pointure. Elle me donne aussi la cravache de Claude et une paire de gants qu'elle déniche dans un tiroir. Voilà, j'ai tout l'attirail! Allons-y! En passant devant le miroir du hall, je découvre une autre facette de moi-même.

«Alors, mademoiselle Marianne, êtes-vous prête?»

Plongée dans ma rêverie, je n'ai pas entendu Jim arriver. Parfois, j'ai l'impression qu'il se déplace à la manière d'un Sioux.

«Oh, Jim, vous m'avez fait sursauter. J'étais justement en train de penser à un cheval célèbre. Avez-vous entendu parler de Copenhage?»

Jim secoue la tête.

«C'était la monture du duc de Wellington, le vainqueur de Waterloo. Il a été enterré en grande pompe, presque comme son maître. Vous ne trouvez pas que c'est amusant?»

Jim sourit en me lançant:

«Bien qu'il n'ait pas sa place dans l'histoire, Zorro fera très bien l'affaire! Et n'oubliez pas que pour bien monter à cheval il ne suffit pas simplement de s'asseoir sur la monture. Venez, vous allez voir et, dans peu de temps, nous irons chevaucher ensemble sur la plage.»

Zorro n'est pas aussi docile que je l'aurais souhaité pour ma première leçon. Jim m'aide à me mettre en selle, tandis que le cheval commence à s'agiter malgré la main ferme de Jim qui le tient en bride. Puis Jim lui donne une carotte qu'il vient d'extirper de la poche de son veston. L'animal se calme, et mon apprentissage commence.

«Tenez les rênes de cette manière, le pouce de la main gauche ici, et faites de même avec l'autre main, comme ceci, vous voyez? Bien. Gardez la cravache dans votre main gauche et poussez bien les deux pieds dans les étriers. Très bien! Comment vous sentez-vous?

– Très bien, Jim.»

Pendant presque une heure, Jim m'initie patiemment à l'art équestre. J'y trouve un grand plaisir et j'aime aussi sentir sous moi la puissance de l'animal que j'essaie de maîtriser. Comme il arrive parfois lorsque nous n'avons plus de repères, mon esprit est plus attentif, car je veux graver en lui tous les détails du cadre qui m'entoure. Tout a l'air plus précieux, moins réel. L'horizon est plus bleu, les feuilles des arbres sont incrustées de paillettes d'or et une ou deux tombent sur le sol sans doute pour me signifier que l'été tire à sa fin. Une brise salée s'élève autour de moi et fait danser le trèfle sous les sabots de ma monture.

«C'est votre maison, Jim, derrière cette haie?

– Oui, mademoiselle Marianne, je m'y suis installé avec mon épouse.

– Comment occupez-vous tout votre temps, Jim? Mis à part la surveillance, bien entendu! dis-je en riant.

– Ma femme et moi avons beaucoup à faire, croyez-moi! Si vous acceptiez, nous serions heureux de vous recevoir chez nous pour prendre le thé.

– Oh oui, Jim, merci. Avec grand plaisir.

– C'est donc réglé, Miss Mary Ann.

– Mary Ann? Mary Ann? Encore une fois… mon nom est Marianne, non?»

Jim regarde ailleurs.

«Oui, c'est vrai. Bon, je crois que cela va suffire pour aujourd'hui. Dirigez-vous doucement vers les écuries. Retenez Zorro, car il a hâte de rentrer; il sait qu'il aura un surplus d'avoine. Maintenant pour descendre de cheval, continue Jim en retenant Zorro qui piétine sur place, dégagez vos pieds des étriers, laissez-vous glisser doucement jusqu'au sol, mais sans lâcher les rênes. Voilà, c'est parfait. Très bien.»

Il m'aide à mettre pied à terre. Debout contre lui, je l'empêche d'écarter ses mains de ma taille, me hisse sur la pointe des pieds et l'embrasse sur la joue… Une flamme danse dans son regard.

«Je vous remercie mille fois, Jim. Je me sens bien avec vous… merci encore! À demain pour une autre leçon.

– Comme vous le désirez, mademoiselle Marianne!

– Au revoir, Jim.

– Au revoir, mademoiselle Marianne.»

Je rentre en courant. On dirait que j'ai des ailes aux talons. Le soleil coule de haut sur mon visage, sur ma jeunesse radieuse… Une image de rêve se crée… Claude et moi chevauchant le long de la mer… Moi, j'ai déjà maîtrisé Zorro, lui, en cavalier accompli, monte Sheba. J'arrête de courir… Mon père sait-il lui aussi monter à cheval?

Après avoir troqué ma tenue d'amazone contre une tenue d'intérieur, je me dirige vers la bibliothèque. Les lourds rideaux fermés gardent une certaine fraîcheur à la pièce où règne une douce pénombre. Je m'y sens à l'aise. Une table a été fabriquée avec deux tréteaux, et des caisses de livres sont entassées tout près. Mon travail m'attend, mais avant, je décide de jeter un œil sur les manchettes des journaux empilés sur une table basse dans un coin. Je m'assois confortablement dans un fauteuil et prends le *New York Herald*. Je parcours rapidement les articles relatant les faits du jour et, intriguée, m'arrête sur un titre:

«Le 24 août, le duc de Windsor a lancé un appel direct au chancelier Hitler!»

En réalité, le duc a expédié un télégramme au Führer:

«Me souvenant très bien de votre courtoisie et de notre rencontre il y a quelques années, je m'adresse à vous et vous prie d'user de votre grande influence afin de trouver une solution pacifique aux problèmes du moment.»

Hitler a répondu:

«Vous pouvez être sûr que mes dispositions envers l'Angleterre n'ont pas changé. Toutefois, il dépend de ce pays, et non du mien, que mes souhaits en ce qui le concerne se réalisent.»

Le duc de Windsor a donc eu la satisfaction de faire un dernier appel à la paix. Sire Lancelot cherche-t-il un quelconque pardon pour ses propres folies? Enfin, le tableau décrit par la presse est sombre. On parle du pacte germano-soviétique. On vient d'assister à l'occupation du corridor de Dantzig par le IIIe Reich et, le 1er septembre, l'Allemagne a envahi la Pologne. Le 3 septembre, la Grande-Bretagne et la France déclarent la guerre à l'Allemagne.

«Et Claude? Il est probablement en sécurité en France où il n'y a pas la guerre… Mon Dieu, veillez sur lui!»

Puis la Pologne fut conquise en moins d'un mois. Entre la supposée imprenable ligne Maginot des Français et la ligne Siegfried des Allemands débuta la « drôle de guerre » des années 1939-1940.

Pendant que l'Europe s'enflammait petit à petit, je continuais de vivre une existence tranquille partagée entre mon travail à la bibliothèque et mes cours d'équitation avec Jim et Rubi qui nous suivait partout fidèlement. Je posais enfin des jalons dans ce quotidien qui m'apportait bien-être et réconfort. J'appréciais de plus en plus la compagnie du docteur et de sa femme qui multipliaient les efforts pour rendre mon séjour chez eux toujours plus agréable. Je passais aussi beaucoup de temps avec Jim. J'avais appris à mieux le connaître et nous discutions des heures entières à bâtons rompus sur maints sujets.

« Les Écossais aiment beaucoup la France et la langue française, me dit-il un jour. Ma mère est d'ailleurs de descendance française, et c'est pourquoi j'ai été choisi...

– Choisi par qui et pour faire quoi, Jim ? Pour être avec moi ? »

Il ne répondit pas, mais son mutisme ne m'offensa plus. Je dus avouer qu'il faisait preuve d'une certaine affection paternelle envers moi. J'étais bien en sa compagnie et nous profitions des derniers beaux jours de l'été pour entreprendre de grandes randonnées à pied. L'automne arriva. Plus nous avancions dans la saison, plus les beaux érables se dégarnissaient. Au cours de nos promenades dans les bois, nous soulevions des tourbillons de feuilles mortes vermeilles et or. Jim se montrait très prévenant et n'hésitait pas à prendre ma main dans la sienne pour me guider sur un rocher et, parfois, nous restions un moment ainsi sans bouger. Je n'y voyais rien d'inconvenant, même si je croyais deviner dans ses yeux posés sur moi un éclat farouche, celui d'un amour interdit.

Chaque soir, nous étions tous réunis pour le dîner. Nous discutions, entre autres, des arts et de la politique. J'appréciais de plus en plus leur chaleur, leur tact et leur sympathie. Nos conversations tournaient aussi autour de la guerre en Europe et de la participation du Canada aux affaires internationales. C'est d'ailleurs le 9 septembre que notre pays déclara la guerre à l'Allemagne. Sans imposer la conscription, il offrit ses services d'entraînement et ses installations à l'Angleterre.

Vers neuf heures, alors que nous étions assis au salon en train d'écouter la radio, le Dr Gatineau, moins optimiste que d'habitude, déclara :

« Je crois que cette guerre ne sera pas la petite escarmouche allemande dont parlent les journaux. Je crois plutôt que ce sera un conflit mondial. Notez bien ce que je dis... On ne peut pas se fier à Adolf Hitler ! »

Tout naturellement, mes pensées volèrent vers Claude toujours en Europe. Était-il en Angleterre ? De le savoir dans un pays directement touché par la guerre m'inquiétait. Je craignais pour lui maintes souffrances.

Vers la mi-septembre, au cours d'une balade à cheval sur la plage, le Dr Gatineau m'annonça l'arrivée prochaine de mon père.

CHAPITRE XXXIV

Le soleil de septembre déverse une lumière jaune sur la mer et quelques lambeaux de brume du petit matin flottent encore sur le rivage. Je respire profondément comme si l'air me manquait, pendant que les paroles du Dr Gatineau prennent vie en moi. Je relâche les rênes et Zorro en profite pour faire un écart et trotter dans les vagues. Des gouttes d'eau froide perlent sur mon visage et j'ai un goût de sel dans la bouche. Avec effort, je reprends le contrôle du cheval qui revient sur le sable et s'arrête.

La fraîche lumière semble s'effacer, les couleurs pâlissent, la mer étale se fond à l'horizon... Je secoue la tête en inspirant lentement, les paupières fermées. «Marianne, Marianne...» J'entends mon nom, répété plusieurs fois, je ressens la chaleur d'une main au creux de la mienne et une douleur au creux de l'estomac. Je rouvre les yeux. J'ai cru m'évanouir. Le docteur est descendu de cheval et me tient la main avec sollicitude.

«Ça va maintenant, docteur Gatineau, l'émotion est trop forte. Je ne rêve pas tout éveillée, dites, rassurez-moi!

— Non, Marianne, votre père s'est annoncé.»

403

Je perçois le cri d'un oiseau tout près, je lève la tête à sa recherche et le vois foncer vers la mer...

« Vous saviez qu'il devait venir au manoir ?

– Oui, mais la date m'était inconnue. Je viens d'être informé qu'il sera ici dans deux jours. Nous sommes si heureux, Marianne. C'est un grand moment pour vous. »

Je reste là, assise sur mon cheval, immobile. Je goûte l'onde de bonheur qui monte en mon cœur comme un plaisir des sens. Mon père va venir, ses pas se dirigent vers moi... Mon père ! Enfin !

« Docteur Gatineau, vous ne pouvez savoir, vous ne pouvez imaginer ! Enfin, je vais connaître mon père. »

Nous rentrons vers les écuries en silence. Tout me semble nouveau... Dans l'herbe que nous foulons apparaissent des asters de différentes nuances de violet, des massifs d'immortelles dont l'odeur amère pique ma gorge, des chardons aux plumets duveteux... Comme c'est curieux, on dirait que mes sens s'aiguisent. Des sternes rasent la mer et je crois entendre le battement de leurs ailes...

Je me dirige vers la chapelle de Saint-Florent blottie au flanc d'une colline en pleine campagne. Son origine remonte à l'époque du grand dérangement, à la déportation des Acadiens par les Anglais au milieu du XVIIIe siècle. Cette petite église recèle un charme unique ; certaines familles du village étant des descendants d'exilés acadiens, on y voit encore des plaques commémoratives.

À genoux dans ce lieu qui honore l'histoire d'un peuple, peut-être le mien, je prie avec ferveur pour que mon père fasse un voyage sans problème. Et je pense à sœur Sainte-Marie. J'aurais tant aimé que ma mère adoptive partage ce moment avec moi... elle entre tous comprendrait mon émerveillement. Ne m'avait-elle pas souvent répété : «Marianne, tu ne perds rien pour attendre, tu verras!»

～

Pendant les deux jours qui précèdent son arrivée, il règne au manoir une activité des plus intenses. Mes états d'esprit varient, j'ai des doutes, j'ai peur, je suis exaltée... Je cherche à l'imaginer : sera-t-il comme Lord Byron, poétique et aventurier, comme Molière, narquois et railleur, ou aura-t-il la bravoure de sire Lancelot? S'il a été militaire, a-t-il le génie de Napoléon?

Pour tromper mon impatience et ma nervosité, je participe aussi aux préparatifs. Au deuxième étage, on opère toute une réorganisation de l'appartement; les pièces sont aérées, tous les meubles sont astiqués, les tentures, dépoussiérées, bref, j'ai l'impression que l'on va accueillir un roi! Béatrice m'apprend que cet appartement était autrefois réservé aux invités de marque et que les habitants successifs du manoir ont pris soin de le conserver en bon état. Le mobilier ancien et les tentures sont recouverts de grands draps. C'est surtout le lit à baldaquin qui m'impressionne. Sculpté dans le bois d'acajou, il est orné d'armoiries couvertes de feuilles d'or et ces mêmes motifs sont brodés sur le couvre-lit.

«Quel meuble magnifique!

– Oui, Marianne, dit Eugénie, alors qu'elle entre avec un énorme bouquet de chrysanthèmes jaunes et blancs. Voilà pour la touche finale. Les de Foucault peuvent être fiers de leur patrimoine, ajoute-t-elle.

– De Foucault?

– Oui, Marianne, la famille a la particule; une vieille famille aristocratique venue de France.

– Je pourrais devenir Mme de Foucault, alors?

– Le nom vous ira à merveille, ma petite Marianne!»

Elle a dit cela avec douceur, mais j'ai cru percevoir un peu d'hésitation; je n'ose l'interroger davantage. Je crois que nous sommes tous énervés par l'arrivée subite de cet homme, et tout ce qui concerne sa visite nous préoccupe. La moindre chose insolite, un bruit inexpliqué, une porte qui s'ouvre précipitamment, me fait tressaillir.

Enfin, le jour du 18 septembre arrive. Les heures s'égrènent lentement. Les voyageurs ayant pris du retard, ce n'est qu'en début de soirée, au moment où je finis de m'habiller pour le dîner, qu'Arsène vient frapper à ma porte:

«Mademoiselle Marianne, notre invité vous attend au grand salon.»

Tel un éclair, comme si le bonheur ne pouvait plus attendre ni être contenu, je dévale les escaliers quatre à quatre. Rien au monde ne compte plus que le visage de celui qui m'attend derrière la porte close du grand salon. Je vais enfin connaître mon père...

J'entends des conversations. Mon hésitation devient douloureuse... Cette voix et cet accent ne me sont pas étrangers. À la radio, il y a déjà quelques années... Cette voix avait terminé un discours par un déchirant «*God save the King!*» C'est mon sire Lancelot! Non, ce n'est pas possible. Instinctivement, je touche le médaillon de mon bracelet. Bien sûr, les trois plumes… je me souviens maintenant, et les initiales gravées : M. A. M. W. ! Mary Ann Mayol Windsor ! Mon Dieu, donnez-moi du courage… Mon père, le prince de Galles ?

Je frappe enfin à la porte.

Près de la cheminée, trois personnes s'entretiennent avec le docteur et Mme Gatineau, dont M. McFarlane qui entraîne à sa suite un autre homme que je n'ai jamais vu. Mes hôtes et leurs invités se sont rapidement éclipsés vers la salle à manger, nous laissant seuls, face à face. Je le reconnais sans l'ombre d'un doute. Le duc de Windsor me tend les bras. Au lieu du violent trouble auquel je m'attendais, une douceur insoupçonnée et un émerveillement incomparable s'emparent de moi. Je murmure :

« Sire Lancelot ! »

Des larmes coulent le long de mon visage. Je demeure muette… Je ne peux qu'admirer mon rêve, mon espoir, ma tendresse, là, devant moi, mon père.

« Mary Ann, *my darling little girl* ! »

Nous n'échangeons aucune parole pendant ces quelques minutes si uniques, et je voudrais que cette étreinte dure toute une vie. Il me berce tendrement. Enveloppée par une odeur de tabac blond, j'écoute nos cœurs battre à l'unisson.

Affectueusement, il pose ses mains sur mes épaules – il n'est pas aussi grand que je l'avais imaginé – et plonge son regard sur moi, le regard si bleu et doux des photos. Je voudrais vivre ce moment pour toujours ; ce bonheur, je ne pourrai vraiment le goûter qu'une seule et unique fois.

«Mary Ann, *my darling little girl*, répète-t-il encore et encore, tu ressembles tant à ta mère… Viens t'asseoir près de moi, nous avons tellement de choses à nous dire.»

Je m'assois près de lui sur le grand canapé. Ses traits sont délicats, un peu féminins. Un pli au-dessus de la lèvre supérieure, un nez un peu retroussé, des cernes sous les yeux… ce visage tant admiré me semble encore plus beau, car c'est celui que ma mère avait choisi et aimé. Son sourire d'enfant timide qui relève un coin de la bouche lui donne un air ingénu.

«*Father*, qui était ma mère?»

Il se redresse comme s'il était surpris par ma question.

«Ta mère s'appelait Valérie, Valérie Mayol, la plus belle, la plus douce des femmes. C'était un ange. J'aurais tout sacrifié pour elle. Elle a été le plus grand amour de ma vie…

— Valérie Mayol? Mais, je connais ce nom! À la mort de George V…»

Je m'arrête, ébranlée, puis poursuis en tentant de garder mon calme:

«À la mort de… de mon grand-père, n'est-ce pas, la presse avait fait mention d'une autre perte dans votre vie, de la mort de Valérie Mayol. C'était donc ma mère?»

Il acquiesce d'un signe de tête. Mon agitation est grande. Son absence est d'autant plus cruelle qu'elle est irrémédiable. Mon père représente mon seul lien avec elle, puisque je suis le fruit de leur amour. Je le regarde longuement… Je songe à ma mère morte, essayant d'imaginer la femme, l'épouse qu'elle a été… Dans les souvenirs de mon père, elle continue d'exister…

D'une poche intérieure de sa veste, il tire une enveloppe, puis me présente la photo d'une jeune et très belle femme au sourire lumineux. Un visage de madone aux yeux sombres en amande dans lesquels on peut lire un immense amour.

«Ma mère?

– Oui, c'est elle. C'est moi qu'elle regardait lorsque cette photo a été prise.»

Des larmes de joie et de tristesse glissent sur mes joues. Je pose la photo sur ma poitrine, puis enroule mes bras autour de son cou, gardant ainsi entre nous deux pour un moment la beauté, l'enchantement, le déchirement et la mémoire de leur union.

Puis il reprend doucement:

«Mary Ann, ma vie n'a plus eu le même sens après sa mort. Et j'ai commis tellement d'erreurs...»

Je desserre mon étreinte et caresse sa joue.

«Je suis ici maintenant. Je vous aime, *father*. Cela n'a pas d'importance pour moi d'être la fille d'un roi ou d'un ex-roi.

– Notre vie est parfois si compliquée, Mary Ann...»

Tout doucement je me rends compte de la situation extraordinaire dans laquelle je suis. Certains faits du passé me reviennent en mémoire. Je pense soudain à mère Saint-Ignace qui, j'en suis sûre désormais, connaissait l'identité de mon père et de ma mère. Elle a bien su garder son secret...

De nouveau, mon père me prend dans ses bras.

«N'aie pas peur, tout ira bien, tu verras. Ma chérie, pourquoi m'as-tu appelé sire Lancelot quand tu es entrée?

– Il y a longtemps, lorsque pour la première fois j'ai vu votre image dans mes livres d'histoire – je vous ai aimé aussitôt –, sans savoir pourquoi, j'ai fait de vous l'un de mes chevaliers. Vous faisiez partie de mes héros comme le comte de Monte-Cristo, Lamartine, Byron, et beaucoup d'autres…

– Mais pourquoi Lancelot?

– Parce que le Lancelot de la légende était beau et brave. Pourtant mon premier choix aurait été d'Artagnan, mais il était Français. Par son caractère, Lancelot…

– Oui… continue.

– Lancelot désirait, comme vous, la femme d'un autre homme…

– Dis-tu toujours ainsi ce que tu penses?»

Je le regarde bien en face… Oui, je lui ressemble, j'ai ses cheveux blonds, ses longues paupières; mes yeux cependant tirent davantage vers les tempes… Il est attirant… je comprends l'amour des femmes.

«Mary Ann, reprend-il, est-ce donc si affreux d'être ma fille?

– Oui, un peu.»

Ma remarque va le blesser et j'en suis consciente. Mais tous les sentiments que j'ai réprimés pendant des années, alors qu'il attendait son heure dans l'ombre, dois-je les taire?

«Vais-je devoir continuer à vivre cachée? N'oubliez pas que j'ai vécu dans un couvent cloîtré pendant dix-huit ans, sans pouvoir sortir, tout cela à cause de vous! Quelle enfance ai-je eue? La présence du fidèle McFarlane à mes côtés et le petit jeu des cadeaux sans nom, cela vous donnait-il bonne conscience?

J'éclate en sanglots. Je suis confuse. Dans le tumulte de mon âme, mes pensées sont devenues incohérentes. J'ai encore tant de questions et désire si fort que cessent les malentendus. Je me demande vraiment s'il y a une place pour moi dans l'existence de ce père si spécial!

À la suite de mon emportement, je me sens lasse, amère. J'appuie ma tête sur le dossier du canapé.

«*My darling little girl...*

– *I am not a little girl!*»

Il me prend dans ses bras et me serre contre lui.

«Chut! *darling* Mary Ann, pour moi, tu es ma petite fille. Je te promets de tout te raconter, un jour, mais pas maintenant. Je ne suis pas comme tout le monde. Rares ont été les fois où j'ai pu agir à ma guise, car, sous le joug de la cour et du gouvernement, un roi n'est pas libre. Tu comprends?»

J'acquiesce et il continue:

«À présent, allons rejoindre les autres. Bob McFarlane est venu avec moi; il a beaucoup d'estime pour toi, tu sais. Plus de larmes, surtout! Je suis là pour quelques jours et nous allons en profiter tous les deux. *Darling*, je suis si heureux de t'avoir retrouvée. Je ne veux pas te perdre une seconde fois... Je dois t'avouer que d'avoir été obligé de t'éloigner fut un pénible renoncement. Crois-moi, ma chérie.»

Dans ses yeux, je lis la sincérité d'un homme sage qui vient de se dévoiler. Au fond de moi, les regrets se mêlent aux espoirs, la douleur à la joie.

Nous nous levons ensemble et, bras dessus, bras dessous, nous nous dirigeons vers la salle à manger.

Un silence nous accueille. M. McFarlane se détache du groupe et vient me saluer toujours aussi courtoisement qu'à son habitude.

«Comment allez-vous, monsieur McFarlane? Je vous remercie d'être parmi nous aujourd'hui.

– C'est toujours un privilège, Miss Mary Ann. Je suis heureux pour vous.

– C'est gentil. Merci.

– Viens, Mary Ann, dit mon père en m'entraînant vers l'homme que j'avais à peine entrevu plus tôt. Je te présente mon secrétaire particulier, le major McDermot. »

Je lui tends la main.

« Enchantée de faire votre connaissance, major. Je vois que vous portez la cravate des officiers du 4e régiment de hussards.

– Le plaisir est pour moi, Miss Mary Ann. Je suis impressionné par vos connaissances militaires. Serait-ce l'influence d'un certain McNish-Porter?

– C'est exact. Mais, dis-je en me tournant vers M. McFarlane qui, lui, arbore la cravate du Scot's Regiment, vos nœuds de cravate diffèrent de celui de mon père.

– Eh bien, ma chérie, quel esprit d'observation! La raison en est que j'en suis l'inventeur et on l'appelle, bien sûr, le *Windsor knot*!

– C'est beau la gloire!» dis-je en souriant malicieusement.

L'atmosphère se détend. Mon père s'approche du Dr Gatineau en me tenant toujours par la main.

« Permets-moi de te présenter celui qui t'a mise au monde. »

Je regarde le visage souriant du docteur.

« Ce fut un grand honneur, Miss Mary Ann, et, aujourd'hui, nous sommes si heureux pour vous. Si vous le permettez, *Your Royal Highness*, continue-t-il, Béatrice va nous servir le champagne, puis nous passerons à table.

– Certainement. »

Mon père offre le bras à Eugénie et nous conduit toutes les deux vers la salle à manger.

Cette soirée est vraiment magique. Je vis de telles émotions qu'à chaque instant je suis comme un rêveur éveillé par l'ivresse d'un songe. Je me sens capable de déplacer toutes les montagnes du monde...

L'esprit et la bonne humeur de mon père nous captivent tous, surtout lorsqu'il nous conte les péripéties de son long voyage en DC-3 pour atteindre Halifax. Il leur a fallu s'arrêter à Stornoway dans les îles Shetland, en Islande, dans le sud du Groenland, à Gander dans l'île de Terre-Neuve...

« Étant maréchal des armées, j'ai plutôt l'habitude de la terre ferme, et j'avoue être un passager moins accompli pour les voyages dans ces engins », ajoute-t-il en riant.

Je ne prends pas part à la conversation remplie d'anecdotes de guerre – j'apprends que mon père a servi son pays au front, en France. Il nous confirme aussi qu'en octobre 1916 un obus a éclaté cent vingt-cinq pieds devant lui puis un second, une centaine de pieds derrière.

« Je ne me suis jamais trouvé si près de la mort et, comme chaque soldat, j'ai eu très peur. Je me rappelle également avoir rendu visite à un merveilleux escadron d'aviateurs français qui se nommaient Les Cigognes. À lui seul, un des leurs avait abattu une cinquantaine d'avions allemands. N'est-ce pas incroyable ! »

Nous l'écoutons attentivement partager quelques-uns de ses souvenirs. Il mentionne aussi son dernier voyage en Angleterre et personne ne peut ignorer la tristesse qui transparaît dans sa voix quand il parle de sa famille. Il témoigne enfin son affection pour son ancien domaine de Fort Belvédère, près du château de Windsor, domaine que son père lui a légué.

« Avec ses tourelles, ce manoir est un étrange mélange pseudo-gothique très attachant. J'ai moi-même, dans le temps, défriché le jardin… »

Un vague sourire se forme sur son visage. Je touche le médaillon de mon bracelet et le regarde attentivement. Oui, ce ne pouvait être que Fort Belvédère !

« Comme vous le savez tous, je fais couler beaucoup d'encre. Je dois laisser aux historiens la liberté de juger de mes faits et gestes. Mais, à tout le moins, j'ai pu garder mon voyage secret. »

À la fin du repas, alors que l'on sert le porto et que les cigares s'allument, je prie mon hôtesse de m'excuser pour aller rejoindre mes appartements. Les messieurs se lèvent.

« Je vous souhaite à tous bonsoir. À demain. »

Je m'approche de mon père et l'embrasse affectueusement sur la joue.

« Bonne nuit, reposez-vous bien ! Je vous verrai demain matin.

– Bonne nuit, ma chérie ! »

Une allégresse totale m'envahit. Mon père est touchant, majestueux… oui, majestueux, et je comprends mieux l'amour que son peuple lui portait. Et cet homme est mon père ! Dans mes rêves les plus fous, je n'aurais jamais pu imaginer faire partie d'une famille royale ! Cet homme charmeur m'a pourtant laissée dans un couvent pendant dix-huit longues années. Cette pensée me quittera-t-elle vraiment un jour ? Je ne sais pas encore. Aujourd'hui, seul doit compter le moment présent. Il est enfin avec moi et il m'a appelée sa fille... et je l'ai abandonné à son porto et à son cigare...

J'ai un autre nom... celui de Windsor et j'en suis émue.

Ma fenêtre ouverte laisse entrer l'odeur des dernières pommes qui jonchent le sol. Je m'attarde, rêveuse, à observer les étoiles qui palpitent, dilatées par l'humidité de la mer. Cette douce nuit est le prélude au plus beau jour de mon existence, celui où je vais vraiment faire connaissance avec mon père.

Ce soir, le sommeil ne sera pas facile à trouver...

Dans le petit salon, je sors ma collection de cahiers et les coupures de journaux que j'ai amassées sur mon chevalier. Mon Dieu, j'ignorais que j'en avais autant! Je les parcours en silence comme pour retracer le chemin qui l'a conduit jusqu'à moi. Je relis quelques extraits soulignant les réactions de l'ancien premier ministre Baldwin, de Walter Monckton et de Lord Beaverbrook au sujet de la relation d'Edward avec Mme Simpson. Une chose paraît claire: il est impossible de le raisonner quand il s'agit de cette femme. Aujourd'hui, à la lumière de ma découverte, je me sens un peu trahie: a-t-il oublié ma mère?

On parle aussi de complot contre ce roi trop libéral et trop socialiste... Il n'a d'autre choix que d'opter pour l'exil.

«Edward a, malheureusement, confondu sa personne avec sa fonction. La loyauté du gouvernement et de ses ministres appartient à la Couronne. N'ayant pu sauver le monarque, il faut sauver la monarchie!» clame un porte-parole officiel.

Je relis aussi un communiqué de Buckingham Palace venant du roi George VI : « L'ancien roi Edward VIII, malgré son abdication, pourra conserver le titre d'Altesse Royale ; son épouse et sa descendance ne pourront y avoir droit. Seul le duc de Windsor sera nommé *His Royal Highness.* »

Mme Simpson n'inspire pas confiance... elle en est à son troisième mariage. « La famille s'inquiète pour l'ex-roi, affirme Baldwin, car, inévitablement, il ouvrira les yeux sur la vraie personnalité de sa femme ! »

Cette femme, l'épouse de mon père, la cause d'un si grand bouleversement, est ma belle-mère...

Je sens dans mon corps le froid annonciateur d'une nouvelle angoisse, mes yeux tombent dans le vague... Ma belle-mère ! Une image fugitive passe dans mon esprit : une sorcière dissimulée derrière le trône d'Angleterre...

Puisque mon père l'aime, l'idée que je me fais d'elle doit être mensongère.

Je lis un entrefilet du *Monde* qui assure, lui, que le roi anglais, fantasque et instable, a ainsi saisi l'occasion de se défaire de ses lourds devoirs de souverain. Non, je refuse de croire que sire Lancelot a cessé d'être noble et brave... Pourtant... Mon Dieu que tout cela est compliqué !

Demain commence une autre journée, une autre vie. Je suis Mary Ann Mayol Windsor et mon père est le duc de Windsor. Voilà la seule réalité.

Des voix assourdies et des rires montent jusqu'à moi. « Oui, mon père est heureux d'être ici... »

CHAPITRE XXXV

Le lendemain, le ciel est incertain et, dès mon réveil, je ne cesse de l'interroger, tenant compte des présages que je crois lire dans chaque nuage ou dans chaque coup de vent qui éparpille les feuilles mortes dans toute l'étendue du parc. Je souhaite ardemment un rayon de soleil capable de libérer la lumière pour donner à ce jour spécial la couleur inaltérable du beau temps.

Je descends l'escalier à pas feutrés, mais je ne rencontre personne au rez-de-chaussée. Tout est paisible dans la maison. Il est encore tôt. Je m'assois près d'une fenêtre dans le petit salon avec un livre. J'ai du mal à me concentrer.

Dehors, la silhouette des érables se détache sous la lumière de plus en plus rosée d'une aurore automnale. Ah, enfin, il fera beau temps! Quelques mouettes blanches tourbillonnent autour de la maison de Jim et le terre-neuve est déjà reparti à leur assaut. C'est d'ailleurs une de ses activités préférées. Il s'arrête, secoue sa grosse tête et reprend sa course.

En observant Rubi, je me demande si moi aussi je ne suis pas à la poursuite de chimères. J'ignore à quoi ma vie va ressembler et j'ai peur. Entre mon père et moi débute une longue histoire et je dois faire confiance à l'avenir. Il a porté sur moi un regard si doux… Comment pourrais-je encore douter de lui? Je souris avec attendrissement au souvenir d'hier. Je suis donc la fille d'un homme unique, mais j'ai déjà payé cher ce privilège!

«Bonjour, Miss Mary Ann, dit Béatrice derrière moi. Avez-vous bien dormi?»

Je me détourne, mais elle a disparu vers la salle à manger.

«Bonjour, Béatrice.»

Les bras chargés de linge de table, elle repasse et me lance:

«Le petit déjeuner sera servi à neuf heures. Monsieur votre Père désire des rognons avec du bacon, le tout flambé au cognac. J'espère que tout sera parfait!

– Suis-je donc la première debout? lui dis-je avant qu'elle ne s'en retourne à la cuisine.

– Oui, Miss. Je crois que la soirée s'est prolongée jusque tard dans la nuit. Si je peux me permettre, Miss, vous… vous ne connaissiez donc pas votre père?

– Non, Béatrice.

– Oh, excusez-moi, Miss Mary Ann.»

La question de Béatrice ébranle cette partie de moi-même qui se cherche encore. Je me rends compte à quel point j'ai changé aux yeux des autres, même si je suis la même personne qu'hier. J'ai une nouvelle identité, et la différence réside là. Aujourd'hui, je comprends mieux le comportement de mère Saint-Ignace, de M. McFarlane et de Jim McNish-Porter, car ils savaient. Le balafré aussi… Qu'avait-il donc eu en tête? Le chantage? Un complot politique?

Je repense aussi à celles qui, comme Caroline, m'avaient à une certaine époque surnommée «la petite Cendrillon». Maintenant, à dix-neuf ans, je me suis presque transformée en princesse! Quelle ironie du sort!

La porte de la salle à manger s'ouvre et le major McDermot, vêtu d'un complet gris, me salue en inclinant la tête.

«Miss Mary Ann, *His Royal Highness* désire vous voir. Je vous prie de bien vouloir me suivre.»

Dans la grande chambre de l'appartement du deuxième étage, je m'avance vers le lit à baldaquin qui trône au milieu de la pièce. Mon père, le dos enfoncé dans de gros oreillers, me fait signe d'approcher. Il a enfilé une veste d'intérieur par-dessus son pyjama. Il m'accueille avec un grand sourire.

«*Guten Morgen, Liebling!*

– *Good morning, father!* Avez-vous bien dormi?

– Oui, très bien. Je souffre toujours un peu du décalage horaire. Mary Ann, *my little girl,* quelle joie de te voir ce matin, continue-t-il en me faisant signe de m'asseoir sur le bord du lit. Comme je suis heureux de t'avoir à mes côtés!»

Son regard bleu fait de moi une proie captive… Au repos, ses yeux sont plus langoureux, plus insistants. Gênée, je baisse la tête, prête à reculer… Je le regarde de nouveau. J'ai encore devant moi le personnage fantasque dont parlaient les journaux.

«Aimerais-tu une tasse de thé? J'ai l'habitude de prendre du thé au jasmin le matin. Cela te plairait, sans sucre comme le mien?»

J'acquiesce d'un signe de tête. Nous gardons le silence tout en buvant notre boisson chaude.

« Mary Ann, avant que tu ne me poses des questions, je dois te dire ce que j'ai fait pour toi pendant mon règne. Chut, continue-t-il lorsque je me prépare à l'interrompre. Pendant que j'étais sur le trône, je t'ai conféré le titre de Lady Belvédère. Tu es, en réalité, Mary Ann Windsor, Lady Belvédère !

– Un titre ? Mon avenir est tellement incertain...

– Mary Ann, tu es ma fille. Malgré mon absence, j'ai suivi ton éducation et ton développement au fil des années. J'en ai été tenu au courant régulièrement. Je suis fier de toi, crois-moi !

– Vous en parliez avec Wallis ? »

Je regrette déjà ma remarque.

« Oui, certainement. Cela te surprend ? Sache qu'il n'existe pas de secret entre Wallis et moi. Elle a su mon amour pour ta mère, elle connaît ton existence et mon amour pour toi...

– Vous parlez d'amour et je ne demande rien de mieux que d'y croire, mais, aujourd'hui, dans votre vie et celle de votre femme, y a-t-il une place pour moi ?

– Je suis venu au Canada pour une seule et unique raison : te rencontrer enfin. Je sais que tu m'en veux de t'avoir laissée seule au couvent durant toutes ces années. Je ne suis pas une personne irresponsable comme certains veulent le faire croire. Tu es ma fille, Mary Ann, et, bien que nous ayons vécu éloignés l'un de l'autre pendant ton enfance et ton adolescence, j'ai toujours su dans mon cœur qu'un jour nous serions ensemble. »

Il fait une pause. J'attends, incapable de mettre des mots sur ce que je ne démêle pas clairement. Je confonds silence et grand bruissement intérieur, regret avec félicité... En ce moment, je m'applique surtout à rester sereine...

«J'ai pensé à toi lors de mon abdication. Non, non, ne m'interromps pas… Si tu viens vivre avec moi et Wallis, tu comprendras un jour, peut-être mieux que beaucoup d'autres, les raisons de mon abdication…»

Sur un signe, je lui verse une seconde tasse de thé. De la poche de sa veste d'intérieur, il tire un étui en or gravé de ses initiales et allume une cigarette.

«Vous fumez trop, *father*! lui dis-je.

– *I know!*» murmure-t-il.

Puis, buvant une gorgée de thé, il continue:

«Mary Ann, j'ai perdu ma couronne, c'est vrai, mais, hier, j'ai retrouvé mon enfant et je ne l'aurais pas voulu autrement. Je suis si heureux de te voir! Vraiment!»

Je lui souris. Il s'assied droit dans son lit, termine son thé, puis s'allonge de nouveau.

«À la fin du mois, j'aurai un poste à la Mission militaire britannique à Vincennes, sous le commandement d'Howard-Vyse, celui que l'on surnomme aussi le *«Wombat»*.

– Le Wombat? Qu'est-ce que c'est?

– Le major général ressemble, si l'on en croit sa réputation, à ce petit rat de poche australien. Je sais que ce poste n'est pas d'une importance stratégique pour les Britanniques, mais je peux tout de même, grâce à ma condition et à mes contacts, servir ma patrie.

– Vos contacts avec les Français?»

Il ne répond pas tout de suite et prend le temps d'inhaler profondément la fumée de sa cigarette.

«Oui, certains milieux me sont plus accessibles!

– Et aussi chez les Allemands?

– Pourquoi dis-tu cela?

— Parce que, d'après les journaux, vous avez toujours fait preuve de sympathie pour les politiciens allemands, n'est-ce pas?

— Il ne faut pas croire tout ce que tu lis dans les journaux, ma petite Mary Ann. J'ai toujours voulu mener une politique d'apaisement, et ma visite en Allemagne, en 1937 – je suppose que c'est de cela que tu veux indirectement me parler –, avait pour seul objectif de rapprocher nos peuples afin d'éviter une guerre dévastatrice. Je suis sûr que ce conflit aurait pu être évité si...

— En offrant à Hitler tout ce qu'il convoite!

— Non, il existe toujours des compromis en politique, ma chérie. C'est vrai que j'ai rencontré Adolf Hitler, et nous avons longuement causé. J'ai aussi pu me rendre compte des progrès réalisés dans le domaine social et de la volonté de fer de cet homme que j'admire malgré tout.

— Et, dans ce pays, votre épouse peut être appelée « *Her Royal Highness* ».

— Comment oses-tu, Mary Ann?»

Une grande pâleur a envahi son visage. Il écrase sa cigarette, passe un mouchoir sur son front et, me regardant droit dans les yeux – j'y vois une violente flamme de passion –, déclare d'une voix ferme, un peu saccadée:

«N'oublie jamais, Mary Ann, que la duchesse de Windsor est ma femme légitime, que je l'aime et que tu lui dois le respect... Tu comprends, Mary Ann, tu comprends?» répète-t-il en se redressant.

Je me lève et me dirige vers la fenêtre.

«Je vous prie de me pardonner. Je n'avais pas l'intention de vous manquer de respect ni de vous faire de la peine. Des mots malheureux… C'est que… j'hésite en ce qui nous concerne. Croyez-moi, ce n'est pas facile. Vous apparaissez brutalement dans mon existence. Tout à coup, j'ai un père célèbre et une belle-mère qui provoque une vive controverse… En quelques mots, je suis confuse. Qu'attendez-vous de moi, *father*?

Oui, la confusion règne en moi, mais je suis aussi animée d'un instinct incontrôlable. J'ai envie de m'élever contre lui, contre ce père qui a mené une vie privilégiée alors que j'étais enfermée dans un couvent, qui n'a été qu'une présence fantomatique durant de longues années. Soudain, il fait irruption et tout devrait changer. Je ne veux pas être un pion sur son échiquier! Et puis un visage de femme se dresse entre nous, celle qui a remplacé ma mère, celle que je dois considérer comme ma belle-mère.

Nos regards se croisent dans un silence qui dure. Je me sens écrasée, un peu défaillante. Les mots me manquent, surtout ceux qui lui demanderaient pourquoi il m'a abandonnée… je voudrais le blâmer, mais je reste silencieuse. Il reprend la parole:

«Ma petite Mary Ann, je ne te demande pas de précipiter les choses. Le temps nous permettra de goûter enfin ensemble à la douceur d'une famille. J'aimerais que tu apprennes à me connaître en laissant de côté les balivernes que tu as pu lire à mon sujet. Lorsque la situation politique sera stabilisée, tu pourras venir vivre avec nous… si tu le veux!»

J'ai un peu honte de mon impatience et de mon manque de générosité. Après tout, il est quand même venu me voir… Je me tais et lève sur lui des yeux interrogateurs.

Si je comprends bien, il me veut désormais près de lui. Je souris, mélancolique.

« Tu ne dis rien ?

— Je vous remercie, *father*. Bien sûr, j'en serai ravie.

— Tu verras, nous rattraperons le temps perdu, dit-il en allumant une autre cigarette avant de la poser dans le cendrier. Crois-moi, Mary Ann, j'y tiens beaucoup ! »

Il rejette les couvertures du lit et enfile ses pantoufles brodées de ses initiales. Il se lève et ouvre les bras.

« Viens ici, ma chérie, embrasse ton vieux père ! »

Il me serre contre lui, et, comme s'il se parlait à lui-même, continue en disant :

« Si cela n'avait tenu qu'à moi et non au Conseil de sécurité, je serais resté dans mon pays à la tête du régiment des Welsh Guards. Mais ils en ont décidé autrement ; ils disent que ce poste est trop névralgique. Certains sont convaincus que ma femme entretient des relations avec les Allemands et que je suis recherché par les factions fascistes anglaises. »

Il m'embrasse durant un long moment puis déclare subitement :

« Bon, je dois me préparer. Le major va venir m'aider. Après le petit déjeuner, nous irons faire une promenade à cheval ensemble. Cela te plaît, ma chérie ? Maintenant, laisse-moi, ma petite Mary Ann ! »

Je m'en vais, encore un peu troublée. Tant de choses nous séparent.

Son prestige d'ancien souverain ne le quitte pas et, aujourd'hui, mon père désire faire de l'équitation dans un petit coin de la Gaspésie.

∾

En compagnie du major, nous nous acheminons vers les écuries. Je veux bien paraître aux yeux de mon père et mettre aussi en valeur le travail de Jim. Quatre chevaux préparés et sellés nous attendent. Jim vient à notre rencontre, s'incline devant mon père qui, avec un large sourire, lui tend la main.

«C'est un grand plaisir de vous revoir, McNish-Porter, comment allez-vous?

— Très bien, *Sir*! Avez-vous fait bon voyage?

— Oui, vu les circonstances, assez bon . Je vous présente le major McDermot, qui nous accompagne ce matin. Bon, allons faire du cheval!»

Je monte Zorro et mon père choisit Sheba. Jim et le major nous suivent quelques pieds derrière. Lorsque ce dernier est monté en selle, j'ai eu le temps d'apercevoir une arme à feu attachée à sa ceinture. Je suppose que la sécurité de mon père requiert de telles mesures. Un autre détail me frappe. Curieuse, je lui demande:

«Pourquoi ne portez-vous pas de bombe, *father*? Vous êtes le seul.

— Tu as raison. Je dois admettre que je ne la porte qu'à la chasse. Tiens, c'est une idée! J'aimerais bien chasser ici. Jim, dit-il en lui faisant signe de se rapprocher, pouvez-vous organiser une partie de chasse pour demain?

— Bien sûr, *Sir*, si vous le désirez. Cela pourrait être une partie de chasse au gibier d'eau. Les bernache abondent dans le coin.

— Ce sera parfait.

— Eh bien, j'arrange tout. Combien serons-nous, *Sir*?

— Mary Ann, m'accompagneras-tu?

– Jamais de la vie, *father*! »

Il éclate de rire.

« Le docteur sera peut-être de la partie, Jim. Nous serons probablement cinq. »

Nous poursuivons notre promenade sur la plage et dans les champs. Nous traversons un petit ruisseau peu profond. La journée est belle et la nature, idyllique. Dans le sous-bois, un rayon de soleil natte ses fils dorés en une broderie parsemée çà et là de reflets plus sombres. Les parfums, les couleurs, tout aujourd'hui semble plus éclatant.

« Comme l'air est vivifiant ici, dit mon père. Mary Ann, faisons courir nos chevaux sur la plage, si tu veux bien. »

Nous galopons bientôt en direction du grand rocher qui fait saillie plus loin. Je n'ai pas l'assurance de mon père qui a une maîtrise parfaite de sa monture. Même Sheba semble donner le meilleur d'elle-même. Je suis la dernière, mais Jim demeure à mes côtés pour me donner des conseils.

« Un joli galop, Mary Ann, dit mon père. On fera de toi une bonne cavalière, n'est-ce pas Jim?

– Oui, certainement, *Sir*! »

Debout près de la voiture, Arsène nous attend avec un panier d'osier et une nappe à carreaux rouges à la main.

« Mme Gatineau m'a chargé de vous apporter ceci.

– Formidable, s'écrie mon père. L'exercice m'a donné soif. »

Jim se charge d'attacher nos montures à un tronc d'arbre à quelques pieds du rocher. Arsène a déjà étendu un grand plaid sur le sable qu'il recouvre de la nappe.

Nous formons un cercle, pendant qu'Arsène dépose un seau à champagne rempli de glaçons, des coupes et un plateau de petits sandwichs. Mon père s'amuse, il est détendu. Il sourit.

«Buvons à notre bonne santé et à l'avenir!»

~

Ma journée est douce. Le vin pétillant calme mon exaltation, chaque gorgée me donnant un peu plus le vertige... je suis heureuse simplement à regarder mon père embrassé par le soleil, rieur, touchant... Tout pourrait être si simple, comme aujourd'hui...

Nous bavardons et j'apprends plusieurs choses, entre autres que Jim a été l'ordonnance du prince de Galles durant de longues années et qu'à ma naissance il a été chargé de me surveiller. Ses fonctions lui ont permis de poursuivre ses activités de peintre; la photographie fait aussi partie de ses talents. Son dernier projet, un livre sur la Gaspésie, est presque terminé. C'est toute une révélation!

«Et la motocyclette dans tout cela, Jim? Est-ce une passion? lui dis-je.

— C'est un mode de transport pratique, Miss Mary Ann. Elle me permet de me faufiler partout. Le seul inconvénient, c'est le bruit», ajoute-t-il avec un peu de malice dans les yeux.

Mon père lève haut son verre. D'un ton solennel, il lui porte un toast:

«À celui qui a si bien veillé sur Miss Mary Ann.

— *Sir*, je vous remercie. Miss Mary Ann a aussi fait preuve de beaucoup de bravoure à plusieurs reprises. Je n'aurais jamais cru qu'une personne si jeune soit capable de montrer autant de sang-froid comme lors…

– … du fameux enlèvement raté ? interrompt mon père.

– Oui, elle a gardé un aplomb admirable. Je sais que l'un des deux ravisseurs porte encore la blessure au visage qu'elle lui a infligée. Oui, *Sir*, elle a beaucoup de courage. »

Le major McDermot m'observe en coin et Arsène, un peu en retrait, me regarde avec des yeux neufs, comme si j'étais devenue un être à part. Je ne suis pourtant qu'une princesse inconnue. Cette pensée me rappelle subitement celui qui m'a surnommée ainsi. Claude… Mon cœur se serre. Il me manque, encore plus aujourd'hui…

Posé sur moi, le regard de mon père est rempli de tendresse. C'est un être plein de charme, bienveillant, avec un extraordinaire sourire, l'air un peu détaché… mais j'ai déjà remarqué que son humeur peut changer rapidement.

Ayant refusé un dernier verre de champagne, il se dirige vers sa monture. Le major se précipite et lui tend les rênes de Sheba sans qu'un mot soit échangé. Nous remontons tous en selle et revenons en faisant quelques détours. Jim et mon père prennent les devants. Nous les suivons jusqu'aux écuries.

« À demain, Jim, dit mon père en lui serrant la main. Soyez fin prêt pour la chasse !

– *Yes, Sir !* »

Nous rentrons au manoir pour nous changer, car l'heure du déjeuner approche. Le docteur et Mme Gatineau nous attendent dans la bibliothèque.

«*Your Royal Highness*, dit le Dr Gatineau en s'avançant vers nous, j'ai personnellement préparé un Gibson, un de vos cocktails favoris, je crois!

– Une excellente idée, mon cher Pierre. Le Gibson est une de mes créations; je l'ai inventé durant une période un peu frivole de ma vie, si l'on peut dire. Goûtes-y, Mary Ann, c'est une boisson superbe!»

Je trempe mes lèvres dans le verre, puis secoue la tête… je n'ai pas l'habitude des cocktails!

«Il faut que tu t'y habitues, *darling*! Pierre, vous m'en préparez un autre?

– Je veux bien, *Sir*, mais, si je puis me permettre, porquoi ne le feriez-vous pas vous-même? N'êtes-vous pas l'expert? Moi, je m'en suis tenu à la recette!

– N'oubliez pas la visite au couvent, *Sir*, dit le major en s'approchant de mon père.

– Je n'ai pas oublié, répond-il un peu sèchement. Mon cher Pierre, reprend-il à l'adresse de son hôte, il est excellent, mais je crois que vous avez oublié le petit oignon qui rend le Gibson parfait. Crime de lèse-majesté, je le crains!» ajoute-t-il en souriant, fier de son sens de la répartie.

Tout le monde applaudit. Est-ce cela la vie de mon père, prendre un Gibson avant le déjeuner?

Arsène vient annoncer que Madame est servie. Nous nous dirigeons lentement vers la salle à manger. Le déjeuner se déroule dans la bonne humeur. Mon père s'amuse à raconter des anecdotes sans grande importance, en évitant d'aborder certains sujets pouvant toucher la susceptibilité des Canadiens français. Il brille en société, et tous les convives à notre table sont détendus, excepté moi… Je ne trouve rien à dire et je suis nerveuse.

Ma pensée n'arrive pas à cerner la véritable identité de mon père. Pourtant, je voudrais mieux le connaître, avoir confiance en lui... Sa présence m'est précieuse, mais j'ai peur... Je crains qu'il ne soit pas fidèle à ses promesses...

Peut-être est-ce ma lecture des journaux qui m'obsède encore une fois? On le dit de caractère instable... Va-t-il vraiment changer ses projets pour moi?...

Alors que je regarde mon père, détendu et souriant, me revient à l'esprit une phrase de son cousin, Louis Mountbatten, publiée dans un reportage du *Times,* qui m'a toujours troublée :

«Je réalisai très vite que, sous ce sourire enchanteur qui charmait les gens partout, il y avait un personnage solitaire et triste, souvent en proie à de graves dépressions.»

«Tu ne dis rien, Mary Ann?

– Je préfère vous écouter, *father* !»

CHAPITRE XXXVI

En début d'après-midi, nous nous mettons en route pour le couvent. Jim est au volant. À ses côtés, le major McDermot tient sur ses genoux un paquet enveloppé de papier brun et entouré d'un ruban rouge. Mon père, silencieux, garde ma main dans la sienne.

C'est la première fois que je retourne au couvent depuis mon départ et, au fond, j'appréhende un peu de revoir ce lieu. Nous sommes attendus, car le grand portail s'ouvre dès que la voiture s'arrête. Une religieuse nous souhaite la bienvenue et nous la suivons dans le dédale de couloirs que je connais si bien.

Mère Saint-Ignace se tient droite et pâle devant la porte de son bureau. Edward s'avance vers elle, et elle accepte son baisemain.

«Comment allez-vous, Edward?

— Très bien, je vous remercie, Véronique… pardon, ma mère.»

En silence, il la suit dans son bureau. Avant de refermer la porte, elle s'est retournée et m'a regardée. En me dirigeant vers la petite salle qui jouxte le bureau, je retrouve les sentiments familiers qui me lient à cet endroit. Le major et moi nous asseyons sur un banc.

Nous demeurons tous deux figés, comme si nous avions peur de troubler le silence. Je me lève pour contempler ce paysage qui est mien... Mon détachement me surprend. Il est vrai que j'ai changé depuis mon départ... J'appartiens dorénavant à un autre monde. Pourtant mon père a appelé mère Saint-Ignace par son prénom. Cette familiarité veut-elle dire...? J'interromps mes réflexions, car mère Maria-Térésa fait irruption.

«Bonjour, Marianne, Mère supérieure va vous recevoir. Si vous voulez bien, major, Son Altesse aimerait que vous remettiez le colis à sa fille.

— Ma mère, comment allez-vous?

— Très bien, chère Marianne. Es-tu heureuse? As-tu eu une grande surprise?

— Ah oui! Étiez-vous au courant?

— Non. Je crois que très peu de personnes connaissaient le secret. Je te laisse. Bon courage, dit-elle doucement.

— J'aimerais venir vous voir de temps en temps.

— Cela me fera toujours plaisir», dit-elle en me faisant entrer dans le bureau.

Je suis émue. Mère Saint-Ignace dans ses habits sombres est transformée par la beauté de ses yeux remplis de larmes. Ce visage de madone ressemble à celui de ma mère sur la photo que je garde comme scapulaire sur mon cœur. J'ai de la difficulté à respirer... Tout commence à s'éclaircir. Mon attachement viscéral et parfois même ma révolte, lorsqu'elle était sévère et injuste, provenaient donc d'un lien de parenté, d'un lien du sang... Mère Saint-Ignace... la sœur de ma mère!

Je m'approche d'elle.

«Vous, ma tante?»

Elle ouvre ses bras et me serre contre elle.

«Oui, Marianne, ma chère petite fille. Comprends-tu maintenant le silence que nous avons dû garder pendant toutes ces années? Ce fut une requête formelle de ton père et aussi de ta mère sur son lit de mort…»

Ses yeux se noient.

«Maintenant tout est dévoilé, il n'y a plus de secrets! Chère Marianne, je suis si heureuse pour toi!»

Je m'éloigne d'elle. Tout de même, garder un secret si longtemps! Soudain, je me sens légère et sereine et songe à la gaieté étrange, à la joie qui tinte dans le rire des religieuses…

«Le silence du cloître signifiait alors autre chose en ce qui me concerne, dis-je en me tournant vers mon père. Voilà votre colis, *father*.

— J'ai acquis cette esquisse de Corot, dit-il en s'adressant à mère Saint-Ignace, et j'ai pensé à vous, car, si je me souviens bien, c'est votre peintre préféré. Au nom de ma fille, j'aimerais vous l'offrir, avec tous mes remerciements. Vous avez su veiller sur elle et je vous en serai éternellement reconnaissant. Je sais, continue-t-il après un moment de silence, que vous n'avez pas approuvé mon amour pour Valérie et que vous m'avez presque blâmé pour sa mort…»

Il s'arrête et me dévisage.

«Non, Edward, je ne vous ai pas accusé. Tout ce que je souhaite, c'est que le bonheur de Marianne soit important pour vous… Comme elle est mineure, vous êtes son tuteur légal. Quant à nous, nous espérons que notre devoir envers elle n'est pas terminé, car elle sera toujours notre petite fille…

La tendresse de ses yeux me surprend… elle sourit puis regarde de près le tableau qu'elle a déposé sur son pupitre.

«Cette esquisse est magnifique, Edward. Je connais bien *Le Chemin sous les arbres*, nous l'avions admiré, Valérie et moi, au Musée des beaux-arts à Reims. Je vous remercie, Edward, mais vous n'aviez pas à me faire ce cadeau!»

Il ne répond pas. Nous sommes tous silencieux pendant un long moment.

«Vous jouez toujours du piano, Véronique?

– Oui et non. J'ai eu des élèves très doués, dont Claude Foucault…»

Puis, m'observant intensément, elle ajoute:

«Et aussi Marianne!

– Je connais Claude Foucault, reprend mon père. C'est un grand musicien. J'ai assisté à un de ses concerts à la salle Pleyel à Paris.»

Je tressaille… je voudrais tellement leur dire… Et puis, d'une voix brisée, il murmure:

«Je voudrais vous demander une grande faveur, à Marianne et surtout à vous, Véronique…

– Bien sûr, Edward, dans les limites du possible.

– Je voudrais vous entendre jouer, toutes les deux, comme autrefois vous et Valérie. Ce serait un grand bonheur. Faites-le pour moi…»

Ma tante hésite, puis se ravise et, me regardant, dit:

«Allons dans le petit appartement de Marianne, nous jouerons sur le Beckstein que vous lui avez offert. Venez!»

Je ne peux vraiment prendre la mesure du temps, mais le poids des souvenirs, lui, je le ressens très intensément. Le passé revient en force lorsque j'entre dans mon refuge, comme si je m'éveillais après un très long moment. Mes quelques biens sont toujours là, certains liés aux malheurs, d'autres aux jours ensoleillés avec sœur Sainte-Marie et à l'amour obsessif que je portais à deux personnes, l'une inconnue, et l'autre, ma raison de vivre. Ici, aujourd'hui, je présente mon père à Claude, dans mon cœur...

«Voici, *father*, mon cabinet de travail, et, dans ce coin, votre présent...

— As-tu aimé jouer du piano, Marianne?

— Oui, certainement!»

Il ouvre le Bechstein et va s'asseoir à l'écart, près de la fenêtre, après avoir longuement regardé mon paysage. Mère Saint-Ignace nous rejoint et s'assied à mes côtés.

«Que diriez-vous d'une partie du *Concerto n° 1 en mi bémol* de Liszt? Tu le connais bien, Marianne. Nous allons jouer le premier mouvement à quatre mains.»

Nous acquiesçons. Ma tante se tourne vers mon père.

«Valérie et moi aimions Liszt, comme vous le savez, surtout ses compositions originales, et non les transcriptions. Ce que nous allons jouer date de 1849.»

Ainsi, je prends la place de ma mère, assise près de sa sœur, celle qui a partagé son succès. Je suis angoissée... J'ai la même âme qu'avant, mais on attend de moi quelque chose d'inusité... Non, je ne suis pas une rivale et je ne peux remplacer ma mère. Mon père cherche simplement à rendre hommage à celle qu'il a tant aimée...

Je lisse mes cheveux d'une main impatiente. Le visage de ma tante est d'un calme absolu...

Nous commençons à jouer. Le jeu de mère Saint-Ignace est puissant, l'instrument devient l'intermédiaire qui nous fait communiquer avec un monde invisible. Je me concentre. Nos mains et notre ferveur reconstruisent notre passé commun et la mélodie célèbre la beauté de ma mère. Les yeux clos, la religieuse retrouve un univers qui lui rappelle une cruelle douleur. Ses traits tentent de dissimuler un rêve et une passion inassouvis.

Les souvenirs s'infiltrent partout, comme un bonheur impossible à saisir, qui peut s'envoler à tout moment. Un mystérieux sentiment de puissance m'envahit au fur et à mesure que nous jouons. Je reçois enfin mon héritage : une parcelle de vrai bonheur que je partage avec ma tante, la sœur de ma mère adorée.

Le premier mouvement se termine par un crescendo si intense et si bouleversant que mes yeux se mouillent. Les dernières notes restent suspendues, comme un rêve qui flotte, indistinct. Nous gardons le silence.

Mon père est très pâle. Un voile s'est déchiré devant lui, tout son être ploie sous la peine. Il m'attriste. Son regard est mélancolique et le fardeau du souvenir et de l'amour perdu l'écrase totalement. Des larmes s'échappent, rejoignent le nez droit et mince… sa bouche tremble.

Mère Saint-Ignace cache son visage entre ses mains et pleure elle aussi. Je cherche en mon cœur le sourire illuminé de ma mère. J'y vois une promesse, celle qui chasse les ombres…

« Ma mère est certainement heureuse de nous voir tous réunis aujourd'hui. Elle nous aime beaucoup tous les trois. Nous devons faire un pacte en son nom… »

Émergeant de son lointain passé, mon père sursaute. Il se lève. Mère Saint-Ignace redresse la tête.

«Venez, dis-je, en prenant la main de l'un et de l'autre, faisons le serment de nous aimer, toujours! Je suis sûre que ma mère le désire.»

Notre vie d'antan n'existe plus. Nous réconcilions le passé et le présent pour tenter d'effacer la douleur d'avoir perdu une femme, une sœur, une mère... Nous songeons au tragique de la destinée de cet être. Nos mains sont froides d'émotion. Ma mère!... Le temps lui a manqué...

Et moi je me rassasie en remplissant mes mains d'un grand trésor, car je touche les deux êtres qui lui furent le plus chers...

Nous demeurons tous trois unis en pensant à l'absente pendant de longues minutes, sans dire un mot, peut-être pour la première et la dernière fois.

«Merci, Véronique, dit mon père faiblement. Vous m'avez fait revivre un des plus beaux moments de mon existence, merci.»

Puis, d'un geste spontané et affectueux, il serre la religieuse contre lui. «Vous êtes merveilleuses toutes les deux», murmure-t-il. Il recule ensuite vers la porte, comme s'il désirait tout à coup s'échapper. Le bleu froid d'une fin d'après-midi entre dans la pièce, traînant derrière lui la grisaille de la réalité... L'illusion s'est envolée.

«Il faut partir, dit mon père. Je suis heureux d'avoir tenu la promesse que j'avais faite à Valérie, celle de venir chercher notre fille quand elle approcherait de sa majorité. Sa décision de garder Marianne cachée et loin de l'appétit des curieux et de la presse a été la meilleure. Les circonstances ne m'auraient pas permis...»

Il n'achève pas sa phrase, comme s'il n'avait plus rien à ajouter.

« Quand repartez-vous, Edward ?

— Dans deux jours au plus tard. Il était prévu que je rentre par bateau avec un convoi ; la date de mon retour a été fixée quelques semaines avant mon départ. Mais, étant donné la présence des U-Boote allemands dans l'Atlantique, l'Amirauté a changé ses plans. Le major McDermot a reçu des consignes. Je vais rentrer par avion, comme je suis venu. Je crois que les Anglais tiennent encore à leur ancien roi !

— Dieu vous bénisse, Edward, dit mère Saint-Ignace devant la grande porte du couvent, je vous souhaite un bon retour en Europe. Je vais prier pour vous deux et aussi pour que cette guerre cesse vite. Marianne, reviens me voir bientôt, veux-tu ? »

La voiture démarre. La Mère supérieure nous fait un signe de la main, puis la grande porte se referme sur elle.

De retour au manoir, mon père annonce qu'il se sent très fatigué et refuse courtoisement de prendre le repas du soir en famille. Il préfère monter à ses appartements. Madame Gatineau lui demande ce qu'il aimerait que Béatrice lui prépare. Il se contentera d'une omelette et d'un fruit, le tout accompagné d'un chablis.

« Mary Ann m'apportera le plateau, si vous le voulez bien, dit-il en serrant la main du docteur. Je vous remercie, madame Gatineau. À demain de bonne heure pour la chasse à la bernache.

— Bien sûr, *Sir*, dit le Dr Gatineau en l'accompagnant jusqu'à l'escalier. Bonne nuit. »

Durant ces dernières vingt-quatre heures avec mon père, j'ai l'impression d'avoir accompli un rite de passage, celui qui ouvre la porte à une vie entière d'émotions. Au cours de cette journée, j'ai touché à une partie de moi-même. Puis-je prétendre que mon avenir avec mon père est assuré? Où donc se termine la réalité et s'ébauche le mirage?

Mon père est maintenant silencieux, tourmenté par une mélancolie manifeste. Des papiers sont étendus sur son lit où il repose, le dos appuyé sur de gros oreillers. Une lumière bleue colle à son front et sur ses joues où se creusent des rides profondes. Cet homme aimé, phare de la haute société et ancien maître d'un empire, est en proie à une terrible souffrance. Dehors, un oiseau de nuit libère une plainte longue qui me fait frissonner. Ramassé sur lui-même, mon père s'entoure des fantômes du passé, écrasé par un fardeau invisible. Ses épaules sont courbées et son regard est distant. Je me sens si impuissante!

« *Father*, puis-je faire quelque chose pour vous? dis-je en installant devant lui le plateau que Béatrice a préparé à son intention.

– Non, ma chérie. Je ne serai pas de bonne compagnie ce soir, j'ai des idées noires. J'ai quelques dossiers à étudier, car McDermot doit envoyer un télégramme demain. Ma femme me manque, continue-t-il avec un long soupir, mais je suis divinement heureux que tu sois là. *Bless you, darling!* Je préfère être seul, cela ne t'ennuie pas? Merci, ma chérie. Avant de me quitter, regarde dans le tiroir du haut de la commode. »

J'y trouve un écrin de suède marron.

«C'est de cela que vous parlez?

– Oui, ouvre-le, c'est un cadeau pour toi!»

Je ne peux qu'admirer un collier de perles somptueuses, chacune ressemblant à une petite bulle irisée et laiteuse. Je n'ose toucher à un bijou d'une telle noblesse.

«Il te plaît, Mary Ann?

– Oh oui, *father*, mais…

– Mais quoi? Les jeunes filles de ton âge portent des perles avec leur ensemble en jersey. Tu es une Anglaise après tout! Elles t'iront à ravir, *darling!*

– Merci, *father*, je serai fière de les porter. Elles sont si belles.»

Il sourit. Je referme l'écrin et m'approche du lit. Je me penche et l'embrasse. Il retient mon menton dans sa main, me regarde longuement puis m'embrasse tendrement.

«*Bless you*, Mary Ann, dit-il finalement, je t'aime.»

Son tourment, je le sens sur ses lèvres tremblantes. Cherche-t-il ma force afin de se délivrer de lui-même?

«Bonne nuit!»

Un sentiment étrange traverse mon cœur. Mon père est enfoncé dans le lit des de Foucault orné de leurs armoiries, tandis que les siennes, celles de son passé de prince de Galles – les trois plumes et la devise *Je sers* –, ne lui appartiennent plus…

CHAPITRE XXXVII

Mon père semble heureux et décontracté lorsqu'il entre dans la salle à manger ce matin. Il discute avec le docteur du flair de ce bon Rubi.

« Je n'ai jamais vu une bête aussi intelligente, dit-il en éteignant une cigarette. Madame Gatineau, continue-t-il en s'adressant à elle, j'aimerais qu'on prépare une des oies de notre chasse pour le dîner de ce soir.

– Certainement, Béatrice les cuisine admirablement. Je vais lui faire part de vos préférences. J'aurais pourtant imaginé que les Anglais aiment leur gibier bien faisandé !

– Oui, c'est vrai, mais mon séjour est trop court, alors je me contenterai d'une oie fraîche ! D'ailleurs, ajoute-t-il en se frottant les mains, notre escapade matinale dans votre belle contrée m'a donné une faim de loup. Allons voir ce que Béatrice nous a concocté. »

La bonne humeur domine et la camaraderie qui s'est établie entre tous est évidente. Jim et le major, ayant des intérêts communs, s'entretiennent avec une attention soutenue. Arsène nous sert des œufs au bacon, des saucisses et des champignons fraîchement cueillis. Mme Gatineau et moi optons pour un café avec un toast.

« Mary Ann, dit mon père en me regardant avec un grand sourire, tu as manqué une partie de chasse splendide.

— Je n'en doute pas, *father*, mais je n'aime pas chasser. Par contre, je suis heureuse que cela vous ait plu ! »

Je le trouve encore plus beau lorsqu'il irradie. Il s'est levé avec le jour pour jouer à un jeu mortel et il est content de lui. Dans chacun de ses yeux danse un point scintillant.

« Pourquoi n'aimes-tu pas ce sport ?

— Tout simplement parce que je n'ai pas le cœur de tuer quoi que ce soit.

— Tu sais, *darling*, la chasse n'est pas seulement un passe-temps, c'est une sélection naturelle et nécessaire. Certaines espèces croissent en trop grand nombre et l'homme doit maîtriser son environnement.

— Je regrette de ne pas partager votre passion et je crois qu'ici je suis en minorité. C'est une activité que j'estime cruelle. Je ne juge pas ceux qui la pratiquent, mais je n'y prendrai jamais part. »

Il m'observe du coin de l'œil, surpris par ma véhémence, puis demande qu'on lui resserve ces merveilleux champignons.

« Dans mon cas, continue-t-il, je chassais avec mon père à Balmoral et à Sandringham, et cela fait partie de la tradition. Ce que je préfère le plus, c'est la chasse au renard, à cheval avec une belle meute de chiens qui travaillent. C'est enivrant et l'ambiance qui entoure l'événement me procure toujours une grande satisfaction. En Europe, le renard est un parasite. Je me souviens de fameuses parties de chasse avec mon cousin Louis Mountbatten. Mais je m'égare, n'en parlons plus. »

Les quatre hommes poursuivent leur conversation sur le succès de l'excursion du petit matin : ils ont abattu une douzaine d'oies et autant de canards. Puis ils débattent de la qualité indubitable de certaines armes à feu – mon père possède quelques Purdey de grande valeur –, de la difficulté d'approche et de la nature du site que Jim a choisi pour eux.

Malheureusement, l'atmosphère enjouée et insouciante de cette matinée est brisée par l'arrivée d'une dépêche en provenance de Londres. Le départ de mon père est avancé de vingt-quatre heures. Chacun exprime son regret, mais pour moi c'est un choc ; il ne me reste plus que quelques heures avec lui.

La journée s'écoule trop vite. Je prends conscience de la fragilité de ma destinée. Suis-je Canadienne ? Suis-je Anglaise ? Pourrai-je, dans un avenir incertain, vivre avec mon père ? Qu'importe dès lors que mes actions soient hâtives ou mes émotions incontrôlables ! Elles sont miennes, c'est en moi qu'elles se produisent… elles sont décuplées et fébriles. Je compte les heures, je respire plus vite, je suis troublée. Mon père me regarde avec intensité… il est ému lui aussi.

La fin du jour ramasse les quelques nues que la mer dissipe et les entraîne au bas du ciel en les allongeant comme des baguettes rougies d'or. Assis sur le canapé du grand salon, nous admirons tous deux le coucher de soleil sur le Saint-Laurent.

Il m'attire tendrement vers lui. Je pose ma tête sur son épaule, et il parle… longtemps. J'entends aussi les battements de son cœur. Puis il me serre contre lui. Chaque fois que nous sommes seuls, il recherche un contact physique, comme pour rattraper les caresses perdues. Sa voix est douce et sa main joue dans mes cheveux.

« *Darling*, si tu savais combien j'aimerais remonter la roue du temps pour effacer toutes ces années sans toi, mais mon existence n'a pas permis… Enfin, tu es devenue une belle jeune femme et je crois que tu comptes déjà de nombreux admirateurs ! D'ailleurs, et cela va peut-être te surprendre, j'ai entendu parler de Jocelyn et de Claude Foucault par Jim et M. McFarlane. Oui, ma chérie, je sais qui est Claude. »

Je fais un mouvement pour me libérer de son étreinte qu'il a resserrée en prononçant ces derniers mots. Il continue son soliloque.

« Heureusement, Jim est à tes côtés et j'ai toujours eu confiance en lui… il est vraiment ton protecteur, ne l'oublie pas, Mary Ann ! Depuis ta naissance, mon entourage a toujours craint que tu ne sois la cible d'un complot. Certaines personnes sont capables du pire quand il s'agit du pouvoir. Tu te souviens de ton enlèvement manqué quand tu étais petite ?… Tu t'imagines faire du chantage au roi d'Angleterre ! Il est fort possible que les Allemands soient au courant de ton existence et, t'ayant comme otage, ils seraient susceptibles de me forcer la main… Tu as dû lire les rumeurs selon lesquelles Hitler, après sa conquête des îles Britanniques, désire me redonner mon ancien métier de roi ! Vois-tu un peu ? »

Il fait une pause.

« Non, Mary Ann, continue-t-il lorsque je m'apprête à l'interrompre, ne me pose pas de questions ! On a parlé de mes sympathies allemandes, c'est faux ! J'ai toujours cherché à éviter la guerre, oui, ma chérie, à éviter la guerre pour nos deux peuples, car personne n'en bénéficiera! Je te sens réticente. Lis l'histoire des conflits, Mary Ann! Y a-t-il eu jamais vraiment des vainqueurs? Misère, terreur… Tu sais sans doute que je suis aussi censé être partisan de la faction fasciste d'Oswald Mosley! Tu vois un peu les balivernes qu'on raconte à mon sujet!»

Il sort son étui à cigarettes. Je le replace aussitôt dans la poche de son veston. Il me sourit.

«Espérons que ce conflit ne durera pas, poursuit-il. Pourquoi donc les hommes ne se souviennent-ils pas des leçons que l'histoire nous a apprises? Ils savent pourtant que la guerre ne sème que malheur et destruction sur son passage. Je voulais la paix, voilà la seule raison qui m'a conduit à rencontrer le Führer et, bien sûr, la presse internationale m'a fustigé pour cela. Je ne veux pas t'effrayer, Mary Ann, ajoute-t-il enfin, mais des menaces pèseront toujours sur toi puisque tu es ma fille. Tu comprends peut-être mieux maintenant à quel point tu étais en sécurité au couvent. Alors, promets-moi, sois prudente. Jim est armé, tu as dû t'en rendre compte. N'hésite jamais à te confier à lui. Pierre Gatineau est aussi quelqu'un en qui tu peux avoir pleinement confiance.»

J'avais si souvent cherché son sourire et l'expression de ses yeux… Sa main bouge comme s'il avait à absoudre une faute invisible ou un acte qu'il condamnait. Sur son visage apparaissent les traces d'un regret longtemps refoulé… Ah, ouvrir le passé, ne fût-ce que l'espace d'une minute, et voir mon père et ma mère ensemble… Et l'avenir? Je désire tellement de choses pour les quelques heures qui nous restent…

Il étend son bras sur mes épaules, puis prend mon visage entre ses belles mains…

«Je t'aime, Mary Ann. Tu es la plus belle réussite de ma vie… ne l'oublie jamais!

– Moi aussi, je vous aime, *father*, et j'aime aussi quelqu'un… de spécial.

– Est-ce Claude Foucault?» demande-t-il d'un ton presque inquiet.

J'acquiesce d'un signe de tête. Mon cœur se met à battre violemment lorsqu'il prononce son nom, ce nom qui ouvre la porte invisible de notre amour, de nos promesses, de notre pacte…

«Oui, *father*, nous nous aimons.»

Ses yeux me regardent comme s'il savait… est-ce que Jim…?

«Vous vous aimez…

– Nous nous aimons corps et âme. Oui, si c'est cela que vous désirez savoir, nous avons fait l'amour et je ne suis plus vierge. Voilà, maintenant vous savez tout!»

Ma gorge se noue. D'une voix sourde, je lui déclare :

«Avec vous, Claude est ce que j'ai de plus précieux au monde. Nous nous aimons et nous désirons nous marier! Vous entendez? Mais il y a un obstacle… vous!»

Je place une main tremblante sur ma poitrine où bat le galop de mon cœur. Ma voix même me cause une douleur… Des larmes s'échappent de mes yeux. Je respire profondément… une angoisse sans nom m'étreint. Claude est loin, son absence me pèse, et mon père vient à peine de surgir dans ma vie qu'il doit me quitter! Mon cœur crie à l'injustice. «Papa… papa…»

«*My darling little girl…*»

Il essuie mes larmes et, se penchant vers moi, demande :

«Claude est en Europe, si je comprends bien.

– Oui. Il avait des contrats. Lorsqu'il est parti cependant, la guerre n'était pas déclarée. Il ne courait paraît-il aucun danger.»

Il m'aide à me lever et, debout l'un contre l'autre, nous demeurons enlacés. J'ai noué mes bras autour de sa taille. Il passe sur mon visage une main douce et chaude puis murmure :

«Mary Ann, l'amour est le plus merveilleux sentiment du monde, celui qui comble l'âme humaine. Il est enchanteur, *darling*, mais il fait aussi souffrir… pour plusieurs raisons. Ton père connaît les affres de l'amour, crois-moi! Claude reviendra, tu verras, et tu seras heureuse avec lui!

– Cela veut-il dire que vous acceptez?…

– Oui, ma petite Mary Ann, toi et Claude!»

J'enroule mes bras autour de son cou… Je ne bouge pas, tandis qu'il me berce. Je continue de vivre de multiples états d'âme… Toutes les forces de ma vie se rassemblent, je goûte enfin le bonheur d'avoir mon père à moi seule, blotti contre mon corps.

«J'ai si peur pour Claude», dis-je pour moi-même.

Mon père m'éloigne de lui et me regarde comme s'il s'était subitement réveillé d'un songe.

«Viens, dit-il sèchement en se redressant, profitons ensemble du coucher de soleil sur la mer. Allons marcher tous les deux sur le rivage. On respire mieux dehors!»

Il prend ma main dans la sienne et nous marchons en silence. Les premiers signes avant-coureurs du crépuscule apparaissent déjà. Une brise fraîche et humide fait rouler des feuilles mortes à nos pieds et je frémis.

Nous nous dirigeons vers la plage d'un pas alerte. Autour de nous le calme règne. Même la mer est étale. Nous nous asseyons sur la dune, le temps de voir le soleil s'éclipser à l'horizon. Déjà une étoile apparaît.

«Si tu es comme ta mère, ma chérie, dit-il d'une voix tremblante, ton amour sera magnanime et généreux. Regarde-moi... Tu as le regard de quelqu'un qui souffre en secret, ma petite Mary Ann, et tu n'es encore qu'à l'aube de l'existence! Ne laisse pas les regrets te blesser...»

J'éprouve un amer contentement à me savoir comprise et je me sens plus à l'aise... mon père ne va pas me faire la leçon. Je réprime un petit mouvement du coin de la bouche, mais je ne pleure pas... Je ne cherche pas la douceur des larmes, mais je suis excessivement triste.

«Les Gatineau n'ont-ils pas des nouvelles de Claude?

— Non, nous en attendons tous. Nous avons simplement l'adresse de l'agence qui s'occupe de ses concerts à Paris, c'est tout!»

Mon père est pensif. Il écarte machinalement une mèche de cheveux blonds qui retombe sur son front. Bras dessus, bras dessous, nous reprenons notre promenade, admirant l'immense étendue à nos pieds.

«Comme c'est beau, le fleuve, dit-il. Je crois que cette nuit il y aura du brouillard au large. Et toute cette mer qu'il me faut traverser, mais j'ai l'habitude des voyages... Ma petite Mary Ann, tu ne peux savoir à quel point je suis heureux d'être venu. J'étais soucieux, je redoutais ton accueil, et, si tu m'avais repoussé, j'aurais été bien malheureux... En ce qui concerne Claude, je m'informerai, je te le promets. Sois sans crainte!»

Nous sommes encore près de la mer, baignés d'une buée bleue très légère qui monte de la plage et qui sent le varech. Mon père m'attire vers lui. Je n'ose l'interroger.

«Je suis triste de te quitter déjà, mais moins qu'avant, car je sais que tu m'aimes et que tu viendras me rejoindre pour vivre avec nous. Ce jour-là sera magnifique. Oui, Mary Ann, ce sera un très beau jour!»

À cette pensée mon cœur se serre. Quand le rejoindrai-je? Je devrai alors quitter mon pays pour aller demeurer sous le même toit qu'une femme qui ne m'est rien! Je souris pourtant à mon père afin de lui dissimuler mes inquiétudes. Je mesure l'ampleur des prochains événements qui vont bouleverser ma vie. Je comprends mon désir d'être auprès de lui. Un mal étrange naît au creux de mon ventre… Je le laisse croître. Je m'étonne, mais reprends mes sens… Mon père est avec moi encore un petit bout de temps, il me faut être heureuse. Ensuite, je devrai m'habituer de nouveau à son absence.

«*My own darling little girl! I love you!*»

∾

L'heure du départ approche. Avant de partir, mon père va serrer la main aux domestiques, les remercie de leurs bons services et leur demande de garder sa visite secrète. Béatrice esquisse une courbette et Arsène incline la tête respectueusement. Tous les deux reçoivent une montre-bracelet dans un écrin de velours rouge.

Nous sommes tous réunis dans le grand salon. Au moment des adieux, je ne pleure pas. M. McFarlane et le major McDermot se penchent sur ma main froide…

«*Milady*, à bientôt.»

Le docteur et Eugénie saluent mon père, puis c'est à mon tour, je suis la dernière.

La buée qui envahit mes yeux trouble son image. Nous nous embrassons et je le retiens contre moi, longtemps.

«Au revoir, ma chère Mary Ann. Nous serons bientôt ensemble, je te le jure. Je t'aime, *my darling little girl!*

– Je vous aime, *father*, écrivez-moi vite.»

Du bout des lèvres je lui souhaite bon voyage alors qu'il monte dans la voiture suivi par M. McFarlane. Le major McDermot s'assied près du chauffeur.

La voiture s'éloigne lentement. Immobile sur le perron dans la faible lumière du soleil couchant, je garde les yeux rivés sur l'allée vide. Un grand silence règne. J'imagine déjà son retour, sa voiture qui s'avance sous le soleil puissant pour le ramener vers moi! Je m'exclamerai alors: «Quel beau temps!»

Je frissonne… pourtant le temps est encore clément. Tiens, j'ai envie d'un bon bain chaud à l'huile de bergamote, un bain parfumé comme jamais je n'en ai pris… j'y trouverai un refuge. Mais d'abord, je veux voir la mer… mon père la survolera pendant de longues heures…

Instinctivement, je tourne entre mes doigts le médaillon de mon bracelet et le porte à mes lèvres en pressant plus fort le dessin des trois plumes du prince de Galles. Mais il est toujours mon sire Lancelot, mon chevalier… et mon père.

Je regarde le manoir… je suis seule. Je rentre.

Le lendemain, on livre un grand bouquet de fleurs pour Mme Gatineau. Pour moi, une branche d'orchidée blanche.

Lady Belvédère a désormais son emblème!

CHAPITRE XXXVIII

L'aurore naît, le vent tombe. Cette matinée pâle et bleuâtre semble froide, de la couleur des adieux d'hier. Je frémis comme si des bouffées de brouillard entraient dans ma chambre. J'ai mal dormi. Désormais, je vais espérer des signes joyeux, une lettre qui dira : «Mon amour, je reviens» ou une autre avec ces mots : «*My darling little girl,* amène-toi, je t'attends!»

Demain, la même heure sera plus facile, je serai patiente, et après-demain je pourrai... «Pas si vite, Marianne, pas si vite, tu as tout le temps...» Le silence me fait peur si je laisse mon esprit s'envoler vers l'Europe où ils sont tous les deux, en plein milieu de la guerre et de ses intrigues.

Dans mon cœur et dans mon âme, je confie mes deux absents aux bras d'un archange et je prie, car j'en ai encore le courage.

Je commence chacune de mes journées par une longue marche dans le parc, souvent accompagnée de Rubi. Il préfère le bois à la plage, car les occasions de pourchasser, bien qu'inoffensivement, un lapin, un écureuil, voire une taupe sont plus nombreuses. À peine suis-je sortie dehors qu'il aboie en direction de l'endroit où il veut m'entraîner. J'aime la densité du sous-bois alors que je m'y enfonce telle une ombre. Les feuilles mortes bruissent sous mes pieds... Eh oui, l'automne s'est bien installé et les longs mois de l'hiver ne sont pas loin. Avec une tendresse mêlée de regrets, je regarde les arbres qui se dégarnissent. Certains sont déjà chargés de gui qui fleurira pour la fin de l'année.

Rubi nous accompagne aussi lorsque Jim et moi partons chevaucher aux alentours. Quand il découvre la piste d'un quelconque animal, ses aboiements plaisent étrangement à Zorro qui lui répond par des hennissements. Il existe une espèce d'entente entre eux.

«Rubi a une relation privilégiée avec Zorro, ne trouvez-vous pas, Jim?

— Oui, c'est intéressant, Miss Mary Ann. J'ai aussi remarqué qu'il ne s'approche guère de Sheba, il garde ses distances. Peut-être lui a-t-elle donné un coup de sabot, qui peut savoir!

— Je m'en suis aussi rendu compte. Les bêtes sont semblables aux humains, vous savez, certaines n'ont pas d'atomes crochus!

— Bien sûr, Miss Mary Ann.

— Je devrais vous en vouloir d'avoir gardé si longtemps le secret de ma naissance, lui dis-je à brûle-pourpoint.

— J'ai obéi aux ordres, Miss Mary Ann. Ce mystère a constitué votre protection. Pouvez-vous imaginer les conséquences si, par hasard et sans le vouloir, vous aviez laissé entendre que vous étiez... qui vous êtes?»

Je consulte le ciel bleu et frais, prometteur de beau temps, et soupire en tournant mon regard vers la mer.

« Non, je ne peux les imaginer. Je suppose qu'il faut continuer ainsi, Jim, comme avant, et attendre.

– Bien sûr, Miss Mary Ann ! »

~

Suivre la vie de mon père ne fut pas trop difficile grâce aux échos de la presse, car le couple Windsor défrayait régulièrement la chronique. D'une certaine manière, je partageais de loin son existence. Mais, depuis la déclaration de la guerre, je ne recevais plus le *Times* ni *Le Monde*. Le *New York Herald* devint ma principale source d'informations. Comme prévu, il rejoignit son poste à la Mission militaire de Vincennes sous les ordres d'Howard-Vyse. On disait que ce dernier était un homme obsédé par l'importance de son rang, qui lui permettait, entre autres choses, de commander un ex-roi. Quant à la duchesse de Windsor, elle vouait une partie de son temps aux bonnes œuvres de la Croix-Rouge.

En lisant un article, j'appris l'intérêt particulier que mon père portait à l'étude de la ligne Maginot. Entre octobre 1939 et avril 1940, il y concentra tous ses efforts de recherche. Ses rapports sur la ligne de défense française soulignaient les faiblesses que celle-ci pouvait présenter face à l'envahisseur. N'avait-on pas cru la ligne Maginot invincible ?

Comme mon père me l'avait fait entendre lors de notre première rencontre au Canada, certaines portes s'ouvraient devant lui grâce à sa condition. Il se servait de sa notoriété pour avoir ses entrées dans les quartiers généraux et chez les officiers français. Des rumeurs affirmaient qu'il était impliqué dans un réseau d'espionnage. Que cette hypothèse fût fondée ou non, il était certain que les Français étaient réticents à partager leurs renseignements avec les Britanniques. Mais de là à accuser mon père d'espionnage!

De plus, les relations entre mon père et son frère, le roi George VI, se détériorèrent. Des restrictions lui étaient imposées pour ce qui était de ses visites aux troupes britanniques stationnées en France. Il accusa son frère de lâcheté et lui écrivit: «Quand j'étais roi, vous aviez bien déguisé vos sentiments à mon égard!» Churchill s'en mêla, mais sans pouvoir réparer les torts que le duc estima avoir subis.

Pendant quelque temps, il ne put dissimuler dans ses lettres son amertume et son désenchantement. Il était insatisfait de ses occupations et surtout de ses relations avec le commandement de la mission militaire. Il était aussi mécontent du rôle que le gouvernement britannique lui avait attribué et se rendait de plus en plus compte de son isolement ainsi que du peu d'importance que l'on donnait à sa personne. «Que la guerre se termine par une offre de paix à l'Allemagne!» déclarat-il un jour à Lord Beaverbrook, le magnat canadien, tous les deux étant d'accord pour dire que les Alliés n'avaient pas la puissance nécessaire pour remporter la victoire. Les journaux crièrent alors à la trahison et il fallut déployer de grands efforts diplomatiques pour étouffer cette déclaration.

~

Malgré tout ce que l'on rapporte sur ce père que je ne connais pas encore bien, je n'ai pas de plus grand plaisir que de recevoir une lettre de lui. Et, comble de bonheur, le facteur apporte aujourd'hui deux missives en provenance de France. L'émotion rougit mes joues. Impatiente et survoltée, je voudrais les lire simultanément... J'ouvre celle de mon père :

My darling little girl,

Je suis très occupé par mon travail et j'essaie de servir ma patrie de mon mieux. Parfois les choses s'avèrent plus difficiles qu'elles ne paraissent, mais je n'ai pas peur de l'adversité. Ton cher papa semble avoir des ennuis avec certaines personnes qui ne partagent pas ses opinions, mais à la guerre comme à la guerre.

Tu es dans mon cœur et dans mon esprit chaque jour. Sois prudente et pense à ton papa souvent. Il me tarde que tu viennes nous rejoindre.

Avec tout mon amour,

Father

Je revendique son amour. Je ne peux oublier que je suis la fille de cet homme. Il garde sa place parmi mes héros de toujours. *Father!* Sa lettre me rassure, mais j'attends qu'il prenne des mesures plus concrètes. Suis-je encore trop impatiente? Dans ce coin retranché de la Gaspésie, je ne mesure pas les répercussions du conflit sur ceux qui vivent en Europe. Avant d'aller le rejoindre, la situation doit d'abord se stabiliser. Il me l'avait bien fait comprendre pourtant... En relisant les mots qu'il a écrits, je sens sa main chaude dans la mienne... et je l'immobilise. J'en grave en moi le souvenir.

En regardant ma seconde lettre, je deviens une jeune femme affranchie de l'emprise de son père. Je suis la Marianne du couvent, celle que Claude a choisie dès le premier instant, celle qui a connu la passion... Claude, mon amour, mon amant! D'une main qui tremble un peu, je déplie la missive pliée en quatre.

Les battements de mon cœur redoublent d'intensité. Je suis debout devant la fenêtre ouverte... Il me semble entendre un bruit de vagues... ce n'est qu'un fort vent qui pousse l'eau sur le rivage... J'aurais pourtant juré que des gouttelettes salées se déposaient sur mon visage...

Ma chérie, ma Marianne,

J'ai commencé et déchiré à plusieurs reprises les lettres que je désirais t'adresser. Je voudrais que mes mots puissent exprimer la nature profonde de mes sentiments.

Ma vie comme celle de beaucoup va changer à cause de la guerre, parce que nous grandissons tous. Je ne sais plus toujours ce à quoi j'aspire, sauf que je veux partager le meilleur de moi-même avec toi, ma princesse. Je ne peux que vivre au jour le jour dans l'espoir que bientôt notre monde reprendra ses esprits.

Les concerts occupent tout mon temps. En ces moments si incertains, je sens combien la musique est importante pour plusieurs. Mon public a faim de trouver dans les œuvres que je joue un présage de paix. Ma petite Marianne, je sais que tu n'es plus ma princesse inconnue, mais qu'importe, nous nous aimons. Pour toi, j'ai composé une œuvre et je l'ai intitulée Marianne. *Les Français croient que c'est en l'honneur de leur pays! Toi et moi savons la vérité.*

J'ai rencontré ton père il y a quelques années au cours d'une réception donnée à sa villa, La Croë, à Antibes. J'ai joué pour ses invités. C'est un homme charmant. Quelle surprise, ma chérie, de te savoir issue d'une telle lignée! Mais j'ai tout de suite su que tu étais très spéciale et je t'ai aimée dès le premier jour. Il me hâte de revenir au manoir, je l'espère dans un délai assez court. Je t'aime encore plus qu'hier, ma bien-aimée. Aime-moi!

Comme toujours, je refais notre pacte.

Claude

P.-S. – Tu peux m'écrire à l'adresse de mon agent au dos de l'enveloppe.

Je relis chaque phrase, chaque mot et j'en goûte toute la saveur, comme une caresse pleine de chaleur et de sensualité. Les traits de l'homme que j'aime se dessinent sous mes paupières fermées, un grand frisson me parcourt, tel un rire en cascade, et n'en finit plus...

Mais je cherche aussi à lire entre les lignes. Pourquoi écrit-il que sa vie va changer? Que veut-il dire? Que fait-il vraiment en Europe?

Je sursaute lorsque le docteur et Mme Gatineau entrent dans la salle à manger, car je suis encore plongée dans mes pensées.

Ils m'embrassent tour à tour.

«De bonnes nouvelles, Mary Ann?

– Oui et non. Ils vont bien tous les deux, très pris par leurs occupations respectives. Enfin, ils sont confiants. Nous devons leur être reconnaissants d'écrire, ne trouvez-vous pas?»

Mme Gatineau fait un signe de tête, puis s'assied à la table pour prendre une tasse de café. Le docteur prend la parole :

« Je ne comprends pas bien pourquoi Claude désire rester en Europe. Étant donné les circonstances, il pourrait annuler ses concerts. Pour votre père, la situation est un peu différente. De par son rang, le duc de Windsor bénéficie de privilèges et d'une protection, mais Claude ! Il a toujours été audacieux, voire casse-cou, mais la guerre n'est pas un jeu… Parle-t-il d'une date éventuelle de retour, Mary Ann ?

— Oui, vaguement, il mentionne qu'il sera parmi nous dans un délai assez court, c'est tout. Cela ne signifie pas quand ! »

Je me tais et continue de mordiller ma lèvre, car je me sens nerveuse après avoir entendu M. Gatineau exposer ses inquiétudes. Celui-ci a pris la main de sa femme dans la sienne et déclare un peu solennellement :

« Écoutez bien, il ne sert à rien d'entretenir des idées noires à leur sujet. Le courrier circule vraisemblablement et, d'après ce que j'ai pu comprendre, leur situation ne comporte rien de dramatique. Malgré la guerre, la France reste un endroit relativement sûr. En ce qui vous concerne, Mary Ann, pourquoi ne vous prépareriez-vous pas au certificat de premiers soins qui est offert par la Croix-Rouge ? Ma chère enfant, j'ai le sentiment que vous devez concentrer votre attention et votre énergie sur quelque chose de tangible. Alors, qu'en dites-vous ?

— C'est une bonne idée. Je crois que j'en ai besoin.

— Eh bien, je vous inscris à l'hôpital pour le prochain cours de quatre mois à raison de trois jours par semaine. Cela vous convient-il ?

– Bien sûr, je vous remercie. Vous comprenez le genre humain mieux que bien d'autres, docteur!» lui dis-je alors qu'il nous laisse pour ses visites de la journée.

Il sourit, un peu mystérieux. Il se penche pour embrasser sa femme, comme chaque matin lorsqu'il part, et me fait un signe de la main avant de disparaître.

Au début de l'après-midi, je me remets au classement dans la bibliothèque. J'ai déjà catalogué les œuvres d'Émile Zola, une belle édition en cuir marron dorée sur tranche, mais, malheureusement, il manque un volume au cycle des *Rougon-Macquart*.

Tout en plaçant une nouvelle pile de livres sur la table, j'en découvre un qui a vraiment l'air très ancien. Je l'ouvre avec délicatesse, car j'ai l'impression de dénicher une perle. Les feuilles étant fragiles, je l'examine avec minutie et puis… je crois rêver… Je me lève, consulte mon *Larousse* et, l'objet à la main, sors de la pièce en courant.

Je me précipite vers le salon où l'on doit m'attendre pour le thé de cinq heures. Tout essoufflée, je fais irruption dans la pièce en m'écriant:

«Docteur, Eugénie, je crois que j'ai trouvé quelque chose d'extraordinaire! Regardez, dis-je en tendant le livret à M. Gatineau. Faites attention, il est fragile!

– Avant que je n'abîme quoi que ce soit, dites-nous ce que vous avez trouvé. Une carte au trésor? dit le Dr Gatineau avec un sourire malicieux.

– C'est sérieux, dis-je en m'asseyant, la main crispée sur ma poitrine, je crois que nous avons ici l'édition originale d'un livre de Blaise Pascal publié en 1639, l'*Essai sur les coniques*, sa première œuvre!»

Le docteur se lève comme mû par un ressort.

«Vous voulez bien dire Blaise Pascal, le mathématicien?

– Oui, et ce n'est pas tout. Regardez au milieu du livre, sur cette page jaunie, il y a quelques phrases… Regardez la signature!»

M. et Mme Gatineau épellent à l'unisson les deux lettres suivantes:

«R. D.!

– Oui, R. D.! R. D.! Je suis à peu près certaine que ce sont les initiales de René Descartes. Le philosophe admirait beaucoup Pascal. C'est un commentaire de Descartes, n'est-ce pas formidable?

– Mais c'est incroyable, s'exclame Eugénie à son tour. Je savais que le grand-père de Claude était friand de littérature, mais de là à posséder un livre aussi précieux… Peut-être ce volume faisait-il partie de son héritage. Quelle trouvaille!

– Il faudra le faire expertiser dans les prochains jours pour en vérifier l'authenticité, dit le docteur. Ce sera une belle surprise pour Claude. Merci, Marianne! Une première édition de Blaise Pascal, cela est plutôt rare!»

～

M. Gatineau a placé le livre dans le coffre-fort; quelques jours plus tard, les spécialistes l'ont identifié comme étant l'édition originale de la première œuvre du penseur. Les annotations que j'attribuais à René Descartes ont bel et bien été écrites de sa main.

Un détail m'avait pourtant échappé: la signature de Blaise Pascal sur la dernière page…

CHAPITRE XXXIX

L'attente du retour de Claude et de mon père est longue. Je vis comme si je devais faire peau neuve et reconstruire mes jours différemment tout en restant fidèle à moi-même et en vivant dans l'espérance. Parfois je sonde mon cœur en me répétant à haute voix le nom de mon père ou celui qui sera mien lorsque j'épouserai Claude : Windsor... de Foucault ! Je sais celui que je préfère !

Au cours de mes rêveries, j'explore l'abîme qu'évoque le nom de ma mère... J'imagine la beauté de son noble visage et de sa voix qui, tel un instrument au son unique et surnaturel, murmure : « Ma chère petite fille ! » Je voudrais tellement me blottir dans ses bras, connaître sa douceur et me savoir tranquille. Certains jours, mon cœur et mon esprit vagabondent ; je monte un escalier de cristal au bout duquel je la vois, auréolée de l'amour de son mari, de celui de sa fille et de sa sœur qui porte encore le deuil. J'aurais voulu tresser pour elle une couronne de perles somptueuses.

J'ai pris l'habitude d'aller me réfugier dans le salon où pétille en permanence un feu de bois. Pendant les soirées froides, je sens la présence de Claude tout près de moi. Lorsqu'une bûche roule sur des braises corail, qui, soudain, brillent sauvagement, j'attends l'apparition d'un bon génie, mais seules les flammes dansent devant mes yeux.

Le docteur et Eugénie comprennent mon besoin d'isolement et respectent ma solitude. Assise près du foyer, sans autre éclairage que la lumière du feu, je me sens en sécurité. Parfois, avant d'aller se coucher, le Dr Gatineau m'apporte un verre de bourgogne, un vin que j'apprécie depuis qu'il m'a fait connaître quelques bons crus de sa cave personnelle. Je déguste lentement le vin ; il réchauffe aussi bien mes sens que mon cœur, et le souvenir des baisers de Claude devient encore plus intense. Il est alors à mes côtés, la chaleur du feu exaltant nos sentiments. En silence, nous regardons simplement les étincelles qui crépitent et vont mourir sur les parois de l'âtre. Je suis heureuse, car l'univers onirique que je nourris quotidiennement me permet de supporter la trop longue attente. En compagnie du fantôme de Claude, je savoure mes instants d'abandon.

L'hiver de cette année 1939 est bien rigoureux. Des tempêtes de neige qui durent parfois plusieurs jours nous empêchent de sortir du manoir. Grâce à l'organisation et à la perspicacité de la maîtresse de maison ainsi qu'à la débrouillardise de Béatrice, nous ne sommes pas pris au dépourvu et ne manquons de rien. Pourtant, il y a des moments où nous sommes vraiment coupés du reste du monde. Dès qu'une accalmie se présente, chacun en profite. Jim et moi sortons les chevaux pour leur donner un peu d'exercice et Arsène refait son stock de bois de chauffage.

Il arrive ainsi que le chemin qui relie le manoir à la route principale soit réellement impraticable, et la voiture du docteur doit alors demeurer au garage. C'est le cas aujourd'hui. On attelle Sheba à un traîneau. J'adore ce mode de transport. Il est si romantique! Les clochettes attachées au harnais du cheval tintent dans l'air glacé. Le ciel est pur et opalin. Le Dr Gatineau, Jim et moi-même sommes bien au chaud, enveloppés dans une couverture de voyage en fourrure. En même temps que j'admire les paysages féeriques tout le long du parcours, je me laisse bercer par le son joyeux des grelots. Nous allons à l'hôpital où je continue mes cours de premiers soins avec enthousiasme.

La nature entière est emmitouflée dans un manteau si blanc que nous en sommes presque aveuglés. Dans l'air glacial, le souffle de Sheba se cristallise. Nous apercevons un chevreuil qui saute dans la neige profonde puis s'affaisse, comme emmailloté dans de la ouate. Ensuite, après un petit effort, il retrouve le refuge de la forêt. Je vis en communion avec la nature intensément.

À notre arrivée, une aide du docteur nous sert du chocolat chaud et des biscuits au gingembre. Tout cela est bien douillet.

~

Les fêtes de fin d'année sont déjà un souvenir lointain et les premiers signes du printemps apparaissent doucement. Au cours d'avril 1940, la Norvège et le Danemark subissent à leur tour l'occupation allemande. On parle d'une manœuvre stratégique qui permettra à Hitler d'ouvrir un nouveau front d'attaque au nord de l'Europe. Le Führer n'a toujours pas abandonné son projet d'envahir la «Perfide Albion». Le

10 mai au matin, la « *blitzkrieg* » commence : avec cette guerre éclair les Allemands occupent tour à tour les Pays-Bas, la Belgique et le Luxembourg. La reine Wilhelmine s'exile en Angleterre, les bases aériennes françaises sont bombardées et le premier ministre britannique, Arthur Neville Chamberlain, donne sa démission. Winston Churchill est alors convoqué à Buckingham Palace pour former le nouveau gouvernement. Ainsi, le 10 mai 1940, Winston Churchill commence à dominer la scène publique.

Durant cette période mouvementée, je reçois une missive de mon père, plutôt brève et un peu énigmatique :

Je crois que mon travail en France est presque terminé et la situation évolue si vite de toute façon. Je pense que je vais quitter mon poste. Je suis certain que le gouvernement britannique désire nous faire rapatrier, mais j'ai des plans différents. Je t'en informerai bientôt.

All my love,

Father

Mais de Claude, rien, rien du tout. Nous sommes tous très inquiets au manoir. Chaque jour qui passe sans nouvelles de lui apporte un lot supplémentaire d'angoisse. Tandis que les semaines défilent, mes cauchemars se font plus nombreux. Des visions d'enfer et des bruits étourdissants hantent mes nuits. Le drapeau orné du svastika, emblème du parti nazi, flotte autour de Claude et des barreaux noirs tordus comme des serpents masquent un cachot où s'entassent une multitude de personnes qui gémissent et qui pleurent.

Je me réveille souvent en sursaut, trempée de sueur, accablée. Un chagrin lourd comme un boulet me cloue dans mon lit. Je veux croire que ces obsessions sont l'expression de mon inconscient et non de mauvais présages. Je lutte pour m'en défaire… Je me lève pour aller au salon et, blottie dans un fauteuil, j'écoute les disques de Claude, surtout la *Pathétique*…

«Mon amour, où es-tu? Réponds-moi.»

~

Les intrigues et les rumeurs autour du couple Windsor ne cessaient pas. Désormais, les espions nazis surveillaient leurs moindres mouvements. Ils allaient jusqu'à donner à la radio le numéro de la chambre d'hôtel à Biarritz où séjournait la duchesse, démontrant ainsi au monde entier l'efficacité de leur réseau d'espionnage. Au lendemain de l'arrestation à Londres d'Oswald Mosley, la presse américaine publia des articles au sujet du duc de Windsor, qui venait de quitter son poste à la Mission de Vincennes, contenant des insinuations calomnieuses….

Vers la fin mai, mon père et sa femme se rendirent à leur villa à Antibes, à peu près au même moment où s'effectua l'évacuation de Dunkerque. Les forces alliées se trouvèrent prises au piège dans ce port de la côte française et, afin de permettre le rembarquement vers l'Angleterre d'environ cent cinquante mille soldats sur une flottille de centaines de petits bateaux civils et de navires militaires de la Royal Navy, les Alliés durent livrer une violente bataille.

L'Italie déclara la guerre à la France et à la Grande-Bretagne le 10 juin 1940. Six jours plus tard, le maréchal Pétain fut nommé président du Conseil; il demanda l'armistice le 17 juin. La France, à son tour, succombait à Hitler… Elle capitulait!

Je laissai tomber le journal… Mon père et Claude dans une France conquise! Mon Dieu, qu'allait-il se passer? Les ombres menaçantes se multipliaient… Je cherchais, je cherchais… Quoi? Un refuge? Une clarté? Je ressentais désespérément une certaine trahison dans la défaite de la France.

Dans mes amères songeries, j'entendais dans l'arbre voisin de ma fenêtre un oiseau qui s'égosillait, comme s'il cherchait à se faire valoir, moi qui avais justement besoin de distraction… «La défaite de la France!» Était-ce la mort de la liberté? Non… Je ne devais pas m'affoler. J'avais soif, j'humectais ma bouche sèche, j'appuyais mon front à la fenêtre et je goûtais la fraîcheur du courant d'air…

Dans le chant de l'oiseau, je trouvais une vitalité et une douceur qui me calmaient… et je priais. Que pouvais-je faire d'autre? Je devais être optimiste en pensant aux deux êtres que je chérissais plus que tout au monde. Si de temps en temps des soucis traversaient rapidement mon esprit, je m'évadais dans mes occupations. Je vivais dans l'attente douloureuse de deux messages qui m'apporteraient enfin la délivrance…

La débâcle continuait. Les Allemands avançaient avec rapidité vers le Sud, pendant que les troupes de Mussolini se rapprochaient de Menton.

Comme beaucoup d'autres, mon père s'organisa pour fuir un paysage envahi de plus en plus par l'ennemi.

Accompagné par le consul britannique et son personnel, il partit avec sa femme en convoi vers l'Espagne. La Rolls-Royce des Windsor se dirigea vers la frontière franco-espagnole, avec quelques camions transportant leurs biens.

Je me demandai s'ils quittaient la France occupée par crainte d'être capturés. Le titre d'un journal me blessa: «Qui va gagner les Windsor?» De plus, la monarchie anglaise réagit mal en apprenant que Wallis était traitée à l'étranger comme une altesse royale. «Le roi d'Angleterre est furieux… le titre d'honneur ne peut être conféré à Wallis Simpson!» Le journal *Le Devoir* ne manqua pas de lancer une pointe d'ironie à ce sujet dans un entrefilet intitulé: «Une grande difficulté de protocole en temps de guerre!»

De Londres, le général Charles de Gaulle lança avec conviction son message patriotique aux Français: «La France a perdu une bataille, mais elle n'a pas perdu la guerre!»

Le 22 juin, l'armistice fut signé à Rethondes dans le même wagon-salon où les Allemands avaient dû signer le leur en 1918. À cette occasion, Hitler fit brûler l'ancien symbole de déshonneur pour son pays. Le maréchal Pétain fut nommé chef de l'État français et la devise *Liberté, Égalité, Fraternité* devint *Travail, Famille, Patrie*. Tout un remaniement eut lieu dans la société française: la franc-maçonnerie et les syndicats furent abolis, les Juifs, expulsés des postes administratifs et dépossédés de leurs droits civiques… Les prisons se remplissaient…

Je m'inquiétais pour mon père et pour Claude, car je n'avais toujours reçu d'eux aucun signe de vie. Je cherchais les bonnes nouvelles dans les journaux, comme une mendiante qui ne demande rien d'autre que d'être éclairée sur le temps présent.

Certains jours, je souhaitais que le couchant remplisse longuement le ciel entier et capture le jour pour raccourcir mon attente d'un autre vingt-quatre heures. C'était en regardant le rose du firmament et le bleu de la mer que j'étais le plus rêveuse... Le soleil venait de disparaître, comme tout à coup vieilli et secret, et il se dirigeait vers Claude et mon père.

Le duc de Windsor et sa suite quittèrent le nid d'intrigues de Madrid pour Lisbonne au Portugal. L'étau pronazi se resserra autour d'eux. Puis Churchill offrit à mon père le poste de gouverneur général des Bahamas, poste qu'il accepta. Ainsi, le 1er août, le duc et la duchesse de Windsor montèrent à bord du navire *Excalibur*, en route pour les Bahamas.

Des doutes pesaient-ils encore sur la loyauté de mon père envers sa patrie? Enfin, il était en sécurité loin du conflit.

CHAPITRE XL

Le plein été resplendit dans notre belle campagne et aujourd'hui je vais rendre visite à ma tante au couvent comme j'en ai pris l'habitude deux fois par mois. Arsène conduit lentement et, pendant le trajet, j'ai l'impression qu'un événement va se produire. Pourtant, dans les champs inondés de soleil, les animaux somnolent sous les grands arbres et les bottes de foin sèchent. Un tableau bucolique se déroule devant moi. Mais pourquoi ce trouble soudain? Quand j'entre dans le bureau de ma tante, j'ai la surprise d'y trouver Agnès et M. McFarlane. Ils me sourient tous.

«Miss Mary Ann, dit M. McFarlane en baisant ma main, comment allez-vous?

– Bien. Vous-même?

– Très occupé, comme toujours. Il se passe tellement de choses… Mademoiselle Agnès aimerait vous donner des nouvelles!»

Agnès m'embrasse. Un an a passé depuis notre dernière rencontre. Elle n'a pas changé, toujours aussi pétulante.

« Marianne, j'arrive d'Europe. »

Je me rapproche d'elle.

«Comment vas-tu, mon petit agneau? me susurre-t-elle à l'oreille.

— Bien, Agnès, mais dis-moi vite… Claude!

— C'est de cela que je veux te parler, Marianne. J'ai rejoint Claude en Europe pour une tournée, d'abord en Angleterre, puis en France. Il s'est acquis une telle réputation qu'on se l'arrache… il faut jouer, jouer et encore jouer, dans les salles de concert et aussi pour les troupes. Pour Claude, c'est une grande aventure, mais j'ai l'impression qu'il y a plus, c'est comme si la musique était un prétexte, et il semble toujours si pressé…»

Agnès a pris un air très sérieux. Le froncement de ses sourcils est toujours un mauvais présage. Elle nous regarde tour à tour et continue:

«C'était le mois dernier, à la suite de la signature de l'armistice. Claude et moi étions à Paris, mais tout allait bien pour nous, vous ne deviez pas vous inquiéter. Qui aurait pu croire que la France allait capituler aussi vite! Enfin… Ce jour-là, les troupes allemandes ont défilé sur les Champs-Élysées. Nous avons passé la journée à l'Hôtel des Grands-Hommes près du Panthéon. Mais, outre leur parade militaire, les Allemands avaient décidé d'organiser un grand concert pour célébrer leur victoire!»

Agnès gesticule, comme pour éloigner une image désagréable, puis frotte ses mains l'une sur l'autre.

«L'agent de Claude est venu lui faire part d'un ordre officiel donné par le haut commandement allemand. Afin de marquer la victoire des troupes d'Hitler, on le priait instamment de participer à ce concert. Il était contre, bien entendu, mais comment refuser. Vous vous rendez compte de notre dilemme!

— Et vous avez joué?

— Et comment! Claude surtout. Herbert von Karajan conduisait l'Orchestre symphonique de Paris. Les Allemands avaient aussi tenu à sa présence pour marquer l'événement. La salle de l'Opéra était pleine à craquer avec tous ces officiers bottés et galonnés, mais pas d'Hitler. J'aurais bien voulu le voir de près, celui-là! En ouverture, l'orchestre a joué la *Cinquième Symphonie* de Beethoven, à la demande de Goebbels. Puis ce fut au tour de Claude; la seconde partie du concert lui était entièrement réservée. Il a débuté par une adaptation du *Concerto n° 1* de Brahms. Mes enfants, ce fut le délire! Moi, j'étais dans les coulisses et j'observais la salle. Même le maréchal Pétain semblait ému. On le serait à moins vous allez me dire, il venait tout juste de décider du sort d'une France vaincue!»

Elle boit son verre d'eau d'un trait.

«Claude était là, seul au piano. Il a joué du Mozart, du Liszt. Comme toujours, son audience était captivée. Mais, quand on lui a demandé de jouer la *Pathétique* de Beethoven, il s'est levé et a déclaré, en français: "Non, messieurs, je ne peux pas. À la place, je jouerai l'*Appassionata* ou la *Sonate à Kreutzer*."

— Claude parle couramment l'allemand, interrompt mère Saint-Ignace.

— Oui, je le sais bien, mais les Allemands, eux, ne le savent pas. Il aime jouer avec le danger, Claude… enfin, passons! Je vous jure, je n'en revenais pas. J'étais complètement abasourdie. Parfois il a du cran à vous couper le souffle. À l'issue du concert, je l'ai rejoint sur scène pour un morceau à quatre mains, un arrangement de Schubert que nous connaissions bien pour l'avoir beaucoup répété. Puis il a chuchoté : "Allons-y pour les Gaulois !" et voilà qu'il attaque *Gaspard de la nuit* de Ravel. Je crois que c'est Goering lui-même qui, en français, a déclaré : "De la musique allemande, monsieur Foucault." Sur ce, Claude a répondu : "Toutes mes excuses, je croyais que la musique était internationale !" Et puis, sans rien ajouter, il a entamé le thème principal du concerto de *L'Empereur* de Beethoven qui, comme vous le savez bien, marque l'admiration du compositeur pour Napoléon. Je ne sais pas si les Allemands ont saisi l'allusion... Plus tard dans la soirée, il n'a pas voulu m'expliquer la raison de son refus, il m'a dit seulement que la *Pathétique* était trop spéciale pour être jouée devant "ces salauds"... oui, "ces salauds de Boches"... ce sont ses propres mots ! »

Des sourires entendus éclairent les visages de ma tante et de M. McFarlane. Au fond de moi, je retrouve un instant le Jocelyn malicieux de mon enfance... et voilà maintenant qu'il fait profiter les Allemands de ses facéties !

« Un triomphe ! Et, continue-t-elle, les yeux à demi fermés, ce n'est pas tout. Les grosses légumes de la hiérarchie allemande nous ont invités à la réception au George-V, rien de moins. J'ai rencontré certains membres du gouvernement français. L'un d'eux semblait très à l'aise et avait le verbe haut, Pierre Laval, je crois. Des artistes aussi étaient présents, Maurice Chevalier, Arletty. Bref, vous vous imaginez un peu.

– Pourquoi n'avez-vous pas refusé ?

– N'oublie pas, ma petite Marianne, que Claude est une célébrité là-bas. Il est très populaire et les Allemands tenaient à sa présence, comme s'ils exhibaient un trophée, je suppose. Nous n'avons pas eu vraiment le choix. J'en avais la gorge tellement serrée que Claude m'a forcée à avaler deux coupes de champagne coup sur coup... eh oui, le champagne coulait à flots. Ah, ces sacrés Boches!»

Elle surprend le regard de mère Saint-Ignace.

«Pardon, ma mère, mon vocabulaire laisse parfois à désirer. Mais, quand j'ai vu Goebbels s'approcher de nous de sa démarche claudicante – il a, paraît-il, un pied bot – avec Goering couvert de médailles et puis Ribbentrop, j'ai bien cru m'évanouir. Par l'entremise d'un interprète, Claude a reçu les compliments de Goebbels, et moi aussi d'ailleurs. Mais son admiration allait plutôt vers mon décolleté; ses yeux ne quittaient pas l'échancrure de ma robe... C'est un vicieux, ô pardon, ma mère! Il peut aller voir ailleurs, ce dégoûtant. Bon, où en étais-je donc? Oui, voilà, Claude lui a répondu que, depuis son enfance, la musique tenait une place privilégiée dans sa vie. Puis Goering lui a demandé s'il était bien Canadien. "Oui, Canadien français et fier de l'être!" lui a-t-il répondu promptement. "Ah, un ennemi du Reich, alors", a dit l'autre tout aussi sèchement, comme piqué au vif.»

Je ne tiens plus en place. Je me lève... M. McFarlane m'invite à me rasseoir. Agnès continue:

«Claude n'est jamais, mais jamais pris au dépourvu. Toutefois, dans ses yeux, j'ai vu la colère et le mépris, et il lui a répondu: "En musique, le concept d'ennemi n'existe pas, monsieur. Ma musique est internationale. Je suis avant tout un artiste et un artisan de la paix!" Goebbels n'a rien rétorqué, mais a juste soufflé à Claude: "Nous avons une proposition à vous faire…" "J'ai un agent pour cela", a-t-il répondu. "Non, monsieur Foucault, c'est avec vous seul que nous traiterons, a déclaré Goering. Faites en sorte d'être disponible demain matin. N'oubliez pas. *Gute nacht*!" Puis il a tourné les talons.»

Mon angoisse est à son paroxysme quand résonnent les derniers mots d'Agnès et une sueur froide glace tout mon être. Claude est en danger, j'en suis certaine maintenant, et personne ne veut me le dire. D'une voix affaiblie, je lui demande:

«Et alors? Qu'ont fait les Allemands le lendemain?

— Nous avons quitté la réception très vite et, de très bonne heure le matin suivant, Claude m'a mise dans le train en direction de Perpignan. J'ai traversé la frontière espagnole et, de là, je suis allée à Barcelone, puis au Portugal d'où j'ai enfin pris l'avion pour le Canada. Un voyage éreintant, je dois l'avouer. Je n'en sais pas plus. Néanmoins, j'ai pu le joindre par téléphone de Lisbonne. Il a été plutôt circonspect durant notre brève conversation, mais tout allait bien. Avant de nous séparer, nous nous étions entendus sur un code secret afin de faciliter la communication. Il m'a ainsi affirmé qu'il avait décroché des "contrats fabuleux" ("les ennemis sont dans la poche") et que "Mozart était vraiment suave" ("les concerts continuent"). Il m'a aussi transmis un message pour Marianne, pour elle seule. Vous permettez», continue-t-elle en m'entraînant un peu à l'écart pour murmurer à mon oreille les mots remplis d'amour de Claude. Je pâlis d'émotion.

M. McFarlane, qui a écouté sans interrompre le récit d'Agnès, nous observe à tour de rôle, puis intervient:

«Claude ne court aucun danger. Certes, il a fait preuve de beaucoup d'aplomb et d'audace devant les Allemands. Les artistes sont parfois exubérants. Mais j'ai confiance en lui. Il tient à rester neutre dans ce conflit, car la musique n'est pas l'enjeu de la guerre. Quant à moi, je dois vous faire une révélation, mais ce que j'ai à vous dire doit demeurer entre ces quatre murs, vous le comprenez certainement. Je n'ai pas l'intention de vous alarmer, mais je tiens à vous mettre en garde. Nous avons acquis la certitude qu'un large réseau d'espionnage à la solde des Allemands s'est développé dans notre région. La fameuse Cinquième Colonne s'infiltre dans tous les milieux.

– Ce "nous", de qui s'agit-il au juste ?

– Ce "nous", Miss Mary Ann, disons qu'il s'agit du contre-espionnage. Sécurité oblige, *very hush-hush*, très secret. On estime en haut lieu que la côte gaspésienne est vulnérable, car elle donne sur l'Atlantique et est très peu habitée. Les sous-marins allemands patrouillent le nord de l'Atlantique et ont évidemment besoin de postes de ravitaillement. Certaines petites îles désertes dans la région s'avèrent idéales pour ce genre d'opération. Dernièrement, nos agents locaux ont découvert un stock de carburant diesel dans la baie des Chaleurs, à l'île Bonaventure. »

Il s'est approché de moi en disant ces derniers mots et pose sa main sur mon bras.

«Nous devons tous être vigilants, et surtout vous, Miss Mary Ann. On a déjà essayé de vous enlever une fois, alors… »

Agnès, toujours aussi prompte, s'exclame :

«Quoi, toi, Marianne ? Où ? Quand ? Tu ne m'en as jamais rien dit !

– C'est du passé, mademoiselle Agnès, mais il ne faut jamais sous-estimer la partie adverse, continue-t-il d'un air sérieux. J'ai complété ma mission ici et rencontré des personnes de confiance. Au couvent même, il existe depuis plusieurs années pour nos agents un petit centre d'enseignement des langues étrangères, dont l'allemand, le russe et l'italien, pas plus d'un ou deux élèves à la fois. Je dois encore remercier les religieuses qui, dans le plus grand secret, participent à l'effort de guerre. La Retraite est une excellente couverture. Nous sommes en plein conflit, ne l'oubliez pas!»

Je prends mon temps avant de lui poser les questions qui se bousculent dans ma tête. Connaissant M. McFarlane, je sais qu'il nous informe de ce qu'il juge bon de partager avec nous.

«Monsieur McFarlane, que cherche Claude en Europe? Fait-il partie lui aussi de votre noyau d'espions? Aurait-il pu revenir au Canada comme Agnès?»

Il me regarde et une étincelle brûle au fond de son regard, ses mâchoires se serrent. Ma tante a pâli et Agnès me regarde avec un sourire narquois sur le visage. M. McFarlane fait visiblement un effort pour paraître plus détendu.

«Claude doit rester encore quelque temps en Europe. Il effectue une mission importante et sa musique lui sert de paravent. C'est tout ce que je peux vous dire. N'oubliez pas que la France n'est qu'en partie occupée et, mademoiselle Agnès en a donné la preuve, on peut encore circuler assez facilement.»

Je le regarde sans vraiment comprendre ce qu'il vient d'insinuer. Agnès vient à la rescousse en détournant la conversation:

« Tu as un père célèbre ! Claude m'a tout raconté.

— Agnès, l'as-tu vu à Barcelone ?

— Oui, j'ai échangé quelques paroles avec le duc de Windsor dans la salle à manger de l'hôtel où je suis descendue. Ils paraissaient fatigués, lui et sa femme, tirés à quatre épingles, élégants mais nerveux. Un monsieur, probablement leur garde du corps, les accompagnait. J'étais à la table voisine. Le duc me regardait de temps en temps, comme s'il cherchait à capter mon attention. Vers la fin du repas, il s'est approché et m'a demandé courtoisement : "Ne vous ai-je pas vu jouer avec Claude Foucault ? Je crois vous reconnaître !" "Oui, en effet, nous avons donné des concerts ensemble !" Il a alors voulu savoir où Claude se trouvait. Je lui ai expliqué qu'il était resté à Paris et que j'étais en route pour le Canada. J'ai aussi ajouté que je venais te voir. Il a alors pris congé. »

Nous sommes tous silencieux. Puis Agnès reprend :

« Eh bien, là-bas aussi personne ne parlait. J'attendais une réaction. Mme Simpson nous observait d'un air pincé. J'ai cru déceler une certaine tristesse dans ses yeux, lorsque j'ai mentionné ton nom. La duchesse est, comment dirais-je, oui, énigmatique. Elle n'est pas belle, mais on ne peut s'empêcher de la regarder. Bref, notre contact a été court. Le lendemain matin, il m'a fait remettre une lettre pour toi, Marianne. La voici. »

En fouillant dans son sac, Agnès en sort une grande enveloppe qu'elle me tend. M. McFarlane se lève. Nous l'imitons. Il prend congé de ma tante et lui serre la main en lui disant :

« Nous vous remercions de votre aide. D'autres vont arriver sous peu. »

478

Nous quittons le bureau. Ma tante me retient par la main et d'une voix douce dit:

«Reviens vite me voir, avec Agnès si tu le peux.»

Lentement, mes pensées s'organisent dans mon esprit confus. Je veux réintégrer le décor familier, la paix qui règne au manoir, le refuge que je me suis construit... Comme après la traversée d'une tourmente, j'essaie de récupérer mes forces. Pendant que je regarde ma tante, je pense à ma mère. Je crois qu'elle comprend. Elle s'approche de moi, un sourire amer et triste sur le visage... Son baiser est plus affectueux que jamais.

«Va, ma chérie, sois courageuse... Les portes du couvent seront toujours ouvertes, tu peux te confier à moi quand tu le veux!»

Arsène nous attend; il descend de la voiture et ouvre les portières.

«Le docteur et Mme Gatineau nous invitent pour le dîner, mademoiselle Agnès et moi, et peut-être aussi à passer quelques jours au manoir, annonce M. McFarlane en s'effaçant pour nous laisser monter. Un peu de liberté nous fera le plus grand bien.»

CHAPITRE XLI

J'attends avec impatience le moment où je vais enfin me retrouver seule. À la fin du repas, souffrant d'une légère migraine, je prie mes hôtes de bien vouloir m'excuser et monte vite dans ma chambre. La chaleur du jour ne s'est pas dissipée. J'ai laissé ma porte-fenêtre ouverte et je sens une brise chaude qui arrive du golfe. Je fais jouer un disque de Claude, notre *Pathétique*, et relis la lettre de mon père. Dans cet univers, je me nourris des mots de l'un et de la mélodie de l'autre; ils ravivent la flamme de mon courage défaillant dans cette attente qui n'en finit pas.

Mon père s'adresse à moi en ces termes:

Ma chérie,

Je suis en route pour un autre exil! Je sais que l'on me surveille et que certains veulent ma collaboration. Des intrigues se trament autour de moi. Mais, ma chérie, ton vieux père connaît les méandres de l'existence. Surtout ne t'inquiète pas à mon sujet. J'ai confiance et je sais que tout va s'arranger pour le mieux. Nous serons ensemble sous peu, probablement avant la fin de l'année.

Pense à moi qui t'aime,

Ton père

Mais je suis inquiète, car mon père ne voit pas à quel point il alimente la controverse qui l'entoure. Il traverse l'Espagne fasciste de Franco et se rend à Lisbonne où il accepte l'hospitalité de Santo Silva, un agent notoire du régime nazi. Je me demande si tout cela tient à sa nature quelquefois bien naïve ou à un idéalisme qui n'a pas sa place sur l'échiquier politique des pays en guerre. Je le compare parfois à un bateau à la dérive qui a perdu le cap de son port d'attache.

Quant à Claude, je communique avec lui grâce à sa musique; je la laisse glisser sur moi, légère et douce comme de la soie vaporeuse. Je me souviens du Claude des jours anciens, libre des dangers qui le menacent en Europe. Masquait-il donc un lourd secret?

Alors que dans mon cœur ma voix s'élève, silencieuse, pour implorer la protection du ciel, Agnès fait soudain irruption dans ma chambre. Je sursaute, prise au dépourvu.

«Comment te sens-tu, mon petit agneau?

– Ça va, Agnès, mais ma migraine est toujours là.»

Autour de moi flotte l'odeur de mon parfum; je masse mes tempes avec mes doigts pour desserrer l'étau qui emprisonne mon crâne.

«Laisse-moi embrasser ce front douloureux», murmure-t-elle doucement.

Elle m'attire vers elle. Son corps tout entier frémit. Dolente, je la laisse poser son bras autour de ma nuque, mon visage baigne dans son ombre, ses yeux orageux me dévisagent et, si près de ma bouche, ses lèvres avides luisent telle une cerise mûre. Comme si la fièvre s'emparait de son corps, elle halète en touchant mon front endolori. Ses gestes, à la fois sauvages et apprivoisés, cherchent à vaincre ma lassitude. Je voudrais qu'elle comprenne ma tristesse, mais...

Elle caresse de ses longs doigts ma bouche frémissante, ses lèvres tremblent et s'entrouvrent, son désir me trouble, mon cœur en émoi bat plus fort. Elle me maîtrise d'une bouche follement douce et son baiser insistant est profond, je m'abandonne. Je sens la montée du plaisir sourdre dans mes reins. Son exigence a affolé mes sens, mais, comme un pécheur prêt à succomber à la tentation, je la repousse.

« Non, Agnès, je t'en prie, je ne peux pas. Pas une femme ! »

Elle ne lâche pas prise pour autant.

« Je sais. Je ne te demande pas de m'aimer. Moi, je t'aime. Reste ainsi. Ne bouge plus. »

Ses mains glissent doucement le long de mon dos jusqu'à mes reins, puis remontent le long de ma taille. De nouveau, elle cherche à s'emparer de ma bouche.

« Jouis de moi, mon petit agneau, laisse-moi faire... laisse-toi aller, tu en as besoin ! »

Avec une étrange douceur, ses dents mordillent mes lèvres, ses mains descendent le long de mon ventre, puis elle me renverse sur le lit. Au-dessus de moi, son regard me dévore, elle ne peut dissimuler l'étincelle de convoitise qui la rend tout à coup si différente à mes yeux. Mon souffle, que j'essaie de ralentir pour qu'elle ne devine pas mon trouble, va cueillir son parfum d'œillet chaud.

Presque allongée sur moi, Agnès semble m'interroger de ses yeux grands ouverts. Cherche-t-elle à obtenir mon consentement tout en essayant de maîtriser sa ferveur ? Le tremblement de ses lèvres trahit soudain son manque de confiance. Même si elle a deviné derrière ma réticence le désir et l'affolement qui ont envahi mon corps, elle sait décoder le message de mes yeux qui appellent quelqu'un d'autre. Je sens son ardeur fondre et j'ai envie de pleurer…

« Ce qu'il y a de plus beau au monde, ma chérie, c'est une femme amoureuse… toi, tu es si spéciale. Je t'ai toujours aimée, mais pourquoi prendre ce qu'on ne pourra jamais avoir… »

Comme si tout avait été dit, nous desserrons notre étreinte. Elle se relève et attend, un peu déroutée. Agnès a su provoqué en moi un désir charnel, mais j'ai envie d'être possédée par Claude.

« Mon petit agneau, j'ai été maladroite. Ton corps parle de lui-même ! »

Elle s'assied à mes pieds, pose sa tête sur mes genoux en soupirant et enroule ses bras autour de mes jambes. Mes mains tremblent, je passe mes doigts dans ses cheveux. Elle ne bouge pas. Ses joues enfiévrées me réchauffent et je sens la forme ronde de ses seins contre moi.

Cet épisode me trouble…

« Agnès, je t'aime beaucoup, mais je ne peux pas. Mon corps appartient à Claude, à jamais.

– Je le sais.

– Je suis ton amie, une bonne amie, Agnès, si tu le veux toujours ?

– Tu ne me seras jamais indifférente et ce que je ressens pour toi ne pourra jamais disparaître. Mon amour, ma petite Marianne, se heurte à… se heurte à… ?

– Agnès, je ne désire que Claude. Tu aimes les femmes et moi, j'aime un homme, un seul ! C'est simple. Mais dis-moi, as-tu des maîtresses ? »

Elle répond affirmativement, puis reste silencieuse pendant un court instant et dit enfin :

« Claude a de la chance. Il t'aime lui aussi très fort, il me l'a souvent répété.

— Restons-en là, des amies pour la vie, tu veux bien, Agnès ? »

Je lui tends ma main qu'elle garde dans la sienne.

« Oui, *Milady* », dit-elle moqueusement pour cacher un peu d'embarras.

Puis elle passe à un tout autre sujet.

« Je me souviens de ton enthousiasme presque fanatique pour la *Pathétique*. Voudrais-tu un de mes enregistrements ?

— Bien sûr, Agnès, rien ne me ferait plus plaisir.

— Je ne suis pas Claude Foucault, mais je crois que je me défends...

— N'oublie pas, Agnès, que tu es celle qui m'a accompagnée dans mes premiers pas en musique en me laissant t'écouter, moi, le petit agneau des religieuses !

— Et l'agneau chéri de Thérèse ! Je suis sûre que tu le savais !

— Je m'en suis doutée. Mais elle t'aimait aussi !

— Oui, mais pas de la même manière. Tu as toujours été mystérieuse, intouchable, tu as inspiré des sentiments profonds, ma petite Marianne... »

Elle m'interroge du regard, comme si c'était mon tour de faire des confidences. Que puis-je ajouter ? Je n'ai guère envie de poursuivre cette conversation et Agnès s'en rend compte.

« N'en parlons plus, Marianne, tu m'as tout de même donné une parcelle de bonheur... »

L'espace d'un instant, la séduction et la fragilité se lisent dans ses yeux. Elle passe une main sur son visage. Puis une familiarité insouciante s'installe entre nous. Nous bavardons gaiement jusqu'à ce qu'elle me demande des nouvelles de mon père.

«Il m'a confirmé ce que les journaux ont commenté récemment: il a accepté le poste de gouverneur général des Bahamas et espère que je vais aller vivre avec lui dès qu'il sera installé.

— Tu n'as pas l'air très enthousiaste, ma chérie.

— Ce n'est pas cela. Oui, je désire le revoir, mais ma belle-mère me fait un peu peur…

— Bien entre nous, Marianne, elle semble assez désagréable. Quand j'ai mentionné ton nom lors de notre rencontre à Barcelone, c'est son regard sévère qui a empêché le duc de me répondre. Heureusement, il t'a écrit, l'essentiel est là.»

Je l'écoute parler. La lumière rosée de ma lampe de chevet colore légèrement son front et ses pommettes hautes et un peu saillantes. Chère Agnès, elle est à la poursuite d'idéaux voluptueux qui, j'en ai peur, la feront souffrir. Mais choisit-on vraiment son destin!

Quelques jours plus tard, Agnès quitte le manoir en compagnie de M. McFarlane.

~

À l'aube, un oiseau s'égosille dans les pins. Je ne peux que m'émerveiller devant la beauté de ce paysage même si avec le temps je m'y suis accoutumée. Comme tout est simple dans la nature. Cet environnement familier me réconforte et m'apaise comme le ferait un vieil ami. Il est vrai aussi que je suis plus sereine, car les tribulations de mon père ont pris fin. Les Bahamas seront son nouveau royaume. Pourtant, avant son arrivée, le personnel de Government House a déjà reçu des directives claires : il doit toujours s'adresser à la duchesse en l'appelant *Your Grace*. Mon père, paraît-il, a été furieux et blessé aussi, j'en suis certaine.

Dans quelques semaines, j'irai donc le rejoindre. J'ai aussi reçu une lettre de Claude en provenance de la France libre. Il parle enfin concrètement de son retour, mais des affaires de dernière heure le retiennent encore. Dans ce message, quelque chose sonne faux. Pourquoi persiste-t-il donc à demeurer là-bas ? Je me demande si tous les amoureux agissent ainsi, jouant un peu au chat et à la souris. Heureusement, je ne suis plus la petite fille qui a peur que Jocelyn ne revienne plus la voir. En ce jour, je ne désire rien d'autre que de le savoir sain et sauf, en sécurité et prêt à prendre un nouveau départ !

À présent seule doit compter la promesse de mes deux bien-aimés. Je ne manque pas d'affirmer dans ma tête et mon cœur mon optimisme et ma foi en l'avenir. L'optimisme règne aussi chez les McNish-Porter avec lesquels je passe quelques belles soirées d'automne au coin du feu avec Rubi à mes pieds. En primeur, Jim me fait découvrir les photographies qu'il va publier. Margaret, sa femme, est tout à la fois sympathique et énigmatique. « Jim vous aime beaucoup », m'a-t-elle confié un jour, mais son sourire contenait un peu d'amertume. Je me sens bien dans la petite maison proche de la mer et commence à comprendre que la dévotion de Jim pour mon père va bien au-delà de ses fonctions.

Un soir, le sommeil tardant à venir, je sors sur mon balcon. Mes yeux pourtant fatigués scrutent la nuit claire. La pleine lune éclaire le ciel puissamment et joue à cache-cache avec les nuages qui défilent sans cesse devant elle.

Soudain, il me semble apercevoir une lumière plus loin vers le rivage, comme la lueur de phares sur la mer. Est-ce un bateau en perdition? Sans plus réfléchir, j'enfile en vitesse ma robe de chambre et vais frapper à la porte des Gatineau à l'étage inférieur. Nous sortons tous les trois pour nous diriger vers la plage. En silence, nous passons du côté de la maison des McNish-Porter plongée dans l'obscurité du bois. Mais, à notre grande surprise, Jim est déjà sur place avec Rubi près de lui. Il nous a repérés et nous fait signe de nous approcher. Il continue de s'avancer à pas feutrés. Dans un éclaboussement d'écume, une petite embarcation vient d'échouer sur la plage et deux silhouettes noires et trapues en surgissent. Un coup de feu éclate. Le bruit sec et assourdissant de la détonation me fait sursauter.

Jim, armé d'un colt 45, tient en respect deux hommes aux visages barbouillés de suie.

«Les mains au-dessus de la tête», hurle-t-il aux individus qui, vu leur accoutrement, ne sont sûrement pas des pêcheurs.

Tout un tableau à deux heures du matin! Mais quelle n'est pas ma surprise de constater que la torche électrique de Jim s'arrête plus longuement sur le visage de… mon balafré. Le Dr Gatineau s'avance à la hauteur de Jim qui a bien entendu reconnu l'individu.

«Qui êtes-vous et que faites-vous ici?» demande le Dr Gatineau.

Le compagnon du balafré lui répond d'un ton hargneux avec un fort accent étranger :

« On se promène. La pêche de nuit, ça vous dérange ?

– Vous allez expliquer cela à la police », rétorque le docteur peu amusé par cette réponse pleine d'ironie et de défiance.

Il ne réplique rien. Je me suis glissée en silence plus près du groupe. J'ai rapproché la lanterne de mon visage et les interpelle à mon tour :

« C'est moi que vous cherchez ?

– *You*, p'tit démon », siffle-t-il entre ses dents.

En disant cela, il fait quelques pas dans ma direction, mais Jim qui tenait Rubi par le collet vient de le lâcher. L'homme recule vivement devant le chien qui gronde férocement en montrant les crocs puis bondit tel un fauve, se dresse sur ses pattes de derrière et renverse l'homme qui, affolé, se couvre le visage de ses mains en hurlant :

« Rappelez ce sacré animal !

– Il est doux comme un agneau », dit Jim en ricanant.

Un bruit bien distinct venant du large lui coupe la parole, celui d'un puissant moteur que l'on a mis en marche.

« Eh bien, on dirait un sous-marin qui s'en va, dit le Dr Gatineau en s'adressant aux deux hommes qui, eux aussi, regardent la mer. On dirait qu'on vous a abandonnés, messieurs ! Alors ne traînons plus ici. Vous serez plus à l'aise au poste de police. On finira bien par vous tirer les vers du nez. »

Jim, le colt 45 toujours braqué sur eux, leur fait signe d'avancer et les désarme. Notre étrange cortège s'achemine vers le manoir.

Nous avions bel et bien capturé un espion allemand. Et le balafré figurait aussi sur la liste des individus recherchés par la police nationale et Interpol, qui, jusqu'à présent, avaient été impuissants à le retrouver, car Joshua Fareo, un Métis indo-canadien, avait maintes fois eu recours à de fausses pièces d'identités. Mercenaire, il vendait ses services au plus offrant. Cette fois-ci, c'était une bande d'anarchistes qui l'avait embauché pour me faire enlever et faire chanter mon père, le roi d'Angleterre et le gouvernement canadien. Nos deux énergumènes furent emprisonnés à New Carlisle en attendant leur procès. Je ne sais pas ce qu'il est advenu de l'espion allemand ; il a probablement été fusillé.

Après cette tentative avortée d'enlèvement, on me demanda de témoigner contre le balafré. Cette fois, même avec la complicité des Allemands, l'opération avait encore échoué. Il n'empêche que quelqu'un devait vraiment tenir à forcer la main d'Edward Windsor !

∿

Rubi s'appuie sur moi. Je suis épuisée. Je grelotte dans la nuit tiède, les yeux rivés sur le bleu-gris du dehors. Je laisse mes mains s'égarer dans l'épaisse fourrure de l'animal et, lorsqu'il me regarde de temps en temps, je lui souris… Je suis fière de l'avoir comme sentinelle, et il le sait. Son attitude docile masque une détermination singulière, celle de tous nous protéger du danger.

Mon ami Rubi ! Quel chien !

Chapitre XLII

Le 2 août de cette année 1940, le maréchal Goering ordonna la destruction de la puissance aérienne de la Grande-Bretagne. Les Spitfire anglais, ces chasseurs rapides et plus maniables que tout autre appareil de l'époque, donnèrent du fil à retordre aux Messerschmitt de la Luftwaffe allemande. En une seule journée, ils en abattirent cent quarante-cinq. La Royal Air Force fut le véritable vainqueur de la bataille d'Angleterre. Malheureusement, cela ne signifiait pas pour autant la fin de la guerre. Hitler n'avait pas l'intention d'abdiquer; son projet « Sea Lion » qui visait la conquête de l'île n'était que repoussé à plus tard. Il concentrait désormais ses efforts sur le front est.

Le 17 août, sous des cieux plus ensoleillés et plus sereins, le couple Windsor débarqua aux Bahamas. L'événement fut de taille pour les habitants qui reçurent chez eux l'ancien roi. Enfin mon père était en sécurité.

Je glanais dans les journaux les faits et les anecdotes qui suivaient leur arrivée et le début de leur séjour. Les premières impressions du duc et de la duchesse sur Nassau furent décevantes. En août, le climat était lourd et oppressant et, sous le soleil torride qui desséchait tout, la capitale, Nassau, était terne et de mauvais goût.

L'état délabré de la résidence officielle les choqua profondément. Ils s'attendaient à trouver une demeure digne de leur rang, mais celle-ci n'avait rien de royal. Une odeur de moisissure régnait dans les pièces aux murs défraîchis, la peinture des boiseries s'écaillait misérablement et tout devint bientôt insupportable. Comment avait-on osé leur proposer cela? À eux!

Ils n'y restèrent qu'une semaine. Sur l'insistance de mon père, le millionnaire canadien Harry Oakes leur offrit une nouvelle demeure. Située sur les bords de l'océan, Westbourne était une grande maison luxueuse qu'ils occupèrent le temps des rénovations de Government House. La duchesse supervisa les laborieux travaux. Elle dépassa le budget voté par le gouvernement, mais comme elle le déclara sans ambages, l'ancien roi d'Angleterre devait être traité avec les honneurs dus à son rang.

D'un autre côté, l'installation des Windsor aux Bahamas marqua le début d'un boom touristique dans la région. Les habitants étaient ravis de tirer profit de l'invasion de leurs îles par les riches Américains, attirés par un souverain qui avait abandonné son trône pour une des leurs. La population accepta le nouveau gouverneur comme un cadeau du ciel; de folles rumeurs circulaient, selon lesquelles il avait lui-même ouvert les portes de la prison et fait peindre en noir la statue de Christophe Colomb qui surmontait une colonne devant Government House.

Quelques semaines après leur débarquement aux Bahamas, je reçus la lettre tant attendue. Mon père avait écrit sur le papier à en-tête de Government House. Elle était datée du 2 septembre.

Ma chère petite fille,

Ton papa est maintenant au travail, ici, aux Bahamas, une colonie britannique que je n'avais jamais visitée. Lorsqu'on m'a proposé ce poste, Wallis a cherché l'endroit sur la mappemonde... elle l'a surnommé « l'île d'Elbe »! Mais je crois qu'elle va s'y habituer, surtout qu'en ce moment Government House subit de grands travaux de rénovation. Je me fie totalement à son bon goût et à son sens inné des belles choses. Elle me prépare une grande surprise. Pour ma part, j'aurais préféré un poste aux États-Unis, mais Winston a insisté pour que je sois affecté ici. Nous avons été chaleureusement accueillis chez Harry Oakes durant la remise à neuf de notre résidence et nous y sommes installés très confortablement. J'ai connu Harry en Angleterre, en 1934, quand j'étais prince de Galles. Jamais je n'aurais cru vivre dans son voisinage. Je ne considère pas ma nomination de gouverneur général des Bahamas d'une grande importance, mais je suis déterminé à faire mon devoir de mon mieux. Néanmoins, je vais devoir m'accoutumer à la mentalité particulière des « Bay Street Boys » et des « grosses fortunes » de la capitale, mais, ma petite Mary Ann, ton papa saura développer son flair naturel pour tous les amadouer. Je propose que tu viennes nous rejoindre à la fin de l'année, lorsque les travaux de rénovation seront achevés. Qu'en penses-tu? Demande au Dr Gatineau et à ta tante de faire le nécessaire pour te procurer un passeport. M. McFarlane s'occupera du reste. My darling little girl, ne crois pas tout ce que tu lis dans la presse. Je ne cours aucun danger. Ici aussi, il y a des soldats

qui montent la garde. Je me sens en sécurité, darling. *J'ai hâte de te voir. Prie pour moi.*
    Ton papa qui t'aime,

                                        E. R.

Mais pourquoi signait-il son courrier par Edward Rex, puisqu'il n'était plus roi?

                  ∼

L'aube arrive, pâle et timide; les hurlements du vent furieux de la nuit se sont enfin tus. De la colère du temps d'hier sont nés de tendres parfums, ceux d'un automne hâtif et d'un bonheur nouveau, puisque je vais revoir mon père bientôt. Je rassemble mes souvenirs du Canada, comme si je remplissais mes mains d'un trésor sans pareil, et, en songeant à l'Europe, j'y dépose quelques billets doux dédiés à l'amour.

Le bleu du dehors ressemble déjà à un adieu… Je dors moins bien depuis un certain temps… Je n'ai qu'à attendre, attendre… Ce n'est pas facile, mais cela s'apprend. Une forte émotion m'étreint, et je regarde longuement se lever l'aurore qui laisse place au jour.

Je m'imagine, dans un avenir prochain, respirant l'air parfumé par les abricotiers et les fleurs rayonnantes des hibiscus.

Afin de calmer mon impatience et mon angoisse, je fouille dans le passé et puise dans les photos de mes parents et de Claude la force d'espérer. J'ai foi en cet avenir où chaque jour témoignera de ma tendresse pour ceux que je chéris. Et j'entends déjà les mots doux que

mon père et mon amant me murmureront à l'oreille :
my darling little girl... mon amour, ma femme...
Entre-temps, j'écris pour combler le vide...

Dans cette éternité frivole
Qui n'a de racines que demain
À travers les yeux de l'enfance
Avec la fleur d'un rêve
Je vous offre mon amour... à vous, mon père,
À vous, mon amant...

Claude, je vous ferai voir l'aurore
Maîtresse du ciel
Lorsque Vénus, couchée sur l'horizon,
Embrasse le monde...

Le printemps, mon amour,
Le son d'une chanson
Une voûte de fleurs
Sous laquelle nous dansons, nus
Et enlacés...

Parfois, je suis fatiguée de croire en des jours nouveaux... il m'est difficile de garder pour moi la crainte d'un monde insensible et lointain.

CHAPITRE XLIII

Enfin, la date du voyage approche. Le début du mois de décembre a déjà un parfum d'hiver; des lambeaux d'une brume compacte et blanche s'accrochent aux arbres nus, tandis qu'Arsène me conduit au couvent. Pendant le trajet, j'ai baissé la vitre afin de mieux respirer l'air salin. Alors que la voiture avance doucement le long de la corniche, je regarde au-dessus de nous un groupe de cormorans aux ventres sombres dont les pattes dorées sont repliées en plein vol.

Dès mon entrée au couvent, la bonne odeur d'encaustique me monte au nez. Je trouve ma tante assise à son bureau devant une pile de documents. Son beau visage ressemble tant à celui de ma mère! Quand elle me sourit, je remarque pour la première fois une petite fossette sur sa joue gauche. C'est drôle, je n'y avais jamais prêté attention auparavant... Lors de ces adieux, elle m'ouvre son cœur, impudique. Elle m'exprime certes son chagrin – car je vais lui manquer, dit-elle –, mais surtout ses regrets quant à sa conduite dans le passé. Je suis surprise qu'elle fasse preuve d'autant d'humilité en me demandant de lui pardonner. Il n'y a pas de doute dans mon esprit : son indifférence et parfois ce que je ressentais comme de la méchanceté ont eu beaucoup d'effet sur la petite fille que j'étais alors. Elle a le courage de m'avouer qu'elle m'a tenue responsable de la mort de ma mère…

Je ne perds aucune de ses paroles. Ce n'est pas la religieuse autoritaire et véhémente que je craignais autrefois qui s'exprime :

«J'ai été si abattue par la mort de ta mère. Mon orgueil personnel et le chagrin de l'avoir perdue à tout jamais ne pouvaient me permettre ni de créer une place pour toi dans mon cœur ni de t'accepter. Tu ne peux pas comprendre, Marianne, mais elle faisait partie de moi. Mon univers entier a été totalement anéanti par cette tragédie. Jeune fille encore, j'avais pensé devenir religieuse, mais, à cause de notre carrière à toutes les deux, de notre succès, j'avais mis cela de côté. Ô pardonne-moi, Marianne, me dit-elle les larmes aux yeux.

— Il n'y a rien à pardonner, ma tante.

— Je voudrais aussi que tu saches combien leur amour a été grand et beau. Entre ton père et elle une entente parfaite existait. Ils se sont aimés, comme s'ils étaient seuls au monde. Lorsqu'elle est morte, tout a changé dans l'existence de ton père et dans la mienne. Tu vois, Marianne, elle avait un problème cardiaque et son état s'est aggravé très vite, à tel point qu'il a été impossible de la sauver. Elle savait guider Edward, veiller sur lui comme son ange gardien… Depuis, il a commis tellement d'erreurs ! »

Elle fait un geste de la main. J'attends sans rien dire, patiente. Dans la semi-pénombre de cette journée grise, ses yeux ont viré au bleu sombre. Elle me sourit néanmoins.

«Marianne, j'ai ici ton passeport. Tu constateras toi-même qu'il est fait au nom de Marianne Mayol; j'ai suivi les indications de M. McFarlane, encore une fois pour des raisons de sécurité. Tous les arrangements ont été pris pour ton voyage. Tu partiras dans trois semaines. M. McFarlane t'accompagnera jusqu'à Miami et M. Mc-Nish-Porter te quittera à Nassau.»

Elle parle vite. Toute la somme d'un passé qui marie tristesse, joie et rêve flotte indistinctement entre nous. Sur son visage qui ne veut rien laisser transparaître, je devine le regret. Naît alors en moi un plus grand désir de l'aimer, car elle est ma famille, mon lien avec maman...

«Ma mère...

– Non, Marianne, appelle-moi ma tante, je préférerais, si tu veux bien.

– Je peux? Oh oui, j'en serais heureuse! Je dois vous avouer que, très jeune, je vous ai détestée, mais en même temps quelque chose en vous m'attirait, oui, j'avais une attirance mystérieuse. Un peu comme quand j'ai vu pour la première fois une photo du prince de Galles, j'ai senti des affinités presque immédiates entre nous. Je l'ai appelé sire Lancelot... il est devenu un des chevaliers de ma Table ronde! Eh oui, je rêvais beaucoup. Je sais que je suis encore rêveuse, mais avec les pieds davantage ancrés dans la réalité.»

Elle ne me quitte pas des yeux. Elle doit être blonde sous son voile noir, blonde comme maman. Je ne peux la complimenter sur sa beauté, elle n'apprécierait probablement pas.

«À quoi penses-tu, Marianne?

– À vous, ma tante. Vous ressemblez tellement à ma mère!

— Nous étions des sœurs jumelles, tu sais!

— Et comme elle, vous êtes belle!»

Elle lève une main vers son visage, confuse, mais ma remarque ne semble pas l'avoir offensée, malgré le léger reproche que je crois lire dans ses yeux.

«Oh! la beauté! Je l'ai vouée au service de Dieu et à Lui seulement.

— Ma tante, ai-je encore de la famille Mayol?

— Non, tes grands-parents sont décédés; Valérie et moi étions leurs seuls enfants. À part moi, il y a bien des cousins éloignés du côté paternel, mais nous n'avons jamais entretenu des rapports très étroits avec eux. Si tu le désires, tu pourras les rencontrer. Comme tu vois, ton immédiate parenté semble être les Windsor!

— Je suppose que je devrai un jour faire la connaissance de la famille de mon père. Vu la qualité des relations familiales de ce côté, je ne suis guère attirée et doute que cela change...

— Qui sait? La reine m'apparaît être une bonne personne.

— Oui, mais c'est elle, dit-on, qui est la plus "anti-Wallis". Elle la déteste, je pense.

— Ma petite Marianne, on ne peut nier tes origines. Les princesses Élisabeth et Margaret Rose sont tes cousines. L'avenir te réserve certainement de bonnes surprises. Pour le moment, le plus urgent est de préparer ton voyage. Aie confiance en Dieu!»

Elle se lève et s'approche de moi.

«Prions ensemble, Marianne.»

Elle fait le signe de la croix sur mon front. Je me sens un peu émue, mais, désormais, mieux armée pour effacer de ma mémoire les larmes amères que j'ai versées à cause d'elle. Dans sa prière, silencieusement, j'ai in-séré le nom de Claude…

« Vous aimez mon père, ma tante ?

– Oui, Marianne, comme un frère ! Beaucoup de gens l'aimaient lorsqu'il était prince de Galles. Je suis attristée par ce que l'on dit sur lui de nos jours, et tout semble indiquer qu'il est devenu un personnage bien différent de celui que j'ai connu. Marianne, veille sur lui… Il t'aime beaucoup, tu sais, et il t'écoutera, du moins un peu, je le souhaite !

– Je ne désire pas autre chose, ma tante. Mais j'ai le sentiment que sa femme le domine et… Enfin, j'ai l'intention de faire de mon mieux.

– De cela, je n'ai aucun doute, Marianne. Tu as toujours fait preuve de caractère et d'une forte volonté. »

Elle me prend dans ses bras et je cache mon visage sous son voile. Notre étreinte est douce. Sa ceinture rigide et les grains de son chapelet me rappellent l'étrange scène du passé. Elle continue de me serrer tout en parlant doucement dans mes cheveux.

« La vie va nous séparer, Marianne. Souviens-toi du temps que tu as passé parmi nous et n'oublie pas que, si tu as besoin de quoi que ce soit, nous t'aiderons de grand cœur. Je serai toujours là pour toi, c'est ma pro-messe. Ma chère enfant… ta vie sera particulière. Sers-toi de ta sagesse et de ton bon sens, ils t'aideront. Que Dieu te bénisse !

– Ma tante, je vous aime beaucoup. »

La timidité des anciens jours rejaillit soudain et j'ai la gorge serrée par l'émotion. Je n'aime pas les adieux. Je ne les aimerai jamais. Avant de la quitter, j'ai une faveur à lui demander :

« Puis-je voir Thérèse, pardon, mère Maria-Térésa ?

— Non, Marianne, il faut la laisser en paix et ne pas briser le pacte qu'elle a réussi à obtenir avec sa conscience. Elle m'a ouvert son âme, Marianne ! Je sais les tourments de son cœur et de sa chair... Ici, dans notre cloître, elle trouve le calme et la sérénité. Ne rouvre pas la porte de la tentation... »

Je m'éloigne d'elle en inclinant la tête. Puis je prends sa main dans la mienne et la porte à mes lèvres.

« Au revoir, ma tante, j'ai de la peine de vous quitter... »

La grande porte s'est refermée. Les ursulines continuent leurs prières pour le salut du monde. Moi, je suis triste.

Arsène m'attend dans la voiture. Il fait froid maintenant. La mer que j'avais tellement désiré connaître dès mon jeune âge s'estompe dans le lointain, sombre et menaçante. En longeant le grand terrain sur notre gauche, mes souvenirs me ramènent vers Jocelyn et à l'aventure de mon enlèvement raté lorsque j'avais neuf ans. Et je nous revois, tous les deux, immobiles devant une grande caverne... Tout un flot de nostalgie surgit en moi, tel un geyser ancien renaissant à la vie. Je revois l'azur mouillé de lumière au-dessus de nous et Jocelyn, la main tendue vers le grand pré, me disant : « Marianne, un jour je bâtirai une grande maison blanche avec deux tourelles et cette maison sera pour ma princesse inconnue, celle que j'aimerai, celle qui sera ma femme... » Cette princesse inconnue, c'est moi. Jocelyn, c'est Claude. Il est loin. La maison blanche demeure enveloppée dans la brume des mirages et des rêves. Un jour viendra...

Dans le dernier virage, je me retourne. Le couvent de La Retraite, perché en haut de la montagne, semble perdu au milieu des nuages ventrus, signes d'une averse de neige imminente. Mon cher couvent, je te garde en moi, et les souvenirs enterrés entre tes murs font dans mon cœur une ronde légendaire... Les fantômes de mon passé me demandent de les emmener avec moi.

∾

Au cours des trois semaines suivantes, je me préparai à quitter mon pays et son froid hivernal pour aller vivre sous des cieux tropicaux où abondaient les hibiscus rouges, les bougainvilliers multicolores et les roses parfumées. L'avenir me tendait les bras et il me tardait de m'y plonger. Bien sûr, j'étais triste à l'idée de partir du manoir, même si je savais que j'y reviendrais. Depuis plus d'un an, au fil des jours, je m'étais attachée à cette demeure et surtout à ses habitants. Je savais qu'ils me manqueraient là-bas, mais leur souvenir m'aiderait à envisager courageusement ma nouvelle existence.

À l'incertitude du futur se greffe la certitude que les adieux font des bleus à l'âme. Le départ, c'est demain! Aujourd'hui, le soleil m'accueille en couronnant le grand bois et en illuminant le parc recouvert d'une épaisse couche de neige. Pour une dernière fois, j'ai ouvert ma fenêtre à mon réveil et j'ai pu respirer l'air glacial qui donne à mes poumons une seconde vie. Les hautes silhouettes dégingandées des arbres dénudés profilent leurs ombres sur la neige, comme si un ange déplaçait le soleil derrière un grand rideau.

Dans cette vaste étendue, Rubi court seul. Non pas vraiment, je me trompe! Il est sur la piste d'un lièvre! Dans ma tête surgit une image d'enfance, Boudi... Je suppose qu'il est au paradis des lièvres... Je souris devant l'air penaud du terre-neuve qui est revenu bredouille. Comme s'il sentait que je le surveille, il lève sa grosse tête poilue vers le manoir, la secoue et aboie pour me dire: «Ce n'est que partie remise!» Oui, Rubi, tu vas me manquer, toi aussi.

Au dîner, une surprise m'attend. Dès mon entrée au salon, le Dr Gatineau me tend une coupe de champagne. L'alcool repousse vaguement l'amertume de la séparation.

«M. McFarlane a accepté de passer la nuit ici, me dit-il. Nous sommes certes bien attristés par votre départ, mais nous allons le fêter tous ensemble comme un nouveau départ, Marianne. Vous reviendrez!

Il parle d'une voix douce et sincère. Pendant cette dernière soirée, je souhaite recueillir de nombreux souvenirs pour me rappeler la beauté des êtres et des objets autour de moi et tout engranger dans ma mémoire. Pour poursuivre ma jeune existence, j'ai encore besoin de ces repères. Tous les invités sont rassemblés dans la salle à manger et leurs regards se posent sur moi à tour de rôle. Je souris et soupire, et je souris encore. Je suis assise entre M. McFarlane et Jim. La belle porcelaine de Limoges, l'argenterie et les cristaux des grandes occasions brillent sur la nappe blanche.

«Tout le monde lève son verre, s'il vous plaît, dit le Dr Gatineau. Eh bien, buvons tous à notre chère Marianne, à son bonheur et à un excellent voyage pour nos trois voyageurs!

— À Marianne et aux voyageurs!» s'exclame en chœur tous les invités en levant leurs verres.

Même Margaret, la femme de Jim, se force à sourire. Alors que la soirée avance, j'apprécie cette petite société intime et espère de tout cœur retrouver le même bonheur dans mon nouveau foyer. J'ai l'impression d'avoir grandi et d'endosser un rôle nouveau, celui de la fille d'un ancien souverain, un secret que je vais devoir taire encore pour ma sécurité. Ce soir, j'ai seulement envie de sourire et de donner à ceux que j'aime le meilleur de moi-même.

«Saviez-vous, Miss Mary Ann, dit M. McFarlane, qu'à Montréal nous descendons à l'Hôtel Windsor?

— Bien à propos! Et à New York?

— Au Waldorf Astoria.»

J'ai l'impression que Jim m'épie. Son épouse n'est pas très enjouée. Mme Gatineau est, elle aussi, étrangement silencieuse. La raison de son mutisme m'échappe.

«Eugénie, vous avez l'air soucieuse.

— Marianne, je désirais garder cette surprise pour la fin. Mais je crois que ce sont de bonnes nouvelles. Il y a quelques heures, un télégramme est arrivé pour vous. Le voici!»

Mes yeux ne quittent pas la mince feuille qu'elle me tend. D'une main impatiente, je la déplie.

Je te rejoins à Nassau sous peu. Stop. Ton père nous attend tous deux. Stop. Amitiés à la famille. Stop. Je t'aime. Stop. Claude.

Je dois relire plusieurs fois le contenu du télégramme pour me convaincre que je ne me suis pas trompée. J'écoute mon cœur battre plus vite. Une vague de bonheur immense monte en moi et se répand dans tout mon être, foudroyante… C'est donc la fin de cette longue attente.

Je me lève. Tous les convives me dévisagent. Je tends la missive.

« Lisez, Eugénie ! »

Elle est devenue toute pâle. Puis des larmes roulent sur ses joues et une joie sereine irradie sur son visage. L'inquiétude des derniers mois qu'elle dissimulait avec peine a disparu comme par enchantement. À la lecture des mots de Claude, elle me livre la douceur de son regard de mère enfin rassurée. Elle se lève et ouvre les bras.

« Marianne, Marianne, quel grand bonheur, quelle extraordinaire journée… »

L'une contre l'autre, nos bras enlacés, nous versons de tendres pleurs. Le Dr Gatineau s'est approché de sa femme.

« Ce ne peut être que de bonnes nouvelles ! Ton fils rentre, c'est bien ça, Eugénie ?

– Oui, Pierre, c'est un des plus beaux jours de ma vie, dit-elle en pressant le télégramme contre sa poitrine. Claude écrit qu'il se dirige vers Nassau. Marianne et moi sommes les femmes les plus heureuses du monde. »

Nous éclatons de rire nerveusement. Chacun partage notre joie autour de la table. Dans le petit carré de papier maintenant replié dans ma main, mon avenir vient vers moi. Comme une prière, je lève mes bras au-dessus de ma tête en disant :

« Merci ! Merci ! »

M. McFarlane se penche vers moi et murmure :

«Je suis très heureux pour vous, Miss Mary Ann.

– Marianne, déclare le Dr Gatineau, à votre bel avenir, à notre fils, Claude. Levons nos verres!»

Jim est silencieux, mais son regard brille étrangement et son sourire trahit un malaise... J'y vois une douceur légèrement troublante... Peut-être est-ce à cause de mon passage dans sa vie, il croit que je lui appartiens... même un peu...

Encore jusqu'à aujourd'hui altérée par les ombres et les doutes, l'image de Claude est enfin inondée de lumière. Je peux laisser le courant impatient de mon amour courir le monde et aller à sa rencontre, je peux faire partie de la légende des poètes dont les vers idylliques parlent d'amour, d'un bonheur si grand que le sourire des archanges en pâlit et se métamorphose en une pluie de baisers... Je suis si heureuse!

La douceur des mots de sa dépêche m'a procuré une étrange ivresse, comme une caresse mille fois renouvelée. Claude va me rejoindre à Nassau et je vais y retrouver mon père! Puis-je vraiment croire à tant de bonheur à la fois?

Ma dernière nuit au manoir! Cher manoir... j'écoutai ses bruits tout en me préparant à me coucher... Dans la demeure de Claude, j'avais trouvé la stabilité et vécu des moments qui resteraient gravés dans ma mémoire.

«Claude, mon amour! Ton ange de combat, celui à qui je m'adressais lorsque j'étais le plus angoissée, a-t-il enfin ouvert ses bras à l'heure de l'Angélus afin de te diriger vers moi? Viens vite, je t'en prie, notre nouveau bonheur ne fait que commencer!...»

Devant mes yeux, deux ombres familières se profilèrent. Couchées sur la terre parfumée, enlacées, elles échangèrent un long baiser qui retomba au plus profond de mon cœur.

Remerciements

Même si *Le Royaume de mon père* est une œuvre de fiction, il est étayé de personnages et de faits historiques. Afin de les respecter au plus près, j'ai effectué de nombreuses recherches. En revanche, Marianne est une héroïne purement fictive. Toute ressemblance avec une personne vivante ou ayant déjà existé serait pure coïncidence.

Je vis en Angleterre depuis assez longtemps, mais pour la trame de mon histoire, je me suis tournée vers les lieux de mon enfance, en Gaspésie, où mes frères résident toujours. Je les remercie, eux et mes belles-sœurs, de leur accueil chaleureux lors de mes visites.

Je tiens également à remercier les religieuses qui m'ont permis de revoir l'ancien couvent cloîtré, aujourd'hui fermé, où j'ai reçu une bonne partie de mon éducation.

J'ai apprécié aussi le soutien de mes sœurs Agathe et Pierrette. Pendant mes nombreux séjours chez elles, à deux pas de Montréal, j'ai pu retrouver un peu de mon pays québécois.

Toute ma reconnaissance à ma fille Kiki qui a si bien perfectionné son français depuis qu'elle vit à Ottawa.

Je tiens à témoigner ma gratitude à Marie-Pierre Bossard qui a su si bien réviser mon manuscrit et conserver «l'esprit» du roman tout en y ajoutant de petites touches personnelles.

Tous mes remerciements à Andrei Eldon-Edington, mon compagnon de longue date, pour son soutien moral et son appui constant durant les heures – sans fin, il me semble – passées devant mon ordinateur.

Je suis privilégiée d'être publiée au Québec par une maison d'édition aussi prestigieuse. Enfin, un énorme merci à Pierre Graveline et Jean-Yves Soucy, ainsi qu'à toute l'équipe du groupe Ville-Marie Littérature, pour leurs encouragements et leurs conseils durant la préparation de ce livre.

F. C.

CET OUVRAGE
COMPOSÉ EN GARAMOND CORPS 14 SUR 16
A ÉTÉ ACHEVÉ D'IMPRIMER
EN JUIN DEUX MILLE DEUX
SUR LES PRESSES DE TRANSCONTINENTAL
DIVISION IMPRIMERIE GAGNÉ
À LOUISEVILLE
POUR LE COMPTE
DE VLB ÉDITEUR.

IMPRIMÉ AU QUÉBEC (CANADA)